조선조 주자학의 철학적 사유와 쟁점(속편)

저자 이동희李東熙는 1947년 부산 출신으로 성균관대학교 대학원 동양철학과에서 박사학위를 취득하였으며, 현재 대구의 계명대학교 윤리학과에 재직하고 있다. 박사학위논문은 「주자학의 철학적 특성과 그 전개양상에 관한 연구」이며, 중국과 한국의 성리학에 관한 100여 편의 논문과 다음의 저서가 있다. 『한국의 철학적 사유의 전통』(계명대 출판부, 1999), 『동아시아 주자학 비교연구』(계명대 출판부, 2005), 『조선조 주자학의 철학적 사유와 쟁점』(성균관대 출판부, 2006), 『주자: 동아시아 세계관의 원천』(성균관대 출판부, 2007), 『동아시아 전통문화와 현대 한국』(계명대 출판부, 2008).

**조선조 주자학의
  철학적 사유와 쟁점(속편)**

초판 1쇄 인쇄 2010년 10월 15일
초판 1쇄 발행 2010년 10월 22일

지은이 | 이동희
펴낸이 | 서정돈
펴낸곳 | 성균관대학교 출판부
등   록 | 1975년 5월 21일 제 1-0217호
주   소 | 110-745 서울특별시 종로구 명륜동 3가 53
대표전화 | (02) 760-1252~4
팩시밀리 | (02) 762-7452
홈페이지 | press.skku.edu

ⓒ 2010, 유교문화연구소

값 25,000원

ISBN 978-89-7986-853-1 94150
      978-89-7986-493-9(세트)

유교문화연구총서 13

조선조 주자학의 철학적 사유와 쟁점(속편)

이동희 지음

儒教文化研究所
성균관대학교 동아시아학술원

2006년 성균관대 유교문화연구소에서 『조선조 주자학의 철학적 사유와 쟁점』(The Philosophical Thinking and Debates on Zhu Xi's Thought in the Joseon Dynasty)을 출간할 때 부피가 너무 많아 핵심적인 논문만 선정하였는데, 그때 제외했던 논문과 그후 추가로 작성한 논문을 묶어 이번에 속편을 펴내게 되었다. 그러므로 조선조 주자학에 대한 사유와 논쟁이라는 주제는 이 속편에서도 계속된다. 다만 여말 주자학의 도입과 불교와의 교섭 및 공존, 그후 조선 초기 주자학의 불교에 대한 이념적 공격, 그것에 대한 종교학적 고찰을 추가하였고, 또한 퇴계와 율곡에 대한 연구사를 부록으로 첨부하였다.

조선조 중기 퇴계-고봉의 철학적 논변(사칠논변四七論辯)의 시작, 연이은 율곡-우계 사이의 논변의 확대를 전편에서도 상술하였지만, 이번 속편에서도 새로운 해설을 붙여 요약 서술하였다. 그것은 그후 조선조 후기까지의 철학적 사유의 내용이 사칠논변의 반복이었고, 또한 초기 시작의 맥락을 아는 것이 중요하므로 다시 요약 설명하였다. 다만 시각을 달리하여 문제제기를 함으로써 전편과의 중복을 피하려고 하였다. 예를 들면 전편에서는 퇴계-고봉, 우계-율곡으로 대비하였

으나, 속편에서는 퇴계-율곡, 고봉-율곡으로 대비하였다. 우계 성혼
과 조선 후기 절충파는 전편에서는 따로 논하였으나, 속편에서는 연관
지어 논함으로써 우계의 영향을 강조하였다. 그러나 제2부 3개장은 전
편의 논리와 서술의 연장이라고 할 수 있다. 전편에서 사칠논변의 처
음 맥락을 이해한 사람은 제2부를 자세히 보지 않고 중간중간에 새로
첨부한 현대 철학적 해석만 보면 된다.

　조선조 주자학을 현대 보편적인 철학적 사유의 지평에서 논할 때
의미를 부여할 수 있는 열쇠는 두 가지라고 생각한다. 그 하나는 성리
학과 사고가 비슷한 화이트헤드(A. N. Whitehead)의 과정철학(Process
Philosophy)과의 비교이고, 다른 하나는 사칠론의 윤리적 명제에 대한
메타윤리학적 언어분석이다. 앞의 것은 존재론, 즉 형이상학의 문제이
고, 뒤의 것은 도덕론 내지 윤리학의 문제이다. 중세 자연법적 사유
체계는 가치와 사실 문제를 일치시켜 보는 사유방식을 갖고 있었다.
그러므로 사칠론을 둘러싼 많은 논의에는 가치와 사실 문제, 리와 기
라는 형이상학적 범주에 대한 해석 문제, 유신론이 아니면서 초월적
궁극자를 논하는 종교관의 문제, 서양 기독교의 신정론神正論과 비교
되는 악惡에 관한 해석 문제 등에 대한 시각의 차이가 얽혀 있다. 또한
동일한 개념으로 존재와 도덕 가치를 함께 논하는 데서 오는 혼란, 주
자학의 권위에 일임하여 동어반복을 할 수 밖에 없었던 사유의 단조로
움, 한자-한문의 표현상의 한계 등도 함께 개재되어 있다. 그러므로
사칠논쟁에서 시작된 조선조 주자학의 철학적 사유와 논변은 인심도
심론, 인물성동이론 등으로 주제가 추가되고, 그후 많은 사람들이 자
기의 체험과 입장의 차이를 투영하여 수없이 많은 혼란을 연출하였다.
그러나 핵심은 역시 사칠론이어서 이것에 대한 이해만 되면 복잡한 여
러 학설의 맥락과 논변의 줄거리가 저절로 풀리게 된다. 물론 여기에
는 유사한 서양의 논리와 철학적 이론들의 도움이 좀 필요할 것으로
생각된다.

　제3부는 전편에서 누락되었던 몇 사람의 특이한 학자들을 다룬 것이다. 전편에서는 갈암 이현일, 녹문 임성주, 노사 기정진, 한주 이진상을 선정하였는데, 속편에서는 우담 정시한, 청대 권상일, 성호 이익, 다산 정약용, 간재 전우, 만구 이종기 및 근현대 고령지역 학자를 고찰하였다. 우담 정시한은 갈암 이현일과 비슷한 시기의 학자로 사상적 입장도 갈암과 비슷하였다. 퇴계 호발설을 도덕론적 관점에서 다루었으므로 율곡의 존재론적 원리로서의 리가 작용이 미약하다고 생각하여 공격하고 퇴계설을 옹호하였다. 청대 역시 퇴계가 고봉과의 논쟁 처음에 제기한 호발설에 진의가 있다고 보고 그 의미를 충실하게 해석하려고 노력하였다. 여기에서 다산과 간재를 제외한 학자들은 모두 퇴계학을 신봉한 학자들이므로 전편에서 다룬 퇴계에 대한 2편의 논문이 참고가 된다. 이 속편의 제2부의 요약을 참고해도 물론 무방하다.

　우담이나 청대와 비슷한 시기에 살았던 성호 이익도 실학과 서학에 많은 관심을 가졌지만, 성리학에도 깊이 연구한 것은 아니지만 관심을 표명하였다. 그리하여 퇴계설을 옹호하는 입장을 취하고, 그 결과『사칠신편』이라는 저술을 남겼는데, 실학자이면서 퇴계의 도덕론 위주의 사칠설에 좌단한 것은 학파적 의식인지 순수 학문적 관심인지는 알 수 없으나 매우 흥미로운 일이다. 다산 정약용은 실학자이지만,『중용』을 매개로 천주교 교리를 받아들였던 학자이므로 종교적 문제에 당연히 관심을 가질 만했다. 그러므로 실학과 서학을 수용한 유학자로서 성리학의 사칠문제를 어떻게 보았는가 하는 것이 관심의 대상이 되지 않을 수 없다. 결론적으로 말하면 그는 천주교의 영향으로 사칠론 개념 설명을 약간 다르게 하는 변화를 보여주었고, 사칠론을 미시적으로 탐구하기보다 거시적으로 보아 퇴계와 율곡설 모두 일리가 있다고 하였다. 그러나 성호와 다산, 두 사람 다 역시 실학자로 철학적 사유에는 한계를 보였다.

한말의 성리학자 간재의 경우 그의 심성론은 주리적主理的이라 할 수 있는데, 율곡의 심성설을 계승했으면서도 그가 표방한 성사심제설性師心弟說이나 성존심비설性尊心卑說, 또는 심본성설心本性說 등은 심-성을 비교하여 명제를 만들었고, 성리학의 기본적인 심·성 구조론에서 보면 대동소이할 뿐만 아니라 성을 기본으로 한다는 점에서 역시 주리론적 심성론이라 할 수 있다. 간재의 성사심제설이나 성존심비설은 그 취지는 맹자의 성선性善이나 성리학의 성즉리性卽理와 마찬가지로 도덕적 권유의 메시지를 전하고 있지만, 성리학적 어법상 조금 어색한 느낌이 든다. 한말에 와서 주자학이나 성리학을 가지고 사유를 진행하기에는 시대가 너무 바뀌었고, 그런 상황에서 철학적 사유를 한다면 무엇인가 탈출구가 필요한데, 적절한 용어를 창출하지 못한 것 같다.

경북 고령지역 학자는 순수 철학적 사유를 기준으로 한다면 만구 이종기, 홍와 이두훈을 들 수 있다. 그러나 한말의 경상도 지역의 유학 경향과 시대 상황을 살펴볼 때 이 지역 주요 인물로 볼 수 있는 성와 이인재를 함께 다루었다. 만구 이종기는 퇴계설을 충실히 계승하면서 한주의 심즉리설을 비판하였다. 그는 전형적인 성리학자로서 한주의 심즉리 주장은 율곡의 심시기설心是氣說과 마찬가지로 병폐가 있다고 평하였다. 홍와 이두훈은 한주의 성리설인 심즉리설을 충실히 계승하고, 그것을 수호하는 데 노력하였다. 한말의 시대적 격동기에 성리학으로서 사유하는 것이 전통의 계승이라는 장점은 있지만, 오히려 그것보다 시대의 흐름을 타면서 역동적인 학자의 모습을 보이는 것이 더 바람직했을 것 같다. 면우 곽종석의 문하인 성와 이인재 같은 경우 그런 면모를 보이고 있다. 그는 초보적이지만 서양 철학을 공부하여 새로운 문명을 호흡하였다.

한국의 철학적 사유 ― 물론 서양철학적 용어를 빌려 표현하는 것이지만 ― 는 사칠론에서 시작되었고, 그후의 많은 학자들의 철학적 사유도 이것을 기본으로 하여 전개되었다. 조선조 선비 사유 문화의 핵심 내용을 이루었다 해도 과언이 아니다. 전편에 이어 이번 속편에서 다룬 이들을 함께 본다면 조선조 선비 문화, 사유의 문화 전체 윤곽을 그릴 수 있고, 현대 철학적 의미 또한 분명히 드러날 것이다. 물론 이 속에서 주자학과 다른 한국의 창의적인 ― 당시 학자들은 주자와 다르게 철학 한다는 생각이 없었지만 ― 주자학 전개 양상도 볼 수 있을 것이다. 앞 으로 이 두 책에서 다루지 못한 기호학파의 사칠론이라든가 인물성론 등을 더 연구하여 보완하면 그야말로 보편철학적 지평에서 '한국 (조선 조) 철학사'가 이루어지리라 본다.

이번 속편에서는 많은 연구가 이루어진 퇴계 이황과 율곡 이이의 연구사를 더듬어 보았다. 다만 퇴계의 경우 1995년까지의 연구, 율곡 의 경우 1999년까지의 연구를 대상으로 하였고, 최근 것은 아직 손대 지 못하였다. 다만 「율곡철학 (리기론) 논문 해설」 (율곡학연구총서―논 문류―전10책 중 제2책 게재)은 2005년까지 비교적 최근까지의 논문을 망라하였다. 이 「논문 해설」은 부록-3의 「율곡연구의 성과와 반성」의 보충자료의 성격이므로 덧붙였다. 퇴계·율곡의 연구사 검토를 하면서 나 자신 많은 시사를 받았고, 그것을 토대로 연구 주제를 잡았다. 여 기 실린 논문 사이사이에 곁들인 소위 철학적 해석과 연구사 검토에 붙인 해설과 논평은 맥락과 내용이 같으므로 함께 참조 바란다.

전편인 『조선조 주자학의 철학적 사유와 쟁점』은 학술원 우수학술도 서로 선정되었고(2007년), 작년에는 현송문화재단에서 수여하는 '주자 학상朱子學賞'의 수상 대상이 되기도 했다. 이번에 이어서 속편을 내게 되어 필자로서는 매우 기쁘게 생각한다. 그러나 일반인이 읽기에는 좀 어려운 전문서적인 것 같다(2007년 '교양서'로 간행한 『주자―동아시아 세 계관의 원천』이 올해 재판을 인쇄한 것에 비해 보면). 많은 학자들이 주자를 좋아하고 주자에게 충실하게 연구를 한 점에서 조선조의 경우 중국에 비해도 손색이 없다. 그것 자체가 또한 한국의 철학적 사유 문화를 이

루었다 해도 과언이 아니다. 그러므로 주자학의 철학적인 면 — 형이상
학과 도덕론 — 을 잘 알기 위해서는 조선조의 철학적 사유를 반드시
참고하지 않을 수 없다.

　이번에도 성균관대 유교문화연구소에서 지원을 아끼지 않아 이러
한 전공 서적이 세상에 나오게 되었다. 전 소장 최일범 교수, 신임 소
장 김성기 교수, 동 연구소 책임연구원 진성수 선생님께 감사드리고,
성균관대 출판부 신철호 님과 여러분께도 감사의 인사를 전한다.

2010년 여름
솔바람 이동희

| 일러두기 |

- '리理'는 '철학적 용어'로 나올 때는 한글 표기의 경우 특별히 '리'로 표기하였다.
- 주자, 퇴계 등 성리학자의 경우 이름 표기가 원칙이나 호나 존호를 쓰기도 하였다.
- 현대 중국인과 일본인의 경우 그 나라말로 읽되 우리말 발음도 고려하였다.
- 한문 원전의 출처 표기 '면面'은 한적漢籍의 판심면版心面이다.
- 번역서의 경우 원저자 다음에 일일이 '저'라고 표시하지 않았다.

차례

제3부 | 조선 후기 철학적 사유의 심화

| Table of Contents |

The Philosophical Thinking and Debates on Zhu Xi`s Thought in the Joseon Dynasty (Ⅱ)

Part Ⅲ The Deepening of Philosophical Thinking in the Late Joseon Dynasty

Appendix The Current Situation of Research on Neo-Confucian Theory during the Early Years of the Joseon Dynasty

제1부 여말선초의 불교와 주자학

제1장 여말선초 주자학의 도입과 유·불 교섭

I. 서 언

고려는 말기에 오면서 불교의 사회적 폐단이 크게 일어나 사회 지도 이념으로서의 기능을 잃고 있었다. 마침 중국의 원으로부터 주자학이 고려에 들어오자 신진 사류들은 새로운 사조로서의 주자학에 큰 매력을 느끼기 시작하였다. 고려가 망하고 조선 왕조가 성립되면서 이 주자학을 건국 이념으로 삼게 되었다. 중국에 있어서도 원에서 명으로 왕조의 교체가 있었으므로 조선의 주자학 수용은 매우 자연스러운 것이었다. 여말선초의 사상적 상황은 이러한 왕조교체와 밀접한 관련 아래 이루어졌다.

여말의 주자학은 회헌晦軒 안향安珦(1243-1306)에 의하여 도입되었다. 그후 국가에서 성균관을 중수하고 과거에 주자의 『사서집주四書集註』를 채택함으로써 시대사조가 일신하게 되었다. 성리학, 곧 주자학은 인간 도덕과 우주 존재 문제를 체계적으로 탐구하면서 초월적인 세계보다 일상 삶의 윤리라는 현실적인 세계를 중요시하는 사상이므로 자연 불교와 사회정책면이나 종교 교리면에서 갈등을 빚지 않을 수 없었다. 그러나 여말의 이색李穡 등 여러 기성세대 학자들은 불교에 이미 친숙하였던 관계로 불교와 주자학을 동시에 수용하려는 절충적 입장을 가지고 있었다. 그러나 젊은 신진사류들은 주자학으로써 세상을 구제하려는 생각으로 불교의 사회적 폐단을 격렬하게 비난하였으며, 교리면에서도 성리학을 불교에 대체하려 하였다.

조선의 건국과 더불어 불교에 대한 비판은 매우 체계적으로 이루어 졌다. 정도전의 불교 비판이 그것인데, 송대 성리학자들의 여러 불교 비판 논설을 참조하여 행하여졌다. 불교의 교리에 대한 비판 이외에 여말부터 심각히 논의되었던 불교의 사회적 폐단의 문제는 이미 조선 건국과 더불어 행해진 토지개혁에 의하여 사회구조 자체가 큰 변혁을 이루었으므로 자연 새로운 기풍으로 전환되어 갔다. 그러나 민간에서 의 각종 불교적 습속은 쉽사리 없어지지 않아 조선 초기 상당 기간까 지 불교적 습속이 행해지고 있었다. 그러므로『주자가례朱子家禮』의 시행도 주자학의 도입과 함께 정몽주鄭夢周 등 일부 주자학 선각자에 의해 수용되고, 조선 초기 국가에서 사대부들에게 적극 권하기도 하였 으나, 정착하기까지에는 상당한 시일이 걸렸다.

불교에 대해 이론적으로 비판을 가한 사람은 삼봉 정도전이 처음이 다. 그는 이성계를 도와 조선 개국에 필요한 모든 전장문물 제도를 마 련하였지만, 또한 가장 중요한 건국의 이념을 유교(주자학)로 정립하였 다. 이것으로 당시 사회적 이념 기반이었던 불교를 공격하였던 것이 다. 그 이론은 물론 송대 성리학자들의 불교 비판 이론을 대체적으로 원용하였다. 그의 이러한 공격은 이론적 비판의 형식을 취하고 있지 만, 그것이 송학의 벽불론을 넘어서지 않는 점이라든가 또 그의 정치 적 위치를 볼 때 그의 비판은 역시 정치적인 성격이 강함을 알 수 있 다. 그러므로 여말선초 주자학 도입 이후의 유·불 갈등과 교섭은 조 선조 개국이라는 정치적 변혁에 의해 곧 마무리되었으며, 따라서 상호 교리적 비판이나 공격이 치열하고 오래 계속되지는 않았던 특징을 볼 수 있다. 그 중요한 이유 중의 하나는 당시 불교의 사회 경제적 폐단 이 고려 국운의 쇠퇴에 수반하여 심각하게 나타난 점과 불교라는 초세 간적 종교가 정치 사회적인 자신의 폐단을 극복할 수 없는 원초적 한

계를 가지고 있었기 때문이다. 그것은 불교의 입장에서 유교나 성리학
을 교리상에서 심도 있게 공격한 것이 조선초 기화己和의 『현정론顯正
論』 정도인 것만 보아도 알 수 있다.

여말선초 유·불의 갈등과 교섭을 깊이 논하려면 송학의 벽불론이
나 거슬러 올라가 중국의 중세기 유·불 간의 교리적 논란 등과 비교
해 보아야 할 것이지만, 그것은 다음 기회로 미룬다. 다만 여기서는 기
초 작업으로서 여말선초 주자학의 도입에 따른 유·불 간의 대립과 갈
등 및 교섭과 절충의 실상을 고찰하고자 한다.

본고에서는 유·불 간의 갈등과 교섭에 못지않게 당시 도입한 주자
학을 학자들이 어떻게 이해하였는가 하는 점도 분석하였다. 당시 여말
선초의 학자들은 이미 불교를 아는 사람들이었으므로 그들이 주자학
을 이해하는 데는 자연히 불교와 주자학(유교)을 비교 이해하는 방법을
취할 수 없었을 것이다. 그러나 불교에 대한 태도 여하에 따라 주자학
에 대한 태도도 학자에 따라 달랐다. 대개 신구 세대 간의 차이가 있
었고, 불교 배척의 강도에 따라 강온의 차이가 있었다고 할 수 있다.
이러한 차이는 또 주자학의 이해에도 그대로 반영되었다.

본고에서 '성리학'이라는 용어와 '주자학'이라는 용어는 오버랩핑되
는 면이 다소 있어 명확히 구분되지 않고 통용되었다. 노·불 비판이
나 기론氣論, 송대 학풍 등의 의미가 강할 때, 또는 넓은 범위로 말하
고자 할 때는 성리학이라 하고, 그외는 주자학이라 하였다.

II. 여말 주자학의 도입과 전파

고려는 후기에 와서 무신집권 이후부터 유학이 침체되었는데, 고종
때부터 몽고와의 항전으로 경제가 침체되어 문교文敎와 문화 전반은
더욱 어려웠다. 불교도 고려말로 갈수록 부패와 타락의 면을 보였고,

그로 인한 국가 재정의 어려움은 갈수록 심해졌다. 거기다 밀교密敎·
풍수도참風水圖讖 등이 성행하여 풍속이 퇴폐해져 갔다. 충렬왕 때 와
서 문교정책이 새로 정리되고 재정상의 문제도 안향의 건의로 섬학전
贍學錢을 설치함으로써 조금 나아졌다. 공민왕 때 와서 학교를 개수하
고 당시 전래된 주자학을 강론하기 시작하였다.

주자학이 들어오기 전에는 고려 지식인들이 대개 불교는 개인의 안
심입명에 유효하고 정치와 교육은 유교로 실행해야 한다고 생각하였
다. 그러나 성균관을 중심으로 주자학을 새로 강론하게 되자 주자학의
입장에서 불교와 승려의 타락을 노골적으로 공격하거나 더 나아가 불
교 자체를 이단으로 배척하려는 기운이 점점 거세어졌다.

고려말의 주자학은 충렬왕 때 원나라로부터 안향이 가져와 전래한
것이다. 원래 주자학은 노장이나 불교의 초세간적인 사상을 비판하고
사회참여 정신을 고취하였고, 나아가 이민족에게 침략당한 당시 남송
南宋의 시대 상황을 반영하여 내셔널리즘적인 경향을 강하게 갖고 있
었다. 주자학의 이러한 민족주의적 성향과 이단 배척의 경향은 원으로
부터의 독립과 사회 기풍의 쇄신을 필요로 한 당시의 고려로서는 환영
하지 않을 수 없었다. 뿐만 아니라 당시로서는 주자학이 노장 사상이
나 불교에 비해 윤리적이고 합리적인 사상이었다. 그 점에서 국가 통
치 이념이나 학술 문화의 지표로서 주자학은 자연스럽게 수용될 수 있
었다.

안향은 고려 충렬왕 15년 원나라에 가서 『주자전서朱子全書』를 베
끼고 공자·주자의 상을 그려가지고 왔다.[1] 뿐만 아니라 그는 당시 교
육 제도를 쇄신하기 위하여 육영재단인 섬학전을 만들었다. 그가 당
시 학교의 쇠퇴와 유교의 부진을 탄식하여 읊은 '향등처처香燈處處'의

---

1 『高麗史』, 「列傳」, 安珦傳.

시[2]는 당시 사정의 일단을 잘 말해주고 있다. 그는 충선왕을 따라 원나라에 다녀온 일이 있었는데, 당시 원에서는 중국 고제古制에 따라 국자감國子監과 공자묘를 세우고 사전祀典의 예禮와 과거를 시행하였으므로 문교가 크게 일어났다. 안향의 고려에서의 유학 진흥도 이러한 견문에 힘입은 바가 컸다. 그는 국학國學의 생도에게

성인聖人의 도는 현실생활 속에서 실천하는 것 이외의 다른 것이 아니다. 자식된 이는 효도하고 신하된 이는 충성하며, 예로써 집안을 다스리고 신의로써 벗을 사귀며, 경으로써 자기 자신을 수양하고, 일을 함에 있어 정성을 다할 뿐이다. 그런데 불교는 어떠한가? 부모를 버리고 출가하여 인륜을 파괴하니 이는 오랑캐의 무리인 것이다. 근래 전쟁에 시달린 나머지 학교가 퇴폐하고 선비는 학문을 몰라 배운다는 것이 고작 불서佛書나 즐겨 읽고, 그 허무공적虛無空寂한 뜻을 믿으니 가슴 아파하는 바이다. 내 일찍이 중국에서 주회암朱晦庵의 저술을 얻어 보니, 성인지도聖人之道를 밝히고 선불지학禪佛之學을 배척한 공이 공자에 짝할 만하였다. 그러므로 공자의 도를 배우고자 하면 회암을 배우는 것보다 우선할 것이 없으니, 제생들은 『주자신서朱子新書』를 읽는 데 힘쓰고 조금도 게으름이 없어야 할 것이다.

라고 하여[3] 노·불의 허무공적의 경지를 버리고 일상적인 윤리로 돌아와 비근한 데에서부터 진리를 구하며, 공부는 주자서를 읽는 것으로 시작해야 한다는 뜻을 훈시하였다. 이를 통하여 안향에 의한 초기 주자학 도입의 상황을 엿볼 수 있다.

뿐만 아니라 안향은 박사 김문정金文鼎을 중국 강남江南에 보내어

---

2 위의 책: 香燈處處皆祈佛, 簫鼓家家亦賽神. 惟有數間夫子廟, 滿庭秋草寂無人.
3 『晦軒集』, 「諭國子諸生文」.

공자와 칠십제자의 화상畵像을 모사하고, 아울러 제기·악기 및 육경과 제자서諸子書를 구입해 오도록 하였다.

이로부터 주자학은 차차 이재彝齋 백이정白頤正, 역동易東 우탁禹倬, 포은 정몽주 등에 의해 계승 전개되고, 다시 삼봉 정도전, 양촌 권근, 야은冶隱 길재吉再로 연결되어 이론적으로 깊이 있게 이해되기 시작하였다. 안향의 문인으로서 수학한 사람 중에는 당대의 큰 학자가 많았으나 백이정, 우탁, 국재菊齋 권보權溥 등이 저명하였다.

백이정은 성균관 대사성을 지낸 백문절白文節의 아들이다. 익재益齋(별호 實齋 ; 櫟翁) 이제현李齊賢의 『역옹패설櫟翁稗說』에 의하면 충선왕을 따라 원나라에 들어가 10년간 유학하고, 정주程朱의 성리서性理書를 많이 갖고 왔다고 한다.[4] 안향이 주자학의 소개자요 숭배자라면, 백이정은 주자학을 배워가지고 온 최초의 주자학자라고 할 수 있다. 그의 문인에는 이제현과 치암恥庵 박충좌朴忠佐가 있다.

우탁은 성균관 좨주를 지냈고 이천역伊川易(宋 程伊川의 『易傳』)을 연구하였다. 뒤에 퇴계가 우탁을 기리기 위해 안동에 역동서원易東書院의 창건을 주창하였다. 권보는 첨의정승僉議政丞을 지냈는데, 주자의 『사서집주四書集註』를 판각하여 보급하였다. 충혜왕 5년(1344) 과거법을 개정하여 초장初場에서 육경의六經義와 사서의四書疑를 시험하도록 하였다.

이제현은 권보의 사위이며, 백이정의 문인이다. 경학과 문장으로 일세의 거벽이었다. 오경 중심의 경학과 성리학의 병진을 바람직하게 생각하여 유학의 본령인 수기치인修己治人에 충실하고자 개인의 수양과 경세적 실용을 동시에 중시하였다. 즉 도덕적인 실천학과 경세치용의 실용학의 병진이었다. 이는 당시 원에서 성행하던 실천적인 주자학풍

---

4 『櫟翁稗說』, 前集 (二).

의 영향이라고 할 수 있다. 그러나 정치개혁은 개량적 입장이었으며, 불교비판도 역시 소극적이었다. 그의 이러한 학술과 정치사상은 문인 인 목은 이색에게 계승되었다.

Ⅲ. 불교와 유교의 갈등과 교섭

주자학이 전래되어 강론되자 당시 유학자들 사이에서는 유교의 입장 에서 불교를 비판하는 소리가 점점 커졌고, 그리하여 이러한 갈등과 반목이 커짐에 따라 적극적으로 벽불론闢佛論이 주창되었다. 당시 벽불 론은 두 파로 구분할 수 있는데, 한 파는 당시 불교 교단의 폐해와 승려 의 타락을 공격하기는 하나 불교 자체는 긍정적으로 이해하려는 경향 이었고, 다른 한 파는 불교 교리 자체를 부정하여 불교 교리는 윤리를 해치고 사회 국가의 기강을 무너뜨린다고 본 경향이었다. 전자는 대개 최해崔瀣, 이제현, 가정稼亭 이곡李穀, 이색 등이었고, 후자는 이인복李 仁復(백이정의 제자), 백문보白文寶, 정몽주, 정도전 등이었다. 특히 정도 전에 와서는 독립된 저술로써 논리적으로 벽불 이론을 폈다.

앞에서 언급한 안향은 주자학의 입장에서 불교와 유교를 비교하였는 데, 그는 윤리적 측면에서 불교의 폐해를 이렇게 지적하였다. 즉 앞에 서 인용한 바와 같이 유교는 현실생활에서 윤리를 실천하나 불교는 부 모를 버리고 집을 나가서 윤리를 파괴하니 오랑캐의 무리라고 하였다.[5]

최해는 "세상에서 불교를 너무 지나치게 받들어 가는 곳마다 탑과 절이 서로 바라다 보이고, 그 무리는 모두 권세에 의지하고 금력을 휘 둘러 사대부를 노예와 같이 보며 민중에게 해독을 끼치니 우리 유교에

---

5 위와 같음.

서 취하지 않는다"[6]라고 하여 그 폐단을 지적하면서도 "대저 불교는
선을 좋아하고 불선을 미워하는 것으로 그 명심견성明心見性의 설에
서 본다면 우리 유학과 비슷한 것이다"[7]라고 하여 당시 지식인이 불교
를 좋아하는 것에도 이유가 있다고 하였다.[8]

이제현은 당시 불교의 폐해에 대하여 "내가 보기에는 근세의 불교
계는 반드시 권문호족에 의지하여 백성과 나라에 해를 끼친다"[9]라고
하면서도 불교 자체에 대하여는 "불씨(불교)의 도는 자비와 희사喜捨로
근본을 삼으니 자비는 仁의 일이요, 희사는 義의 일이다"[10]라고 하여
불교의 일면을 인정하였다. 그리고 이곡도 "성인의 호생지덕好生之德
과 불교의 불살지계不殺之戒가 동일한 인애仁愛요, 동일한 자비慈悲
다"[11]라고 하였다.

이색은 수년간 원나라에 유학하였고, 당시 정계·학계에서 정몽주
와 더불어 추앙받던 인물이었다. 충목왕 4년 원에 가서 국자감 생원으
로 성리학을 연구하였고, 중국의 학자와 교류도 하였으며, 원의 과거
에 급제하여 여러 벼슬을 지냈다. 공민왕 때 전제의 개혁, 왜구 방비대
책, 유학의 장려와 교육의 진흥정책, 불교의 억제 및 정화 등 시정을
건의하기도 했다. 또 『주자가례』에 따라 3년상을 행하도록 건의하기
도 하였다.

공민왕 16년(1367) 나라에서 성균관을 보수하고 그를 대사성으로
임명하자, 성균관의 학칙을 새로 제정하고 경술經術에 능한 김구용金
九容, 박의중朴宜中, 박상충朴尙衷, 정몽주, 도은陶隱 이숭인李崇仁 등

---

6 『高麗史』, 「列傳」, 崔瀣傳.
7 위와 같음.
8 위와 같음.
9 『益齋集』 권6, 「重修開國律寺記」.
10 위의 책, 권5, 「金書密敎大藏序」.
11 『稼亭集』 권6, 「金剛山長安寺重興碑」.

으로 교관을 겸하게 하여 성리학의 보급과 국학의 진흥에 공헌했다.

그의 저서를 살펴보면 그는 성리학에 대한 조예도 있었던 것을 알 수 있는데, 그는 성리학의 연원에 대해 "공맹의 학을 강명하여 이씨二氏(노자·석가)를 배척하고 만세를 가르쳐 인도한 것은 주정周·程(주염계와 二程)의 공이다. 송나라 사직이 없어지고 그 설이 북방으로 흘러 들어가자 노재魯齋 허 선생(許衡)이 그 학문을 가지고 원 세조를 도와 중통中統·지원至元 시대의 정치가 모두 이에서 나왔으니, 아! 거룩하도다"라고 하였다.[12]

또 "증자曾子와 자사子思는 다행히 저술하여 오늘에 이르렀는데, 염락濂洛(주염계와 二程)의 학설이 행해진 뒤에야 학자들이 그 글을 읽고 마치 중니仲尼(공자)의 천지에 노는 것과 같고, 중니의 일월을 보는 것과 같았다"라고 하였다.[13] 또 성리학의 강령인 '성즉리性卽理'에 대해서는 "사람이 하늘로부터 얻어서 온갖 이치를 갖추고 만사에 응함은 본연의 선이다. 기질氣質이 혹 이것을 구속하거나 물욕이 혹 이것을 가려 쉽게 잃게 된다. 이것을 얻음은 하늘에 있고 이것을 잃음은 자기에게 있다. 그러므로 본연의 체는 없어진 적이 없다"라고 하였다.[14]

그리고 성리학의 우주론으로서 성리학 이론상 가장 중요한 철학적 내용인 주염계의 '무극태극無極太極'에 대해서는

무극無極의 진眞이란 이름지어 말하기 어렵다. 『시경』에 말하기를 '하늘의 일은 소리도 없고 냄새도 없다'고 하였으니, 이것이 그 무극이 있는 곳인가? 그러므로 주자周子(주염계)가 「태극도」를 지어 '무극이태극無極而太極'이라 하였으니, 대개 이것은 태극이 한 무극임을 말한 것

---

12 『牧隱文藁』 권9, 「選粹集序」.

13 위의 책, 권3, 「陽村記」.

14 위의 책, 권10, 「韓氏四子名字說」.

일 뿐이다. 하늘에 있어서는 혼연할 뿐으로 바람을 일으키고 우뢰를 움직이기 전이며, 사람에 있어서는 적연寂然할 뿐으로 일에 응하고 사물에 접하기 전이다. …… 이것을 거울에 비유하면 곱고 더러운 것은 물건에 있을 뿐이요, 거울에는 아무런 자취도 없는 것과 같다.

라고 하여[15] 우주를 논한 주염계와는 조금 달리 인간의 본성 수양에 대한 이론으로 그것을 이해하고 있다. 그가 '리기理氣'에 대해 언급한 몇 마디의 말도 있지만, 대개 초보적인 언급일 뿐이다. 아직 성리학에 대한 전체적이고 체계적인 이해에는 미치지 못하고 있는 것 같다.

그는 불교의 폐해에 대해 "건국초부터 사찰과 민가가 섞여 있었는데, 중세 이후로 불교가 더욱 번성하여 오교五教·양종兩宗이 사리사욕의 소굴이 된 후로는 도처에 사찰이 없는 데가 없다"[16]라고 하고,

다만 불교도만이 아니라 그 비루한 데 물든 백성 중에는 놀고 먹는 자들이 많다. 부처는 대성인이므로 좋아하고 싫어함이 보통 사람과 같을 것이니 저승에 있는 영혼인들 어찌 그 무리들의 이러한 일을 수치로 여기지 않겠는가. 분명히 금법을 정하여 이미 중이 된 자에게는 도첩度牒을 주고, 도첩이 없는 자는 군대에 보내고, 새로 지은 사찰은 모두 철거해야 한다. 부처는 지극히 성스럽고 공정한 존재이므로 잘 봉양한다고 하여 기뻐하지 않으며 박하게 대접한다 하여 노하지도 않을 것이다.

라고 하였다.[17] 그러나 이색은 승려들의 비행과 그에 대한 국가 시책에 대해 논한 것이지 불교 자체를 논박하지는 않았다. 그의 "부처는

---

15 위의 책, 권3, 「養眞齋記」.
16 『高麗史』, 「列傳」, 李穡傳.
17 위와 같음.

대성인이다"라고 한 것이라든가 "부처는 지극히 성스럽다〔至聖至公〕"
라고 한 말은 뒤에 학자들의 비판 대상이 되었다. 그는 「천보산회암사
수조기天寶山檜巖寺修造記」에서 "나는 본래 불교를 즐기지 않는다"라
고 하였으나, 그의 시문집을 보면 승려와 나눈 이야기라든지, 지공指
空, 나옹懶翁 등 여말 고승의 비명碑銘과 그밖의 많은 사원기寺院記가
보인다. 그는 분명 불교신자였다. 그러므로 불교의 교리를 지키기 위
하여 주육酒肉을 멀리하였으며, 우왕 7년에는 돌아간 아버지(이곡)의
뜻을 이어받아 조부와 부모의 명복을 빌기 위하여 대장경을 만들기도
하였다.

그럼에도 불구하고 그는 성리학에 대체적인 안목을 갖고 있었으며,
한편으로 유교의 입장에서 불교를 이해하려 하기도 하였다. 즉 그는
유교의 경敬과 불교의 적寂을 결부시켜 말하기를 "태극은 '적'의 근
본이다. 일동일정一動一靜하여 만물이 화육化育된다. …… 『대학』의
강령은 정정靜定에 있는 것이니 적寂을 말한 것이 아니겠는가.『중용』
의 가장 중요한 점은 계구戒懼에 있으니 적을 말함이 아니겠는가? 계
구는 경敬이요 정정도 역시 경이다. 경이란 주일무적主一無適일 뿐이
다. …… 스님의 적이란 것도 역시 보리菩提·함식含識의 근원인가?
그 몸은 마른 나무같이 하고 마음은 차가운 재 같이 되어서 적막에
고착되어 버리면 우리 유자들이 새·짐승과 더불어 무리가 되는 것과
무엇이 다른가? 그런 적이란 우리 유자들이 끊어야 할 것이요, 석가
의 죄인인 것이다"라고 하였다.[18] 성리학의 정곡을 찌른 것은 아니나
당시 불교를 빌려 대략 견줌으로써 성리학을 친밀하게 느끼도록 만들
고 있다.

이밖에 그는 유·불의 근원은 다르지 않으며, 불가의 견성見性과 유

---

18 위와 같음.

가의 양성養性이 서로 같은 것이라고 하며 유·불 절충적인 입장을 취하였다. 그는 내면적으로는 불교에 호감을 가지고 있었으므로 이렇게 말하였다.

> 석씨(불교)의 가르침은 중국 바깥[域外]의 교이다. 그러나 중국[域中]의 교를 누르고 독존한 것은 무엇 때문인가? 그것은 역중 사람이 이를 위하기 때문이다. 그 화복인과禍福因果의 설이 이미 사람의 마음을 감동하게 하는 것이 있는데, 석씨를 따르는 자는 다 평상적인 것을 미워하고 속된 것을 싫어하며 명교名敎(유교)의 구속에 따르기를 즐기지 않는 호걸의 인재이다. 석씨가 호걸의 인재를 얻음이 이와 같으니, 그 도가 세상에서 존경을 받는 것은 괴이한 일이 아니다. 이런 까닭에 나는 불교를 거부하지 않는다. 혹 그것을 좋아하기도 하는데, 거기에서 취할 바가 있기 때문이다.

라고 하였다.[19] 그의 이러한 태도는 역시 고려와 조선의 교체기라는 과도기에서 비롯되는 것이라고 할 수 있다.

그는 유·불에 대한 타협적인 태도와 같이 당시 전제개혁 등 정치적 혁신에 있어서도 중소지주 계층과 보조를 같이하여 그들의 이해를 대변하는 개혁파에 속하였으나, 급진적인 개혁을 주장하기보다는 온건한 개량을 주장하였다.

그의 문인은 매우 많았는데, 그중에서도 박상충, 정도전, 권근, 하륜, 이숭인, 길재(정도전과 권근의 문인이기도 함) 등은 여말선초의 큰 학자로서 활약하였다.

정몽주는 고려말 학계나 정계에 있어서 매우 중요한 지위에 있었지

---

19 위의 책, 권1, 「麟角寺無無堂記」.

만, 특히 조선조 유학의 전통에 있어서도 의미 있는 위치를 차지하고 있다. 그는 우리나라에서 성리학에 정통했던 최초의 학자로서 학문이 깊었을 뿐만 아니라 대정치가로서의 자질도 갖춘 인물이었다. 중국과 일본에 여러 번 사신으로 다녀와 견문도 넓었다.

그는 당시 성균관 교수 중에서도 제일의 주자학자로 이름이 나 있었다. 그의 전기에는 다음과 같은 기록이 보인다.[20]

정몽주가 성균관에서 『사서四書』의 주자집주朱子集註를 강의할 때, 다른 사람보다 벗어난 의견이 있어 모두 의심하였는데, 뒤에 호병문胡炳文의 『사서통四書通』이 들어오자 그것과 부합되지 않는 바가 없어 선비들이 탄복하였다.

이 기록은 당시 주자의 『사서집주四書集註』가 강론되었을 때 정몽주가 주자학에 대해 가장 이해가 깊었음을 말하고 있다. 이색은 "정몽주의 이론은 무엇을 논하건 이치에 맞지 않는 것이 없어 동방리학東方理學의 조조祖로 높인다"[21]라고 극찬하였다.

정몽주가 일찍부터 사서를 읽은 것을 알 수 있는 자료가 있다. 정도전의 「포은주사고서圃隱奏使稿序」에 "하루는 여강驪江 민자복閔子復을 만났더니, 그는 나에게 말하기를 '내 정 선생(정몽주─필자주)을 뵈었더니 선생은 사장詞章은 말예末藝이고 이른바 신심身心의 학문이 있으니 그 학설이 『대학大學』『중용中庸』 두 책에 있다 하여 지금 나는 이순경李順卿과 함께 두 책을 가지고 삼각산三角山 승방僧房에 가서 공부하고 있다'라고 하였다. 이에 나는 곧 두 책을 구하여 읽었는데, 얻은 것은 없었으나 매우 기뻤다 ……"[22]라고 하였다. 이를 보면 정몽

---

20 『고려사』, 「열전」, 鄭夢周傳.
21 위와 같음.

주가 일찍부터 『사서』에 관심을 가진 것을 알 수 있다. 이어서 정도전
은 또 말하기를

　　목은 선생이 성균관을 이끌면서 성리학을 주창하고, 경박한 습속을
　　내침에 선생을 발탁하여 학관學官(교수)을 삼아 경학을 강론케 하니, 선
　　생은 『대학』의 요점과 『중용』의 속뜻에 있어서 명도明道 정호程顥가 전
　　한 도의 의미를 얻었고, 『논어』, 『맹자』의 핵심인 마음 수양하는 법과
　　실천을 확충하는 법을 얻었으며, 『역易』에 있어서 선천先天, 후천後天의
　　서로 체용體用됨을 알고, 『서書』에 있어서 정일집중精一執中이 제왕의
　　전수심법임을 알았으며, 『시詩』는 민의물칙民彝物則을, 『춘추春秋』는
　　도의道義와 공리功利를 분변하는 것임을 알았다.

라고 하여[23] 정몽주가 『사서』뿐만 아니라 여러 경전에도 조예가 깊었
음을 말해주고 있다.
　또 그의 문집에는 『역』을 읽은 감회의 시詩가 몇 편 실려 있는 것을
볼 수 있는데, 특히 그는 『역』에 조예가 깊었음을 알 수 있다.[24] 그의
시 중에 '간괘艮卦의 육효六爻를 자세히 궁구하면 『화엄경華嚴經』을
읽는 것보다 낫다는 것을 알 것이네'[25]라고 읊은 구절은 그가 은연중
유교와 불교를 비교하고 있었음을 알 수 있다. 또 '원조권자圓照圈子'
라는 시에서는 "'하늘이 둥글고 광대무변하며 거울이 비치는 것 같이
미묘함을 통달하였다'라는 구절은 불교의 도와 마음을 말한 것인데,

---

22 『圃隱集』 권3, 「圃隱奏使稿序」.
23 위와 같음.
24 이색이 정몽주를 추억한 시에 의하면, '늙으막에 易을 배워 伊川을 사모하네'라고
　　하였다. 또 『四書通』을 쓴 호병문도 『周易本義通釋』(12권)을 지었는데, 정몽주도
　　그 영향을 받았는지도 알 수 없다.
25 위의 책, 권2, 「讀易寄子安大臨兩先生有感世道故云其一, 其二」.

우리 유가에서도 이치에 가까운 것으로 인정한다. 그러나 그 등금이 만사에 응할 수 있으며, 그 비춤이 지극히 정밀하다고 할 수 있는가? 내가 영산靈山에서 황면노자黃面老子(석가)를 만날 기회가 없음을 한탄하노라"라고 하기도 하였다.[26] 여기서 석가를 '황면노자'라고 한 것은 불교를 낮추어 말한 것이므로 그는 유·불을 비교해 보기는 하되 역시 유가의 입장에서 불교를 보고 있음을 알 수 있다.

그는 주자학 내지 성리학의 입장에서 유·불의 다른 점을 밝히고 불교를 이단으로 배척하였다. 그는 대사성으로 있으면서 경연에서 다음과 같이 진언하였다.[27]

유자儒者의 도는 모두 평범한 일상에서 벗어나지 않습니다. 예를 들어 음식과 남녀 애정 같은 것은 모든 사람들에게 같은 것이며, 거기에 지극한 이치가 있습니다. 요·순 임금의 도도 또한 이를 벗어나는 것이 아니니, 동정어묵動靜語默(일상생활)에 그 바른 것을 얻는 것이 곧 요순의 도요, 처음부터 고원하여 행하기 어려운 것이 아닙니다. 저 불교는 그렇지 않으니, 친척을 버리고 남녀 관계를 끊어버리며, 홀로 바위굴에서 거친 옷과 음식으로 공空을 탐구하며 세상이 적멸寂滅하다는 것만 믿음으로 삼으니, 어찌 일상평범의 도라고 하겠습니까?

그는 더 나아가 불교배척[斥佛]이 유학자의 책임이라고 선언하기에 이르렀다. 그는 "신臣 등이 알기로는 불씨를 배척하는 것은 유학자의 일상의 일입니다"[28]라고 하고, 또 "삼강오륜에 위배되는 불교를 반대하는 유자(유학자)를 왕이 만일 죄를 주신다면 그것은 왕이 자신을 훼

---

26 위의 책, 권3, 「圓照圈子」.
27 위의 책, 續錄 권1, 「經筵啓辭」.
28 『고려사』, 「世家」, 恭讓王 3年條, 鄭夢周의 「請赦金貂毁佛罪疏」의 一段.

멸하는 것입니다"[29]라고 극언하였다. 이 말은 공양왕 3년 성균관 박사
博士 김초金貂와 학생 박초朴礎 등이 과격한 척불상소斥佛上疏를 올리
므로 왕이 그들을 벌하려 하자 정몽주가 사면을 요청한 상소에서 한
말이다. 왕은 그의 주청대로 이들을 풀어주었다.

　그는 불교의 폐단을 몸소 경험했으므로 불교의 개혁을 절감, 성리학
이론에 입각하여 불교를 이단으로 규정, 배척하는 데 앞장섰다. 그러
므로 정도전은 정몽주가 불교 책을 읽는 것은 불교를 이단으로 배척하
기 위해서였다고 하였다. 정도전은 "요즈음 오가는 말을 들으니 '달가
(정몽주-필자)가 『능엄경』을 읽어 부처에게 아첨하는 것 같다'고 합니
다. 그래서 나는 '달가가 『능엄경』을 보지 않으면 어찌 불교 학설의
그릇됨을 알 것인가? 달가가 『능엄경』을 보는 것은 그 속의 병통을
알아 약으로 쓰려는 것이지 그 도를 좋아하여 정진하려는 것이 아니
다'라고 했습니다"라고 하였다.[30]

　이로부터 벽불(척불 ; 불교배척)은 공공연히 행해졌고, 주자학이 불교
를 대신하여 모든 면에서 혁신을 주도하게 되었다. 정몽주의 이러한
공로는 유교의 입장에서는 획기적인 것이었다. 정몽주의 벽불은 이제
현·이색보다 한 걸음 더 나아가 이들과 정도전의 중간 위치에 있었다
고 할 수 있다.

　당시 사대부의 장례는 공식적으로 유교의 오복제五服制에 의거하도
록 되어 있었으나, 실상은 백일탈상을 행하였다. 정몽주는 양친의 상
을 당하여 3년상을 다 지내었다. 또 공양왕 2년(1390)에는 왕에게 선비
나 일반백성으로 하여금 모두 『주자가례朱子家禮』에 의하여 가묘家廟
를 세우고 조상의 제사를 지내게 하도록 청하였다. 정몽주는 불교에
대한 비판을 통하여 성리학의 근본 이념이 학계나 정계로부터 민간의

---

29 위와 같음.
30 『三峯集』 권3, 「上鄭達可書」.

풍속이나 신앙·복제에 이르기까지 영향을 미치도록 하였다. 이는 그
의 정치적 역량이나 당시의 지위가 아니면 해낼 수 없는 일이었다.

도은陶隱 이숭인李崇仁은 이색의 문인으로 '삼은三隱'의 한 사람이
다. 그는 이제현-이색으로 이어지는 문학유文學儒라 할 수 있다. 그는
시문에 뛰어나 이색 이후로 제일의 문장가로 꼽혔다. 권근은 그의 문
장과 학문에 대해 "성산星山의 도은 이선생은 고려 말엽에 태어났는
데, 타고난 자질이 영특하고 학문이 정밀박대하였다. 염락濂洛(염계와
二程 형제)의 성리설을 바탕으로 하여 경사자집經史子集과 제자백가의
글을 꿰뚫지 않은 것이 없어서, 나아간 바가 이미 깊고 식견이 더욱
높아 뚜렷이 정대한 경지에 서게 되었으며, 불교와 노장의 학설까지도
그 시비를 연구하지 않은 것이 없었다"라고 하였다.[31] 그러나 그는 불
승들과 교유가 많았고, 불교비판에 대해서도 비교적 온건한 입장을 취
하였다.

그의 성리학에 대한 식견을 몇 가지 들어보면 다음과 같다. 그는 소
학小學 과정 공부를 중시하였다. 즉 그는 "옛날에는 소학 과정과 대학
과정이 있었다. 8세부터 15세까지 쇄소응대灑掃應對하는 소학 공부를
한 다음 격치성정格致誠正, 수제치평修齊治平의 대학 공부로 나아가게
한 까닭에 단계가 분명하였다"라고 하여[32] 주자의 소학·대학의 구분
론을 원용하고 있다. 또 맹자의 호연지기浩然之氣를 설명하며 "무릇
대화大化(우주 변화)가 유행함에 음양오행의 정精(에센스)이 응결하여
사람이 생겨난다. 생기게 하는 것은 곧 천지의 기氣이다. …… 그 기의
체體는 호연할 뿐이고 다만 잘 기르는 데 있을 뿐이다. 기르는 것이
그 도를 얻게 되면 나의 기는 곧 천지의 기일 뿐이다"라고 하여 성리
학에 대한 초보적인 이해를 보이고 있다.

---

31 權近,「陶隱先生詩集序」.
32 『陶隱集』 권4,「贈朴生詩序」.

그도 역시 다른 여말의 성리학자들처럼 『역』에 대해 관심이 많았다. 그는 '복괘復卦'를 주목하여 천지 자연, 성인과 보통 사람의 세 가지 '복復(되돌아옴)'이 있다고 하여 '천인합일天人合一'로 설명하였다. 즉 자연에서는 만물이 싹터나옴이 복이요, 성인은 사물에 접촉하지 않을 때의 마음으로 돌아가는 것이 복이요, 보통 사람은 물욕을 털어내고 본성을 회복하는 것이 복이라고 하였다.[33]

그 역시 이미 알고 있는 불교적인 식견과 승려들과의 교유를 유지하는 상황에서 새로운 학설인 성리학을 초보적인 수준에서 수용하고 있었다.

IV. 조선 초기 정도전의 벽불론

조선조가 건국되면서 치국이념을 유교, 곧 주자학으로 하자 불교에 대한 배척은 사상적으로뿐만 아니라 정치적으로도 강하게 나타났다. 송대 성리학자의 벽불론을 참고하여 이론을 세워 불교를 강하게 비판한 자는 정도전이 처음이었다.

정도전은 조선 초기 문화 전반에 걸쳐 기초를 세운 인물로서 조선 개국 이후에 심혈을 기울여 지은 벽불闢佛(斥佛)의 저술은 유교입국의 이념에서 나온 것임은 주지의 사실이다.

그의 벽불의 저술은 「심기리편心氣理編」, 「심문心問」, 「천답天答」 3편과 그리고 『불씨잡변佛氏雜辨』이 있다.[34] 「심기리편」은 「심난기心難氣」, 「기난심氣難心」, 「리유심기理諭心氣」 3개절로 되어 있다. 心은

---

33 위의 책, 「復齋記」.
34 『三峰集』 권9에 「佛氏雜辨」 권10에 「心氣理篇」, 「心問」, 「天答」 3편이 실려 있다.

불교, 氣는 도교, 理는 유교를 상징하는데, 「심난기」는 주로 불교의 수심修心의 입장에서 도교의 양기養氣(기 수련)를 비난한 것이고, 「기난심」은 이와 반대로 도교의 양기의 법으로 불교를 비난한 것이다. 마지막 「리유심기」는 유교의 의리義理(윤리)로써 도·불 두 교리를 '깨우친' (유교의 입장에서) 것이다. 요지는 불교는 오직 마음만 닦고 도교는 오직 기만 기르는 데 주력할 뿐, 유교처럼 인간의 도리, 즉 윤리도덕을 모른다고 비난한 것이다. 「심문」, 「천답」 2편은, 전자는 하늘의 불공평을 질의한 것이고, 후자는 이에 대하여 천지의 재앙과 상서祥瑞는 모두 인간사의 득실에서 일어난 것이라고 답한 것, 즉 하늘과 사람 사이의 선악보응善惡報應의 지속遲速에 관하여 설명한 것이다.

「불씨잡변」은 그의 만년의 대작으로 송나라 성리학자의 불교배척의 글〔排佛文字〕을 많이 참고하여 이를 체계적으로 정리한 것인데, 고려말 벽불론의 집대성이라고 할 만한 것이다. 「불씨윤회지변佛氏輪廻之辨」 등 총 19편의 논변으로 되어 있는데, 모두 유교, 즉 성리학의 여러 이론으로써 비판하였다. 「불씨윤회지변」과 「불씨인과지변佛氏因果之辨」은 성리학의 기의 우주론에서 불교의 윤회·인과설이 혹세무민하는 설이라고 비판한 것이다. 즉 논지의 요지는 우주의 삼라만상이나 인간계의 지우智愚·현불초賢不肖·선악善惡·화복禍福 등의 차이가 있는 것은 오로지 음양오행의 기에 청탁후박淸濁厚薄의 차이가 있기 때문이지 불교의 보응報應과 같은 것이 따로 있어서 그런 것이 아니라고 하였다. 즉 그는 말하기를

부처의 말에 '사람은 죽어도 정신은 없어지지 않으므로 다시 태어남에 따라 형체를 받는다'라고 하였다. 여기서 불씨의 윤회설이 일어났다. …… 이제 불씨의 윤회설을 살펴보자. '혈기가 있는 모든 것은 스스로 일정한 수량이 있어서 오고가도 증감이 없다'고 하는데, 그렇다면 천지가 만물을 창조하는 것이 농부의 일만도 못하다. 혈기의 등속이 인간으

로 태어나지 않으면 짐승으로 태어날 것이니, 그 수에 일정함이 있어 이 것이 늘어나면 저것은 반드시 줄어드는 식이 될 것이다.

라고 하여[35] 불교에서 말한 대로 정신이 불멸하여 현세와 내세에서 윤회환생한다고 하면 세상에 존재하는 사물의 수가 일정해야 하므로 이는 불합리하다는 것이다. 성리학의 이론에 의하면 인간의 정신도 기로써 이루어져 있으므로 사람이 죽으면 함께 죽고, 새로운 사물이 생겨나는 것은 새로운 기에 의하여 이루어진다는 것이다. 말하자면 기의 끊임없는 변화에 의해서 만물의 '생생불식生生不息'이 가능하다는 것이다.

「불씨심성지변佛氏心性之辨」과 「유석동이지변儒釋同異之辨」은 유·불의 심성에 대한 견해의 차이를 변론한 것인데, 그 요지는 이런 것이다. 즉 유교의 진심지성盡心知性(마음을 다하여 성을 안다)은 심心에 의거하여 성性(理)을 궁구한다는 것이므로 당연한 말이나, 불교의 소위 관심견성觀心見性은 심이 곧 성이라는 전제 위에서 하나의 심을 가지고 다른 하나의 심을 보는 것이 되므로 모순이 아닐 수 없다는 것이다. 즉 정도전은 말하기를

우리 유가의 설에 말하기를 '진심지성'이라 하였는데, 이것은 마음을 근본으로 하여 이치를 궁구하는 것이다. 그런데 불가의 설에서는 '관심견성하니 마음이 곧 성이다'라고 하였다. 이것은 따로 한 마음을 가지고 다른 한 마음을 보는 것이니 어찌 두 마음이 있다는 말인가.

---

35 위의 책, 권5, 「불씨윤회지변」.

라고 하였다.[36] 이는 불교에서 심을, 인연에 따라 변하지 않는 것, 즉 형기形氣를 초월한 것으로 여겨, 심을 수양하면 외부 사물에서 벗어나 본심이 바로 성이라는 경지에 이를 수 있다고 한 데 대하여 비판한 것이다. 이는 성리학의 이론인 심을 기로, 성을 리로 규정하고 있는 학설을 가지고 비판한 것이다.

「불씨작용시성지변佛氏作用是性之辨」에서는 성性과 작용(마음의 움직임 등)과의 관계를 문제삼았다. 불교에서는 행위의 현실에 본성의 진실이 있다고 설파하고 있지만, 이는 유교의 입장에서 본다면, 성을 떠난 심의 묘용이 없다는 것이다. 정도전은 주자의 이른 바 '만약 작용을 성이라고 한다면 사람이 칼을 잡고 함부로 휘둘러 사람을 죽이는 것도 성이라고 할 수 있느냐'라는 말을 인용하면서

리는 형이상이요, 기는 형이하인데, 불가에서는 스스로 매우 묘하다고 하면서 도리어 형이하의 것을 가지고 말하니 가소로울 뿐이다.

라고 하였다.[37] 성리학에서 성은 리이고 작용은 기이다. 작용은 리에 근거하며 작용 자체가 리는 아니다. 성의 본질을 작용과 동일시하는 것은 윤리적 비약이 아니면 형이상과 형이하를 혼동한 것이다. 그리하여 본체와 현상, 행위(작용)와 준칙理(性)을 엄격히 구분하는 유가의 입장에서는 받아들일 수 없다는 것이다.

또 유교의 '마음이 이치를 갖추고 있다〔心具衆理〕'와 불교의 '마음이 만법을 낳는다〔心生萬法〕', 그리고 유교의 '수작만변酬酌萬變'과 불교의 '수순일체隨順一切' 등은 용어는 비슷하지만 그 내용은 전혀 다르다고 하였다. 그리고 「불씨매어도기지변佛氏昧於道器之辨」과 「불씨

---

36 위의 책, 「불씨심성지변」.
37 위의 책, 「불씨작용시성지변」.

진가지변佛氏眞假之辨」도 역시 유·불 양교의 본체관과 우주관의 차이점을 성리학의 입장에서 논변한 것이다.

이러한 정도전의 정치권력까지 수반된 불교 공격에 대해 나중에 승려 기화己和(1376-1433)가 『현정론顯正論』을 지어 유·불의 조화라는 기조 아래 불교의 교리에 대하여 변명하였을 뿐 당시 불교인은 침묵만 지켰다.

정도전의 불교에 대한 비판은 성리학자들의 벽불론에 근거한 것이고, 그들의 벽불론은 또 어디까지나 성리학 내지 유교의 입장에서 이루어진 것이므로 오늘날은 물론 재고의 여지가 많지만, 선초 유교입국儒敎立國의 이념을 세우기 위한 정도전의 벽불론은 조선조 유학사에서 획기적인 위치를 점하고 있는 것만은 틀림없다.

V. 결 어

본고는 여말선초 왕조 교체기에 있어서 주자학의 수용과 정착을 다루어본 것이다. 수용은 문화의 이입 차원에서 도입, 또는 들어온 것이고, 정착이란 어느 정도 이해하여 응용한 단계라고 하겠다. 주자학의 수용에서 정착까지 사적인 흐름과 중요 사상 경향, 수용 단계별 문제의식 등은 목차로 보여주었으므로 재론하지 않겠다. 마지막으로 여기에서 다룬 학자들의 사승관계를 다시 한 번 정리하면서 요약하고자 한다.

여말의 주자학은 안향에 의하여 도입되었다. 그가 장학사업에도 관심을 쏟은 점에서 볼 때 그의 적극적 관심이 큰 역할을 했다고 할 수 있다. 그의 제자에 백이정, 우탁, 권보가 있다. 백이정은 직접 원에 가서 주자학 이론을 배워왔고, 우탁은 성리학 형성에 가장 큰 영향을 준 『주역』에 일가견을 이루었다. 권보는 주자의 『사서집주』 보급에 힘을 썼다.

　백이정의 제자에는 이제현, 박충좌가 있다. 이제현은 고려 문학유의 전통을 이은 학자이면서 중국의 여러 학자와 교유하여 주자학의 대강을 섭렵하였다. 그의 역사적 역할은 사실상 정치적 역량에 있었고, 문학과 주자학은 그 보조적인 수단이었다고 할 수 있다.

　이제현의 문인에 이곡과 그 아들 이색이 있다. 이색은 당시 성행한 불교에 대해서도 해박하였을 뿐만 아니라 열렬한 불교신자였으며 승려와의 친교도 많은 인물이었다. 그러므로 그가 성리학이나 주자학을 받아들인 경향은 유·불 절충적일 수밖에 없었다. 그가 사회개혁에는 동의하였지만 온건개량적 입장을 취한 것도 그와 맥락을 같이하는 것이다. 그가 언급한 성리학에 대한 이론을 보면 '무극태극', '성즉리', '성리학 연원' 등 비교적 해박한 편이었으나 아직 깊은 이해의 단계에 이르렀다고는 할 수 없다. 그러나 성리학과 불교의 비교는 매우 계몽적인 의의가 있다. 그는 유·불을 절충할 수 있는 당시 기성 원로로서 성균관 대사성이라는 직책을 맡아 후학을 양성함으로써 주자학의 정착에 가교적 역할을 했다고 할 수 있다.

　이색의 문인에는 박상충, 정도전, 권근, 하륜, 이숭인, 길재 등이 있다. 길재는 정몽주, 권근의 문인이기도 한데, 그는 조선초 은둔하여 제자 양성에 힘을 기울였다. 정도전은 조선 건국에 일등 공신으로서 조선의 모든 전장典章과 문물제도가 그의 손에 의하여 이루어졌다 할 정도로 큰 공을 세웠다. 또한 주자학 이념을 정치 이념으로 공고히 하기 위하여 이론적인 저술을 통하여 불교를 배척하기도 하였다. 권근은 성리학에 관한 계몽서로서 『입학도설』을 저술하고, 또 유교경전을 불교의 이론(화엄학)으로 비교 설명하는 등의 작업(『주역천견록周易淺見錄』)을 통하여 주자학과 성리학의 정착에 매우 중요한 기여를 하였다. 이숭인은 문학유로 시문에 밝았으나 성리설에도 관심이 많았다. 그는 불교측과 교류가 많아 불교 비판에는 온건한 입장을 견지해 '여말삼은麗

末三隱'의 한 사람으로 일컬어진다. 하륜은 조선초 훈구파의 연원이
된 사람이다.

정몽주는 일정한 사승 없이 독학으로 주자학을 배웠다. 그는 이미
성균관 교수 시절에 주자학에 정통했던 인물로 당대 석학들로부터 인
정을 받았다. 또 그는 유교의 입장에 서서 불교를 배척하였으며, 『역』
에도 상당한 조예가 있었다. 특히 그는 고려에 충절을 지킨 충신이므
로 조선조에서는 주자학의 이론과 실천을 겸비한 선비로 이상화되어
'동방리학東方理學의 조祖'로 추앙되었다.

여말선초 주자학의 도입과 정착은 우리 역사에 있어서 일대 큰 문
화적 사건이라 할 수 있다. 주자학 이념이 조선조 5백 년을 지배하였
고, 아직도 우리 의식 속에는 그 잔재가 남아 있다. 그러므로 여말선
초의 주자학의 도입과 정착은 학술적 탐구 이상의 문화적 의미가 있
다고 할 수 있다. 조선조 왕조의 성격상 정몽주의 충절을 기리고, 또
조선초 사화 이후 주자학으로 무장한 신진사류가 정계를 주도하게 된
이후 사림의 연원인 정몽주-길재 계통을 지나치게 높인 것이 사실인
데, 이것 역시 조선조 주자학의 한 성격으로 객관적으로 이해해야 할
것이다. 나아가 이러한 조선조의 시각을 버리고 여말선초의 여러 학자
들 각각의 학문적 업적과 개인적 장점을 편견 없이 이해하는 자세도
필요하다.

제2장 여말선초 주자학과 불교의 종교적 논쟁에 대한 종교학적 고찰

I. 서 언

여말선초 원으로부터 주자학이 도입되어 성균관에서 주자『사서집주』를 중심으로 이론이 강론되고, 문묘(공자사당)에서 석전이 재개되는 등 왕조 교체기에 이념의 전환이 모색되는 상황에서 학자들의 종교관이 변화되기 시작하였다. 그 변화는 강온으로 나뉘었는데, 원로학자들은 대개 불교적 관습과 불교와의 인연으로 인하여 온건한 입장을 취하였고, 왕조의 교체가 불가피하다고 보는 혁신파는 주자학의 이념에 비추어 불교 교리를 강하게 비판, 배척하기 시작하였다.

온건파의 입장에서는 당시 고려말 불교의 사회적 폐단을 주로 논하였으므로 주자학을 새로 배워 알고는 있었지만, 불교를 이념적으로 공격하지는 않았으므로 그 두 종교 사이의 관계는 '갈등'의 수준이었지만, 개혁파의 경우는 주자학으로 새 왕조의 정치이념으로 삼으려 하였으므로 불교에 대해 매우 공격적이었다. 그러므로 '척불(배불)'은 일종의 종교적 대립(갈등)이라고 할 만하다. 물론 종교적 대립이 심하면 투쟁으로 갈 수도 있으나, 유-불은 서양 기독교 문명권에서 보이는 종교간의 대립 투쟁과는 달리 그 정도가 심하지 않다.[1]

주자학은 선진유교의 도덕론을 그대로 계승하여 그 근거로 우주론을 구축하여 소위 도덕형이상학 체계를 만들었으므로 크게 보면 주자학과 불교의 이념적 대립은 종교 교리상의 갈등 내지 투쟁이라고 할 수 있다.[2] 그러므로 주자학과 불교의 대립은 단순히 역사적 사실로서 대립 양상을 서술하는 데 그쳐서는 안 되고(많이 분석되어 있다), 오늘날 종교학적 고찰을 통하여 선명히 유−불 두 종교의 대비와 그 대립에 대한 일정한 종교학적 해석이 필요하다.[3]

　주자학을 기준으로 불교에 대해 공격적인 투쟁을 전개한 사람은 정도전鄭道傳(1342-1398)이 대표적이다. 이에 대해 불교 쪽에서 방어에 나선 이는 득통得通 기화己和(1376-1433)이다. 정도전의 불교 공격은 「심문천답心問天答」, 「심기리편心氣理篇」, 『불씨잡변佛氏雜辨』[4]에 잘 나타

1　중국 위진남북조시대 일시적으로 불교에 대한 탄압이 있었으나, 대체적으로 불교는 중국의 노장사상 및 도교를 매개로 중국문화와 조화를 이루었다. 그것은 불교의 종교적 성격과 물론 유관하다. 윤영해, 『주자의 선불교 비판 연구』, 서울 : 민족사, 2000, p.52 ; 窪德忠, 최준식 역, 『도교사』(종교학총서 3), 서울 : 분도출판사, 1990, pp.186-190 참조.

2　유불의 관계도 유불도 삼교의 교섭을 거친 이후 송대에 와서는 불교적인 사고방식이나 그 용어가 당시 일반화되어 유학자(성리학자)들도 선 불교에 관심이 많았다. 이러한 점은 불교가 이미 중국 문화의 일부가 되었기 때문인데, 종교 교리에 있어서도 상호 이해의 폭을 넓혔다고 할 수 있다. 그런 한편 종교 교리면에서 서로 다른 점을 점점 느끼게 되었다. 물론 여기에는 현실적 일상윤리와 출세수행이라고 하는 중요한 종교사회학적 특성이라는 문화적 이질감도 한몫을 하였다고 볼 수 있다. 그러나 이러한 대립 갈등이 오늘날도 그대로 노정될 수는 있지만, 다원화 시대, 과학의 시대에 그렇게 심하지는 않을 것이다.

3　참고가 되는 논문을 들면 다음과 같다. 한자경, 「정도전의 불교비판에 대한 비판적 고찰−우주 내에서 인간 心의 존재론적 위상에 대한 논의」, 『불교학연구』 제6호, 2003 ; 박해당, 「『현정론』과 『유석질의론』의 삼교론」, 『불교학연구』 제10호, 2005 ; 박경환, 「현세적 가치와 출세적 가치의 대립」, 『논쟁으로 보는 한국철학』, 서울 : 예문서원, 1995 ; 박홍식, 「여말선초의 척불논쟁」, 『유교사상연구』 제11집, 한국유교학회, 1999 ; 윤영해, 「한국에서 불교와 유교의 만남과 그 관계변화」, 『한국불교학』 제19집, 한국불교학회, 1994 ; 김미영, 「'유불일치론'에 나타난 함허당 기화의 불교사상」, 『불교학연구』 제8호, 2004.

4　『삼봉집』(한국문집총간 5, 한국고전번역원) 권9.

나 있고, 득통 기화의 방어 논리는 『현정론顯正論』[5]에 나타나 있다. 정도전의 불교 공격 이론은 송대 성리학자, 특히 주자의 불교 배척 이론을 많이 참조하여 정리한 것이다(비교적 체계 있게 정리되어 있다).

유교와 불교의 대립은 종교사회학적으로 보면, 현세주의 대 출세간주의가 핵심이다. 그 다음 중요한 것은 이것과 연관되는 종교철학(종교의 기본 교리)의 문제이다. 그 대립은 세계관이나 우주관의 차이인데, 우주 존재를 실재로 보느냐 아니면 마음의 구성, 업보의 결과로 보느냐의 차이이다.[6]

Ⅱ. 정도전의 『불씨잡변』

정도전이 『불씨잡변』에서 열거한 불교비판의 내용을 요약하면 다음과 같다.

1) 윤회설輪回說 비판(불씨윤회지변-이하 주제만 발췌) : 성리학(주자학)의 '기의 우주론'으로써 비판하였다. 불교는 종교로서 '영혼불멸론'을 주장하지만, 성리학은 중국 고대부터 내려오는 '기에 의한 유사유물론적 자연해석'을 철학적으로 체계화한 장횡거의 '기의 우주론'을 가지고 존재 문제, 즉 존재 생멸 문제를 다 설명할 수 있다고 믿었다. 그러므로 정신-물질 구분 없이 기의 운동과 작용에 의해 모든 존재를

---

5 『한국불교전서』 7, 한국불교전서편찬위원회편, 서울 : 동국대학교출판부, 1986.
6 한자경은 유불의 교리상의 대립에 대해 설명하기를, 유교는 우리가 경험하는 현상세계를 우리의 마음을 떠난 객관적 실재로 보는 데 비하여 불교는 현상세계는 우리 자신의 마음에 의해 그런 모습으로 현현하고 그런 원리로 질서 지워진 가상적 존재로 본다 하고, 전자를 '객관주의적 본질론', 후자는 '주체주의적 유심론'이라고 명명하였다. 한자경, 위의 논문, pp.71-72.

설명하고, 정신과 육체 이원론을 부정할 뿐만 아니라 종교적인 영혼불
멸론을 필요로 하지 않았다. 이때 기는 정신-물질 미분 상태로 존재
의 포괄적 기본 구성요소로 본 것 같다.

　기의 우주론이 종교적 정서를 가질 수 있느냐 하는 문제가 생길 수
있는데, 성리학은 '만물일체의 인仁'이라든가 '민포물여民胞物與'라든
가 하는 식으로 우주 섭리의 신비함에서 일종의 종교적 감정을 느낄
수 있다고 본 것 같다. 이것도 종교적 감정이라고 한다면 이는 전통
종교와는 달리 오늘날의 과정철학(process philosophy)의 종교관과 유사
하다고 볼 수 있다. 한편 유교가 제사를 지내는 것에 대한 설명은 조
상의 기와 자손의 기가 유사하므로 서로 잘 통할 수 있기 때문에 추모
의 느낌이 가능하다고 설명한다. 영혼불멸론이라는 것과는 조금 다른
것이다.

　2) 인과응보설因果應報說 비판 : 성리학은 만물의 생성변화를 기로
써 설명하지만, 인간의 노력에 의해 기질과 성격을 바꾸듯이 인생은
가변적이므로 인과의 법칙만 적용할 수 없다는 것이다. 성리학의 기에
도 어느 정도의 '인과성'은 인정된다. 예를 들면 인간의 유전자의 전달
은 인과성이 있다고 할 수 있다. 그러나 한편 주체적 자유의지를 인정
하고 있으므로 이 입장에서 불교의 인과설을 보면 기계적 인과론으로
보일 것이다. 그러나 유식론에서도 후천적 '훈습薰習'이 말해지고 있
는 점에서 역시 주체적 노력을 전연 도외시하고 있지는 않다. 그러나
여기서 말하는 불교의 인과설은 삼세윤회설과 결부된 종교적 교리, 혹
은 종교 전도의 방편으로서의 인과응보설인데, 성리학의 기의 우주론
의 입장에서는 받아들이기 어려운 것이다. 정도전은 이런 관점에서 비
판하였다. 첫 번째 '윤회설'과도 관계가 있다.

　3) 심성설心性說 비판 : 성리학은 도덕형이상학이므로 성은 리로 본
다. 그리고 심은 리와 기의 결합으로 보고, 심은 도덕적 행위의 주체
(주재 기능)으로 본다. 그러나 불교는 심성 구분 없이 인간 의식을 통일

된 흐름으로 본다. 다만 유식론에서 분석하여 말할 때 여러 단계를 말하지만, 이는 방편으로 나눈 것이다. 성리학은 인간 본성이라는 것을 이데아로서 정초하지 않으면 도덕률의 근거를 말할 수 없기 때문에 심성을 구분하지 않을 수 없다. 유식론의 아라야식은 근원적인 것이다. 이것과 성리학의 본성은 통한다. 또 심의 주재 기능은 유식론의 훈습론과 종교적 수양론으로서 서로 맥을 같이한다. 이렇게 보면 성리학과 불교는 통할 수 있다. 성리학이 불교의 영향을 받았다고 하는 것도 이런 유사성에서 비롯된 것이다.

4) 작용시성설作用是性說 비판 : 이는 '마음의 작용이 바로 본성이다'라는 설에 대한 비판이다. 불교는 심성을 구분할 필요가 없으므로 마음의 작용이 바로 본성이라고 하였는데, 이는 깨달음의 경지에 오른 경우에 하는 말이다. 수도하는 과정에서는 심의 수양이 필요하다. 다만 불교는 성리학처럼 심의 수양의 목표나 기준으로서 도덕적 표준을 상정할 필요가 없으므로 그렇게 말한 것이다. 나의 의식을 분석하는 데 초점이 맞춰져 있다. 성리학에서는 도덕률의 근거를 위해서 칸트식의 순수이성이 천부적이라고 말하지 않을 수 없다. 불교의 깨달음의 가능성이 모두에게 있다고 한다면 유교의 '성선性善'과 별 차이가 없다. 공자의 '종심소욕불유구從心所欲不踰矩'〔내 마음대로 해도 법도에 어긋나지 않는다〕의 경지라면 '작용시성'이라고 해도 좋을 것이 아니겠는가? 종교적 깨달음과 윤리적 엄숙성은 상호 반대되는 것이 아니고 보완적이라고 할 수 있다.

5) 심적설心迹說 비판 : 심은 마음, 적은 행동을 말한다. 불교는 이 두 가지를 별개로 본다는 것이다. 이는 불교의 유심론적인 관점과 유관한 것인데, 예를 들면 "문수보살이 술집에서 놀았는데, 행적은 그르나 마음은 옳다"라고 하는 설화를 들었다. 성리학의 입장에서는 행위의 결과를 가지고 도덕적 판단을 내려야 하기 때문에 그렇게 할 수 없다는 것이다. 그러나 불교도 계율을 중시하고 있으므로 일방적으로 이

렇게 단정하기는 어렵고, 불교설화를 예로 들어 말하는 것은 적절하지 않다. 별로 중요하지 않은 비판 같다.

6) 불교가 도道와 기器에 어둡다는 비판 : 도와 기는 형이상과 형이하의 세계를 상징하여 말한 것인데, 성리학의 리와 기에 비교하여 말한 것이다. 불교가 유식론에서 의식분석을 통하여 존재의 유기적 관계는 잘 설명했지만, 객관적 존재의 성격을 일거에 유심론으로 귀착시켜 버렸으므로 성리학의 입장에서 보면 기氣에 의한 기器의 설명이 없다고 보게 된다. 이는 두 종교의 근본적인 차이점에서 연유한다. 그러나 오늘날 과학시대에서 볼 때 유심론은 유물론과 마찬가지로 일면에 치우친 것이고, 종교적 신앙 차원에서는 역시 나의 의식과 인식을 떠나 객관적 존재가 의미가 없다고 하는 것이 어느 정도 진리라고 할 수 있다. 훗설이나 양명의 사상도 그런 경향을 가지고 있다. 이 점에서는 유교와 불교가 절충할 필요가 있지만, 오늘날 우리의 의식도 뇌과학이 점차 해명하고 있는 점에서 보면 유심론은 지나친 종교적 관점이라고 할 수 있다.

7) 인륜을 버리는 것에 대한 비판 : 이것은 불교의 승려가 출가하는 것에 대한 비판이다. 이것은 종교의 근본적인 문제이므로 단순하게 말할 수 없는 문제이고, 유교의 입장에서는 그렇게 말할 수 있다. 현세주의의 유교가 종교의 초현세성을 이해하지 못한다면 종교는 완전히 부정될 수밖에 없다.

8) 자비설慈悲說 비판 : 불교의 자비는 종교적 사랑으로 보편애를 말한다. 기독교의 박애도 마찬가지이다. 종교적 사랑은 초월이 필요하다. 그러나 유교의 사랑은 효제와 같이 가정윤리로 시작한다. 인이나 측은지심이 인간 보편의 사랑을 말하지만, 유교는 가족제도를 유지하기 위한 주요한 수단으로 가정윤리를 중요시한다. 성리학에서 공자의 인을 우주론적인 사랑으로 확대하여 생생불식하는 이 대자연의 섭리로서, 우주 궁극자의 만물을 낳는 사랑으로서 보았지만, 여전히 가족애를 기

초로 하였다. 이는 유교와 다른 종교 간에 부딪치는 중요한 교리상의 문제라고 할 수 있다.

유교가 가족애를 버리고 보편애를 강조한다면 유교적 색채를 잃어 버릴 수도 있다. 그러나 사랑에는 분명 초월이 필요하다. 그러므로 유교는 이 가족애를 만물일체를 느끼는 성리학의 우주종교적 만물애로 나아간다면 박애와 자비를 만날 수 있다. 그러나 가족애와 만물애는 매우 다른 것이어서 성리학이 비록 우주론적으로 인을 말했지만, 유교의 현세주의적 가족주의 때문에 실효를 거두지 못하였다(가족애가 가족이기주의로 변질되었으므로). 이런 점에서 유교는 오히려 자비와 박애를 비난할 것이 아니라 배워야 할 것 같다.

9) 진가설眞假說 비판 : 마음은 진실한 것, 현상의 존재는 가합假合한 일시적 존재라는 불교의 유심론을 비판한 것이다. 성리학은 기의 우주론으로서 만물의 생성 변화는 기에 의하여 실제적으로 행해지고, 우주 내 존재는 실재라고 보는 데 반해 불교는 존재 문제를 인식론으로 환원하여 논하는 유심론이므로 이런 비판이 나올 수밖에 없는 것이다.

10) 지옥설地獄說 비판 : 이는 불교의 종교적 성격상 필요한 것이므로 핵심적인 것은 아니다.

11) 화복설禍福說 비판 : 위와 마찬가지로 전도상 대중들을 위해 말한 것이므로 핵심적인 것은 아니다. 그러나 이러한 종교적 장치는 이 시대에는 맞지 않으므로 전도에 있어서도 버려야 할 것이다.

12) 걸식乞食 비판 : 이는 승려라는 특수한 신분에 있는 자의 종교적 수행이므로 종교 간에 일방적으로 비난하기 어렵다. 유교의 선비가 과거만 통과하면 권력을 잡고, 그에 따라 부수적으로 명예와 부를 누리는 귀족이 되고, 그 삶을 보면 종을 부리고, 백성을 착취하는 등의 행태와 비교하여 우열을 논할 수 있을 것인가? 이는 현세주의와 출세간주의의 차이를 근본적으로 전제하여 논하지 않으면 안된다. 그러나 사회적 논의는 가능하므로 정도전의 이 비판은 정치적인 측면에서 이해

할 수밖에 없다.

13) 선禪 불교 비판 : 불교의 계율에 민중들의 생활에 유익한 윤리적 덕목이 없는 것이 아니었으나, 선 불교가 들어온 이후 이와 같은 윤리마저 없어져버렸다는 비판이다. 아마 선 불교의 상식을 넘어선 래디컬한 측면을 비난한 것이라 보여진다. 선 불교의 그런 면은 현세윤리를 강조하는 유교의 입장에서는 이해하기 어렵다고 할 수 있다. 윤리와 종교의 본질적 차이를 여기에서 볼 수 있다.[7]

14) 유석동이儒釋同異 : 유교와 불교의 차이를 결론적으로 논함. 그 근저에는 유심론과 만물 실재론의 차이를 논하였다. 나아가 유교가 착한 본성이 천부되어 있어 도덕적 행위의 근거가 된다고 하는 데 비해 불교는 깨달음을 목적으로 하므로 마음이 비었다고 하는 점이 다르다고 하였다. 불교가 '마음이 비었다'고 한 것은 그 집착을 경계하는 것을 말하는데, 이 점에서 윤리적 근거로서 심을 말하는 유교와 같을 수가 없다. 그러므로 정도전은 유-불이 매사 어긋난다고 하였는데, 이는 근본적으로 윤리와 종교의 차이에서 비롯한다고 할 수 있다.

15) 불교가 중국에 들어옴.

16) 불교를 섬겨 화禍를 얻음.

17) 천도天道를 버리고 불교의 보응報應 효과를 말함.

18) 부처 섬기기를 극진히 해도 나라의 운명은 길지 않았음.

19) 이단異端으로서 불교를 물리쳐야 함.

위의 15)-18)까지 네가지는 역사적으로 불교를 숭상함으로써 나타난 부작용을 예로 들어 설명함. 반드시 불교 때문만은 아니나 불교를 비판하는 입장에서 보면 그렇게 견강부회할 수 있다. 19)는 결론인데, 정치적 입장에서 불교를 물리쳐야 한다는 주장이다.

---

7 박경환은 이를 '윤리주의와 종교주의의 대립'이라고 보았다. 박경환, 앞의 논문 참조.

이상에서 논한 바와 같이 정도전의 불교 비판은 첫째 정치적 비판의 성격을 강하게 띠고 있다. 둘째 그의 비판 중 일부는 윤리와 종교의 건널 수 없는 차이를 어느 한쪽에서 논한 것이 있는데, 이는 어쩔수 없는 것으로 오늘날 관점에서는 종교문화사적으로 이해하지 않으면 안 된다. 셋째 종교철학적인 면에서 유심론과 기의 유물론적 실재론의 차이가 보여진다. 성리학은 분명 기의 우주론으로 불교의 교리를 비판하였는데, 이것 역시 불교 유심론의 종교로서의 특징을 어떻게 보느냐와 관련되기 때문에 그 가치 우열을 간단히 논단하기는 어렵다. 그러나 유교(성리학)나 불교 모두 종교로서도 결점이 있다고 보지 않을수 없다(성리학의 우주종교적 감정을 종교적 정서로 본다면). 넷째 유교의경우 사랑의 초월이 없는 것이 매우 큰 결점이라고 할 수 있다. 보편사랑은 종교의 핵심인데, 그것이 유교에는 부족하다. '만물일체의 인', '민포물여'와 같은 우주적 사랑이 있긴 하지만 전통적 가족애를 뛰어넘지 못하였다. 불교 비판을 통하여 성리학의 이러한 결점이 오히려드러난 셈이다. 다섯째 불교와 유교는 충돌할 요소는 많지 않고 오히려 보완할 요소가 많다. 다만 불교의 사회적 폐단이 많지 않고, 또한민중 전도를 위한 지나치게 속화된 스토리를 많이 지우고, 어려운 고급 교리를 쉽게 풀어 민중들에게 알린다면 현세적 유교윤리를 많이 보완할 수 있다.

Ⅲ. 득통 기화의 『현정론』

득통 기화는 여말선초 고승으로서 척불에 대해 반론적인 성격의 저술로 『현정론』을 남겼다. 그는 불교의 교리로 유교(상리학)에 교리상대응하였는데, 한편으로는 성리학과 공존하는 방향으로 유불보완의논리도 내비쳤다.[8] 그는 유교에서 몰인륜성의 대표적인 사례로 비판하는 '출가'에 대해 말하기를 "우리 부처님의 가르침은 출가한 사람이나 재가한 사람이나 부처님의 도를 닦는 데 다를 바가 없다. ……인내력이 없는 사람이 세속에 있으면서는 온갖 것에 물들어 도를 이루기가 어려우므로 집을 떠나 수행하라고 가르치신 것이다"라고 하여 모든 사람이 출가하라고 한 것이 아니고 재가 신도로서 불도를 닦을 수 있다고 하였다. 기화는 척불론의 쟁점을 13가지로 정리하여 문답 형식으로 불교의 입장을 설명하였다.[9]

-1문: 불교의 출가는 효에 어긋나는 것이 아닌가?
　답: 출가 성도成道도 다른 차원의 효가 된다. 공자도 입신양명하여 부모의 명예를 드러내는 것이 효라고 하지 않았는가?
-2문: 불교의 속세를 떠남은 충, 즉 인간의 사회성을 저해하는 것이 아닌가?
　답: 불교는 교화를 통하여 군주와 백성을 교도하여 사회 유지에 큰 힘이 된다.
-3문: 사냥과 육식은 노인 봉양, 제사, 짐승의 피해를 박는 일에 필요한데, 불교의 불상생과 어긋나는 것은 아닌가?
　답: 불교에서 천지는 나와 한 뿌리, 만물은 나와 한 몸이라고 하였으며, 유교에서는 어진 사람은 만물을 자기 몸과 같이 여긴다고 했으므로 살생을 하지 않는 것이 옳은 일이다.
-4문: 술은 몸에도 좋은 약이 될 수 있고, 제사에도 필요하다. 불교에서 술을 금하는 것은 잘못이 아닌가?

---

8 박해당은 기화의 『현정론』은 유교와의 절충이나 타협이 아니라 독자적인 불교의 정체성을 확립함으로써 불교전통을 지켜나가려 했다 보았고(박해당, 앞의 논문, p.198), 김미영은 기화가 '유불일치론'을 주장했다고 말하였다(김미영, 앞의 논문, p.172).
9 이 조목화는 박홍식 앞의 논문을 참조하여 다시 줄인 것이다.

답 : 술은 정신을 흐리게 하고, 덕을 손상시키는 대표적인 것이다. 유교 경전에도 술은 심지를 혼미하게 하고 위의를 손상시킨다고 했다. 또 제사에는 재계가 중요한데, 이를 위해서는 술을 마시지 않아야 한다. 그러므로 불교에서 계율로 금주를 정한 것은 옳다.

−5문 : 재물은 인간 생활에 필요불가결한 요소이다. 그런데 불교에서 보시를 요구하고 부처를 받드는 데 재물을 낭비하는 것은 잘못이 아닌가?

답 : 값진 재물은 화를 불러온다. 보시는 마음을 청결하게 하여 복을 가져오는 방편이다. 유교에서도 재물이 모이면 백성이 흩어지고 재물이 흩어지면 백성이 모인다고 했다.

−6문 : 사람의 생명은 음양으로 이루어져 있다. 마음은 혼백으로 이루어져 있다. 그러므로 사람이 죽으면 혼백도 마음도 없어진다. 불교의 천당·지옥은 허황된 것이 아닌가?

답 : 인간의 생사는 음양에 의한 것은 맞다. 그러나 마음에는 '육체에 깃든 마음〔肉團心〕'과 '맑은 참다운 마음〔眞明心〕'이 있다. 사람이 죽으면 육체는 물러가고 '참다운 마음'만 남는다. 『시경』에도 "문왕의 혼령이 하늘에 오르내려 상제의 좌우에 계신다"는 말이 있으니, 하늘에 혼령이 있는 것이다. 또 천당·지옥은 그것이 없더라도 인민을 교화하는 데 영향이 크다. 실제로 천당·지옥이 있다면 더 말할 나위도 없이 좋다.

−7문 : 성인聖人이 후장厚葬과 조상 추모의 교훈을 강조한 것은 자연의 섭리요 인간의 도리인데, 불교가 화장하는 것은 잘못이 아닌가?

답 : 사람은 육체와 정신이 있는데, 화장의 뜻은 육체의 더러움은 버리고 정신은 맑게 승천하도록 하기 위한 것이다.

−8문 : 불교에서는 사람이 경험할 수도 없는 전세·금세·후세라는 삼

세를 주장하는데, 허황된 것이 아닌가?

답: 『주역』에서도 역易은 과거의 일을 밝히고 미래의 일을 미리 살펴서 잘못된 업보와 과거와 미래의 일을 밝힌다고 했다. 삼세의 설은 근거가 있다.

-9문: 중국의 삼황오제로부터 공자로 이어지는 문화가 정통이다. 불교는 미개한 오랑캐 문화가 아닌가?

답: 동·서라는 말은 피차가 시속을 따라 일컫는 말이지 꼭 중앙을 잡아서 정한 것은 아니다. 부처가 오랑캐 사람이라면 순 임금은 동이에서 태어났고, 문왕은 서이에서 태어났다.

-10문: 중국에 불교가 전파된 이후 인심이 각박해지고 기근과 전염병이 심해지는 등 그 피해가 크다.

답: 모든 것은 시운時運의 성쇠와 중생의 업 때문이다. 불교의 허물로 돌리는 것은 옳은 생각이 아니다.

-11문: 불교도의 무위도식은 인민들의 경제적 부담을 가중시켜 피해가 크다.

답: 승려의 소임은 교법을 펴고 중생을 제도함에 있다. 이와 같이 하면 다른 사람의 봉양을 받아도 부끄러움이 없다. 맹자가 말하기를 "여기 한 사람이 있어 집에 들어와서는 효도하고 나아가서는 남을 공경하여 선왕의 도를 지키며 후학을 기다리고 있는데, 그대들에게 음식을 얻지 못한다. 그대들은 어찌 목공, 장인 등 무지한 사람은 높여주면서 인의의 사람은 가볍게 여기는가" 하고 말했는데, 이 말씀은 도를 지키고 인민을 이롭게 하는 사람은 남들에게 의식을 얻어도 옳다고 한 것이 아닌가?

-12문: 현재의 승려들이 수행과 공부를 하지 않아 식견이 없고 석가여래를 팔아 자기의 신명身命만 보존하려고 한다. 또한 불교사원의 세속화로 신도들만 모으는 데 열중하니, 국가에 이익이 없는 것이 아닌가?

답 : 승려다운 승려가 되려면 오덕五德과 육화六和를 닦은 뒤에 가
능하다. 명실상부한 사람들은 드물다. 그러나 승려의 잘못으로
인해서 불법을 폐지하라고 하는 것은 옳지 못하다.

-13문 : 불서佛書를 보면 불교는 허무에 힘쓰고 죽음을 숭상하는 허
원적멸虛遠寂滅의 가르침이다. 자기를 수양하고 남을 다스리는
방책으로는 적당하지 못하다.

답 : 허원적멸이란 말은 그 전거를 찾기 힘들다. 대계大戒에 이르기
를 효순孝順은 지극한 도리로서 효를 계로 삼으라고 했다. 불
교를 허원하다고 할 수 없다. 또한 『원각경圓覺經』에 마음이
맑아져 온 우주를 밝게 비친다고 했으니, 불교를 적멸하다고
할 수 없다.

IV. 불교 유심론과 성리학의 우주종교론

이상 기화의 논리적 반론을 살펴보았는데, 『불씨잡변』을 보고 그 내
용을 조목화하여 대응한 것으로 보인다. 기화는 유교(성리학)의 불교
배척은 그 책을 보고 연구하지 않았기 때문이므로 편견을 버리고 경전
을 이해하고 생활에 활용한다면 유교와 불교는 상통하는 점을 발견할
수 있다고 하였다. 그런데 기화가 인용한 유교 이론은 거의 유교경전
에 입각한 것으로 성리학 이론에 대해서는 언급을 하지 않았다. 그러
므로 성리학 이론과의 깊이 있는 논쟁은 하지 못하였다. 그 점에서 정
도전의 척불론에 대한 완벽한 반박은 아닌 셈이다.

이 논쟁 속에는 유교와 불교의 세계관의 차이가 개재되어 있다. 유
교는 현실 그 자체를 실재로 인정하고 있다. 여기서 현실이란 가족, 사
회(향촌 ; 마을), 그리고 국가라는 인간의 모둠살이뿐만 아니라 가시적
이든 비가시적이든 이 우주의 만물 존재 자체를 인정하고 있다. 이것

을 모두 기의 생성, 변화로 일관하여 설명하려 하고 있다. 그 실재 중에서도 유교는 특히 인간의 모둠살이에 대해 관심을 기울여 윤리적 질서를 강조하였다. 반면에 불교는 유심론으로서 마음이 현상초월적이며 그 마음이 보는 대상으로서의 이 세계는 가상假象이라 하여 부정하였다. 인연생멸하므로 영원한 실재가 없다는 것이며, 근본적으로 이 마음이 구성하는 것이라고 보았다.[10]

성리학은 유교의 인간 윤리의 근거를 우주론에서 찾았는데, 그 과정에서 인간을 포함한 우주 만물을 존재론적으로 설명하게 되었다. 그리하여 리와 기, 그리고 태극이라는 형이상학적 범주를 동원하였다. 비록 리가 불교에서 왔다 하여도 중국전통의 기 범주와 세트로 사용되고, 또 기본 세계관이 만물의 실재를 인정하기 때문에 그 범주의 개념이 같지 않았다. 이러한 존재 설명은 화이트헤드(A. N. Whitehead)의 과정철학(process philosophy)과 형이상학이라는 면에서 유사하다. 물론 공맹을 계승한 가족윤리나 인간 도덕성 강조는 이 존재 설명(우주 형이상학)과 성격이 다르다. 그럼에도 공존함으로써 가치와 사실이라는 성리학 체계상의 아포리아를 갖게 되었다.

오늘날 볼 때 불교의 유심론은 절대적 진리가 될 수 없고 그야말로 종교적 목적에 이르는 하나의 길(방법)일 뿐이며, 성리학의 우주종교적 성격은 과정철학과 비교하여 새롭게 의미가 해석될 수 있다.[11] 화이트헤드는 형이상학의 반성(비판)을 받지 않는 종교는 도그마에 빠진다고 한 바 있다.[12] 또 과정철학의 신은 초월성만 있는 것이 아니고 현실성

---

10 한자경, 앞의 논문, pp.71-72.

11 이에 대해서는 이동희, 『동아시아 주자학 비교연구』, 대구 : 계명대 출판부, 2005. 특히 제1장 〈주자 형이상학과 화이트헤드의 과정철학〉 및 제2장 〈주자 우주론에 대한 과정철학적 분석〉 참조.

12 화이트헤드, 류기종 역, 『종교론』, 서울 : 종로서적, 1988, pp.46-47 ; 이동희, 위의 책, p.81.

('현실적 존재'로서의 성격)도 있다고 말하고 있다.[13] 물론 이는 기독교와의 대비이지만, 유심론인 불교에도 적용할 수 있다. 오늘날 위의 유불논쟁을 종교철학적으로 비판해 보면 객관적으로 이러한 평가를 할 수있다.

그렇다면 성리학의 우주종교론은 왜 오늘날 기를 펴지 못하는가? 첫째 과정철학과의 비교를 통하여 그 참된 의미를 잘 해석해내지 못한점이 있고, 둘째 성리학의 다른 한 축인 윤리도덕론과의 차이가 종교교리(정체성)뿐만 아니라 전도 사업에 있어서도 상하의 층차(어려운 이론과 너무 비근한 종교의례)가 생겼다. 셋째 절대왕정 체제에서 유교가어용화됨으로써(왕이 공자를 숭배하고 과거를 통하여 그 제자를 선발) 국가종교로서 세속적 왕권과 교권(종교의 권위)이 일체화되었는데, 왕조 체제가 무너짐으로써 현실적 기반이 없어졌다. 그런 상황에서 유교, 불교에는 없는 초월신 신앙인 기독교가 들어옴으로써 종교가 다양화되었다는 점을 들 수 있다.

인간 심성에는 초월신을 모시고 싶어하는 경향이 있고, 유교 사회의 임금, 가부장 등이 민주화로 인하여 소멸됨으로써 또 다른 초월적권위를 사람들은 요구하게 되었다는 점이다. 넷째 미국 문화의 압도적영향이다. 그러므로 개신교의 지나친 전도사업, 물량화가 이루어졌다. 다섯째 유교사회였던 한국사회의 연고주의와 연관하여 교회를 중심으로 또 다른 연고가 형성되어(교회연) 한국적 삶의 패턴을 형성하는 데기독교가 일조를 하게 되었다는 점을 들 수 있다.

현재 우리나라 사회는 다종교사회라고 할 수 있다. 위와 같은 유불논쟁 고찰을 계기로 기독교를 포함한 여러 종교의 공존을 위한 지혜가필요하다고 할 수 있다.[14] 거기에 성리학의 우주종교론으로서의 의미

---

13 화이트헤드의 신의 양극성(dipolarity) 설명에서 잘 볼 수 있다. 화이트헤드, 오영환역, 『과정과 실재』, 서울 : 민음사, 1991, p.599, 601 참조 ; 이동희, 위의 책, p.71.

에 대한 새로운 조명이 필요하다.[15] 동시에 기존의 종교도 자기 혁신
이 필요하다고 할 수 있다.

---

14 김경재는 한국적 상황에서 미래종교의 지향점을 다음 5가지로 제시하고 있다. (1)생
　　명부정의 소승적 종교에서 자기긍정의 대승적 종교에로 (2)탈역사적 피안종교에서
　　세상 한복판의 초월종교에로 (3)이데올로기적 가부장 종교에서 치유와 돌봄의 모성
　　적 종교에로 (4)유한자 범주에 갇힌 닫힌 종교에서 '없이 계신 하나님' 신앙의 열린
　　종교에로 (5)독선과 전쟁의 산봉우리 종교에서 포용과 평화의 계곡의 종교에로. 김
　　경재, 「종교는 과연 필요한가? ─ 현대사회의 종교 무용론에 대한 타당성과 부당성
　　의 고찰」, 『종교문화학보』 제5집, 한국종교문화학회, 2008.
15 이에 대한 시론적 연구는 이동희, 『동아시아 전통문화와 현대한국』, 계명대 출판부,
　　2008. 그중 제5장 〈유교의 종교성과 한국 유교의 종교적 영성〉 참조.

제2부 조선 중기 철학적 사유의 출발

제3장 퇴계 이황과 율곡 이이의 성리설 비교

I. 서 언

조선조 주자학적 사유에 있어서 퇴계와 율곡의 주자학 해석, 즉 성리설이 대조를 이룬다. 그러나 자세히 살펴보면 유사한 발상도 찾을 수 있다. 그 이유는 두 사람의 차이가 이미 주자학 속에서 그 요소를 발견할 수 있기 때문이다. 이것은 매우 흥미로운 문제이다.

주자학은 주지하는 바와 같이 중세의 종교 사상, 즉 일종의 신학으로 그 특성은 자연법 사상이다. 그러면서 우주론을 수립하여 이에 근거한 도덕론을 수립하였다. 과거 우주론은 일종의 형이상학적 이론의 형태로 수립되었는데, 주자학에서 우주론은 유기체적이고, 그 형이상학적 체계는 리와 기, 그리고 태극으로 구성된 리기론이다.[1] 리·기의 범주는 형이상학적 실재로서 '불상리불상잡不相離不相雜'의 관계에 있다. 원래 리와 기 개념은 우주론(존재론)을 설명하는 두 범주이다. 이 용어가 도덕론에 원용되면서 개념 사용에 차이가 생기기 시작했다. 도덕은 가치 대립을 필요로 하는데, 성리학자들은 선-악 대신 리·기 개념을 원용하였다.

---

1 이에 대해서는 이동희, 『한국의 철학적 사유의 전통―화이트헤드와 성리학의 만남―』, 대구: 계명대 출판부, 1999 참조(특히 제1장 〈주자학과 과정철학〉).

그것은 리는 순선, 기는 '겸선악兼善惡'(혹은 '가선가악可善可惡')을 나타내어 악을 절대악으로 규정하지 않으려는 성리학의 선악관을 나타내는 데 이 개념이 유효했기 때문이다. 그리하여 존재론에서 동등한 가치를 가진 리·기 개념이 도덕론에서는 '리존기비理尊氣卑', '리귀기천理貴氣賤'이라는 새로운 상징(개념)으로 바뀌게 되었다. 이것은 주자학의 자연법 사상에서 리는 존재의 원리〔所以然〕이면서 존재의 규범〔所當然〕이기 때문에 그러한 발상이 가능한 것이다. 이것이 자연법 사상으로서의 주자학이 안고 있는 철학적 난문제, 즉 아포리아이다.

퇴계가 사칠리기호발을 주장한 것은 도덕적 시각에서 사단을 칠정보다 높이려는 의도이다. 이는 이상주의적 도덕론이다. 이것은 분명 가치대립이므로 사단·칠정을 리발-기발(선-악)로 나누어 입론할 수밖에 없다. 그러면서 퇴계는 도덕적 작용의 메커니즘으로서 마음〔心〕의 역동성과 그것을 통한 본성〔性〕의 발현에 주목하여 심리적 작용으로서의 '리발'을 강조하였다. 그가 사칠은 '소종래所從來'에서부터 다르므로 리·기로 나누어 말할 수 있다고 한 말이 그런 의미이다. 그러나 고봉은 리기론의 존재론적 의미를 놓치지 않고 그 의미로 사단칠정을 보려 하였다. 그러므로 '성발위정性發爲情'이므로 칠정도 기발이라고만 할 수 없다고 했다. 고봉은 칠정 이외에 사단이 따로 없다고 하여 칠정의 선도 사단과 같다고 보았다. 이는 현실주의적 도덕론이다. 고봉은 사단과 칠정은 선·악처럼 가치 대립시켜 말할 수 있다는 것을 미처 생각하지 못했다. 뒷날 고봉을 지지한 율곡의 경우도 마찬가지이다.

율곡은 인간-자연 일관된 시각에서 자연이나 인간의 심성 메커니즘이나 모두 '기발리승' 한 가지라고 하였다. 그리하여 율곡은 고봉의 설을 이어 사단이 칠정 중의 특수한 경우에 지나지 않는다는 것을 증명하기 위하여 사단과 칠정을 비교하기도 하였다. 그러면서 율곡은 인심과 도심은 상대화하여 말할 수 있다고 하였다. 인심도심론은 리·기 개념으로 설명하지 않고 바로 대립시켜 말하기 때문에 그렇게 본 것이다. 반면에 사칠은 리-기 개념으로 설명하기 때문에 자연히 '리기불상리잡'의 관계성의 제약을 받게 된다. 율곡은 퇴계의 사칠설은 비판하면서도 인심·도심은 상대화시켜 대립 입론의 방식으로 활용한 셈이다. 오늘날 관점에서 보면 퇴계의 호발설도 비록 리·기로 사단과 칠정을 형용하지만, 그 대립 입론의 취지는 인심도심론과 별반 다를 게 없다. 율곡 역시 고봉과 마찬가지로 리·기 개념을 지나치게 존재론적 성격에 치우쳐 해석하였기 때문에 퇴계 호발설의 입론 방식을 이해하지 못하고, 심지어 무리하게 '사칠배속四七配屬'도 시도한 것이다.

율곡과 논쟁한 우계의 경우 퇴계의 대립적 입론 방식이 옛날부터 있어 왔으므로(원래 『서경』에서 인심·도심을 말한 것이므로) 주자 역시 『중용장구』 서문에서 이를 해석한 것이라 하였다. 그러므로 이에 비추어 보면 퇴계의 호발설이 옳은 것 같다고 말하였다. 그러나 우계는 퇴계와 달리 '소종래'에서부터 다른 것이 아니라 마음이 막 발동할 때 나타난 현상을 보고 리발-기발이라 나눌 수 있다고 해석하고, 퇴계의 '리발기수, 기발리승'과 같은 보충 설명은 오히려 어폐가 있다고 지적하였다. 우계의 퇴계설 지지는 역시 도덕적 입론 방식은 퇴계처럼 '대립 입론'일 수밖에 없다는 것을 은연중 입증해 준 것이다. 한편 율곡은 인간-자연 통합적 입장에서 존재론적 리·기 개념을 가지고 사칠을 설명하는 데 치우쳤으므로 도덕론에서의 대립 입론의 의의를 미처 깨닫지 못하였고, 따라서 우계 질문에 대해 만족스럽게 대답할 수 없었다.

조선 후기 성리학적 사유의 진행은 퇴계·고봉, 율곡·우계가 해결하지 못한 사칠론과 인심도심론을 그대로 재론하였는데, 시대가 어느 정도 흐른 뒤여서 일정한 사유의 발전을 가져왔다. 즉 남계 박세채나 농암 김창협 경우는 우계의 퇴계 해석을 계승하여 퇴계설의 의미를 정확히 분석해냈다. 물론 이때 우주론에 있어서는 율곡의 리기론을 긍정한 전제 위에서 도덕론의 가치입론의 방식에 대한 이해가 높아진 것이다. 율곡의 인간-자연 통합적 입장에서는 현실주의적 도덕론으로서 칠정이라는 인간 정의 적나라한 현상에 직접 나아가는 장점은 있으나 사단의 순선한 가치를 잘 나타낼 수 없게 된다. 그러므로 남계와 농암은 율곡 도덕론에서 부족한 사단의 순선의 가치를 보완하기 위하여 퇴계식의 대립 입론의 의의를 다시 보게 된 것이다. 여기서는 리기론에 담긴 철학적 아포리아가 리기사칠론을 존재론과 도덕론의 특성에 따라 분리하여 고찰함으로써 어느 정도 선명하게 해석된 것이다. 이 점에 한국 주자학의 장점과 특색이 있다고 할 수 있다.

반면에 조선 후기 일부 주리론과 유리론唯理論의 시각에서 율곡의 리기론에 대한 이해가 부족한 듯한 오해는 자파 옹호를 위한 당파성이나 형이상학에 대한 몰이해에서 기인한 것이다. 퇴계를 옹호한 갈암의 경우 율곡의 도덕론의 결점은 잘 지적했으나, 그것을 미루어 율곡의 존재론의 리기설을 비판한 것은 정확한 지적이 아니었다.[2] 노사의 경우도 마찬가지였다. 유리론의 시각에서는 율곡의 리가 아무데도 쓸모없는 피부의 사마귀나 말에 붙은 파리 정도로 보였을 것이다.[3] 이는 리기의 형이상학적 실재로서의 의미를 이해하지 못한 결과이다. 유가의 본령이 도덕론이기 때문에 성리학의 형이상학적 체계와 그 이론을 정확히 이해하는 데는 역시 한계가 있었던 것이다.

이러한 유리론은 이미 퇴계의 '존리설尊理說'에서도 맹아가 보였는데, 이는 리를 높이는 사유에서 출발한 것으로 그때의 리는 태극과 같은 만물의 주재자, 우주의 궁극자로서의 성격을 가진 것이었다.[4] 주

---

2 이에 대해서는 이동희, 「퇴계학파는 퇴계의 성리학을 어떻게 이해하고 계승했는가? —갈암 이현일의 율곡 비판을 중심으로—」, 『조선조 주자학의 철학적 사유와 쟁점』, 서울 : 유교문화연구소, 2006 참조.

3 이에 대해서는 이동희, 「노사 기정진의 유리론에 대한 과정철학적 고찰」, 『조선조 주자학의 철학적 사유와 쟁점』, 서울 : 유교문화연구소, 2006 참조.

자학에서 태극도 리라고만 규정하고 개별 존재 원리로서의 리와 우주
의 궁극자로서의 태극의 구분이 선명하지 않았던 데도 원인이 있다.
유신론적有神論的 체계가 없는 동아시아 종교 전통에서 종교적 절대
자에 대한 사유가 이런 식으로 나타날 수 있다고 보여진다. 이는 과
정철학(process philosophy)의 형이상학 및 과정신학(process theology)의
신에 대한 이론과 비교해 보면 역시 종교적 의미의 '존리설'임을 알
수 있다.[5] 이 관점에서는 율곡의 리의 작용이 미미하게 여겨질 것은
당연하다.

　중세사상은 매우 복합적이고, 논쟁도 개념 규정이 분명하지 않은
상태에서 이루어졌기 때문에 오늘날 해석하는 데 세심한 주의가 필요
하고, 그 분석에는 현대 분과 학문의 여러 이론을 원용하는 것도 필요
하다.[6] 이하 퇴계와 율곡의 사단칠정론과 인심도심설에 대한 학설을
논쟁자의 논박의 관점, 그후의 학자들의 재론의 시각 등과 비교하면서
그 특성과 한계를 논하려고 한다.

---

4 이에 대해서는 이동희, 「화이트헤드의 형이상학적 神觀에서 본 퇴계의 독특한 리
　관념, '尊理說'」, 『조선조 주자학의 철학적 사유와 쟁점』, 서울 : 유교문화연구소,
　2006 참조.
5 이에 대해서는 이동희, 『동아시아 주자학 비교 연구』, 대구 : 계명대 출판부, 2005
　참조(특히 제2장 〈주자 우주론에 대한 과정철학적 분석〉).
6 성리학 분석에 있어서 우주론으로서의 리기론은 화이트헤드의 과정철학을 원용하고
　(특히 율곡의 존재론), 사단칠정론과 인심도심론과 같은 도덕론 분석에는 현대 윤리
　학의 메타 윤리학적 이론을 원용하면 좋다(일종의 윤리적 명제의 문제로 보는 것이
　다). 또 퇴계의 '마음에 있어서의 리발'을 설명하는 데는 심리학이나 종교심리학의
　이론을 원용하면 유효하다. 자연법 사상으로서의 천인합일 사상의 논리인 '가치-사
　실' 동일시는 오늘날도 이러한 관점을 취할 수 있다고 한다면 이는 철학적 사고의
　선택 문제이다. 그러므로 철학적 아포리아인 것이다.

II. 퇴계의 대립입론과 고봉의 존재론적 시각

퇴계는 추만秋巒 정지운鄭之雲이 『천명도설』에서 "사단은 리에서 발하고 칠정은 기에서 발한다"〔四端發於理, 七情發於氣〕라고 한 것을 그의 수정의 부탁을 받고 천명도를 수정하여 새로 도를 그리고, 위의 글귀를 고쳐 "사단은 리의 발이요, 칠정은 기의 발이다"〔四端是理之發, 七情是氣之發〕라고 하였다. 이렇게 만든 것이 퇴계의 『천명신도天命新圖』이다. 이 정정된 해석을 보고 고봉이 이의를 제기, 퇴계에게 질문을 하였다.

고봉의 생각은 칠정은 인간 정의 총칭이고, 사단은 전체 칠정 중에서 선한 것을 골라내어 지칭한 것이라고 보았다. 그러므로 사단과 칠정을 각각 리와 기로 대립시켜 말하면 인간 마음에 두 근원이 있어 사단과 칠정이 각각 나오는 것과 같은 혐의가 있으므로 그렇게 나누어 말할 수 없다는 것이다. 또 리기 관계의 원칙인 '서로 떨어지지도 않고 서로 섞이지도 않는다'는 원칙에도 맞지 않는다고 하였다. 기고봉이 "칠정 외에 다시 또 사단이 없다"라고 한 말[7]이 그것이다.

퇴계는 고봉의 의견을 듣고 『천명신도』의 자기 말을 고쳐 "사단의 발은 순수한 리이므로 불선이 없고, 칠정의 발은 기를 겸했으므로 선악이 있다"〔四端之發, 純理, 故無不善, 七情之發, 兼氣, 故有善惡〕라고 하였다.[8] 그러던 중 그는 『주자어류』속에서 "사단은 리의 발이고, 칠정은 기의 발이다"〔四端理之發, 七情是氣之發〕라는 문구[9]가 있음을 발견하고 더욱 자기 견해가 틀리지 않았음을 확신하였다. 또 그것을 증

7 『퇴계전서』(이하 『퇴전』이라 약함) 권16, 12면(한적 판심면. 이하 같음), 「附奇明彦非四端七情分理氣辯」.

8 위의 책, 권16, 1면, 「與奇明彦」.

9 『주자어류』(이하 『어류』라 약함) 권53, 북경: 중화서국, 1986, p.1297.

명하기 위하여 성에 있어서의 '본연지성本然之性'(＝天地之性)−'기질지성氣質之性'의 구분이 있는 것과 '사단−칠정'의 구분이 있는 것이 같다고 하였다.[10] 또한 '인심−도심'의 대립에 사단과 칠정을 비교하여 말하기도 하였다. 즉 "인심은 칠정이 그것이고, 사단은 도심이 그것이다"라고 하였다.[11]

그러나 고봉은 퇴계의 이러한 표현은 오해의 소지가 있다고 하여

이제 만일 "사단의 발은 순수한 리이므로 불선이 없고, 칠정의 발은 기를 겸했으므로 선악이 있다"라고 한다면 이는 리와 기를 두 물건으로 나누는 것입니다. 이것은 칠정이 성으로부터 나오지 않는 것이며 사단이 기를 타지 않는 것입니다. 이는 말 뜻에 있어 병통이 없을 수 없으며, 후학들에게 의혹을 일으키지 않을 수 없게 하는 것입니다.

라고 말하였다.[12] 또 고봉은

사단과 칠정을 대립적으로 말하여 순수 리〔純理〕라든가 기를 겸함〔兼氣〕이라고 말할 수 있겠습니까? 인심, 도심을 논할 경우라면 혹시 그렇게 말할 수 있을지 모르지만 사칠 경우에는 그렇게 말할 수 없을 듯합니다. 왜냐하면 칠정을 인심과 같은 것으로 볼 수는 없기 때문입니다.

라고 하였다.[13] 여기서 순리와 겸기는 선악의 근거가 되는 것으로 말

10『퇴전』권16, 12면,「答奇明彦論四端七情第一書」(이하「第一書」라 약함).

11 위의 책, 권36, 2면,「答李宏仲問目」및 권37, 27면,「答李平叔」.

12『사칠리기왕복서』상편(권1), 1-2면,「고봉상퇴계사단칠정설」;『퇴전』권16, 13면, 「附奇明彦非四端七情分理氣辯」.

13『퇴전』권16, 13면,「附奇明彦非四端七情分理氣辯」.

하였으므로 결국 고봉의 생각은 사단은 '순리'라서 절대 선이라 할 수 있지만, 칠정을 '겸기'라서 선악이 같이 있으므로 상대적으로 악이라고만 할 수 없고, 따라서 '칠정기발'이라는 것은 오해의 소지가 있다는 것이다. '칠정기발'이라고 할 수 없으므로 자연 퇴계의 '사칠리기호발'이 틀렸다는 것이다.

이러한 고봉의 주장의 논거는 그의 리기론에 있다.[14] 그는 말하기를 "리는 기의 주재이고, 기는 리의 재료이다. 원래 구분이 있으나, 사물상에서는 섞여 있어 나눌 수 없다. 다만 리는 약하고 기는 강하며, 리는 조짐이 없고 기는 자취가 있다. ……리가 기를 벗어나지 않고, 기의 과·불급 없이 자연스럽게 발현하는 것이 리의 본체이다"라고 하였다.[15] 즉 '리기불상리'이고, 현실은 '리약기강理弱氣強'이고, 또 기의 작용에 의해 리는 실현된다는 생각을 기본적으로 가지고 있다. 이런 관점에서 보면 퇴계의 '리기호발'은 납득할 수 없는 것이 된다. 또 리기론(존재론)에 의해 사단과 칠정 모두 '성발위정性發爲情'의 심성 구조로 설명하고 있으므로 정의 발현에 리-기는 동시 작용하는 것으로 생각하므로 칠정 역시 성이 발하는 것이 된다.

고봉은 퇴계에게 보낸 두 번째 편지에서 (1) 칠정이 기와 관계되지만, 리가 그 속에 들어 있으므로 절도에 맞으면 맹자의 사단과 이름은 달라도 그 내용은 같다.(9면) (2) 정은 리와 기를 함께 가지고 있으므로 사단도 기를 가지고 있다. 예를 들면 아이가 우물에 빠지려는 것을 보는 데서 사단이 나온다. 그런 점에서 사단도 정이며 기이다.(16면) (3) 사단만 선한 것이 아니라 칠정도 본래 선한 것이니, 선악 미정이라 할 수 없다.(17면) (4) 사단의 발도 절도에 맞지 않은 것이 있다. 따라서 무조건

---

14 고봉은 31세 때 『주자문록』을 지을 만큼 주자문집을 많이 읽고 주자 리기론에 대해 잘 알고 있었다.

15 『퇴전』 권16, 14면, 「附奇明彦非四端七情分理氣辯」.

선이라 할 수 없다.(25면) ─이런 점을 말하였다.[16] 여기 나타난 고봉의
사칠 해석은 분명 리기론에 입각하여 행해진 것을 확인할 수 있다. '어
린 아이' 비유는 율곡이 그대로 가져가 나중에 활용하게 된다. 그리하
여 고봉은 최종적으로 사단도 기에 좌우되므로 부중절이 있을 수 있다
고 하였다. '사단 부중절'은 일찍이 주자도 말한 바 있는데,[17] 이는 도덕
론적 입장이라고 할 수 없다. 그러므로 고봉의 사칠론이 리기론의 존재
적 해석에 치우친 것을 알 수 있다. 다시 말하면 도덕론 논의에 존재론
적 시각이 투영된 것이다.[18]

그리하여 퇴계는 고봉의 지적을 참고하여 다음과 같이 자기 설을
수정하였다.[19]

황(=퇴계)이 칠정이 리에 관계 없이 외부 사물이 우연히 들어와 마음
이 느껴[感] 움직이는[動] 것이라고 하는 말은 아니다. 또 사단이 사물
에 대해 느껴 움직이는 것은 칠정과 다름이 없다. 다만 사단은 리가 발
하여 기가 따르는 것[四端, 理發而氣隨之]이요, 칠정은 기가 발하여 리
가 타는 것[七情, 氣發而理乘之]이다.

그러나 기고봉은 퇴계의 이 설에 대해서도 만족스럽게 여기지 않았
다. 고봉은 이렇게 해도 역시 칠정에는 리기가 겸하여 있지만, 사단에

---

16 『사칠리기왕복서』 상편(권1), 「고봉상퇴계사단칠정설」. 해당 면수는 본문 ( ) 속에
　　넣었다. 『퇴전』에는 부록되어 있지 않다.

17 『어류』 권53, p.1285 ; p.1293.

18 이에 대해서는 이동희, 「退・高 '四七論爭'에 대한 윤리학적 일고찰」, 『조선조 주자
　　학의 철학적 사유와 쟁점』, 서울 : 유교문화연구소, 2006 및 「율곡 성리학과 고봉
　　성리학의 비교」, 『동양철학연구』 44집, 동양철학연구회, 2005 참조.

19 『사칠리기왕복서』 상편(권1), 「고봉상퇴계사단칠정설」. 해당 면수는 본문 ( ) 속에
　　넣었다. 『퇴전』에는 부록되어 있지 않다.

는 리발 일면만 있는 것으로 보여진다는 것이다. 그리하여 "정의 발에
는 리가 움직이는데 기가 같이 있는 경우가 있고, 기가 느끼는데 리가
타는 경우가 있다[情之發也, 或理動而氣俱, 或氣感而理乘]라고 고치면
어떻겠는가?"라고 반문하였다.[20] 여기서 퇴계는 자기 설을 고쳤다고
하지만, 문구가 수정되었을 뿐 내용상으로는 바뀐 것이 없었다. 오히
려 '수隨'라든가 '승乘'이라는 용어를 사용함으로써 리가 발한다는 생
각을 더욱 분명히 하고 있다.

그리하여 퇴계는 사단칠정에 대한 리발, 기발의 해석이 가능한 이유
를 이렇게 설명하였다.[21]

대개 사람의 일신은 리와 기의 합으로 생긴다. 그러므로 두 가지(리,
기)는 서로 발용發用이 있고, 그 발은 서로 상대를 필요로 한다. 서로 발
하므로 각각 주로 하는 바[所主][22]가 있음을 알 수 있고, 서로 상대를
필요로 하므로 서로 상대 속에 들어 있음을 알 수 있다. 서로 상대 속에
들어 있으므로 섞어 말하는 것도 있고, 각각 주로 하는 바가 있으므로
분별해서 말하는 것도 불가하지 않는 것이다.

여기에서 퇴계가 주장한 것은 리기가 사칠의 정에 다 관계하지만,

---

20 『고봉선생문집』, 「兩先生四七理氣往復書 下篇」, 10면. 고봉의 이 견해는 얼핏 보아
도 알 수 있듯이 퇴계의 설과 별반 다를 것이 없다. 이에 대해서는 이동희, 앞의
논문 「퇴·고 사칠논쟁에 대한 윤리학적 일고찰」 참조.

21 『퇴전』 권16, 30면, 「第二書」.

22 퇴계의 경우 여기서는 "서로 발하므로 각각 주로 하는 바[所主]가 있다"라고 하였
다. 이때 주로 한다는 것은 '위주로 한다' 또는 '상대적으로 더 중요하게 여긴다'는
뜻이다. 그러나 퇴계는 서로 발하는 것이 전제가 되어 있으므로 '소종래'부터 각각
다르고, 따라서 그의 설은 호발설이 되는 것이다. 그러나 다른 한편 또 퇴계는 "리
없는 기가 없고 기 없는 리가 없으나, 나아가 말하는 바가 다르면[所就而言之者不
同] 분별하지 않을 수 없다"라고 하여 주관적 판단의 경우 상대적으로 입언할 수
있다는 뜻으로 말하기도 하였다. 『퇴전』 권16, 9면, 「第一書」.

'주로 하는 바'에 따라 분별해서 말할 수 있다는 것이다. 이는 도덕적 가치를 대립시켜 입론할 수 있다는 것이다. 그러므로 퇴계는 말하기를

> 대저 공부를 하는 데 분석을 싫어하고 하나로 통합하고자 하는 데 힘 쓰는 것을 옛사람은 새가 대추를 씨까지 그냥 삼키는 것과 같다고 했는 데, 그 병폐가 이와 같이 많은 것이다. 그리하면 자기도 모르는 사이에 그런 방식에 빠져 기를 가지고 성을 논하는 폐단에 빠지고, 인욕을 천 리로 여기는 근심에 떨어지게 될 것이니 이것이 되겠는가?

라고 하였다.[23] 이로써 보면 퇴계 호발설의 의도는 인욕으로부터 천리 의 우월성을 확보하려는 데에 있음을 알 수 있다. 또 퇴계는

> 기에 리가 타는[乘] 바가 없으면 이욕에 떨어져 금수가 된다.

라고도 하였다.[24]

여기에서 우리는 사칠리기론의 논리적 타당성을 넘어선 퇴계의 도 덕 실천자로서의 입장을 읽을 수 있다. 그리하여 퇴계의 호발설은 맹 자의 성선설과 같이 윤리적 명제가 갖는 권유적(commending) 성격이 있는 것이다.[25] 물론 퇴계 사칠론에서의 이와 같은 리발설(호발설)은 존 재론에서의 리동설(=能發能生說)[26]과 궤를 같이 하는 것이다.

---

23 『퇴전』 권16, 11-12면, 「第一書」.
24 위의 책, 권36, 2면, 「答李宏仲問目」.
25 오늘날 메타윤리학에서 윤리적 언어를 분석하면서 윤리적 명제는 사실을 말하는 명제와 달리 듣는자로 하여금 권유하게 하는 정의적 감정을 담고 있다고 하였다. 김태길, 『윤리학』, 박영사, 1978 참조.
26 『퇴전』 권39, 28면, 「答李公浩問目」. '太極生兩儀' 해석에서도 그런 면을 보인다. 『퇴전』 권41, 20면, 「非理氣爲一物辨證」.

퇴계의 호발설 배경으로서 '소종래에서부터 다르다'는 발언을 아울러 검토해볼 필요가 있다. 또 퇴계가 심의 작용으로서 '리발'을 생각하지 않았는지 살펴볼 필요도 있다. 이는 소위 '퇴계 심학'과도 연관이 있기 때문이다.

퇴계는 사칠논변에서 '소주所主', '소중所重'에 따라 나누어 말할 수 있다, 또는 '주로하는 바가 다르기 때문에' 분개하여 말한다고 하면서 아울러 그것이 리기의 연원, 즉 '소종래所從來'에 따라 정해졌다고 설명한 바 있다. 즉 그는 말하기를

사단과 칠정 두 가지는 리기를 벗어나는 것이 아니라 하겠지만, 그 연원[所從來]에 근거하여 각각 그 주로 하는 바[所主]와 중요하게 여기는 바[所重]를 가리켜 말한다면 어느 것이 리이고 어느 것이 기라는 말을 왜 못하겠는가?

라고 하였다.[27]

'소종래가 다르다'는 것은 주자가 인심·도심을 설명하면서 '혹생─혹원'[或生於形氣之私─或原於性命之正] 식으로 설명한 것과 같은 형식이다. 만약 사칠이 연원이 다르다고 한다면 그야말로 '리·기가 다 관련되어 있다'는 말과 모순될 뿐만 아니라 고봉의 지적과 같이 마음에 두 갈래가 있는 것이 된다. 퇴계가 처음 설을 고쳐 '리발기수─기발리승'으로 보충한 것이 그런 혐의를 낳게 한 것이다.

여기에서 퇴계가 '사단은 리발'이라고 했을 때 그 '리발'의 '발'은 과연 어떤 의미가 있는지 이 '소종래설'과 연관하여 고찰할 필요가 있다. 그의 소종래 이론과 본연·기질 구분의 논리는 사단은 '마음의 리'

---

27 위의 책, 권16, 10면, 「第一書」.

에서 나온다는 의미를 담고 있다. 결국 '마음의 작용'인 셈이다.[28] 마음이 '리·기의 合'이고, '심통성정心統性情'이므로 퇴계는 그렇게 생각한 것이다. 이렇게 보면 기발도 결국 마음의 작용이다. 그러므로 그는 고봉과의 사칠논변 중 '리의 체용설'을 제시한 것이다.[29] 이러한 퇴계의 리의 체용론 강조는 그가 리발을 심의 작용 면에서 보려 한 것임을 알 수 있다.[30]

성리학에서 인간의 심은 '리기의 합'이요, '심통성정'의 관계에 있으므로 도덕적 행위에 있어 이 심의 작용은 맹자의 '선성善性'〔性善〕이라는 심의 본질이 정태적인 것이 아니라 능동적이고 자발적인 도덕적 작용을 하는 일종의 '도덕적 충동(에네르기)'으로 보고 있다. 이것은 심의 작용을 매우 역동적인 것으로 보는 것이며, 천명天命의 내재화로서의 인간 본성〔性〕에서 우주의 본질을 동시에 보려는 성리학의 인간론에서도 연유한다.[31] 그러므로 퇴계의 리발설은 이러한 '심의 역동성'을 전제로 하여 말한 것이며, 이때 심의 작용은 '선성'을 실행하는, 즉

---

28 다산 정약용은 처음에는(23세 때) 율곡설이 옳고 퇴계설이 그르다고 생각했다가 후년에는(34세 때) 퇴계설도 옳다고 보았는데, 그 이유는 퇴계가 거론하는 리기는 인간의 성·정에만 나아가 말한 것으로 리는 도심과 천리를, 기는 인심과 인욕을 말하고 있기 때문이라고 한 바 있는데, 이는 퇴계 사칠설의 배경을 잘 본 것이다. 『여유당전서』 제1권, 21권, 25면.

29 『퇴전』 권16, 10면, 「제1서」.

30 최영진은 리의 체용설은 퇴계 리발설을 보증해 준다고 생각했다. 최영진, 「퇴계 리사상의 체용론적 구조」, 『조선조 유학사상의 탐구』(여강출판사, 1988) 참조. 그러나 김기현은 퇴계의 체용설이 그의 리발설을 합리화하지 못했다고 보았다. 김기현, 「퇴계의 리발설이 갖는 의의에 대한 검토」, 『철학』 제60집, 한국철학회, 1999, p.23.

31 인간도 우주론적으로 보면 다 같은 하나의 존재물에 불과하다. 그러나 만물의 영장으로서 인간의 우주에서의 독특한 위치가 있으므로 인간의 '도덕성'은 인간의 본질을 이루고 이것은 心에서 발출한다고 보는 것이 유학이고 성리학이다. 이때 심은 도덕적 의식과 행위가 나올 수 있는 에너지의 원천이라고 할 수 있다. 그러므로 심의 작용을 만유의 생명의 '역동성'과 같은 위치에서 설명할 수 있다. 다만 유학과 성리학은 그것을 '도덕적 충동'으로 보았을 뿐이다.

가치를 창조하는 주체로 등장하는 것이다.[32] 그런 의미에서 보면 호발설은 맹자의 '성선설', 성리학의 '성즉리'와 같은 맥락을 갖고 있으며, 이는 동양 중세의 '자연법 사상'[33]의 핵심을 이루고 있다.

Ⅲ. 율곡의 기발리승일도설과 인심도심설과의 상충 문제

고봉은 자신의 사칠론에 적용된 리기론의 논리가 치밀하지 못해 도덕론에서의 리기 개념과 존재론에서의 리기 개념의 차이에 대한 인식이 명확하지 않아 퇴계설을 끝까지 반박하지 못했고, 따라서 논쟁도 미해결로 끝났지만, 율곡의 경우 자기의 리기론을 충분히 활용하여 고봉의 도덕론을 지지할 뿐만 아니라 그 논리를 확장하여 자기의 학설을 수립하였다.[34] 그리하여 사단이 칠정과 다르지 않다는 것을 입증하기 위하여 '사칠배속四七配屬'(사단과 칠정을 비교하여 맞춤)도 하였는데[35] 그러나 주자도 사칠이 유사하여 비슷하다고는 했지만, 꼭 대비되지는

---

32 여기 대해서는 뚜웨이밍, 「주희의 리 철학에 대한 퇴계의 독창적 해석」, 『퇴계학보』 제35집, 1982 참조. 뚜웨이밍은 중국에서 陽明學이 일어나 주자학을 비판하고 새로운 경향으로 간 것이 조선에서의 퇴계와 같은 현상이 일어나지 않은 중요 이유라고 하여 중국의 왕양명과 퇴계의 위상을 같이 보고 있다(p.17).

33 동양 사상의 기본 특징으로서의 자연법 사상에 대해 마루야마(丸山眞男)의 설명을 대체로 정설로 받아들이고 있다. 그는 주자학의 리의 성격을 "그것은 사물에 내재하면서 변화의 원리가 되는데, 이것은 자연법칙이나, 본연의 성으로서 인간에 내재할 때는 행위의 규범이다. 자연법칙은 인간법칙과 연속된다"라고 하였다. 마루야마(丸山眞男), 『日本政治思想史硏究』, 東京 : 東京大學出版會, 1962, p.25. 퇴계의 리발설을 통한 사단의 강조, 인간 심의 도덕적 역동성 강조 등은 이러한 자연법 조명 아래 비로소 인격학, 수양론으로서의 가치가 드러나게 된다.

34 이에 대해서는 이동희, 「우계 성리설의 특성과 사상사적 의의」, 『한국학논집』 제24집, 계명대 한국학연구소, 1997 및 「율곡은 '주기적'이 아니면서 '주기적'이다」, 『동양철학연구』 제29집, 동양철학연구회, 2002 참조.

35 『율곡전서』(이하 『율전』이라 약함) 권10, 7면.

않는다고 한 바[36]와 같이 율곡의 이러한 작업은 만족스럽게 끝나지 못하였다.

그런데 율곡의 설은 친구 우계牛溪 성혼成渾이 자기는 퇴계의 대립적 입론이 의미가 있고, 이러한 입론 방식은 주자의 인심도심론의 '혹생혹원설'과 궤를 같이하는 것이고, 또 일찍부터『서경』에서 나온 입론방식이므로 퇴계의 호발설이 일리가 있다고 하였다. 이에 대하여 율곡은 자기의 주장을 우계에게 조리 있게 피력하였다.[37] 그러나 율곡은 우계의 의문을 완전히 가시도록 설명을 하지 못하고, 따라서 우계도 자기설을 계속 주장하였다.[38]

우계의 퇴계설 지지에 대해 율곡은 답하기를

사단은 칠정 중에서 선한 것을 뽑아 말한 것이니, 인심-도심처럼 상대적으로 말하는 것과 다르다. (……)이는 마치 기질지성은 본연지성을 겸하나 본연지성은 기질을 섞지 않고 순수하게 말한 것과 같이 칠정은 사단을 겸할 수 있으나, 사단은 칠정을 겸할 수 없다

라고 하였다.[39] 또 율곡은 말하기를

퇴계선생이 사단은 선하다 해놓고 또 칠정 역시 선하지 않음이 없다고 하였는데, 그렇다면 사단 외에 선정善情이 또 있는 것이 되는데, 그 정은 그러면 어디서 오는가?

---

36 『어류』권53, p.1297; 권87, p.2242, p.2245 참조.
37 우계와 율곡의 논쟁에 대해서는 이동희, 앞의 논문「우계 성리설의 특징과 사상사적 의의」참조.
38 우계의 이러한 시각은 그후 소론의 학자들에게 계승되어 조선후기 기호학파 내의 소위 '절충파' 성리학설에 영향을 미쳤다.
39 『율전』권9, 35면, 「답성호원」.

라고 비판하였다.[40] 그 이유로 그렇게 되면 사람 마음에 두 근원이 있는 것과 같아진다고 말하였다.[41] 이것은 퇴계설에 대한 고봉의 의문과 같다.

그러면서 율곡은 "발하는 것은 기이고 발하게 하는 까닭은 리인데, (우리 마음이 발할 때) 정리正理에서 발하여 기가 작용하지 않으면 도심이요 칠정의 선한 부분이고, 발할 때 기가 이미 작용하면 인심이요 칠정의 선악이 합한 것이다"라고 하였다.[42] 율곡은 앞에서 인심·도심은 상대적으로 말하는 것이라 해놓고, 여기서는 인심은 칠정의 선과 악을 동시에 갖고 있다고 조금 다르게 말하였다.

원래 사단과 칠정을 도덕적으로 논할 때 '선·악'이라는 개념을 쓰지 않고 '리·기'라는 존재론의 용어를 빌려쓸 때 그 장점은 '기'는 움직이는 과정에서 소위 청탁수박淸濁粹駁이라는 편차가 생겨 선과 악이 동시에 있고, 또한 악은 편차의 과불급에 의한 것이므로 선한 쪽으로 바뀔 수 있다는 의미〔可善可惡〕를 빌려온 것이다. 그러므로 선-악과 같이 일대일로 대립되는 것이 아니라 리의 '순선純善'(순수선)과 기의 '가선가악'(선악의 두 가능성)이라는 가치 의미를 나타낼 수 있게 되는 것이다. 다만 여기에서 '순선'과 가선가악의 '가선可善'이 같으냐 다르냐 하는 것을 어떻게 보는가에 따라 퇴·율 사상처럼 둘로 갈라지는 것이다. 결론적으로 리기라는 개념을 사용함으로써 선악이라는 개념을 사용할 때보다 악의 선에의 가능성을 열어놓으려는 것이다.[43]

인심이 칠정의 선악이라면 선악의 요소가 다 있다는 것인데, 원래

---

40 위와 같음.

41 동상. 퇴계가 칠정이 원래 선하지 않음이 없다고 한 것은 칠정 역시 성에 근본하여 나오기 때문에〔性發爲情〕 그렇게 말한 것이다. 이는 율곡이 인심과 칠정을 전적으로 악하다고 하지 못한 것과 같은 논리이다.

42 『율전』, 권9, 36면, 「답성호원」.

43 이것이 동서 보편적으로 중세 신학사상(종교철학)의 특징이라면 특징이다.

인심을 도심과 상대적으로 말하지만, 그것이 본질적으로 악하다고는 보지 않는다.[44] 이는 마치 '천리天理—인욕人欲'의 가치 대립에서도 똑같이 말할 수 있다. 주자는 인욕이 원래 나쁜 것이 아니라고 하면서 인간 욕망이 절제되지 못할 때 악이 된다고 보았다. 즉 천리·인욕은 두 가지가 아니라는 것이다.[45] 율곡은 칠정은 사단을 겸한다고 하여 인심·도심의 상대 개념과 다르다고 해놓고 다시 양자를 결부시키니, 위와 같이 말할 수밖에 없었다.

그러나 율곡의 인심이 칠정의 선악이라 하면 인심과 도심의 상호대립은 별반 영향이 없고, 여전히 칠정이 선악 겸유하여(가선가악) 있다는 데 초점이 맞춰져 있다. 그리하여 칠정의 선과 사단의 선은 같다는 것을 주장하려는 데 있다. 이는 율곡의 도덕론에서의 '현실주의적' 입장이고, 이것을 퇴계의 사단의 순수선 강조의 '이상주의적' 도덕론과 상대적으로 말할 때 '주기적'이라 말할 수 있는 것이다. 다시 말하면 이 '주기적 도덕론'은 현실주의적 도덕론이라 할 수 있다.[46]

율곡은 퇴계의 호발설 중 '기발리승氣發理乘'만 인정할 수 있다고

---

44 도심과 인심을 대립시키면서 인심을 전적으로 악하다고 말할 수 없는 데 성리학의 아포리아가 있다. 천리—인욕도 마찬가지다. 사단·칠정의 관계도 대립적이면서 칠정이 사단을 포함하는 두 견해가 성립되는 것도 아마 이러한 아포리아에서 연유할 것이다.

45 주자는 "人欲은 天理의 반대이다. 그러나 천리 중에는 인욕이 없고, 오로지 천리의 흐름에 차이가 나서 인욕을 낳는다. 정명도가 선악이 모두 천리다 한 것은 악이란 본래부터의 악이 아니라는 것이다"라고 하고(『주자대전』 권40, 「답하숙경」), 또 "천리·인욕은 하나인데 서로 경계를 이루고 있다. 인심·도심도 마찬가지이다"라고 하였다(『어류』 권78, pp.2009-2010).

46 김기현은 퇴계의 도덕론은 '순수도덕주의'(pure moralism)라 부르고, 율곡의 도덕론은 '범도덕주의'(pan-moralism)라 불렀는데, '범도덕주의'라는 말보다는 '현실주의적 관점'이라고 하는 것이 이해하기 쉽다. 일찍이 평요우란도 맹자와 순자를 비교하여 '아이디얼리스트—리얼리스트'로 표현한 바 있다. 평요우란(馮友蘭), 정인재 역, 『중국철학사』, 서울 : 형설출판사, 1983 ; 김기현, 『조선조를 뒤흔든 논쟁(상)』, 서울 : 길, 2000, pp.20-23.

하여

　　퇴계는 입론하기를 사단은 리발기수요 칠정은 기발리승이라 하였는
데, 칠정만이 아니라 사단도 기발리승이다. 왜냐하면 유자입정儒子入井
(어린아이가 우물에 빠지려는 것)을 보고 측은한 마음이 일어나기 때문이
다. '보고 측은히 여기는 것'은 기이다. 이것이 소위 '기발'이다. 측은의
근본은 인仁인데, 이것이 소위 '리승'이다. 인심만 그런 것이 아니라 천
지의 변화도 기화리승氣化理乘 아닌 것이 없다.

라고 하였다.[47] 그런데 퇴계가 '리발기수'와 '기발리승'으로 소위 호발
설을 주장한 것은 사실 사단을 칠정보다 더 가치 있게 보려는 의도에
서 나온 것이다. 그러므로 율곡이 이 두가지 중에서 '기발리승'만 인정
한다고 한 것은 상대적으로 도덕 감정의 현실성을 강조하였다고 볼 수
있다. 율곡의 이러한 발상은 그가 인간-자연을 통합적으로 보려는 시
각에서 나왔다. 그러므로 그는 인간 마음뿐만 아니라 천지의 변화도
'기화리승' 아닌 것이 없다고 한 것이다.
　　그러면서 율곡은 인심·도심을 모두 사칠론에서 처럼 기발이라 규
정하고, 도심을 리발이라 할 수 없다 하였다. 그리하여 그는 말하기를

　　모두 기발이나, 그 가운데서 기가 본연의 리에 순종한 경우 그 기도
본연의 기이므로 리가 그 본연의 기에 타는 것인데, 이것이 도심이다.
인심은 그 반대로 기가 본연의 리에서 벗어났으므로 본연의 기가 아니
고 과불급이 있는 인심이 된다. ……그러므로 전자의 경우 기발이나 기
가 리의 명령을 들었으므로 '주리主理'라 말하고, 후자의 경우 기가 본

---

47 『율전』 권10, 5면, 「답성호원」.

연의 리에서 벗어났지만 원래 리에 근원한 것이고, 이미 기의 본연이 아니므로 리의 명령을 들었다고 할 수 없다. 그러므로 주안점은 기에 있게 되어 '주기主氣'라 말한다. 명령을 듣고 안 듣고는 기의 작용이지 리는 아무런 작용이 없다.

라고 하였다.[48]

인심과 도심의 성격 차이를 율곡은 위와 같이 본연지기, 본연지리, 명령을 들었느냐 안 들었느냐, 주리-주기 등으로 설명하였다. 그러나 '본연지기'는 이데아의 세계를 말하는 것이지 현실적으로 존재하는 것은 아니다(기는 이미 움직여 청탁수박이 있으므로). 또 '원래 리에 근원하였으나 리의 명령을 안들었다'는 것도 '논리적으로' 말하는 것이지 그러한 사실이 있을 수 없다. 그러므로 율곡도 '주리-주기'를 통하여 도심의 '순수선'과 인심의 '가선가악'이라는 두 가치 세계의 우열을 은연중 말하고 있다고 할 수 있다. 이는 퇴계의 사칠리기호발설과 결국 같은 발상이라 아니할 수 없다.[49]

율곡은 주자의 '혹생-혹원'의 입론 방식을 해석하기를 "혹원은 리의 비중이 큰 것을 가지고 말한 것이고, 혹생은 기의 비중이 큰 것을 가지고 말한 것이지, 처음부터 리·기 두 근원이 있는 것이 아니다. 입론하여 남을 가르치려니 부득이 이와 같이 된 것인데, 학자들이 잘못 본 것은 주자가 예상한 것이 아니다. 이로써 보면 '기발리승'과 '혹원혹생'의 설이 서로 저촉된다는 말이겠는가?(저촉되지 않는다)"라고 하였다.[50]

---

48 위의 책, 권10, 28면, 「답성호원」.

49 율곡은 인심-도심을 설명하면서 주리-주기로 나누어 양변으로 말하지 않을 수 없다고 했는데(『율전』 권10의 우계에게 보낸 두 번째 답서, 4-5면, 28면), 이러한 대립적 입론 방식은 퇴계의 리기호발 대립입론의 형식 및 취지와 같다.

50 『율전』 권10, 28-29면, 「답성호원」.

기발리승은 마음의 작용이라는 존재론적 영역을 설명하는 것이고, 혹원혹생은 입론하여 가르치는 방법에서 필요하였던 말의 형식이므로 서로 모순되지 않는다는 것이다. 율곡 나름으로 논리적으로 설명하였다고 할 수 있다. 이 논리대로 라면 퇴계의 사칠리기호발도 그와 같이 말할 수 있지 않겠는가?

즉 사단과 칠정 모두 리·기의 공동 작용이지만, 서로 상대되는 면이 있으므로 대립시켜 사단이 가치적으로 더 우위에 있다는 것을 말할 수 있지 않을까? 이와 같이 보면 가르치기 위한 입론, 즉 도덕적 입론과 천지와 마음의 작용이라는 존재의 사실을 말하는 것은 서로 다른 영역(또는 차원)의 문제라고 할 수 있다. 그러므로 율곡은 기발리승과 혹원혹생은 상치되거나 모순되지 않는다고 스스로 말한 것이다. 율곡이 자신은 두 영역을 넘나들며(두 차원에서) 말하면서 왜 퇴계의 호발설은 '가치입론'의 형식으로 보지 못하였을까?

율곡은 퇴계가 자기 주장의 논거로 삼은 주자의 '발어리發於理−발어기發於氣'의 말[51]에 대해 해석하기를 주자의 뜻은 '사단은 전적으로 리를 말하고, 칠정은 기를 겸하여 말했다'는 뜻이라고 하였다.[52] 또 사칠은 본연지성−기질지성의 관계, 즉 본연지성은 기질지성을 겸하지 못하나, 기질지성은 본연지성을 겸하는 것과 같다고 하였다.[53] 그러면서 주자가 말한 것은 '대강 말한 것'이므로 융통성 있게 보아야 한다고 하였다.[54] 퇴계의 '기수−리승'과 같은 '마음의 두 근원'이 있는 것처럼 입론한 말의 실수를 제쳐두면, 퇴계의 호발설도 '대강 말한 것'으로 볼 수 있지 않을까? 특히 도덕적 입론은 대립 입론 형식을 취하지

51 『어류』권53, p.1297. 주자의 원래 말은 "四端是理之發, 七情是氣之發"이다.
52 『율전』권10, 5면, 「답성호원」.
53 위의 책, 권9, 35면, 「답성호원」.
54 위와 같음.

않을 수 없다는 점을 고려하면 퇴계 호발설도 이해할 수 없는 것이 아니다. 물론 퇴계는 당시 도덕적 입론의 성격을 확실히 이해하고 있었던 것은 아니다.

IV. 우계 및 절충파의 퇴계설 지지와 비판

퇴계와 고봉은 직접 논쟁을 하였지만, 율곡은 생전에 퇴계를 만났으나, 직접 질의 응답하거나 혹은 논쟁한 일은 없다. 우계와 편지로 논쟁하면서 퇴계와 고봉 사이의 편지 일부를 보고 퇴계 선생에게 질문을 할까 생각했던 적은 있었으나, 그후 퇴계 선생 서거로 성사되지 못하여 아쉬움을 갖고 있었다고 피력한 바 있다.[55]

율곡 학설은 우계와의 토론 가운데서 형성되어 갔다고 해도 과언이 아니다. 그런데 두 사람이 치열한 논쟁을 했다기보다 우계가 자신이 옳다고 보는 퇴계설에 대한 율곡의 해석을 부탁하는 정도의 토론이었다. 또 고봉 역시 일찍 타계하여 퇴계와 나눈 논쟁점을 더 두고 생각해볼 기회가 없었다. 생전에도 퇴계가 대선배였으므로 계속 번잡하게 질문을 할 수도 없었고, 퇴계 또한 기본적으로 이런 철학적 논리를 전개하기에는 연령의 한계가 있었을 뿐만 아니라 퇴계 자신이 철학적 사색과 이론을 별로 좋아하지 않는 타입이어서 고봉과의 논쟁이 치열한 학술적 논쟁으로 지속되지 못하였다. 그러므로 사실 퇴계와 고봉, 그리고 율곡의 '사단칠정'을 둘러싼 이론 전개 및 그들의 사상은 그후 조선 후기 여러 학자들에 의해 재해석되고, 비판되고, 또는 계승, 부연되었다. 오늘날 우리들도 현대의 철학적 관점에서 다시 논의하고 평

---

55 위의 책, 권10, 8면, 「답성호원」.

가할 수 있다.

　사실 퇴계 고봉 사이 8년에 걸쳐 논변의 편지를 주고 받았지만, 퇴계 3편(1편은 보내지 않음), 고봉 3편(총설과 후설 포함) 정도이니, 철학적 논쟁치고는 분량이 너무 적다. 또한 어떤 결론이 난 것도 아니고, 논쟁점이 선명하게 부각되지도 못하였다.[56] 주자학을 모방하여 그 언어를 그대로 쓰는 데서 오는 동어반복도 있고, 한문이라는 언어의 한계, 유학 본래의 도덕 실천이라는 고전 학문의 한계, 그리고 무엇보다 철학적 사유에 대한 개인적 기호 등도 관련되어 있다. 그러므로 그후 성리학자들의 재해석과 비판을 통하여 이들의 학설을 이해하고 평가하는 것이 좋은 방법이다. 이제 퇴계의 학설을 지지한 우계의 입장, 그를 계승한 절충파 성리학자의 학설을 통하여 퇴계 사칠론의 특성과 한계를 살펴본다.

　우계는 율곡에게 첫 번째 보낸 편지에서 퇴계의 『성학십도聖學十圖』의 「심통성정도心統性情圖」의 퇴계설을 보고 "인심·도심의 발은 그 시원〔所從來〕에 원래 '주리主理' '주기主氣'의 다름이 있다. 여러 가지 설이 없었던 요·순 시대에도 이미 이 설이 있었고, (그 후) 성현의 설이 모두 두 갈래로 말하니, 오늘날 (퇴계가) 「사단칠정도」를 만들면서 '리에서 발하고, 기에서 발한다'라고 하는 것[57]이 어찌 안 되겠는가? 리와 기의 호발은 천하에 확정된 이치〔定理〕이니, 퇴계의 소견이 또한 옳지

56　안영상, 「퇴계 만년정론을 중심으로 본 퇴계와 고봉의 사단칠정논쟁」, 『국학연구』 통권15호, 한국국학진흥원, 2009 참조. 퇴계가 보내지 않은 세 번째 편지 말미를 보면 퇴계의 고봉에 대한 응답이 의외로 주체적이지 않고 고봉의 의견을 따른다고 한 것을 볼 수 있다. 이런 내용을 세밀하게 이 논문은 분석하고 있어 퇴계－고봉 사칠논변의 또 다른 면을 밝히고 있다. 사실 퇴계의 두 번째 편지도 첫 번째 편지의 수정이 과반을 차지하고 있고, 새 편지의 내용도 첫 번째 내용과 별 차이 없이 반복되고 있다.

57　퇴계의 「天命圖說後敍 附圖」에서 퇴계가 한 말. 원문은 "四端發於理, 七情發於氣". 『퇴전』 권41(잡저), 10면.

않겠는가?"라고 하였다.[58] 이와 같이 우계는 사단과 칠정을 인심과 도심에 일대일로 견줄 수는 없지만, '혹생혹원설或生或原說'의 입언立言(= 立論)[59] 형식을 볼 때 이미 오래전부터 소위 '이분법적으로' 나누어 말하는 방식이 보편적이었으므로 퇴계의 사칠호발설이 타당하다고 볼 수 있지 않겠는가라고 생각했다.

그러나 한편으로 우계는 퇴계의 표현에 문제의 여지가 있다고 생각했다. 즉 그는 퇴계의 입언을 비평하기를 "(퇴계의) '기가 따르고, 리가 타고'[氣隨之, 理乘之] 하는 설은 말을 길게 늘어뜨려 논리[名理]에 맞지 않은 것 같다"라고 하였다.[60]

우계는 네 번째 편지에서 리·기 관계를 사람이 말을 타고 가는 것에 비유하여 말하는 것이 적절하다고 한 다음, 처음부터 의문을 가졌던 퇴계 호발설의 타당성 여부에 대해 이번에는 다음과 같이 보충 설명을 하였다. 즉 퇴계가 리발기발로 나누어 말한 것은 마음이 이미 작용하여 선과 악으로 나누어 나타난 것을 가지고 말한 것이므로 퇴계의 호발설이 "막 동할 때[才發之際] 주리·주기의 다름이 있을 뿐, 원래 호발하여 각기 작용하는 것이 아니다"라고 하였다.[61] 그러므로 퇴계 호발설의 뜻은 "더 중요한 것을 가지고 말하는 것이다[各以其重而爲言]"라고 하였다.[62]

여기에서 우계가 퇴계의 설을 어떻게 해석하고 있는가가 확연히 드

---

58 『우계집』 권4, 1-2면, 「與栗谷論理氣第一書」.
59 율곡은 '立言'이란 말을 썼다. 오늘날의 '立論'이란 말과 비슷한데, 원전을 존중하여 그 표현대로 표시하였다. 약간의 차이를 규정한다면 '입언'은 간단한 문장으로 '용어 정의'나 '명제 표현'에 중점을 둔 표현 방식, 즉 '言表'와 비슷한 것 같고, '입론'은 주제를 가지고 길게 논의하는 형식을 말하는 것 같다. 본고에서는 구분하여 '성리학적 언표'는 '입언'이라고 표현했다.
60 『우계집』 권4, 1-2면.
61 『우계집』 권4, 15-18면.
62 위와 같음.

러난다. 소위 '호발각용互發各用'이 아니고, '막 동할 때', 즉 마음이 발하였을 때(마음이 발한 후의 현상이라고 할 수 있다) '주리'와 '주기'로 표현하였다는 것이다. 이 표현이란 어느 쪽이 더 중요하냐 하는 상대적 비중을 감안하여 입언하였다는 것이다. 다시 말하면 주리·주기는 '가치상대'의 입언이라는 것이다.

우계가 퇴계의 설에 찬동하는 이유는 주자의 설과 퇴계의 설이 '입언형식'이 같고, 자기도 그렇게 상대입언할 수 있다고 보았기 때문이다. 다만 우계는 '막 발할 때에 주리·주기로 나눌 수 있다'라고 하여 퇴계와 같이 마음에 두 갈래 싹이 있어 각각 발한다고는 보지 않고, 입언상 나눌 수 있다는 시각을 갖고 있었다. 이것이 퇴계와 다른 점이다.

남계南溪(또는 玄石) 박세채朴世采(1631-1695)는 리기 문제에 있어서 태극, 혹은 리는 동정하게 하는 원인자이고 기는 동정하는 것이라고 하여, 퇴계와 같은 리의 능동성 주장(理動說)은 아니지만, 원인으로서의 '리의 주재성'을 강조하고 있다.[63]

이러한 리의 주재성 강조는 사칠설에도 반영되어 퇴계 호발설의 입장을 따르고 있다. 그는 말하기를 "대개 사단이 발하는 것이 비록 기를 타기는 하지만, 바로 인의예지의 순수한 리理를 따라 나오는 까닭에 리를 강조하여 지목하기를 리발이라고 한 것이다. 예를 들면 사람의 본연지성이 비록 기질의 가운데에 있으나 그 강조하는 바를 가리켜 본연지성이라고 하고, 그것이 혹 중절中節(절도에 맞음)되지 않음에 이른 후에 악하다고 하는 것과 같다. 칠정이 발하는 것이 비록 리에 근

---

63 그는 『태극도설』의 '태극이 동하여 양을 낳는다'라는 문구에 대해서 말하기를 "이곳은 가장 융통성 있게 보아야[活看] 한다. 도설의 의미는 또한 태극이 실로 음양을 생한다고 한 것은 아니고, 만물의 形化가 그런 것과 같다. 단지 음양이 동정하는 것이지만 태극이 주가 되어 動의 리가 있은 연후에 기가 동하게 되고, 靜의 리가 있은 연후에 기가 정하게 된다. 그러므로 태극이 동하여 양이 생한다고 한다"라고 하였다. 『남계집』 권41, 42면, 「答沈明仲」.

원하지만 희·노·애·락·애·오·욕이 기와 겸하여 일어나는 까닭에 기를 강조하여 지목하기를 기가 발하는 것이라고 한 것이다. 예를 들면 사람의 기질 가운데 비록 고유한 본연지성이 있으나 그 강조하는 바에 나아가 기질지성이라 하고 그것이 혹 중절에 이르게 된 후에 화和라고 하는 것과 같다"라고 하였다.[64]

여기서 남계는 사칠리기발을 본연·기질의 성에 비유하고 있다. 본연·기질의 성은 실제 두 성이 대립되는 것이 아니고, 명목상 두 이름이 있는 것이다. 하나는 본연을 가리켜 말한 것이고, 다른 하나는 기질이라는 실제를 가리켜 말한 것이다. 즉 사칠은 실제의 두 정이지만, 본연·기질은 하나의 성을 두 가지로 말하는 것이다. 그러므로 엄밀하게 말하면 남계의 논리가 틀리는 것이다. 그러나 호발설이 원래 대립 입론할 수 있다는 것이 남계의 논리이므로 그는 사칠 대립을 '하나의 정을 두 가지로 말한다'는 형식으로 파악하여 본연·기질 문제와 같다고 본 것이다.

'강조하는 바에 따라 입론한다'는 의미가 남계 논리의 핵심이라고 할 수 있다. 이는 퇴계가 고봉과 논쟁하면서 사칠 모두 리기의 공통적 작용이지만, '소주所主', '소중所重'에 따라 리발-기발로 말할 뿐이라는 것[65]과 같은 뜻이다.

그러므로 남계는 이어 말하기를 "사단은 본연을 따라 '리지발理之發'이라 하고, 칠정은 기질을 따라 '기지발氣之發'이라 하니, 안 될 것이 무엇인가. 이것은 아마도 주자의 원래 말인 '천지지성을 논하면 리를 전적으로 가리켜 말하고, 기질지성을 논하면 리와 기를 섞어 말한다'라는 데서 '혼륜渾淪'(섞어 말함)과 '분별分別'(나누어서 말함)의 시초가 있게 되었고, 따라서 어느 쪽을 강조하여 말할 수 있는 것이다[피

---

64 『남계집』 권55, 21-22면, 「사단리발칠정기발설」.
65 『퇴전』 권16, 30면, 「답기명언」.

就重處言也]. 이것은 율곡이 의심한 바와 같이 리기 이물二物이 혹선 혹후或先或後(앞서거니 뒤서거니) 하면서 상대적으로 두 길이 되어 각자 나오는 것66은 아닐 것이다"라고 하였다.67

그리하여 남계는 한 걸음 더 나아가 퇴계의 호발설을 융통성 있게 본다면[活看] 좋겠다는 뜻도 피력하였다. 즉 그는 말하기를 "대개 리 발의 발은 참으로 형상이나 조화가 있는 일로 여기는 것이 아니라 단 지 기가 작용하지 않은 상태에서 곧장 사성四性(인의예지)에서 나온다 는 뜻으로 보고, 또 '기수氣隨'의 '수隨'를 '수행隨行'의 '수隨'로 단정 하지 않고, 단지 기로 형상을 이루고 리 또한 부여되었다는 의미로 융 통성 있게 본다면 자연 리기호발의 의심에 이르지 않을 것이다.68

농암 김창협(1651-1708)은 정치적으로는 노론이었지만, 학설에 있어 서는 소론과 같았다. 졸수재拙修齋 조성기趙聖期(1638-1689)와 창계滄 溪 임영林泳(1649-1696)의 설을 많이 참고하였다. 창계의 스승이 소론 계 학자 남계 박세채였기 때문이다. 노주老洲 오희상吳熙常(1763-1833) 에 의하면 농암의 사칠설은 당시 우암의 정통계열에서 기피했다고 적 고 있다. 수암 등 율곡의 직계파는 농암설이 후세에 전해지는 것을 원 하지 않았던 것이다.69

농암은 주자가 『중용장구』 서序에서 말한 '원어성명原於性命 - 생어 형기生於形氣'의 대립 입언이 퇴계의 리기호발과 같은 입언 형식이라 고 보았다. 그러므로 그는 말하기를 "우계가 퇴계의 '리발이기수지理

---

66 율곡은 "퇴계선생이 사단은 선하다 하고, 또 칠정은 불선이 없다 하였다. 이렇게 되면 사단 외에 또 다른 善情이 있게 되는데, 그렇다면 이 정은 어디에서 나오는가? …… 선정에 이미 사단이 있고, 또 사단 외에 선정이 있다고 하면 이는 인간 마음에 두 근원이 있게 된다"라고 하였다. 『율전』 권9, 35면, 「답성호원」.
67 『남계집』 권55, 21-22면, 「사단리발칠정기발설」.
68 위의 책, 22면.
69 『노주집』 권24, 2면, 「잡지2」.

發而氣隨之−기발이리승지氣發而理乘之'라는 설을 보고 처음에는 그르다고 생각했으나, 뒤에 주자의 '생어형기−원어성명'이라는 설을 보고 다시 생각하기를 '주자가 이미 이와 같이 나누어 말했으니, 퇴계의 호발설도 옳지 않겠는가?'라고 율곡에게 질문했다. 그런데 율곡은 다만 칠정은 인심·도심을 종합한 이름이니, 인심·도심은 상대로 말할 수 있지만, 사단·칠정은 상대로 말할 수 없다고 극언하고,[70] 끝내 주자의 성명·형기에는 미치지(언급하지) 않았다. 이는 퇴계의 리기호발을 말한 본뜻과는 다르니, 저것을 이끌어다가 이것을 증명할 수 없다. 이것이 실로 우계의 의심을 해소시킬 수 없었던 까닭이다"라고 하였다.[71]

농암은 또 말하기를 "대개 칠정은 비록 실제로 리·기를 겸했으나 요는 기를 주로 한다. 그 선은 기가 리를 따르는 것이고, 그 불선은 기가 리를 따르지 않는 것이다. 그 선·악을 겸했다는 것이 이와 같을 뿐, 처음부터 그 '주기主氣'임을 해치지 않는다"라고 하고,[72] 퇴계의 호발의 뜻은 우리가 살펴야 하고, 다만 그의 '기발리승−리발기수'라는 표현은 말의 실수였다고 하였다.[73] 그러나 사실 퇴계의 이러한 발상은 그의 존재론의 '리발성'과도 유관하다. 농암이 그것까지 연관하여 종합적으로 퇴계 사상을 살피지 못하고 한 말인데, 여하튼 퇴계의 입론의 취지는 잘 이해한 것이다.

농암은 위에서 본 바와 같이 퇴계의 입언에 실수는 있지만, 그럼에도 불구하고 우리가 그 입언의 취지를 잘 이해해야 한다고 보고, 그

---

70 율곡은 말하기를 "칠정은 사람 마음의 움직임에 이러한 일곱 가지가 있다는 것을 종합적으로 말한 것이고, 사단은 칠정 중에서 선한 영역을 선택하여 말한 것으로 인심·도심처럼 상대적으로 말할 수 없다"라고 하였다. 『율전』 권9, 35면, 「답성호원」.
71 『농암별집』 권3, 「어록」, 〈牛栗論理氣書評〉.
72 『농암속집』 권하, 68면, 「사단칠정설」.
73 위와 같음.

의미를 다음과 같이 설명하였다. 즉 그는 말하기를 "사단은 주리로 말하나 기가 그 가운데 있고, 칠정은 주기로 말하나 리가 그 가운데 있다. 사단의 기는 곧 칠정의 기요, 칠정의 리는 곧 사단의 리이다. 두 가지가 있는 것이 아니다. 다만 표현할 즈음에 의미상 주로 하는 바가 있기 때문이다〔但其名言之際, 意各有所主耳〕"라고 하여[74] 상당히 퇴계 입언의 취지를 정확히 파악하고 있다. 주자와 퇴계의 호발설도 이런 뜻이라고 보고, 다만 퇴계가 너무 심하게 두 갈래로 말한 것이 병통이라고 하였다.[75] 이러한 설명은 단순히 퇴계설을 수용하면서 좌단한 것이 아니고, 사칠의 대립적 입언의 철학적(윤리학적) 의미를 이해하게 된 것을 말해준다.

이것을 보면 농암은 사실 존재의 영역과 인간 도덕의 영역을 구분하고, 같은 개념도 그에 따라 적절하게 사용하려 한 것을 알 수 있다. 그러므로 그는 "대개 퇴계의 소위 리·기는 마음〔心中〕에 있는 리와 기를 가지고 말한 것이다"라고 한 것이다.[76] 이러한 시각에서 농암은 주자의 '성명·형기' 및 '리지발-기지발'과 퇴계의 '리발-기발'을 동일선상에서 이해하였던 것이다.

이와 같은 절충적 입장에서 퇴계의 대립입언의 의미를 긍정하면 반대설인 율곡의 학설에 대해서 비판이 있을 수밖에 없다. 율곡이 퇴계설을 반대한 발언의 요지는 "칠정 외에 따로 사단이 없다"라는 것이다.[77] 이 말의 주요 근거는 물론 그의 인간-자연 통합적 시각에 있다. 다시 말하면 인간 현상과 자연 현상 모두 우주의 공통 현상으로서 '기발리승'일 뿐이라는 시각이다. 그런데 이 논리로 선악을 설명하면 그

---

74 동상, 65면, 「사단칠성설」.
75 위와 같음.
76 『농암속집』, 「농암선생어록」.
77 『율전』 권9, 35면, 「답성호원」.

원인은 기로 돌아갈 수밖에 없다. 즉 선은 맑은 기, 악은 탁한 기에서 나오는 것이 된다.

그렇게 되면 사단이든 칠정이든 선악은 기의 청탁으로 단순하게 설명되고 만다. 그러나 퇴·율의 사칠논쟁에서 두 사람 다 사칠 모두 리·기 겸비의 인간 마음의 발로라는 것은 인정하므로 논쟁의 핵심은 사단의 '순수함'과 칠정의 '선악의 겸비'라는 차이에 있다. 그러나 율곡의 '기발리승' 논리로는 이러한 의미를 잘 나타낼 수 없다.[78] 동시에 율곡의 이 설을 가지고는 사단과 같은 순수한 정, 인간 본성에서 그대로 나온 정서를 설명할 수 없게 된다.[79]

V. 결 어

퇴계는 사칠설에서 사단은 리발이요, 칠정은 기발이라 하여 사단의 순수성을 확보하고자 했다. 이는 이상주의적 도덕론의 입장이다. 그러나 리·기 개념의 '불상리잡'의 원칙에 얽매여 '리발기수, 기발리승'의 불필요한 명제를 다시 내었다. 고봉은 '성발위정'의 설과 리기론의 존재론적 의미에 치중하여 리발-기발의 형식은 마음의 두 갈래에서 각각 나오는 혐의가 있으므로 옳지 않다고 생각했다. 양인이 다 '리발-기발'의 입론 형식은 리기론의 존재론적 의미와는 상관 없이 도덕론적 입론으로서 고유의 의미가 있다는 것을 몰랐다. 이것은 리·기 개념이 존재론적 개념이면서 도덕론에 원용됨으로써 의미가 '리존기비'의 의

---

78 율곡의 "칠정 외에 사단이 없다"라고 한 것은 '기발리승'의 논리 연장선상에서 나온 것이다.
79 그러므로 농암은 선정이 모두 청기로부터 발하나, 탁기로부터 발하는 것이 모두 악하다고 할 수는 없다고 하였다. 『농암속집』 권하, 69-70면, 「사단칠정설」.

미로 바뀌었기 때문이다. 또한 주자학이 자연법 사상으로서 존재와 당위(사실과 가치) 구분 없이 함께 리를 사용하는 사유 방식이었기 때문에 그 속에서 존재와 당위, 가치명제와 사실명제의 차이를 구분할 줄 몰랐던 것이다.

율곡은 퇴계의 호발설 중에서 '기발리승'만이 옳다고 하여 인간과 자연 모두 '기발리승'뿐이라고 단일화시켰다. 이는 인간－자연 통합적 시각인데, 이는 다시 말하면 존재론적 시각에서 도덕론을 해석하는 것이다. 그리하여 칠정이 인간 정의 전부이고, 사단은 그중에서 특수한 것을 뽑아낸 것이라고 한 고봉의 설을 옳다고 하여 퇴계 호발설을 비판하였다. 나아가 사단과 칠정을 대비〔配屬〕하기도 했다. 이는 현실주의적 도덕론이다. 그러면서 한편으로는 율곡은 인심과 도심은 상대적으로 볼 수 있다고 하였다. 또 율곡은 칠정은 인심과 도심이 섞인 것이므로 기발이라 하여 '칠정＝악'이라고 규정해서는 안 된다고 하였다.

주자학에서 인심·도심은 두 마음이 아니고 마음 흐름의 두 측면이어서 인심이 없으면 도심이고 도심이 없으면 인심이라고 하였다. 이 설에 근본하여 율곡은 인심도심종시설을 주장하였다. 그러면서 주자학에서 인심·도심은 실체적으로 대립시켜 도심이 항상 주가 되고 인심이 도심에 따라야 한다는 식으로 규정하기도 했다. 이것은 도덕론적으로 가치를 대립시켜 말한 것이다. 이 논리에 의하면 퇴계의 호발설도 인심－도심 대립론과 마찬가지로 가치대립 입론의 한 형식으로 볼 수 있다. 그러므로 우계는 퇴계설이 일리가 있다고 했고, 그를 계승한 조선 후기 소위 '절충파'인 남계와 농암은 퇴계설을 가지고 율곡설의 인간－자연 통합적 시각이 갖는 도덕론 약화의 결점을 보완하려 하였다. 절충파의 이러한 설은 성리학적 사유의 한 발전으로 볼 수 있다.

율곡의 존재론은 그의 도덕론의 결점에도 불구하고 형이상학 이론으로서 주자를 정확하게 해석한 것인데, 주리론이나 유리론 입장에서 도덕론적 리기 해석에 치중한 나머지 율곡의 리 의미가 아무 역할이 없는 것으로 오해하였다. 이는 형이상학적 이론으로서 주자나 율곡의 리기론을 잘못 해석한 것이다. 그러나 유리론의 경우 '태극의 리'를 염두에 둔 종교론적 발상으로 보면 그 나름의 의미가 있고, 이를 '존리설'이라고 부를 만하다.

　퇴계와 율곡은 리기로써 사단과 칠정을 논하고, 또 인심과 도심을 논하면서 리기의 존재론적 개념과 도덕론적 개념을 구분하지 않음으로써 논쟁의 여지를 만들었다. 또한 도덕적 입론은 사실명제와 다르다는 것을 미처 깨닫지 못하여 상호 발언의 진의를 이해하지 못하여 논쟁이 결론을 맺지 못하였다. 이것이 퇴계와 율곡의 사칠설과 인심도심설을 둘러싼 논쟁에 있어서의 특징이면서 한계이다. 한편 이러한 퇴계와 고봉, 율곡과 우계 사이의 논쟁을 통하여 주자학의 자연법 사상으로서의 아포리아가 노정되었으며, 동시에 성리학의 선악관의 특징, 즉 중세 종교사상으로서의 성격도 들어났다. 이것이 조선조 주자학자들의 논쟁의 결과 얻은 수확물이라고 할 수 있다.

제4장 고봉 기대승과 율곡 이이의 성리설 비교

I. 서 언

율곡의 철학은 두 방향에서 나누어 보아야 한다. 도덕론에서는 '주기적'이라 하는 현실주의적 도덕론을 전개하였다. 그러한 입장을 갖게한 것은 퇴·고(퇴계·고봉)의 사칠논쟁四七論爭에서 야기된 입장을 비판적으로 검토하면서 이루어졌으므로 그 과정에서 철학적 논의를 더 풍부하게 만들었다. 율곡은 한편으로 존재론(우주론)에서 리기론을 형이상학적으로 해석하는 데 있어서는 탁월한 식견을 보였다. 마치 염계濂溪 주돈이周敦頤의 『태극도설太極圖說』을 주자가 해석하면서 자기의 우주론(형이상학)을 체계적으로 그 속에 전개해 놓은 것과 마찬가지이다. 이 점에 율곡학의 특징이 있다. 흔히 율곡의 말을 따서 '리기지묘'라고 하지만, 그 철학(형이상학)의 진정한 의미는 아직 밝혀지지 않았다. '율곡학'을 현대적으로 말한다면 반드시 이 특징에 대한 해석이 완전히 이루어지지 않으면 안 된다. 그렇게 함으로써 그의 도덕론의 장점과 단점도 정확하게 논할 수 있다. 뿐만 아니라 그에게 영향을 준 퇴계 이황, 고봉高峯 기대승奇大升, 우계牛溪 성혼成渾, 그리고 정암整庵 나흠순羅欽順의 사상적 성격도 아울러 분명하게 논할 수 있다.

율곡학과 고봉 기대승의 관계는 주지하는 바와 같이 퇴계와 고봉의 사단칠정 논쟁에 대해 율곡이 고봉의 설을 옳다 하고 퇴계의 설을 비판한 데서 찾을 수 있다. 고봉은 확실히 퇴계의 관점과는 다른 관점을 가졌고, 그것이 당시 명대 중기 정암 나흠순 등의 '기의 철학', 양명陽明 왕수인王守仁의 심학 등의 새로운 조류와도 연관이 있다고 볼 수 있다. 율곡 역시 정암의 영향을 어느 정도 받았다고 볼 수 있는데, 고봉은 정암을 비판하고 있어 그 영향을 단정할 수는 없고, 다만 당시 명과 조선의 문화적 교류와 분위기를 고봉이 반영하고 있다고 할 수 있다. 퇴계가 보수적 입장이었다면 한 세대 아래의 고봉과 율곡은 새로운 학술적 조류를 받아들이면서 주자 및 성리학에 대해 새로운 시각을 가지기 시작했다고 볼 수 있다.

고봉의 논리는 정암과 유사한데, 정암의 설을 강하게 비판하고 있는 것을 보면 유사한 것은 우연의 일치라고 볼 수밖에 없다. 최소한 사칠논변 시작할 때 퇴계에게 질문한 첫 번째 편지는 자신의 주자학 식견으로 작성한 것이고, 그 논리와 표현이 율곡에게 영향을 주었다는 것을 고려하면 고봉의 사상사적 위치도 무시할 수 없다.

고봉은 퇴계의 리기호발설理氣互發說에 대해 사단은 '리발理發'이라 할 수 있지만, 칠정도 '성'에서 발한 것이므로[性發爲情] '기발氣發'이라 할 수 없다고 하였다. 뿐만 아니라 심은 리와 기가 함께 작용하는 것이고[心合理氣], 또 근본적으로 리기 관계는 기가 작용하고 리가 실현되는 밀접한 관계이므로 '리기호발'로 말할 수 없다고 하였다. 그리하여 고봉은 사단은 칠정의 특수한 것이고 사단도 기가 아니면 발할 수 없다고 하였다. 뒤에 이러한 사칠론은 율곡에게 영향을 주었다. 그리하여 율곡은 우계와의 논쟁을 통하여 사칠논쟁을 더 풍부하게 하고 문제의식도 분명하게 해주었다.

지면 관계상 율곡 철학의 특징을 상세히 논할 수가 없으므로 그의 사상의 형성과 특징을 간략하게 논하고, 그 다음 퇴계와의 사칠논쟁에서 나타난 고봉의 입장을 살펴보고, 마지막으로 고봉설에 찬동한 율곡이 어떤 관점에서 그 설에 찬동하게 되었는가 하는 것을 우계 성혼과의 논쟁을 통해서 살펴보고자 한다.

다만 율곡의 노장사상 섭렵과 불교의 영향은 단편적인 자료밖에 없으므로 면밀한 고증은 불가능하다. 그의 존재론 이해에 도움이 되므로 간단하게 언급하였다. 그리고 고봉과 퇴계의 사칠논쟁은 고봉의 편지를 차례대로 훑어보는 식으로 전개하였는데, 이것은 그의 사유 과정을 추적하는 데 용이하고, 또 고봉의 언표와 율곡의 언표를 나중에 비교하는 데도 도움이 되기 때문이다.

II. 율곡 성리학의 형성과 특징

1. 율곡 성리학의 형성과 노老 · 불佛

율곡은 예술가인 사임당 신씨의 아들로 태어나 일찍부터 천재성을 드러냈다. 어머니가 예술가인 점을 감안하면 그는 태생적으로 감수성이 풍부했다고 볼 수 있는데, 이 감수성은 그의 학술 사상 전개에 일정한 영향을 주었으리라 볼 수 있다. 율곡은 16세 때 어머니 상을 당하였다. 감수성이 예민한 청소년 시기에 어머니상은 큰 충격을 주었으리라 짐작할 수 있다. 3년상을 마친 후 19세 되던 해 3월 금강산에 들어가 불교를 접하였다.[1] 그곳에서의 생활과 무엇을 공부하였는지 정확하게는 알 수 없지만, 산견되는 자료를 종합하면, 불교에 대해 어느 정도 섭렵한 것으로 보인다.[2] 그의 문집에도 약간의 불교 관계 기록이

---

1 입산한 동기에 대해서는 여러 설이 있다. 무엇보다 중요한 것은 그의 예민한 감수성과 청소년기의 어머니상을 당한 슬픔이었을 것이다. 한편 형과 서모와의 사이가 좋지 않아 고민하였다는 설도 있다. 『남계집』 속집 권20, 〈잡저〉, 갑술 4월 21일 ; 『명종실록』 명종 19년 8월 30일조. 그리고 일설에 의하면 그의 부친이 일찍부터 불교 경전을 좋아하여 그도 평소에 불경을 접하였다는 것이다. 『명종실록』 명종 21년 3월 24일조.

남아 있다.[3]

율곡은 또 초년에 도가 사상에 심취하였다.[4] 그가 23세 되던 해 겨울에 본 별시에 낸 「천도책天道策」[5]을 보면 짐작할 수 있다. 또 율곡은 노자를 유가의 입장에서 취사선택하여 주석을 붙인 『순언醇言』이란 책을 저술했다고 한다.[6] 이러한 정황도 그의 노장 섭렵을 말해 준다. 이 노장의 독서는 성리학의 유기체 우주론이라든가 기의 자연학 및 리기 이원적 우주론 이해에 도움을 주었다고 할 수 있다.

또한 그의 자연학에 대한 관심은 그의 『어록』에서도 그 일면을 볼 수 있다. 그의 『어록』과 퇴계의 『언행록』을 비교해 보면 매우 대조적이다. 이것은 주자의 격물치지의 자연 탐구 정신의 발로이기도 하지만, 분명 기의 자연학에 대한 관심이 많았음을 말해준다. 그가 서화담의 기의 자연학에 대해 화담花潭 서경덕徐敬德의 창의적 노력을 인정한 것도 같은 맥락이다.[7]

2 송시열의 기록에 의하면 율곡이 불교와 도교의 서적까지도 읽었는데, 그중에서도 능엄경을 좋아했다고 하였다. 『송자대전』 권19, 〈疏〉, 「進文元公遺稿仍辨師友之誣」.

3 『율곡전서』(이하 『율전』이라 약함) 권1, 20면, 「楓嶽贈小庵老僧」; 동서, 권1, 20쪽, 「與山人普應下山至豊巖李廣文家宿草堂」; 『율전』 권32, 8면, 「어록 하」(격물과 등불의 비유, 『대열반경』과 유사); 『율전』 권10, 22면(〈理氣詠〉의 시).

4 안병주는 율곡의 이러한 기 중시 사상을 근원적으로 장자의 기 사상과 명대 중기 기의 철학과 비교하여 논하고 있다. 기의 철학과의 논의는 명과 조선과의 문화적 교류와 영향 측면에서 본 것으로 사상의 시대 배경을 이해하는 데 도움이 된다. 안병주, 『유교의 민본사상』, 서울: 성균관대학교 대동문화연구원, 1987 참조.

5 『율전』 권14, 54-60면.

6 김학목 역, 『율곡 이이의 노자: 순언』, 서울: 예문서원, 2001 참조.

7 율곡은 "화담과 정암은 창의성이 있다[多自得之味]"고 하고, 또 "화담은 총명하여 독서 연구에 문자에 구애되지 않았고, 리기가 서로 떨어지지 않는 묘한 관계를 분명히 알았으니, 다른 학자들이 (주자의 말을) 모방 답습하는 것과 다르다"라고 평한 바 있다. 『율전』 권10, 37면.

2. 율곡 존재론의 특징

율곡 존재론의 특징은 그가 주자 리기론을 형이상학적으로 정확하게 이해했다는 점이다. 여기에는 몇가지 증거를 들 수 있다. 첫째, 그는 서화담의 기의 자연학에서 말하는 기가 매우 실체화되어 있다고 비판하였다. 우주에 가득찬 기, 그 기의 '모이고 흩어짐'〔聚散〕에 의해 만물의 생성과 소멸이 이루어지고 또 만물의 다양한 모양이 이루어진다고 보는 것은 율곡도 마찬가지다. 그러나 율곡은 화담의 기론이 우주의 본원의 기(太虛=어머니 기)가 없어지지 않고 영원히 존재하며〔一氣長存〕,[8] 이것이 음양을 생기게 한다고 보는 점을 비판했다.[9] 이것은 기의 자체 운동성을 부정하고 기를 불변의 실체로 보는 것으로 리기론에서 볼 때 기의 자연 현상만 설명할 뿐, 우주의 형이상학적 원리를 설명하지 못한다고 본 것이다. 기는 이미 움직였고〔動靜無端, 陰陽無始〕, 그리하여 생생불식生生不息하며, 거기에 원리를 부여하는 리는 원래부터 기와 함께 있었다고 본다.[10] 그러므로 태허太虛라는 본원의 기는 우리가 '상정'한 것, 다시 말하면 철학적으로 '요청'한 것이지 우주의 실상은 아니라는 것이 성리학의 형이상학적 관점이다. 율곡은 이와 같은 논리로 기가 생기기 전에 리가 먼저 있었다고 보는 것도 물론 잘못이라고 하였다.[11]

둘째, 정암에 대한 주체적 수용과 비판이다. 나정암은 명대 중기 학자로 리기론에 있어서는 주자의 리의 초월적 정초를 잘못이라 비판하고, 심성론에서는 주자의 심성 구분 논리로써 양명의 심성 일체의 통

---

8 위의 책, 권10, 38면, 「답성호원」(권9와 10은 대부분 우계와의 문답이다).
9 위의 책, 권9, 18-19면, 「답박화숙」.
10 위의 책, 권9, 19면, 「답박화숙」. '동정무단, 음양무시'는 정자의 말이고(『이천집』, 「이천경설 권1), 주자가 「태극도설해」에도 인용하였다. '생생'은 『역』, 「계사전」에 나오는 말이다. 낳고 낳는 것이 끊임없다는 뜻으로 '불식'이라는 말을 덧붙인다.
11 위와 같음.

합적 심론, 즉 양지론良知論을 비판하였다. 정암의 학설은 율곡에게 어느 정도 영향을 주었는데, 그러나 율곡은 정암의 '리기혼일적理氣渾一的' 관점[12]을 비판, 주자의 리기론을 옳다고 보았다.[13] 정암의 리기혼일적 관점, 다시 말하면 리의 초월성을 부정하는 관점은 명대 중기의 형식화된 주자의 리, 특히 도덕적 권위의 상징으로 떨어진 리에 대한 반발로서 나타나기 시작한 반형이상학적 경향으로서 리를 기의 현상에 나아가 보아야 된다고 주장했다. 율곡은 정암과 명대 기의 사상 중 리기를 밀접히 연관시켜 보는 관점은 일정하게 긍정했지만, 그 리기의 이론 자체를 긍정한 것이 아니다.

율곡의 주자 리기론의 올바른 해석은 '리기지묘론'[14]과 '리통기국설理通氣局說'[15]로 압축된다. 리기지묘는 리기 관계가 '불상리잡不相離雜'하다는 밀접한 형이상학적 관계를 말하는데, 율곡은 설명하기 어렵다고 했다. '묘妙'라는 표현에 그런 의미가 들어 있다. 리와 기의 이러한 관계는 오늘날의 화이트헤드의 형이상학을 빌려 해석할 수 있다.[16] 리통기국설은 주자의 리기론의 중요 명제인 '리일분수理一分殊'의 또 다른 해석이라고 할 수 있다. 즉 '분수'의 원인을 기에 돌려 '기국'이라 한 것이다. 이것 역시 율곡의 리기론의 형이상학적 의미를 독창적으로 이해한 결과 나온 해석이다. 원래 리일분수는 중세 종교가 보편적으로 표방하는 교리 내지 철학인데, 보편성의 만유에의 온전히 나누

---

12 나정암의 '理氣渾一的' 관점이란 것은 정암이 '渾然無間'하다, 혹은 '渾然之妙'라는 말을 썼으므로 그렇게 부른다. 졸고, 「나흠순 성리설의 특징」, 『유학연구』 제8집, 대전 : 충남대 유학연구소, 2000 참조.
13 율곡은 나정암 같이 고매한 분도 리기를 하나의 사물로 보는 병통이 있다고 하였다. 『율전』 권10, 8면.
14 위의 책, 권10, 17면.
15 위의 책, 권10, 26면.
16 이에 대해서는 이동희, 「주희의 형이상학과 그 현대적 의미」, 『동양철학』 특집호, 한국동양철학회, 2001 참조.

어 가짐을 말하고자 한다. 하나님이 자신을 닮은 형상으로 인간을 창
조했다면 모든 인간은 천부적 존엄성을 하느님에 의해 보증받는 것이
된다. 이러한 보편성의 메시지는 중세 이후 모든 종교가 추구하는 바
이다. 한편 이것은 오늘날 과학적으로 생물학에서 '줄기세포' 이론, 또
는 체세포 복제 이론으로도 증명할 수 있다.[17] 결론적으로 율곡의 존
재론은 주자 리기론이 함유하고 있는 형이상학(우주론)을 정확하게 이
해하고 있었다는 데 특징이 있다. 이 특징이 율곡의 도덕론이나 정치
적 실천에도 반영되어 있음은 물론이다.

3. 율곡 도덕론의 특징

율곡의 도덕론은 퇴고 사칠논쟁을 비판하는 과정에서 드러났다. 우
계 성혼이 그에게 질문하기를 퇴계의 호발설은 주자의 인심도심설人
心道心說의 '혹생或生 – 혹원或原' 형식과 대립적 입론(分開立論)이라는
점에서 같은 취지이므로 퇴계설이 틀리지 않았다고 한 데 대해 반박하
고 자기 의견을 피력한 바 있다. 퇴계의 최초의 설은 "사단은 리발, 칠
정은 기발"이라는 것이고,[18] 이에 대해 고봉이 칠정은 인간 정의 총칭
이고, 사단은 칠정 중 특수한 것이라고 보고, 그러므로 사단과 칠정을
두갈래로 나누어 말하면 젊은 학자가 우리 마음의 작용의 근원이 두가
지인가 오해할 여지가 있고, 또 칠정도 인간 본성에서 나오는 것이므
로 전적으로 악하다고 할 수 없기 때문에 그렇게 두 갈래로 말할 수
없다고 주장했다.[19] 퇴계는 그후 리와 기의 밀접한 관계가 이어지도록

---

17 이동희, 위의 논문 「주희의 형이상학과 그 현대적 의미」, p.63 참조.
18 『퇴계전서』(이하 『퇴전』이라 약함) 권41, 11면, 〈잡저〉, 「천명도설후서」.
19 『양선생사칠리기왕복서』 상편(권1)(이하 『사칠리기왕복서』라 약함), 1-2면, 「고봉상
   퇴계사단칠정서」. 고봉이 퇴계의 「천명신도」를 보고 의문을 제기함으로써 퇴·고
   논쟁이 시작되었으나, 그에 앞서 퇴계가 「천명신도」의 자기설을 고친 내용을 고봉
   에게 보내어 의견을 물었다. 고친 내용은 "사단의 발현은 순수한 리이므로 선하지

사단을 '리발기수理發氣隨', 칠정은 '기발리승氣發理乘'이라 고쳤다.[20] 그러나 두 갈래로 나누는 것은 계속 고집하였다. 여기에는 퇴계 나름의 논리가 있는데, 그것은 사단을 칠정과 섞을 수 없다는, 즉 가치의 우열이 있다는 도덕적 이상주의의 입장이 그것이다. 그리하여 사단과 칠정은 근원적으로 '근원〔所從來〕'에서 다르다고 했고,[21] 또 존재론에서도 '태극이 음양을 낳았다'는『주역』의 명제를 문자 그대로 해석, 은연중 소위 '리동理動'의 사고방식을 나타냈다.

율곡은 이 퇴·고의 논쟁을 보고 고봉의 설이 옳다고 생각했다. 즉 칠정이 사단을 포함한다는 고봉의 설을 긍정하였다. 물론 여기에는 그의 존재론에서의 리기론의 논리가 많이 반영된 것이다. 고봉은 자신의 사칠론에 적용된 리기론의 논리가 치밀하지 못해 도덕론에서의 리기 개념과 존재론의 개념 인식이 명확하지 않아 퇴계의 설을 끝까지 반박하지 못했고, 따라서 논쟁도 미해결로 끝났지만, 율곡의 경우 자기의 리기론을 충분히 활용하여 고봉의 도덕론을 지지할 뿐만 아니라 그 논리를 확장하여 사단이 칠정과 다르지 않다는 것을 입증하기 위하여 '사칠배속四七配屬'(사단과 칠정을 비교하여 맞춤)을 하였다.[22] 그러나 주자도 사칠이 유사하여 비슷하다고는 했지만, 꼭 대비되지 않는다고 한바[23]와 같이 율곡의 이러한 작업은 만족스럽지 못하였다.

율곡은 퇴계의 호발설은 반대했지만, 자신은 우계와 인심도심을 논하면서는 인심-도심을 대립입론하여 상대적 가치로 보았다. 그는 우

않음이 없고, 칠정의 발현은 기를 겸하였으므로 선-악이 있다〔四端之發, 純理, 故無不善, 七情之發, 兼氣, 故有善惡〕"라는 것이다. 고봉은 이 고친설도 미흡하다고 했다. 위의 책,「퇴계여고봉서」.

20 『퇴전』권16, 36면.
21 위의 책, 권16, 10면.
22 『율전』권10, 7면.
23 『주자어류』(중화서국본) 권53, p.1297; 권87, p.2242, p.2245 참조.

계가 '혹생-혹원'을 퇴계의 호발설과 같은 맥락이라고 하자 즉각 반박하며 해명하기를 "주자의 '혹원혹생'은 심의 작용(虛靈知覺)을 두고 한 말인데, 심心이 발하면 성性도 발하므로 '혹원'은 초점이 리에 있고, '혹생'은 초점이 기에 있다. 이것은 처음부터 리기의 두 갈래가 있는 것이 아니고, 입론하여 깨우치려려니 부득이 그렇게 된 것이다"라고 하였다.[24] 이것은 인심-도심으로 대립 입론한 것인데, 퇴계 호발설과 논리가 같다. 이것은 율곡이 도덕론(사칠론)에 그의 존재론적 관점을 과도하게 투영하여 '리기불상리론'과 인간-자연 통합적 관점[25]을 적용하여 호발설의 가치적 입론 형식을 간과한 것이다. 그러면서 자신의 가치입론에서는 어쩔 수 없이 인심-도심으로 또 다른 방식의 대립 입론을 하였다.

　율곡 도덕론의 특색은, 칠정이 사단을 포함한다는 설[26], 인심도심을 가변적으로 본 점(인심도심종시설)[27], 심을 기라고 본 점[28], 심-성-정-의를 심의 작용의 여러 측면으로 보아 특히 '의意'(생각하는 지적 사고)를 심리의 중요 작용으로 본 점[29] 등에서 퇴계의 도덕적 이상주의와 비교하여 볼 때 도덕적 현실주의라고 할 수 있다.

　율곡 철학사상 연구에 있어 한 가지 유의할 점은 그의 정치적 실천

---

24 『율전』 권10, 28-29면.

25 율곡은 "천지와 인간이 모두 '氣化理乘' 아닌 것이 없다"라고 하여 존재론적 리기론을 가지고 도덕론(인간론)을 재단하였다. 동서, 권10, 5면. 그렇게 함으로써 율곡은 퇴계의 사칠호발설이 가지고 있는 가치론적 성격을 제대로 파악하지 못하였다.

26 위의 책, 권9, 35면.

27 위의 책, 권9, 34면.

28 율곡은 말하기를 "주자가 심의 허령지각은 하나인데, 性命에서 근원하는 것도 있고, 形氣에서 생기는 것도 있다. 그런데 먼저 하나의 心字를 앞에 놓으면 心은 氣가 된다. 或原或生은 심의 작용 아닌 것이 없으므로 어찌 氣의 發(작용)이 아닌가?"라고 하였다. 같은 책, 권10, 28면.

29 위의 책, 권9, 35-36면.

과의 관계이다. 그의 철학에서 특색이라고 할 '리기지묘'의 이론은 현
실과 이상의 조화라는 실천정신이 되었고, 그 구체적 방안으로는 '득
중합의론得中合宜論'[30]으로 나타났다.[31] 이것은 일을 수행하는 데 있어
서 양극단인 시是－비非와 이利－해害를 조화시키기 위해서는 상황에
맞는 '중용', 원칙이 살아나는 합리성, 결국 원칙과 현실을 함께 만족
시킬 수 있는 중용을 찾아야 한다는 논리이다. 뿐만 아니라 그는 성리
학자의 본연의 임무는 자기수양에 그쳐서는 안 되고 정치 일선에 나서
서 백성을 위해 일해야 한다는 실천주의 정신을 가지고 있었다. 그러
므로 그는 정치 방법에 있어서 종래의 '수기修己'가 정치의 으뜸이라
는 설을 탈피하여 '수기치인'(수신－제가－치국)은 순서를 말한 것일 뿐
실제로는 '치인'이 중요하고, 그 방법으로 '제도'(법)의 중요성을 강조
했다.[32] 나아가 그는 제도, 즉 법은 오래되면 바꿔야 하므로 '경장更
張'(제도 개혁)이 부국안민의 주요 정책임을 강조했다.[33] 또한 그는 실
제로 자신의 몸을 던져 정치 일선에서 진충보국하였다. 이는 그의 철
학과 행동의 일치였다. 그는 이런 성리학자를 '참다운 도학자'(眞儒)라
고 하고, 이런 학문을 '성학聖學', '도학道學'[34]이라고 했다. 율곡의 철
학 사상 연구에는 특히 이 점—실천이념, 역사의식—을 반드시 보지
않으면 안 된다.

---

30 위의 책, 〈습유2〉, 권5, 26면, 「시폐칠조책」.

31 이동희, 「율곡 성리학과 사회정책론」, 『동양철학연구』 제18집, 서울 : 동양철학연구
   회, 1998 참조.

32 율곡은 "수신이 이루어진 다음에 치국을 한다면, 참된 덕이 이루어지기 전에는 나라
   를 어디에 둘 것인가"라고 했다. 『율전』 권25, 67면, 「성학집요7」. 박충석은 이 점
   을 퇴계와 비교하면서 부각시켜 율곡의 실학적 측면을 강조하였다. 박충석, 『한국
   정치사상사』, 서울 : 삼영사, 1982, pp.44-45 참조.

33 『율전』 권15, 27면, 「동호문답」 ; 권26, 36면, 「성학집요」.

34 율곡은 선조에게 「성학집요」(전8권)를 지어 올렸다. 위의 책, 권19-26. '도학'은 위
   의 책, 권25, 60면, 「성학집요」 외 여러 곳에서 보인다.

III. 고봉 성리학의 성격

1. 고봉의 주자학 이해

고봉 성리학은 퇴계와 벌였던 사칠논쟁에 나타난 도덕론이 중심이될 수밖에 없다. 또 율곡에게 영향을 준 것도 이 도덕론 분야이므로 이것을 자세히 논하고자 하는데, 다만 이것과 연관하여 그의 사상 형성에 대한 것만 약간 먼저 살펴본다.

「고봉연보」에 의하면 고봉은 31세 때 『주자문록朱子文錄』을 편찬하였다고 한다.[35] 이는 『주자문집』을 읽고 자기 기준에 의해 발췌 정리한 것인데, 고봉의 주자학에 대한 기초 이해를 말해준다. 이듬해 호남의 학자 하서河西 김인후金麟厚와 일재一齋 이항李恒을 배알하였고, 특히 일재와는 『태극도설』에 대하여 토론하였다. 그 이듬해 33세 되던해에 퇴계 이황 선생과 사단칠정에 대한 논변을 하기 시작했다(그후 약 8년에 걸쳐 계속). 34세에는 추만秋巒 정지운鄭之雲과 「천명도天命圖」에 대해서 논하였고, 39세 때는 소재蘇齋 노수신盧守愼과 정암 나흠순의 『곤지기困知記』를 두고 논란하였다. 이때 「논곤지기論困知記」를 지어 비판하였다.

고봉이 퇴계와 사칠논쟁을 하기 이전 그에게 누가 어떤 영향을 주었는지 확실히는 알 수 없다. 하서와 만난 것도 사칠논쟁 시작하기 전이었다.[36] 그러므로 하서 서거 바로 전해에 잠깐 사칠문제에 대해 의

---

35 『고봉집』, 「고봉선생연보」, 3면.

36 송시열의 하서 신도비명에는 고봉이 하서에게 질문한 것으로 되어 있으나(『하서전집』 부록 권1, 「신도비명」), 「고봉연보」에 의하면, 고봉 32세(1558) 7월에 과거응시차 상경하는 길에 하서를 만났고, 33세(1559) 3월에 퇴계와 논변을 시작하고, 34세(1560) 3월에 하서를 조문한 것으로 되어 있다. 한편 「하서연보」에 의하면 하서 49세(1558) 겨울 고봉과 태극도설을 강론했고, 50세(1559) 겨울에 고봉과 사단칠정설을 강론하였다고 되어 있다. 기록을 종합하면 고봉이 퇴계에게 최초의 질문서를 보낼 때에는 하서의 영향이 있었다고 보기 어렵다. 다만, 논변 시작 전해에 퇴계의

견을 나누었을 뿐이고, 또 그것이 그후의 퇴계와의 논쟁에 어느 정도
반영되었는지 확실히 알 수 없다. 왜냐하면 고봉의 사칠설은 처음 퇴
계에게 보낸 질의서(첫번째 편지)[37] 이후 그의 입장이 크게 바뀌지 않았
기 때문이다.

그리고 고봉은 32세 때(1558) 일재 이항과 태극과 음양과의 관계
및 「태극도설」에 대해 논변한 적이 있다.[38] 일재의 학설은 태극과 음
양이 밀접한 관계에 있다는 것을 말한 것인데, 그는 이것을 리기혼연
일체理氣渾然一體라고 하였다.[39] 일재의 태극─음양에 대한 설명은 주
자학의 내용과 크게 다르지 않고, 다만 리─기의 상호 밀접한 관련성
을 강조한 것 뿐이다.[40] 따라서 일재와의 논변 속에서 고봉의 사상에
영향을 주었다는 것은 일재가 주장하는 나정암류의 '리기혼연일체설'
정도인데, 고봉이 일재를 비판하고 또 「논곤지기」를 통하여 나정암도
비판하였으므로[41] 영향을 받았다고 단정짓기 어렵다. 다만 은연중 리

「천명신도」의 문구를 가지고 이야기를 나누었을 가능성은 있다. 「하서연보」 대로
논변 시작 그해 겨울에 사단칠정을 강론했다면 그후의 퇴계와의 논변은 하서의 영
향이라고 볼 수 있다. 그러나 고봉의 의견은 시종 같았고, 오히려 퇴계식의 발상도
있었던 것이 약간의 변화이다. 이것을 하서의 영향이라 보기는 어렵다. 하서는 다음
해 서거하였기 때문에 시간적으로도 그럴 여유가 없었다. 31세에 『주자문록』을 편
찬했으므로 이때의 주자 이해가 논변의 기초가 되었을 것이다. 이상 정병련, 『고봉
의 사유구조와 철학사상』, 광주: 고봉학술원, 2000, pp.261-262 참조.

37 『양선생사칠리기왕복서』(이하 『사칠리기왕복서』라 약함) 상편(권1), 1-2면, 「고봉상
퇴계사단칠정설」; 『퇴전』 권16, 12-14면, 「부 기명언비사단칠정분리기변」. 고봉의
저술 중 문집 이외 퇴계와의 서신은 따로 편집하여 『양선생왕복서』(전 3권)로 편찬
하고, 또 사칠리기논변에 관한 편지는 또 따로 편집하여 『양선생사칠리기왕복서』
(상, 하 2편)로 편찬하였다. 책으로는 합책하여 간행하였다.

38 『양선생왕복서』 권1, 24-27면, 「답일재서」.

39 『일재집』 권1, 10-11면, 「여기명언」.

40 정병련은 고봉이 일재를 비난하는 것은 일재의 리기설, 즉 '리기일체설'(리기일물
설)을 잘못 이해한 데서 기인한다고 하는데, 사실인 것 같다. 정병련, 앞의 책 『고봉
의 사유구조와 철학사상』, 260-261면.

41 『고봉집』 권2, 45-49면, 「논곤지기」. 고봉의 정암 비판 내용은 나정암이 선학에 물

ー기에 대한 인식에 영향을 주었다고 추측할 뿐이다. 그러므로 퇴계와의 사칠논쟁에 나타난 고봉의 관점은 기본적으로 자신의 주자 이해가 바탕이 되었고, 나정암과 일재 등의 리기설은 다만 참고하였다고 보아야 한다.

또 고봉은 퇴계와의 논변 이전에 『곤지기』를 읽어보았다는 기록이 없다. 「고봉연보」에 의하면 33세 시(1559 ; 기미) 퇴계와 사칠논쟁을 시작했고, 39세 시(1565 ; 을축) 소재 노수신이 정암의 설을 옳다고 추종하자 이때 비로소 「논곤지기」를 지어 변론하였다고 한다. 40세 시(1566 ; 병인) 퇴계에게 보낸 편지에서 고봉은 정암의 『곤지기』가 정주의 설과 다르다고 하는데 과연 그런지 모르겠다 하고, 이어 정암의 '리기일물설'을 비판하고 있다.[42] 조선에서의 『곤지기』의 간행연도(1559년이나 1560년 경)[43]로 보아 고봉이 퇴계 사칠논변하기 전에는 자세히 몰랐을 가능성이 높다. 그러므로 고봉의 최초 사칠논변 첫 번째 편지 작성은 고봉 자신의 식견으로 작성했다고 볼 수 있다. 그러나 그후 논변 과정에서 고봉은 당시 유행하던 정암의 설을 참고했다고 볼 수 있다.[44]

고봉은 「논곤지기」를 통하여 정암을 일방적으로 비판하였는데, 이것으로 미루어보면 고봉이 정암의 '리기일물설'을 완전히 틀렸다고 보았음을 알 수 있다. 그럴 경우 그가 퇴계와의 사칠논변에서 취한 관점과는 다른 것이어서 고봉의 두 가지 생각은 어떤 관계가 있는지 의문

들었던 점에 비판이 집중되고, 그 학설은 '리기일물설'(리기혼연일체설), '인심도심체용설' 두 가지였다. 그 비판 가운데서 심의 허령지각은 리기가 신묘하게 어울린 것이고, 기품과 물욕에 가리워져 그 심의 묘함을 잃어버린다고 설명을 붙였다.

42 『양선생왕복서』권2, 17-18면, 「선생전상서(병인 5월1일)」.

43 윤남한, 『조선시대의 양명학 연구』, 서울: 집문당, 1982, p.11.

44 그가 최초의 사칠논변 첫 번째 편지를 보낸 이후 서울에서 계속 벼슬살이를 하여 퇴계와의 논변에만 전념할 수 없었는데, 논쟁 7년째쯤 「논곤지기」를 지은 것으로 미루어 보면 논쟁 중에 『곤지기』를 본 것을 짐작할 수 있는데, 『곤지기』 국내 간행이 그 즈음이다. 그런데 그는 정암을 매우 비판적으로 보고 있다.

이다. 그가 정암을 비판한 것이 혹 당시 학계의 분위기와 연관이 있다면, 고봉은 전체적으로는 정암을 비판하지만 정암의 '리기일물설理氣一物說'을 새로운 주자 해석으로 마음속으로 생각했다고 추측할 수도 있으나, 확실한 근거가 없다. 그러나 다른 한편으로 생각하면, 고봉의 사칠논변에서 개진된 주장이 처음이나 나중이나 별 변화가 없는 점을 고려하면, 사칠논변 첫 번째 편지(질문서)를 자신의 의견으로 작성했고, 그의 '리기불상리설理氣不相離說'이 정암의 '리기일물설'과 우연히 일치한 것이 아닌가 추측할 수 있다.[45] 그렇게 보면 고봉의 사칠논변의 최초 구상은 그의 독자적인 주자 이해에서 나온 고봉 자신의 사상이라고 볼 수 있다.

본 논문이 고봉 성리학의 율곡에의 영향이므로 고봉 사상을 자세하게 살필 필요가 있다. 그런데 고봉 성리설은 퇴계와의 논변에서 약간의 변화를 보였다. 기본 생각은 변하지 않았지만, 표현상 변화가 있어서 그의 입장을 애매하게 만든 면도 있다. 그러므로 편지의 순서상 살펴보는 것이 무난하다. 발언의 내용상 중복, 혹은 부연이 있지만, 표현이 같지 않으므로 오히려 그것을 통해서 고봉의 사유의 진전 상황을 잘 볼 수 있다. 퇴계의 경우도 물론 마찬가지이다.

---

45 나정암이 우주의 기의 변화를 일차적으로 중요시 여기고, 리를 기의 '소이연'이나 법칙 정도로 보고, 그 초월성을 부정한 것이나, "이 사물이 있고 이 리가 있다"(『곤지기』권하, 23장)는 식의 기 위에서 리를 보아야 한다고 한 것 등은 고봉이 전반적으로 기 위에서 리를 인식하려 한 것(리기불상리), 그리하여 기질지성을 강조하고 칠정이 사단을 포함한다고 한 것과 발상이 유사하다. 성태용은 이런 점을 잘 지적하였다. 성태용, 「고봉 기대승의 사단칠정론」, 『사단칠정론』, 서울 : 서광사, 1992, p.89 참조. 나정암의 사상에 대해서는 졸고, 「나흠순 성리설의 특징」, 대전 : 충남대 유학연구소, 『유학연구』 8집, 2000 참조. 물론 양자의 차이도 있다. 고봉의 사단칠정론과 정암의 심성론은 다른 내용이다. 정암은 고봉에 비해 주자의 리의 초월성을 완전히 부정했다.

2. 퇴계에게 보낸 첫 번째 편지(질문서)

고봉이 퇴계와 사단칠정 논쟁을 시작하면서 보낸 첫 번째 편지(질문서)[46]의 내용은 그 후 약간의 변화나 부연 설명은 있었지만, 대체로 그 대로 유지했기 때문에 이것이 고봉 주장의 요점이라고 할 수 있다. 내용을 요약하면 다음과 같다[47]:

(1) 사단은 칠정 가운데 선한 것만 추려서 말한 것이다(사단은 칠정 중 발하여 절도에 맞는 것의 싹이다). (2) 사단과 칠정을 리와 기에 귀속시키면 이는 리와 기를 완전히 다른 두 사물로 나누는 것이 된다. (3) 그렇게 되면 칠정은 성에서 나오지 않은 것이며, 사단은 기적氣的인 요소를 지니고 있지 않은 것이 된다(칠정을 전적으로 '인심=악'으로 보면 안 된다). (4) 리는 기의 주재이고, 기는 리의 재료이다. 원래 구분이 있으나, 사물상에서는 섞여 있어 나눌 수 없다. (5) 리가 기를 벗어나지 않고, 기의 과·불급 없이 자연스럽게 발현하는 것이 리의 본체이다.

(1)번과 연관하여 고봉은 보충설명하기를 그러므로 사단과 칠정은 대립시켜 말할 수 없고, 인심과 도심은 그렇게 말할 수 있다고 하였다. (4), (5)번의 리기론에 의해 고봉은 사칠을 설명하고 있다. 즉 '리기불상리'이고, 현실은 '리약기강理弱氣强'이고, 또 기의 작용에 의해 리는 실현된다는 생각을 기본적으로 가지고 있다. 이런 관점에서 보면 퇴계의 '리기호발'은 납득할 수 없는 것이 된다. 또 리기론(존재론)에 의해 사단과 칠정 모두 '성발위정性發爲情'의 심성 구조로 설명하고 있으므로 정의 발현에 리-기는 동시 작용하는 것으로 생각하므로 사단도 칠정과 같이 취급하는 것이다.

---

46 『사칠리기왕복서』 상편(권1), 1-2면, 「고봉상퇴계사단칠정설」.

47 이하 고봉의 논변 편지 내용은 성태용의 논문을 많이 참조하였다(약간의 항목 조절). 성태용, 「고봉 기대승의 사단칠정론」, 『사단칠정론』, 서울 : 서광사, 1992 참조. 첫 번째 편지는 2면 분량이므로 조목별로 면수를 표시하지 않았다.

퇴계의 경우는 주지하다시피 고봉의 질문을 받고 '사단리발, 칠정기발'에서 '사단은 리가 발하는데 기가 따르고〔理發氣隨〕, 칠정은 기가 발하는데 리가 탄다〔氣發理乘〕'라고 고쳤다. 다만 퇴계는 한편으로 자기가 리기호발로 말하는 이유를 해명하는 과정에서 "사칠 이 두가지는 리기를 벗어나는 것이 아니라 하겠지만, 그 '소종래'에 근거하여 각각 '소주'와 '소중'을 가리켜 말한다면 어느 것이 리이고 어느 것이 기라고 왜 말할 수 없겠는가?"라고 또 하였다.⁴⁸ 다시 말하면 '나아가 말하는 곳'이 다르다는 것을 퇴계는 강조했다.⁴⁹ 이것은 일종의 도덕적 입론의 취지를 설명한 것인데, 존재론과 구분하여 설명을 선명하게 하지 못했으므로 결국 고봉이 쉽게 납득하지 못했던 것이다. 그러나 나중에 고봉이 사단칠정의 「후설」과 「총론」을 쓸 때는 어느 정도 이해하게 된다.

3. 고봉의 두 번째 편지

고봉의 두 번째 편지(답서)⁵⁰에서는 첫 번째 답서를 부연 설명한 것도 있고, 중요한 몇 가지가 추가된 것도 있다. 요약하면 다음과 같다⁵¹:
(1) 퇴계와의 논변은 리기의 문제가 분명하지 않아서가 아니라 심성 개념에 대하여 분명하지 못한 점이 있기 때문이다.(7면) (2) 본연지성은 리만 말한 것이고, 기질지성은 리가 기에 들어와 있는 것과 같이 사단은 리발이라 하는 것은 확정적이지만, 칠정이 기발이라 하는 것은 기만 말하므로 안 된다.(8면) (3) 칠정이 기와 관계되지만 리가 그 속에 들어 있으므로 절도에 맞으면 맹자의 사단과 이름은 달라도 그 내용은

---

48 『퇴전』 권16, 10면.
49 위의 책, 권16, 9면.
50 『사칠리기왕복서』 상편(권1), 「고봉답퇴계논사단칠정서」.
51 출전의 면수는 각주로 일일이 처리하지 않고 조목별 언표의 끝에 괄호 속에 넣었다.

같다.(9면) (4) 퇴계대로 하면 두 개의 정, 두 개의 선을 인정해야 한다.(11면) 정은 하나이다. 이는 마치 본연지성·기질지성이 두 개가 아니고 하나의 성을 두 가지로 말하는 것과 같다. 천지와 인물을 논하면서 리와 기를 두 가지 원리로 보는 것과는 경우가 다르다.(13면) (5) 정은 리와 기를 함께 가지고 있으므로 사단도 기를 가지고 있다. 예를 들면 아이가 우물에 빠지려는 것을 보는 데서 사단이 나온다. 그런 점에서 사단도 정이며 기이다.(16면) (6) 사단만 선한 것이 아니라 칠정도 본래는 선한 것이니, 선악 미정이라 할 수 없다.(17면) 사단은 기가 자연 발현하여 과·불급이 없는 것이다. 그 '소이연'이 리이므로 리에서 발한다고 할 따름이다. 이런 점에서 보면 사단은 리에서 발하고 칠정은 기에서 발한다고 해도 된다. 그러나 자세히 따지면, 칠정의 발을 '리의 본체'가 아니라 하고, 또 기의 자연 발현을 '리의 본체'가 아니라 하면 리에서 발하는 것은 어디에서 보며, 기에서 발하는 것은 리밖에 있게 된다.(20면)

(7) 기가 자연스럽게 발현하여 과·불급이 없는 것이 리의 본체라는 것이 요점인데, 이것은 리-기를 한 사물로 보는 것과는 다르다. 리의 본체는 형상이 없으니 기가 행하는 곳에서 징험할 수 있다.(20면) (8) 나정암의 설은 본 일이 없어 알 수 없다. 퇴계의 말대로라면 잘못이 심하다. 자기는 리-기를 한 사물로 여긴 적도 없고, 리-기가 다른 사물이라고 여기지도 않는다.(21면) (9) 사단과 칠정이 '소종래'가 다르다는 것은 그 근원에 있어서 발단이 다르다는 것이니, 모두 성에서 발하는 것을 소종래가 다르다고 말하는 것은 인정할 수 없다.(25면) (10) 사단의 발도 절도에 맞지 않는 것이 있다. 따라서 무조건 선이라고 할 수 없다.(25면)

고봉은 편지 앞에서(1번) 퇴계와의 논변은 리기의 문제가 분명하지 않아서가 아니고 심성의 개념에 분명하지 못한 점이 있어서 그렇다고 했듯이, 여기에는 사단칠정을 논하면서 그의 리기에 관한 관점이 많이 제시되고 있다.[52] 사칠과 관련하여 가장 중요한 것은 칠정을 심성의 구조상 '성발위정'이므로 원래 선하다는 것이고, 따라서 '기발'이라 하여 기에만 관련시키면 안 된다는 것이다. 이는 첫 편지에서도 제시된 주장이고 여기서 다시 부연되었다. 이것이 고봉이 퇴계를 비판하는 주된 논리인데, 여기에 퇴·고 사칠논변을 분석하는 열쇠가 있다. 퇴계가 호발을 주장할 때 사용하는 리-기 개념은 이와 같은 존재론적 리-기 개념이 아니다.[53] 고봉이 (6)번과 같이 퇴계설과 같은 입론을 하지만, 결국은 다시 리-기의 존재론을 가지고 와서 호발설을 비판한다. 심지어 고봉은 사단에도 이러한 리-기 개념을 적용하여 사단도 기에 의거한다고 하고, 그 증거로 아이가 우물에 빠지는 것을 '보는 것에 의해 우리가 감응하는 것'을 예로 든다. 이것은 뒤에 율곡에게 그대로 인용된다.

이와 같은 도덕론의 밑바탕에는 그의 리기론이 도사리고 있는데, 여기서도 자주 리기론이 개진된다. 그 핵심은 '기의 자연 발현처가 리의 본체'라는 것이다(6, 7번). 그러나 현상에서 볼 때 '기의 자연 발현'은 어렵고, 기가 이미 움직였다고 보는 성리학의 우주론에서는 기의 편차는 이미 보편적으로 나타나 있다고 보는 것이다.[54]

---

52 사실은 심성 문제가 분명하지 않아서 논쟁이 일어난 것이 아니라 그 전제의 리기 문제에서 의견이 달랐기 때문에 논쟁이 일어났다. 고봉은 거꾸로 이야기한 셈이다.
53 퇴계는 "리는 귀하고 기는 천하다. 리는 무위하고 기는 욕망이 있다[有欲]. 그러므로 리를 실천하는 것을 중시하는 자는 養氣는 그 가운데 있으니 성현이 그런 사람이요, 양기에 기울어진 사람은 반드시 본성을 천대하게 되는데, 老莊이 이들이다."라고 하고(『퇴전』 권12, 24면), 또, "기에 리가 타는 바가 없으면 利欲에 떨어져 금수가 된다"라고도 하였다(위의 책, 권36, 2면).
54 성리학에서는 기는 이미 자체 운동인에 의해 움직였다고 본다. 그러므로 '동정무단, 음양무시'(『이정집』, 「이천경설」 권1 및 주자의 「태극도설해」)라고 한다. 율곡은 이러한 성리학의 리기론에 입각하여 기론자인 서화담의 '一氣長存說'을 비판하였다(『율전』 권9, 18면). 그러나 자신은 또 '리통기국'을 설명하면서 리에 조응시켜 '기의 근본'은 '담일청허'하다고 하였다(위의 책, 권10, 26면).

고봉은 이러한 논리에서 사단칠정을 해석하였는데, 칠정이 기발 아니다(2번), 또 퇴계처럼 하면 두 개의 정, 두 개의 선이 있게 된다(4번), 퇴계가 사칠의 '소종래'를 따진 것은 잘못이다(9번) — 등과 같은 비판이 그것이다. 퇴계의 주장에서 '소종래' 운운한 것은 이와 같이 고봉에게 비판의 빌미를 제공한 퇴계 입론의 오류라고 볼 수 있다.[55] 퇴계가 주장한 '소주', '소중'은 상대적 입론의 근거로 볼 수 있어 상대편을 설득할 수 있으나, 사단－칠정이 근원적으로 발하는 곳이 다르다고 하면 두 개의 정, 두 개의 선이 있게 되기 때문이다. 고봉의 이 논리도 나중에 율곡에게 영향을 주었다.

고봉이 사단은 기의 자연 발현처이어서 리발이라는 정도는 인정하였다(6번). 이것을 밀고 나가면 칠정은 기의 자연 발현이 아니어서 차별화된다는 것을 알 만한데, 고봉은 거기에까지 나아가지 않고 다시 자기의 리기론을 도덕론에 적용하였다. 그것이 장애가 되어 도덕적 입론의 상대적 가치 평가 방식을 철저히 이해하지 못했다. 물론 퇴계의 논리에도 도덕론이 존재론에 투영된 리－기 개념이 주조를 이룸으로써 전체 논리가 명확하지 않았던 것이 사실이다. 이번 편지에서 추가된 것은 자기는 정암의 설을 아직 보지 못했고, 자기의 리기설과 정암의 리기혼일설은 다르다고 한 점이다. 이 말과 그의 두 번의 편지의 논리가 일관된 점을 고려하면 고봉의 사칠설은 역시 자신의 생각이라고 할 수 있는데, 결과적으로 고봉의 설이 율곡에게 영향을 주고, 율곡이 정암설을 칭찬한 점에서 보면 고봉의 설과 정암의 설은, 특히 리기설(리기불상리설)에서 발상의 유사성을 지적할 수 있다.[56] 그러나 고

---

55 사칠론이라는 도덕론을 말하는 데 있어서는 가치의 비교를 해야 하는데, 퇴계처럼 '소종래'부터 다르다고 하면 마음에 두 근원이 있어서 사칠이 각각 나오게 되는 것처럼 오해하게 만든다. 그런 의미에서 오류라고 한 것이다.

56 당시 명대 및 조선조 중기 주자학이 분화하여, 양명의 심학처럼 철저한 내면의 철학으로 가거나 아니면 '기의 철학'처럼 "이 사물이 있고 이 리가 있다"(『곤지기』 권하,

봉이 정암으로부터 어떤 영향을 받았는지는 확실히 알 수 없다.

고봉이 자기와 퇴계의 입론 형식의 차이를 이해하지 못하고 두 사람 다 리-기 개념을 존재론적 관점과 도덕론적 관점 구분 없이 섞어 적용한 결과 논쟁이 자세하였으나 합의점을 찾지 못하고 복잡하게 되었다. 그 결과 고봉의 경우 (10)번과 같이 사단도 전적으로 선만이 아니라고 하게 되었다. 이에 대해 퇴계는 그것은 맹자의 본 뜻이 아니라고 하여 비판했지만,[57] 실제 맹자의 '성선설' 자체가 사실명제가 아니고 가치명제로서 일종의 도덕적 입론이었다.[58] 물론 주자에게도 '사단의 부중절不中節'을 이야기한 바 있다.[59] 그러나 그렇다고 맹자의 성선설을 부정한 것은 아니다. 성선설과 성즉리는 다 도덕적 입론으로서 어떤 사실을 말하는 것이 아니라 듣는 자로 하여금 선을 행하게 독려하는 것을 목표로 입론한 것이다(그러므로 '사단의 확충', '거경궁리' 등 수양설이 반드시 따른다). 그런 점에서 퇴계의 호발설도 사단=리발=선을 가치적으로 우위에 두려는 점에서 같은 논리인 것이다. 원래 존재론적 개념인 리-기가 도덕론에서는 가치상징어로서 선-악 대신에 쓰여지게 된 데 이러한 논쟁의 근본 원인이 있기 때문에 오늘날 분석에는 메타윤리학과 현대 형이상학을 동시에 응용하여 논하지 않으면 안 된다.[60]

23장)는 식의 리의 초월성의 부정과 현상(현실)의 중시 경향으로 나아갈 때 우연히도 정암과 고봉이 후자 쪽으로 갔다고 보아야 한다.

57 『퇴전』 권16, 32면.

58 이에 대해서는 이동희, 「맹자의 인성론」, 『계명철학연구』 제5집, 대구 : 계명대학교 인문과학연구소, 1997 참조.

59 『주자어류』, 북경 : 중화서국, 1986, p.1285; p.1293.

60 퇴·고 사칠논쟁에 대해 현대 메타윤리학적 분석을 한 것은 이동희, 「퇴·고 사칠논쟁에 대한 윤리학적 일고찰」, 『향산 변정환 박사 환갑기념논총』, 대구 : 논총간행위원회, 1992 참조. 성리학의 리기론에 대한 형이상학적 의미 분석에는 이동희, 앞의 논문 「주희의 형이상학과 그 현대적 의미」 참조.

4. 고봉의 세 번째 편지 및 「후설」과 「총론」

세 번째로 고봉이 퇴계에게 보낸 편지(답서)[61]는 퇴계의 두 번째 답서에 나오는 '사단은 리발기수요, 칠정은 기발리승'이라는 수정 문구에 대한 재비판이다. 고봉의 논리는 처음과 변함이 없으나, 다만 이 편지에서는 비유를 들어 설명하고, 또 퇴계와 유사한 입론도 보인다는 점이 유의할 만하다. 요약하면 다음과 같다[62]:

(1) 본연지성은 하늘의 달, 기질지성은 물 속의 달에 비교된다. 사단칠정은 기질지성에서 말하는 것이다.(7면) (2) 물 속의 달에 비유하면 칠정은 밝고 어두움이 있고, 사단은 밝기만 하다. 사단 중 절도에 맞지 않는 것은 물결 때문이다.(8면) (3) 주자가 말한 '사단은 리의 발이요 칠정은 기의 발이다'라는 것은 '대설對說'(대립적 입론)이 아니고 '인설因說'(포함관계 입론)이다. 사단과 칠정은 모두 성에서 발하므로 '인설' 관계이고, 그러므로 호발은 안 된다.(8면) (4) 사단은 기가 없는 것이 아니지만 천리의 본체가 드러난 것이다. 마치 못이 맑고 고요하면 달이 밝은 것과 같다. 그래서 '리발'이라 할 수 있다. 기가 리를 따라서 아무 장애 없이 발현하는 것이 '리의 발'이다.(10면) (5) 퇴계의 '리발기수, 기발리승'은 '리동기구理動氣俱, 기감리승氣感理乘'— 리가 움직이는 데 기가 갖추어지고, 기가 감응하는 데 리가 탄다—라고 고치면 좋겠다.(10면) (6) 리-기 관계는 '해-운무' 관계와 같다. 리기호발은 리의 사물로서의 성질이나 작용이 없다〔無情意, 無計度, 無造作〕는 주자의 말과 어긋난다.(10면)

리기 존재론과 심성구조론에 의거하여 퇴계의 입론을 보기 때문에 리-기 개념에만 초점을 늘 맞추게 된다. 그러므로 (3)번과 같이 주자의 대립적 입론 자체도 이해하지 못하게 되는 것이다. 주자의 입론은

---

61 『사칠리기왕복서』 하편(권2), 1면, 「고봉답퇴계재론사단칠정서」.
62 출전의 쪽수는 각주로 일일이 처리하지 않고 조목별 언표의 끝에 괄호 속에 넣었다.

분명 '대설'이고,[63] 퇴계의 그것도 마찬가지이다. (5)번과 같은 경우는 그의 앞의 논리와 전연 다른 것으로 무슨 의미로 이런 명제를 말했는지 의문이다. 이 입론 형식은 퇴계의 것과 같다. 그가 퇴계설을 긍정하지는 않아도 은연중 도덕론에서의 대립적 입론의 의미를 알았는지 확언할 수는 없지만, 여하튼 처음 주장과는 다른 발상이다. 「후설」과 「총론」[64]에도 그런 경향이 보인다.

이 고봉의 답서에 대해 퇴계는 더 이상 편지를 보내지 않고, 고봉 쪽에서 「후설」과 「총론」을 지어 보냄으로써 논쟁은 일단락짓게 되었다. 두 개를 합하여 내용을 요약해보면 다음과 같다 :

(1) 맹자가 성선의 증거로 사단을 든 것을 볼 때 사단이 비록 리기를 겸하지만 리의 발이라 하는 것을 수긍할 수 있다. 칠정도 리기를 겸하지만 기질의 혼잡이 있으므로 기의 발이라 할 수 있다. 따라서 사단과 칠정을 리-기에 분속시킬 수 있다.[65] (2) 그러나 칠정이 절도에 맞는 것은 사단과 다를 바 없다. 사칠의 관계는 본연-기질지성의 관계와 같다. 본연-기질지성이 두 개가 아니듯 칠정의 선한 것은 사단과 다르지 않다.[66]

고봉은 (1)번과 같이 퇴계설에 매우 접근한 논리를 전개하였다. 이것은 퇴계 호발설이 강조하는 '소주', '소중'을 따라 나눌 수 있다는 데 어느 정도 동의한 것이다. 물론 고봉이 처음 사단도 부중절이 있다

---

63 율곡은 그렇게 보고 간략한 해명을 덧붙였다. 즉 주자는 대략 사단과 칠정의 구분을 둘로 나누어 비교했을 뿐인데[朱子之意, 亦不過曰 : 四端專言理, 七情兼言氣云爾 耳], 후세 학자가 리-기 개념에 너무 지나치게 초점을 맞추는 바람에 '리발기발'이 되었다고 하였다. 『율전』권10, 5면.

64 『사칠리기왕복서』하편(권2), 23-25면, 「사단칠정후설」. 동서, 25-28면, 「사단칠정 총론」.

65 위의 책, 23-24면, 「사단칠정후설」.

66 위의 책, 26면, 「사단칠정총론」.

고 했다가 맹자의 원뜻을 이해하는 과정에서 그것을 순수한 정으로 보게 됨으로써 전후의 논리의 모순이 있지만, 여하튼 사단의 리발을 인정하게 되고, 그와 더불어 칠정의 기발도 상대적으로 인정하게 된 것이다. 이로써 보면 고봉은 퇴계의 수정설이 아닌, 최초의 「천명신도天命新圖」의 설을 긍정한 것이라 볼 수 있다.[67] 그런데 고봉이 못마땅하게 여긴 것은 퇴계의 '소종래所從來'에서부터 리기가 다르다고 한 것과 '리발'이라는 표현의 어색함이다. 퇴계의 경우 '소종래'를 말한 것은 그가 인간의 심이 리-기가 함께 있는데, 그 근원에서부터 리-기로 나누어져 나오는 것으로 생각했기 때문이다. 이는 주자의 '혹생혹원'의 설명 방식과 같은 것인데, 이러한 발상은 퇴계가 인간의 심을 매우 역동적으로 보고 있는 것과 관련이 있다.[68]

그런데 퇴계가 생각한 리는 태극의 리로서의 리, 절대적 의미로서의 리라고 볼 수 있다. 그의 존재론에 있어서의 '리동설理動說'을 보면 수긍이 되는데,[69] 이 관점이 도덕론에도 그대로 나타난 것이 '리발'이다. 「후설」과 「총론」에서 고봉은 일면 퇴계의 호발설의 입론 취지를 이해하면서도 처음에 가졌던 의문, '그러면 칠정의 선한 것과 사단은 같은

---

67 퇴계가 처음 말한 '사단리발, 칠정기발'은 주자의 '四端發於理, 七情發於氣'처럼 사단과 칠정의 대조적 성격을 비교한 것에 지나지 않지만, 그후 수정한 '사단, 리발기수, 칠정, 기발리승'은 리-기 개념에 대한 새로운 의문을 던짐으로써 사칠 논의가 복잡하게 된 것이 사실이다.

68 성리학에서 인간의 심은 '善性'이라는 인간의 본질, 즉 도덕성을 실현하는 에네르기(충동)로 보고 있고, 퇴계 '리발'의 의미도 그런 의미가 담겨 있다. 또 이와 연관하여 퇴계가 생각한 리는 태극의 리와 같은 의미가 강한데, 이것도 그의 '理發說'과 함께 고찰할 필요가 있다. '心統性情', '心合理氣'라 하여 성리학은 심의 주재성을 인간의 본질로 보고 있다. 심은 매우 실체화되어 있다. 졸고, 「화이트헤드의 형이상학적 神觀에서 본 퇴계의 독특한 리 관념, '尊理說'」, 『퇴계학보』 제116집, 서울 : 퇴계학연구원, 2004 참조.

69 퇴계는 『주역』의 '태극생양의' 해석에서 '생'을 글자 그대로 해석, '리생기'의 의미로 해석하였다(『퇴전』 권41, 20면 ; 권39, 28면; 권25, 35면). 이동희, 앞의 논문 「화이트헤드의 형이상학적 神觀에서 본 퇴계의 독특한 리 관념, '尊理說'」 참조.

가 다른가'의 문제를 다시 던졌던 것이다.

고봉과 퇴계의 논쟁을 요약하면 논의가 평행성을 그은 것은 고봉의 말처럼 심성을 보는 관점의 차이에서 비롯된 것이 아니라 리기를 보는 관점의 차이에서 비롯되었다. 고봉의 관점에는 분명 명대 '기의 철학' 사조처럼 '주기적主氣的'인 경향, 즉 (리의) 이념보다 (기의) 현상을 중시하고, 리(원리)도 기(현상)와의 연관에서 보아야 한다는 사고 방식이 있다.[70] 퇴계와의 세대 차이라면 그렇게도 말할 수 있다. 고봉의 설이 영향을 준 율곡의 경우도 이미 퇴계와 한 세대 차이가 난다. 고봉이 나정암의 설을 논쟁 처음에 보지 않았어도 그 관점은 상통되는 바가 많다.

퇴·고 논쟁 과정에서 고봉도 자기의 설을 끝까지 지키지 못했고, 그 부연 설명에도 불구하고 상대방의 논리를 깨지 못했다. 또한 상대방과 유사한 입론을 하면서도 상대방 입론의 의미를 어느 정도 이해하고 인정하지 못했다. 그럼에도 불구하고 양쪽이 다 일리가 있다면 논쟁은 어떻게 보아야 하는가? 두 관점에서 동시에 볼 수 있다면 설명을 어떻게 하느냐 하는 것이 연구의 핵심이다. 현대적으로 보면 논쟁자의 의견 차이라는 것은 바로 존재론적 개념(범주)인 리-기가 도덕론에서 선-악의 가치 상징으로 전용될 때 생기는 차이라고 볼 수 있고, 논쟁의 동어반복은 이 차이에 대한 정확한 이해가 없었기 때문이라고 할 수 있다.

---

70 성태용도 고봉은 정주의 주리적 경향과 새로 도입된 주기적 명대 성리학의 연결선 위에 있다고 보았다. 성태용, 앞의 논문 「고봉 기대승의 사단칠정설」, p.89. 그러나 영향을 어떻게 받았는지 여부는 불확실하다.

Ⅳ. 고봉 성리학의 율곡에의 영향

율곡이 고봉설을 옳다고 한 것[71]은 자기의 도덕론적 관점에서 고봉의 설이 옳다고 본 것인데, 그의 입론 중에 고봉의 말과 유사한 것을 통하여 그것을 증명할 수 있다.

첫째, 두 사람 다 사단은 칠정에 포함된다고 하였다. 이 말은 인간의 정은 한 가지이므로 사단은 칠정 중의 선 일변을 골라내어 말한 것이고, 퇴계 호발설처럼 입론하면 인간의 정은 두 가지가 있게 된다는 것이다. 율곡은 "인심-도심은 (사-칠 처럼) 겸할 수 없고, 상호 시종이 된다. 인심-도심은 상대적으로 말한 것이다"라고 하고,[72] 또 "사단은 칠정을 겸할 수 없으나, 칠정은 사단을 겸한다. 사단은 칠정 가운데 선 일변을 골라내어 말한 것이다. ……사단과 칠정의 관계는 본연지성-기질지성의 관계와 같다"라고 말하고,[73] 또 말하기를 "사단-칠정 관계는 인심-도심 관계와 다르다. 주자의 '발어리發於理, 발어기發於氣'(사단은 리에서 나오고 칠정은 기에서 나온다)는 '사단은 오로지 리만을 말하고, 칠정은 기를 겸하여 말한 것'이라는 뜻이고, '사단은 리가 먼저 발하고, 칠정은 기가 먼저 발한다'는 뜻이 아니다. 사단을 '주리主理'(리 중심)라 하는 것은 옳으나, 칠정은 리기를 겸하여 있으므로 '주기主氣'(기 중심)가 아니다. 인심-도심은 대립적이어서 양변으로 말할 수 있고, 또 '주리-주기'로도 말할 수 있다"라고 하였다.[74] 이러한 표현은 고봉의 것과 다르지 않다. 율곡은 이 논리를 밀고 나아가 사단과 칠정

---

71 율곡은 퇴계와 고봉 사이의 논변에 대해 고봉의 말은 분명하고 퇴계의 말은 상세하나 뜻이 분명하지 않다고 하였다. 율곡의 말 중에 고봉의 입론과 같은 것이 많은 것을 보면 율곡은 고봉의 설을 옳다고 본 것이다. 『율전』 권10, 6면.
72 위의 책, 권9, 34면.
73 위의 책, 권9, 34-35면.
74 위의 책, 권10, 5면.

이 같다는 것을 증명하기 위하여 두 가지를 일대일로 비교하였다. 이것이 소위 율곡의 '사칠배속'이다. 예를 들면 희喜·애愛·애哀·욕欲＝인仁의 단서 / 노怒·오惡＝의義의 단서 / 구懼＝예禮의 단서 ……이런 식이다.[75] 그러나 완벽하게 조화를 이루지 못하고 약간의 어색함을 볼 수 있다. 그러므로 주자는 서로 비슷하지만 꼭 같지는 않다고 했다.[76]

둘째, 퇴계 호발설이 마음에 두 근원이 있는 것처럼 보이니 틀렸다고 한 점도 약간의 용어만 다를 뿐 고봉의 표현과 같다. 율곡은 말하기를 "퇴계는 이미 사단을 선에 돌렸고, 또 '칠정도 역시 불선不善이 없다'고 했으니(퇴계『성학십도』의「심통성정도」의 설명), 사단 밖에 또한 선한 정이 있는 것이 되니, 그렇다면 이 정은 어디에서 발한 것인가?"라고 하고,[77] 또 "(퇴계처럼) '사단은 리발기수, 칠정은 기발리승'이라고 하면 이는 리-기 두 물건이 선후가 되어 상대적으로 두 갈래가 되어 각자 나오는 것이 되니, (이렇게 되면) 사람 마음이 어찌 두 근본이 안 되겠는가?"라고 하였다.[78] 또 그는 말하기를 "'리와 기가 서로 발한다'고 하면 리-기 두 물건이 각각 마음 가운데 뿌리하여 (희노애락) 미발시에 인심-도심 싹이 있는 것이 되니 틀린 것이다"라고 하기도 했다.[79] 이는 고봉의 생각과 같은 것이다.

셋째, 고봉은 사단도 칠정처럼 기의 작용, 즉 형기形氣(신체의 작용)의 작용이라고 하여 그 예를 아이가 우물에 빠지는 것을 보고 감응하는 것을 들었다. 율곡 역시 이런 설명이 있다. 그는 말하기를 "퇴계의 '리발기수', '기발리승' 중 '기발리승'은 옳으나, '리발기수'는 옳지 않

---

75 위의 책, 권10, 7면.
76 『주자어류』, p.1297; p.2242; p.2245 참조.
77 『율전』권9, 35면.
78 위의 책, 권9, 36면.
79 위의 책, 권10, 4면.

다. 아이가 우물에 빠지려고 하는 것을 보고 측은한 마음이 발하니, 측은해하는 마음이 기이다. 그러므로 사단도 '기발리승'이다. …… '리발기수'는 분명히 앞뒤가 있다"라고 하였다.[80] 또 그는 말하기를 "인간의 마음에는 감응(느낌) 없이 자동으로 움직이는 것은 없다. …… 아버지에 대해 느껴야 효가 나오고, 임금에 대해 느껴야 충이 나온다. …… 외부 느낌(감응) 없이 마음 가운데서 발한 것이 사단이라 하면 이는 아버지나 임금 없이 충·효가 나오는 것이 되는데, 이는 옳은 마음이 아니다"라고 하였다.[81] 이런 논리는 고봉의 논리와 같고, 다만 표현이 부가되었을 뿐이다.

고봉은 사칠을 논함에 있어서 칠정도 심성구조면에서 '성발위정'이므로 리에서 발하고, 따라서 기만으로 치부하여 '기발'이라 할 수 없다는 것과 그의 리기론의 '현상에서의 리기불상리'의 전제 위에서 퇴계 호발설을 비판하였다. 퇴계는 처음부터 호발의 근거를 '소주所主', '소중所重', 즉 정의 발현에 나아가 말할 때 그 가리키는 초점이 무엇인가, 또는 그 비중이 어디에 있느냐에 따라 리발-기발로 나누어 말할 수 있다고 하였다.[82] 뿐만 아니라 동시에 퇴계는 '소주', '소중'의 근거도 근원적으로 따지면 '소종래에서부터 다르다'고 하였다.[83] 그리하여 퇴계는 이 전제에서 '리발기수, 기발리승'을 말함으로써 '마음에 두 근원이 있다'는 오해를 불러일으켜 논쟁을 복잡하게 만들었다.

넷째, 고봉이 퇴계와의 논쟁과정에서 그와 유사한 입론 방식을 말하는 것이 눈에 뜨이는데, 고봉설을 찬동한 율곡의 경우도 그와 같은 입론 방식이 보인다. 오히려 고봉보다 더 자세하게 전개되고 있다. 물론

80 위의 책, 권10, 5면.
81 위의 책, 권10, 6면.
82 『퇴전』권16, 10면.
83 위의 곳.

율곡의 경우 논쟁 상대인 우계가 퇴계설을 찬동하였으므로 그것에 대한 해명 과정에서 더욱 절실히 설득의 논리가 필요하였겠지만, 결과적으로 퇴계류의 대립입론을 하고 있다. 앞에서 본 바와 같이 고봉은 「재론 편지」(세번째 편지)에서 '리동기구理動氣俱, 기감리승氣感理乘'을 말하였고,[84] 또 「후설」에서 "사단칠정의 분속리기分屬理氣는 의심의 여지가 없다"라고 하였다.[85]

율곡은 우계와의 총 여섯 번에 걸친 사칠논변(인심도심 논변 추가됨)에서 네 번째 편지부터는 주로 리기론 해설로써 우계를 설득시키려 하였는데, 네 번째 편지에서 중요한 발언을 하였다. 즉 율곡은 말하기를 "인심-도심은 모두 리에 근원한 것이고, 미발의 때에 인심의 묘맥이 리와 함께 상대하고 있는 것이 아니다. 즉 근원은 하나이나 흐름은 두 갈래이다〔源一而流二〕. 주자도 이것을 알았는데, 입언하여 사람에게 이해시키려고 하니 자연 주로 한 바〔所主〕가 있었다"라고 하였다.[86] 이에 앞서 우계는 "(성이 발할 때) 막 동할 때〔才發之際〕 주리-주기의 다름이 있을 뿐, 원래 호발하여 각기 작용하는 것이 아니다. 사람이 리와 기를 볼 때 더 중요한 것을 가지고 말하는 것이다〔各以其重而爲言〕."라고 한 바 있는데,[87] 이것이 율곡에게 다소 자극이 되었는지 알 수 없지만, 여하튼 우리는 비교해서 보아야 한다.

율곡과 우계의 논변에서 처음 시작은 퇴계 호발설과 주자의 '혹생혹원설'(인심도심설)이었으나 율곡이 퇴계의 호발설이 틀렸다고 우계에게 설명하는 과정에서 인심도심설이 많이 개진되었고, 율곡은 이것으로써 선-악 가치평가 도구로 사용하여 도덕론을 설명해 나갔다. 그러

84 「양선생사칠리기왕복서」 하편(권2), 10면.
85 위의 책, 24면.
86 『율전』 권10, 12면.
87 『우계집』 권4, 15-18면.

므로 공교롭게도 퇴계 호발설의 대립입론을 비판한 율곡은 인심-도심을 대립적으로 매우 강조하였다. 원래 주자의 인심혹생-도심혹원의 설명이 이분법적 형식이어서 그렇게 처음부터 대립적 입론으로 받아들일 수 있지만, 인심-도심 역시 인간 심성구조와 기능에 관한 것이므로 인심이 반드시 악이라 할 수 없다고 하면[88] 간단히 이분법적으로 입론할 수가 없게 된다. 다시 말하면 이것이나 퇴계 호발설이나 도덕적 입론 형식에서 보면 모두 같은 것이다.

또 율곡은 다섯 번째 편지에서 말하기를 "도심을 발하는 것은 기이지만 성명性命(천부의 본성)이 아니면 발하지 못하고, 인심의 근원은 성性이지만 형기形氣(육체)가 아니면 발하지 못하니, 도심은 성명에 근원하였고, 인심은 형기에서 생겼다고 하는 것이다"라고 하였다.[89] 율곡은 인심도심을 말하는 논리와 사칠을 말하는 논리가 다르다고 강조하지만, 인심도심을 입론하는 취지를 이 정도 이해한다면 퇴계의 호발설도 어느 정도 비교 이해가 가능한 것이다. 그러나 율곡은 이해하지 못하였다. 그는 바로 이어서 "본연지성-기질지성이 하나의 성이지만 주장하여 말하는 것이 다를 뿐인데, 리발-기발의 구분이 있다고 하면 되겠는가?"라고 하였다.[90]

---

88 율곡은 「답성호원」 첫 번째 편지에서 "도심은 칠정 가운데 선 일변이요[七情之善一邊], 인심은 선-악을 합한 칠정이다[七情之合善惡]"라고 하였고(『율전』 권9, 36면), 또 두 번째 편지에서는 "사단은 오로지 도심만을 말한 것이고, 칠정은 인심과 도심을 합해서 말한 것이다"라고 하였고(위의 책, 권10, 7면), 또 다른 곳에서(세 번째 편지)는 "대저 形色(육체적 조건)은 天性(타고난 것)이니, 인심 또한 선하지 않겠는가마는 과·불급이 있어서 악으로 흐른 것이다"라고 하였다(같은 책, 권10, 13면). 율곡이 인심-도심을 상대화하여 말했지만, '인심'은 또한 전적으로 악이라 보지 않았다. 그러므로 입언에 모순이 있는데, 이는 성리학의 선악관과 유관한 것으로 악을 '절대악'으로 보지 않고 '선의 결핍태', '선으로의 변화 과정'으로 보아 '선에의 가능성'을 열어두려는 데서 연유한다.
89 위의 책, 권10, 21-22면.
90 위의 책, 권10, 22면.

또 율곡은 다음과 같이 말하기도 하였는데, 이것은 더욱 호발설 입론 방식과 유사하다. 즉 그는 말하기를 "기가 '본연의 리'에 따르는 것은 본래 '기발'이나 기가 리의 명령을 들었으므로 그 중한 것이 리에 있고, 그리하여 '주리'라고 말하며, 기가 '본연의 리'에서 변한 것은 본래 리에 근원하였으나 이미 '기의 본연'이 아니니, 리에게 명령을 들었다고 할 수 없으므로 그 중한 것이 기에 있고, 그리하여 '주기'라고 말하는 것이다. 기가 리의 명령을 듣고 안 듣고는 모두 기가 하는 것이요, 리는 할 수가 없으니, 서로 발용함이 있다고 할 수 없는 것이다"라고 하였다.[91] 기가 '본래의 리'의 명령을 들었느냐 아니냐에 따라 우리가 평가하여 '주리', 혹은 '주기'라고 할 수 있는 것인데, 율곡은 이것을 하나의 사실로서 보고 있다. 그러므로 끝에 가서는 '서로 발용이 안 된다'라고 사실적으로 말해버리고 말았다. 물론 하나의 사실로서 볼 수 있다. 그러나 두 사실을 우리가 가치평가하여 '주리-주기'로 말(평가)할 수 있다. '주리-주기' 용어는 하나의 평가어에 불과하다. 리-기 개념이 공동으로 쓰인다고 하여 도덕을 논하면서 지나치게 존재론적 시각을 투영한 결과이다.

퇴계 호발설이 처음에는 단순한 명제이어서 가치평가 형태로 이해하기 쉬웠으나, 나중에 리기론을 함께 섞어 부연함으로써 복잡하게 되고 논리적 정합성도 잃게 되었는데, 율곡의 경우도 리기론을 앞세워 인간-자연 통합적 입장에서 사칠을 논함으로써 리-기를 상징으로 쓴 도덕론의 대립입론의 성격을 제대로 파악하지 못한 것이다. 고봉의 경우도 마찬가지로 칠정도 '성발위정'이라는 심성 구조론에 집착하는 바람에 도덕적 입론으로서의 퇴계 호발설의 의미를 이해하지 못했던 것이다. 율곡은 또 "주자가 '혹생혹원설'에서 앞에 '심의 허령지각은 하

---

91 위의 책, 권10, 28면.

나인데……'라고 하였다. 심은 기이고 심이 발하는 데 발하지 않을 리가 없으니, '기발리승' 아닌가? ……'혹원'은 리가 더 중요하다고 하여 말하는 것이고, '혹생'은 기가 더 중요하다고 하여 말하는 것이니, 당초 리－기 두 싹이 있는 것이 아니다. 말로 표현하여 남을 가르치려니 부득이 그러한 것이다. ……'기발리승'과 '혹생혹원'은 서로 모순되지 않는다"라고 하였다.[92]

이것을 보면 율곡이 퇴계 호발설을 긍정한 것은 아니더라도 발상이 근접한 것을 알 수 있고, 결국 우계와의 논변 중 도덕적 입론 방식을 인심－도심을 논하는 가운데서 점차 알게 된 것으로 볼 수 있다. 마지막 구절은 우리에게 시사하는 바가 크다. '기발리승'은 율곡의 리기론이요, '혹생혹원'은 주자와 퇴계류의 도덕론(호발설)인 것이며, 동시에 율곡의 인심－도심 입론 형식(대립입론)이기도 한 것이다. 다시 말하면 퇴계의 호발설과 율곡의 기발리승론이 부딪친 것 같지만, 그런 것이 아니고 율곡의 리기론(리기지묘론)은 존재론으로서 성립되고, 퇴계의 호발설은 도덕론으로서 성립되는 것이며, 양자는 영역이 다른 데서 성립한 것인데, 다만 '리－기' 개념이 공통으로 사용되었기 때문에 충돌이 일어난 것처럼 보였을 뿐이다. 서로 모순되지 않는다.

이상에서 본 바와 같이 율곡이 우계와 사칠논변을 하는 과정에서 고봉의 문장 스타일이 자주 동원되는 것을 볼 수 있는데, 이는 율곡이 고봉의 주장이 옳다고 보고 일정하게 수용했기 때문이다. 그 후 율곡에 의해 고봉의 주장은 더 부연 설명되고, 그 과정에서 율곡이 대립적 입론으로 좋아한 '인심도심론'이 첨가되고, 고봉에는 별로 없었던 리기론에 대한 율곡의 독특한 설명이 또 부가되어 논의를 더욱 풍성하게 하였을 뿐만 아니라 퇴·고 논쟁에서 해결되지 못했던 문제가 점차 드

---

92 위의 책, 권10, 28-29면.

러나고 명료해져 갔다. 그러나 오늘날 우리가 볼 때 율곡도 끝내 도덕적 입론과 존재론적 입론의 차이를 확실히 깨닫지 못하고, 다만 '기발리승'과 '혹생혹원'이 서로 모순되지 않는다는 이해로 그쳤다. 그러나 율곡의 이 정도 논리도 전통시대라는 것을 감안하면 매우 훌륭한 것이다. 고봉의 설은 이러한 율곡의 탁월한 성리학적 사유에 큰 자극을 준 것은 분명하고 이점에서 고봉의 사상사적 위치가 있다.

V. 결 어

이상의 논의를 요약하면 다음과 같다 :

첫째, 고봉의 성리학은 독학으로 주자학을 연구한 토대 위에서 성립되었는데, 퇴계와 처음 논쟁할 때 작성한 질문의 편지는 자신의 생각으로 작성한 것이란 점에서 그의 철학적 식견을 볼 수 있다. 그 후 논쟁 과정에서 정암의 설을 참고한 것은 추정할 수 있지만, 확실히 알 수 없다. 그러나 율곡이나 고봉이 퇴계보다 한 세대 뒤이고, 논쟁을 시작할 당시 정암의 『곤지기』가 국내에서 간행, 보급되던 때라는 것을 고려하면 명대 중기의 '기의 철학'의 경향을 어느 정도 참고했다고 볼 수 있다. 그러나 그의 「논곤지기」에서 철저하게 정암을 비판하고 있어 단정할 수 없고, 우연의 일치로 볼 수밖에 없다.

둘째, 고봉의 사칠논쟁에서 개진된 주장은 대부분 율곡이 옳다고 하였으므로 율곡 사상에 영향을 주었다고 할 수 있다. 사칠논쟁이 우리나라에서 차지하는 사상사적 비중이 큰 것으로 볼 때 율곡에게 영향을 준 고봉의 사유방식은 큰 의미가 있다. 그가 주장한 '칠정은 기발이라 할 수 없다'는 것은 그때까지의 한·중 주자학사에서 없었던 '철학적 논의'였다는 점에서 매우 가치가 있다.

셋째, 고봉과 퇴계의 논변에서 퇴계가 '리발-기발'을 수정한 '리발기수, 기발리승'의 표현은 오히려 논리 전개를 복잡하게 하였다. 다시 말하자면, 리기론적 설명을 추가함으로써 리-기 개념의 존재론적 사용과 도덕론적 사용 사이의 괴리 문제와 사실명제와 가치명제의 입론 방식의 차이를 알지 못하게 하여 동어반복이 계속되었다는 말이다. 이는 중세 종교 교리와 같은 주자학 범위 내에서의 논쟁이었으므로 어쩔 수 없었다. 또 퇴계는 '소종래'를 강조함으로써 더욱 고봉을 이해시키지 못하였다. 그러나 고봉은 칠정도 '성발위정'이므로 '기발'이라 할 수 없다는 심성구조론과 심은 리-기가 함께 작용한다[心合理氣]는 심 이론에 집착함으로써 퇴계 호발설이 가지는 가치 입론(대립적 입론)의 의미를 충분히 이해하지 못하였다.

넷째, 율곡 역시 고봉처럼 '리기지묘'나 '리통기국', 또 '발하는 것은 기, 그 까닭은 리'와 같은 리기론에 치중하여 퇴계 호발설을 비판했다. 그러나 사칠과 연관하여 인심-도심을 함께 논의하게 되자 리기설만으로 설명할 수 없는 대립적 입론 형식이 있을 수 있다는 것을 점차 알게 되었다. 그러나 율곡 역시 고봉처럼 리기론에 집착함으로써 퇴계 호발설과 같은 대립적 입론의 의미를 충분히 파악하지 못했다. 그가 사단칠정의 도덕론을 논하면서 인간-자연 통합적 입장을 견지한 것이 바로 그 증거이다. 그러나 율곡은 자기 논리 전개의 마지막에 '기발리승'과 '혹생혹원'은 모순되지 않는다고 하기에 이르렀다. 이것은 고전적인 언표이지만, 사칠논쟁의 결론이라 할 수 있다. 오늘날 해석한다면 리기론과 도덕론에 각각의 논리가 있는데, 리-기 개념을 공동으로 사용함으로써 논쟁이 일어났다는 것을 간접적으로 시사한다.

제5장 우계 성혼의 성리설과 조선 후기 절충파

I. 서 언

우계牛溪 성혼成渾(1535-1598)은 20세에 동향 파주 출신인 율곡栗谷 이이李珥(1536-1584)와 도의지교를 맺고 평생을 막역한 벗으로 지내었다. 우계가 한 살 위인 비슷한 연배로서 의기 투합하여 38세부터 6년 동안 9차례에 걸친 왕복서한을 통해 '사칠리기설四七理氣說'과 '인심도심설人心道心說'에 대한 논쟁을 벌였다. 그의 9편의 서한 중 3, 7, 8, 9번째 서한이 일실되고 전하지 않아 그와 율곡과의 논쟁을 해명하는 데 다소 장애가 되지만, 그의 입장과 시각은 남은 편지로도 대략 알 수 있다.[1]

물론 논쟁 내용이 퇴계와 고봉의 논쟁을 그대로 받아 거기에 인심人 心·도심道心 문제를 더했을 뿐이라면 학술적으로 중요한 논쟁으로 볼

---

1 우계의 세 번째 편지는 잃어버려 문집에 기록되지 못하였다. 『우계집』에는 "우계의 편지는 없으나 율곡의 답서를 싣는데, 그 이유는 그것을 보고 우계의 네 번째 편지가 이루어졌기 때문이다"라고 하였다(『우계집』 권4, 13-15면). 그러므로 우계 학설을 분석할 수 있는 자료는 모두 5편이다. 그중에서 다섯 번째 편지는 앞뒤 내용이 이해가 가지 않는 내용으로 되어 있고, 율곡의 답서도 간단하다(『우계집』 권4, 25-27면). 그러므로 중요한 편지는 모두 네 편이며, 그중에서 우계 사상의 핵심은 네 번째와 여섯 번째 편지에 들어 있다.

수 없다고 할 수도 있다. 그러나 이 논쟁을 통해서 율곡의 리기사칠 및 인심·도심에 대한 중요한 시각과 관점이 나왔던 것을 고려하면 이 논쟁이 조선조 학술사에서 차지하는 비중이 크다고 할 수 있다. 그럼에도 퇴계와 고봉의 논쟁은 잘 알려져 있고, 율곡과 우계의 논쟁은 상대적으로 덜 알려져 있을 뿐만 아니라 율곡의 학설 위주로 알려져 있고, 우계의 입장에 대한 이해가 소홀하다. 물론 성리학 이해의 깊이에 있어서 우계와 율곡의 차이가 있고, 또 남긴 학술적 서술의 분량에도 차이가 있지만, 우계의 설이 성리학의 중요한 하나의 시각이나 입장이라는 점에 유의하지 않으면 안된다.

우계는 이 논쟁에서 일정한 시각과 입장을 개진했고, 이 우계의 그 시각과 입장이 성리학 해석에 일정한 시각을 제공하여, 뒷날 조선 후기 '절충파'라는 학파를 형성하게 만들었다. 그러므로 이 논쟁이 우계가 율곡에게 질문을 하고 율곡이 대답을 하는 식으로 진행이 되었다고 하여 우계 시각에 대한 이해 없이 우계가 율곡의 학설에 동조한 듯이 보는 것은 잘못이다.[2] 우계는 율곡의 답서에 만족하지 않았다. 뿐만 아니라 우계 학통과 연관을 맺고 있는 소론 계통의 학자와 노론 계통의 농암 김창협 일파의 절충파 성리설을 보면 우계의 시각과 입장이 이들에게 영향을 준 것을 분명히 알 수 있다. 여기에서 우계의 성리학적 시각은 어떤 것이며, 그것이 절충파들에게 어떻게 계승되고, 그 이유는 무엇인지에 대한 철학적 해명이 필요하다.[3]

---

2 성락훈은 우계와 율곡을 같이 묶어 '牛栗학파'라고 명명하였고, 또 우계 성리설에 대해 "渾(우계)은 처음에 이황의 사단이발 칠정기발설을 따르다가 뒤에 珥와 자주 서간으로 왕복변의한 뒤에는 珥의 설을 따랐다"라고 하였다. 성락훈, 『한국문화사대계 11; 종교철학사상』, 고려대 민족문화연구소, 1970, p.435 참조.

3 우계 성혼에 대한 철학적 논문은 성교진의 논문이 다수 있고, 그 밖에 교육학적 논문도 다수 있으나, 철학적 의미에 대한 분석은 아직 미흡하다. 우계문화재단에서 발행한 『우계학보』(2002년 현재 21호 간행)에 실린 우계에 대한 논문이 참조가 된다. 유명종, 「절충파의 비조 우계의 이기철학과 그 전망」, 『우계학보』 4호, 1991 참조.

조선 후기 절충파 학자들의 학설은 단순히 퇴율을 절충한 것이 아니고, 양인의 학설에 대해 비교적 객관적 입장에서 비판적 계승을 한 점에서 성리학 사상 하나의 사상적 발전이라고 볼 수 있다. 그러므로 우계 성리설과 절충파 성리설의 관계에 대한 철학적 해명은 조선조 성리학 연구에 있어서 매우 중요한 것이다. 뿐만 아니라 이를 통하여 율곡 사상의 한계, 나아가 퇴고 논쟁의 미해결점과 그 속에 숨은 성리학의 특성까지도 알 수 있게 된다.[4]

우계는 물론 선배 학자로서 퇴계를 존경하고 사모하였다.[5] 그러나 우계의 학설을 보면 이러한 존모의 염과는 관계 없이 그가 학문적으로 퇴계의 학설을 수용하는 의미를 읽을 수 있다. 이 시각은 성리학을 해석하는 중요한 하나의 시각으로 오늘날 충분히 연구할 만한 가치가 있고, 동시에 우계의 성리설을 계승한(우계와 같은 논리로 퇴계설을 수용한) 조선 후기 절충파[6]의 성리학설에 대한 철학적 해석 역시 충분히 연구할 만한 가치가 있다.

절충파 학자는 여기서는 지면 관계상 남계 박세채와 농암 김창협을 대표로 들어보았다.[7]

---

4 남계는 예학사상가로, 농암은 문학가로 연구를 많이 하였으나, 그들의 성리설을 자세히 살핀 논문은 거의 없다. 특히 우계와 절충파와의 연계성에 대해서는 이 논고가 처음이다. 유명종, 「이기절충파의 사상개관」, 『현곡문정복 교수 화갑기념논문집』, 1984 참조.

5 그의 사위 八松 尹煌(윤선거의 부친)의 「祭牛溪先生文」, 우계의 문인 重峯 趙憲의 제문, 그의 문인 淸陰 金尙憲의 「우계선생신도비명」, 그리고 「牛溪家狀」 참조.

6 유명종은 「우계 성혼의 이기철학과 그 전개」라는 논문에서 우계를 '절충파의 비조'라고 칭하고 있다. 유명종, 『퇴계와 율곡의 철학』, 부산 : 동아대 출판부, 1987, p.467.

7 우계 성리설에 대해서는 이동희, 「우계 성리설의 특징과 사상사적 의의」, 『한국학논총』, 24집, 계명대 한국학연구소, 1997 참조. 조선 후기 절충파의 성리설에 대해서는 이동희, 「조선 후기 '절충파'의 성리학설에 대한 연구」, 『동양철학연구』 제26집, 동양철학연구회, 2001 참조. 그 논문에서는 절충파로 남계 박세채(소론), 농암의 동문인 졸수재 조성기(소론)와 창계 임영(소론, 남계 문인), 그리고 농암 김창협(노론)에 한정하여 논하였다.

Ⅱ. 우계 성리설의 특성
― 퇴계 '사칠리기호발설'에 대한 해석

우계 성리설은 율곡과의 논변 속에 잘 나타나 있다. 논변은 우계가
퇴계설을 가지고 자기 의심을 율곡에게 질문하고 율곡이 대답하는 형
식으로 진행되었다. 그러나 편지가 다 남아 있지 않아 완전한 추적은
불가능하지만, 우계의 설이 반복되고 있으므로 남은 편지 다섯 개 중
중요한 편지, 즉 첫 번째, 두 번째, 네 번째, 여섯 번째 편지 네 개를
분석하여 그의 설을 요약할 수 있다.

1. 첫 번째 편지

우계는 첫 번째 편지에서 퇴계의 『聖學十圖』의 「心統性情圖」의 퇴계
설을 보고

> 인심·도심의 발은 그 시원〔所從來〕에 원래 '주리主理' '주기主氣'의
> 다름이 있다. 여러 가지 설이 없었던 요·순 시대에도 이미 이 설이 있
> 었고, (그 후) 성현의 설이 모두 두 갈래로 말하니, 오늘날 (퇴계가)「사단
> 칠정도」를 만들면서 '리에서 발하고, 기에서 발한다'라고 하는 것[8]이 어
> 찌 안 되겠는가? 리와 기의 호발은 천하에 확정된 이치〔定理〕이니, 퇴
> 계의 소견이 또한 옳지 않겠는가?

라고 하였다.[9] 이와 같이 우계는 사단과 칠정을 인심과 도심에 일대일
로 견줄 수는 없지만, '혹생혹원설或生或原說'의 입언立言(=立論)[10] 형

---

8 퇴계의 「天命圖說後敍 附圖」에서 퇴계가 한 말. 원문은 "四端發於理, 七情發於氣".
　『퇴계전서』권41(잡저), 10면.
9 『우계집』권4, 1-2면, 「與栗谷論理氣第一書」.

식을 볼 때 이미 오래전부터 소위 '이분법적으로' 나누어 말하는 방식
이 보편적이었으므로 퇴계의 사칠호발설이 타당하다고 볼 수 있지 않
겠는가라고 생각했다.

그러나 한편으로 우계는 퇴계의 표현에 문제의 여지가 있다고 생각
했다. 즉 그는 퇴계의 입언을 비평하기를 "그러나 (퇴계의) '기가 따르
고, 리가 타고'〔氣隨之, 理乘之〕하는 설은 말을 길게 늘어뜨려 논리〔名
理〕에 맞지 않은 것 같다"라고 하였다.[11] 여기서 '논리에 맞지 않다'는
것은 후일 농암 김창협도 퇴계의 '기발리승氣發理乘, 리발기수理發氣
隨'와 같은 표현이 퇴계의 생각을 나타내는 데 적절하지 못하여 오히
려 '정견正見의 누'가 되었다고 한 바 있다.[12]

2. 두 번째 편지

두 번째로 보낸 우계의 편지 내용을 요약하면 다음과 같다. 우계는
인심·도심과 사칠을 비교한 것은 억지로 갖다 붙이려고 한 것이 아니
고, 인심·도심을 나눈 것처럼 사단·칠정도 나눌 수 있으면 퇴계의 리
기호발이 맞지 않겠는가 하는 것이 자기의 뜻이라고 하였다. 즉 그는
말하기를

---

10 율곡은 '立言'이란 말을 썼다. 오늘날은 '立論'이란 말을 많이 쓴다. 약간의 차이를
   규정한다면 '입언'은 간단한 문장으로 '용어 정의'나 '명제 표현'에 중점을 둔 표현
   방식, 즉 '言表'와 비슷한 것 같고, '입론'은 주제를 가지고 길게 논의하는 형식을
   말하는 것 같다. 본고에서는 구분하여 '성리학적 언표'는 '입언'이라고 표현했다.
11 『우계집』권4, 1-2면.
12 농암은 퇴계가 사단칠정과 리기 문제에 대해 본 바가 있으나, 극히 정밀하여 말하기
   어려웠으므로 입언할 때 두 갈래로 나누어지고 말았고, 그 후 '기발리승, 리발기수'
   라고 말하게까지 되었으니, 표현상의 차이〔名言之差〕가 옳은 견해에 오히려 누가
   되었다"라고 한 바 있다. 『농암속집』권하, 68면, 「사단칠정설」. 자세한 것은 다음
   절 '절충파 성리설'의 농암 부분 참조.

　　대개 사단·칠정이 인심·도심과 비록 그 효긑한 의미가 다르나 모두
성·정의 작용을 말한 것이다. 그러므로 (퇴계의) 리기호발설이 천하의
정해진 이치가 아니라면 주자에게 왜 이런 말(혹생혹원설 – 필자)이 있겠
는가? 이 설이 매우 길지만 내가 본 바가 밝지 못하여 이미 고봉과 퇴
옹退翁의 시비논쟁에 (내 생각이) 들어갔으니, 어찌 보내온 답변에 의문
이 풀리겠는가?

라고 하였다.[13] 즉 먼저 편지에 만족하지 못하고 있음을 말하고, 율곡
에게 고봉과 율곡의 말이 분명하긴 하나 혹 틀린 이론이 아닐까 의심
을 떨쳐버릴 수 없어 주자의 '혹생혹원설或生或原說'을 다시 생각해
봄이 어떻겠는가 하고 말하고 있다.[14]
　　또 우계는 "보내온 글에 '인심과 도심은 정과 의를 겸하여 말했다'라
는 것은 저의 견해와 조금 다른 것인데, 저는 이것을 제대로 설명하지
못한다"라고 하여[15] 율곡의 인심·도심설에 대해 비판하고 있다. 또한
우계는 퇴·고 논쟁에 있어서 고봉의 설에 대해서도 비판하였다.[16]
　　즉 인심과 도심의 비교처럼 사단과 칠정도 상대적으로 입언할 수
있지 않겠는가라는 생각이었다. 그러므로 우계는 이어서 "저의 생각에
는 성性에 주리主理·주기主氣로 나누어 말할 수 있으면, 정情으로 발
함에 있어서도 어찌 주리와 주기의 다름이 없겠는가라고 여겨진다"라
고 하였다.[17] 여기서 '성에 주리·주기로 나누어 말할 수 있다'는 것은
퇴·고 논쟁에서 퇴계가 사칠의 구분은 성에 있어서의 본연지성本然之

---

13 『우계집』 권4, 4-5면.
14 위와 같음.
15 위와 같음.
16 위와 같음.
17 위와 같음.

性-기질지성氣質之性의 대립과 같다고 한 것을 말한 것이다. 이에 대한 율곡의 답변의 요지는 인심-도심은 상대적으로 말할 수 있으나 사칠은 상대적으로 말할 수 없다는 것이다.[18]

결론적으로 말하여 우계의 질문에 대한 율곡의 답변은 상호 견해의 차이로 합의를 이루지 못하였고, 우계를 설득하기 위한 율곡의 여러 가지 성리학적 견해의 표명은 성리학의 정곡을 찌른 논리정연한 이론으로서 매우 가치가 있는 것이지만, 퇴계에 대한 비판은 과연 타당한지, 즉 퇴계의 입론의 취지가 그러한지, 퇴계 입언에 있어 오해의 소지는 없는지 등은 다시 자세히 고찰해보아야 할 것이다.

3. 네 번째 편지

우계는 네 번째 편지에서도 퇴계의 호발설을 옳다고 여기게 된 사정을 다시 반복하여 말하고 있다. 즉 퇴계의 설이 옳다고 여기지 않았으나, 주자의 인심도심설을 보고 생각을 바꾸게 된 것이며, 나아가 이제는 퇴계의 설에 집착하게 되었다고 말한 다음, '호발설'은 퇴계의 독창이라 하였다. 뿐만 아니라 이번 편지에서는 퇴계 호발설의 일부분을 적어 보내면서 율곡이 다시 한 번 음미해볼 것을 권하고 있다.

먼저 우계는 리·기 관계를 사람이 말을 타고 가는 것에 비유하여 말하는 것이 적절하다고 한 다음, 처음부터 의문을 가졌던 퇴계 호발설의 타당성 여부에 대해 이번에는 다음과 같이 보충 설명을 하였다.[19]

리를 살피는 자들이 이발已發한 후에 선·악이 나누어진 것으로 말미암아 '이런 것은 성이 발하여 불선不善이 없고, 이런 것은 기가 고르지

18 『율곡전서』 권10, 7-8면.
19 『우계집』 권4, 15-18면.

못하여 악에 흐른 것이다'라고 한 것이다. 이것을 음미해보면 막 동할 때〔才發之際〕 주리·주기의 다름이 있을 뿐, 원래 호발하여 각기 작용하는 것이 아니다. 사람이 리와 기를 볼 때, 더 중요한 것을 가지고 말하는 것이다〔各以其重而爲言〕. 이렇게 하면 형(율곡-필자)의 가르침과 어긋나지 않을 것이다.

여기에서 우계가 퇴계의 설을 어떻게 해석하고 있는가가 확연히 드러난다. 소위 '호발각용互發各用'이 아니고, '막 동할 때', 즉 마음이 발하였을 때(마음이 발한 후의 현상이라고 할 수 있다) '주리'와 '주기'로 표현하였다는 것이다. 이 표현이란 어느 쪽이 더 중요하냐 하는 상대적 비중을 감안하여 입언하였다는 것이다. 다시 말하면 주리·주기는 '가치상대'의 입언이라는 것이다.

이러한 입언 형식이 바로 주자의 '혹생혹원'이며, 북계北溪 진순陳淳(주자의 제자)의 "이 지각知覺에 리를 따라 발한 것도 있고, 기를 따라 발한 것도 있다"라는 말이라고 우계는 생각하여 바로 이어 예로 들고 있다.[20] 그러면서 우계는 이어서 말하기를 "사단과 칠정을 상대적으로 들어 나누어 소속시키는 것〔對擧分屬〕은 당연하다. 인심과 도심 역시 정인데, 어찌하여 도심을 리발이라 하고 인심을 기발이라 하였겠는가?"라고 하였다.[21] 여기서 우계는 주자가 『중용장구』 서序에서 인심·도심을 해석한 말 '혹생-혹원'을 '리발-기발'로 이해하고 있다.[22]

이어서 우계는 퇴계설을 잘 나타낸 한 부분을 발췌하여 '퇴계원론退

---

20 위와 같음.
21 위와 같음.
22 우계는 앞의 인용문에서는 '주리' '주기'라고 하고 있는 것으로 보아 '주리' '주기'와 '리발' '기발'을 같은 표현으로 보고 있는 것 같다.

溪元論'이라 하여 실었는데, 그가 말한 소위 '퇴계원론'은 퇴계가 고봉에게 두 번째로 보낸 편지 속에 있는 것이다.[23] 여기서 퇴계원론의 핵심을 보면, 퇴계는 그 편지에서 "대개 사람의 일신一身이 리와 기가 합하여 생긴 것이라 양자가 상호 발용하는 바가 있고[二者互有發用], 그 발은 서로 기다린다[相須]. 상호 발용[互發]함으로 각각 주로 하는 바[所主][24]가 있음을 알 수 있고, 서로 기다리므로 서로 그 가운데 있음[互在其中]을 알 수 있다. 서로 그 가운데 있으므로 섞어 말할 때도 있고, 각각 주로 하는 바가 있으므로 분별하여 말하는 것도 안 되는 것이 아니다"라고 하였다.[25]

또 퇴계는 이어서 "성을 말하면 리가 기 중에 있으므로 자사子思, 맹자孟子가 본연지성을 가리키고, 정자程子, 장횡거張橫渠는 기질지성을 가리켰으니, (이와 같이) 정을 논하면 성은 기질 중에 있으니, 어찌 이것만 발하는 바에 따라 사칠의 나온 바[所從來]를 나눌 수 없겠는가?"라고 하여[26] 성에 본연·기질의 두 성이 있는 바와 같이 사단·칠정의 정에도 그 소종래를 따져 리발·기발로 말할 수 있다는 것이다.

퇴계 논의의 핵심은 우리 몸은 리와 기로 되어 있으므로 '리·기가 상호 발동한다', 즉 '호발'을 주장한 데 있다. 이는 주자의 리기존재론의 원칙인 리는 작용성이 없다는 원리에 어긋난다. 그런데 우계가 퇴계의 설에 찬동하는 이유는 이때까지 본 바와 같이 주자의 설, 진북계의 설과 퇴계의 설이 '입언형식'이 같고, 자기도 그렇게 상대입언할

---

23 『퇴계전서』 권16, 19면 이하. "滉이 말하는 바는 ……성 역시 그러하다고 말한 것이다"까지이다.
24 '주로 하는 바', 즉 '所主'란 '위주로 한다'는 뜻으로 '상대적으로 이것을 저것보다 더 중요하게 여긴다'라는 뜻이다. 이것은 어떤 사실을 말하는 것이 아니고 입언자가 '상대적 가치 평가'를 하고 있는 것을 말한다.
25 『퇴계전서』 권16, 30면.
26 위와 같음.

수 있다고 보았기 때문이다. 다만 우계는 '막 발할 때에 주리—주기로 나눌 수 있다'라고 하여 퇴계와 같이 마음에 두 갈래 싹이 있어 각각 발한다고는 보지 않고, 입언상 나눌 수 있다는 시각을 갖고 있었다. 이 점이 퇴계와 다른 점이다.

위의 퇴계의 말과 같이 그 '소종래所從來'를 따져본다는 것은 우계가 생각한 '양변으로 입언할 수 있지 않겠는가'라는 시각과는 다르다. 소종래를 따진다는 것은 호발설과 같은 맥락으로 '리발'을 주장하는 것이지만, 양변 상대입언은 상대적으로 평가한다는 의미이다. 그러므로 우계는 퇴계의 입언에 어폐가 있다고 한 것이다(첫 번째 편지 참조).

그런데 퇴계는 율곡의 비판처럼 과연 마음에 두 묘맥이 있어서 각각 발한다고 보았을까? 만약 퇴계가 그렇게 보았다면 우계는 왜 그 설에 집착했을까? 퇴계가 고봉과 논한 사칠논쟁에서는 위의 글과 같이 마음의 묘맥에 있어 호발한다는 견해를 가지고 있었던 인상을 받지만, 분명하게 잘 나타나 있지는 않다. 그러나 퇴계는 존재론에서 '리동설理動說'을 주장하였다.[27] 이를 미루어보면 율곡의 비판과 같은 것이 나올 소지가 있었다고 할 수 있다. 우계의 여러 글에서 퇴계의 이러한 '리동설'에 대한 언급이 없는 것으로 보아 우계는 퇴·고 사칠논변만 보고 거기에 찬동한 것 같다.

물론 전적인 찬동이 아니고 조건부 찬동인 셈이다. 우계의 입언형식상 퇴계에 대한 이러한 조건부 찬동은 퇴계설이 가지고 있었던 도덕론, 즉 '주리—주기'의 가치입언을 통한 도덕의 강조[28]를 퇴계학의 장

---

27 『퇴계전서』 권39, 28면 ; 권25, 35면. 자세한 것은 이동희, 「퇴계 성리설의 철학적 함축」, 『동양철학연구』 20집, 동양철학연구회, 1999 참조.
28 퇴계는 고봉과의 사칠논쟁 속에서 "기에 리가 타는(乘) 바가 없으면 利欲에 떨어져 짐승이 된다"라고 하고(『퇴계전서』 권36, 2면), 또 "(주리·주기로 나누는 것을 싫어하는 사람은) 기를 가지고 성을 논하는 폐단에 빠지고, 인욕을 천리로 여기는 근심에 떨어지게 된다"라고 하기도 하였다(위의 책, 권16, 11-12면). 자세한 것은

점으로 보았기 때문이며, 그것은 뒤에 기호학파에서 율곡의 인간-우주 통합적 입장이 가지는 도덕론의 상대적 감퇴를 보완하려는 생각을 또 갖게 만들었다.[29]

네 번째 율곡의 답서를 보면, '장서'를 첨부하여 리기 관계, 물과 그릇의 비유, 사람과 말의 비유를 사용하여 상세히 설명하고 있다.[30]

율곡은 먼저 편지 앞머리에서 사람들이 리·기가 서로 떨어질 수 있다고 생각하기 때문에 인심·도심에 두 근원[二源]이 있는 것으로 잘못 생각하게 되었다고 하였다. 이 말은 주자의 인심·도심을 우계가 양변설로 생각한 것을 율곡이 비판한 것인데, 이는 우계를 잘못 이해한 것이다. 우계는 어디까지나 양변설(상대입언)로 말할 수 있지 않겠는가 하는 뜻이었지 퇴계처럼 두 근원을 생각한 것이 아니었다.

율곡의 이 편지에서 중요한 것은 그가 장서 첫머리에서 말한 '형기에 가리움이 없는 정'(물론 도심이다)은 리에, 형기에 가리움이 있는 것(물론 인심이다)은 기에 '부득이' 소속시키지 않을 수 없다는 표현이다.[31] 다른 하나는 인심·도심은 그 근원은 하나(즉 리)이나 흐름은 두 갈래인데[源一而流二], 주자도 이것을 알았고, 입론하여 사람에게 이해시키려고 하니 자연 '주로 한 바'[所主]가 있었다고 한 말이다.[32]

이 두 문장은 율곡도 우계와의 논쟁 중 '양변설'의 의미를 부지불식간에 인식하기 시작한 것으로 생각된다. 다만 그 역시 퇴계가 '호발설'

이동희, 위의 논문 「퇴계 성리설의 철학적 함축」 참조.

29 농암학파는 리기존재론에 있어서는 퇴계의 리발(리기호발)을 긍정하지 않고, 율곡의 기발리승설을 긍정하였지만, 도덕론적 입론에 있어서는 율곡의 인간-우주 통합적 방법이 부적절하고 퇴계의 호발론이 더 낫다고 보았다. 자세한 것은 이동희, 「기호 성리학의 형성과 전개」, 『유학연구』 2집, 충남대 유학연구소, 1994 참조.

30 『우계집』 권4, 18-25면. 특히 리기에 관한 견해는 율곡은 10년 전(우·율 논쟁이 37세부터 시작되었으니 27세경부터가 된다)부터 이미 그 단서를 알았다고 하였다.

31 『율곡전서』 권10, 12면 참조.

32 위와 같음.

에 집착하듯 리기의 관계(그는 나중에 그것을 '리기지묘理氣之妙'라 했다)
에만 집착함으로써 양변설, 즉 '가치상대적 입언'의 진정한 의미를 깨
닫지 못하였던 것이다.

우계가 의문을 가지고 거듭 율곡에게 묻고 있는 핵심은 리기 관계
는 그러나 왜 양변으로 입언하느냐 하는 것이다. 양변설과 리기지묘
는 상호 모순되는 것이 아니고, 하나는 '가치명제'이고, 다른 하나는
'사실명제'인 것이다. 그러면 왜 논쟁자들은 서로 입장을 이해하지 못
하고 동어반복의 불필요한 논쟁을 반복하였는가? 그것은 이 두 명제
의 차이를 이해하지 못하였기 때문이라고 생각된다. 그렇다면 그 이유
는 또 무엇인가? 그것은 성리학이 원래 자연법 사상으로서 '자연의
법칙=인간의 법칙'으로 생각하였으므로 자연히 존재론의 리·기 개념
을 가지고 윤리도덕의 문제를 논하는 데 아무 거리낌이 없었던 것이
고, 그 결과 상대적 개념이 아닌 리·기를 가치입언에 상대적 (가치) 개
념으로 사용하였고, 그런 가운데 자연 무리가 생겼던 것이다.[33]

퇴계가 리·기를 '이데아 대對 금수(짐승)'로 사용하니, 인간-우주
통합적 입장(존재론적 입장)에 섰던 율곡이 보기에는 리·기 개념을 잘
못 쓰고 있는 것으로 판단되었던 것이고, 율곡 또한 퇴계를 비판하면
서 자기는 인심·도심을 상대가치 개념으로 대용하고자 하면서 인심을
끝까지 악하다고 하지 못했던 데 문제의 소지가 있었던 것이다.[34]

한편 우계는 퇴계의 리·기 개념으로 상대 입언하는 데 따른 문제점

---

33 리·기는 상대적 개념인 선·악과 달리, 理=純善無惡, 氣=可善·可惡이 되어 악을
절대악으로 보지 않을 수 있는 융통성이 있기 때문이었다. 그러므로 성리학자들은
도덕적 입론에 성·악 대신 리·기 개념을 원용한 것이다. 그러나 그 개념이 원래
존재론(우주론)에서 사용하는 개념이므로 도덕론에 원용할 때 존재론에서의 사용법
과 마찰을 일으키지 않을 수 없었던 것이다. 즉 존재론에서의 리·기 관계는 도덕론
에서 처럼 '대립관계'가 아니고 '不相離不相雜'의 관계(형이상학적인 리·기 관계)
이기 때문이다.

34 여섯 번째 편지 끝 철학적 해석 부분 참조.

을 간파하였고,[35] 다른 한편으로는 호발설과 같은 입언형식은 어떤 의미가 있지 않겠는가 생각하여 율곡에게 계속 질문을 한 것이다. 그러나 율곡은 자기의 회심의 체득처인 리기론으로써만 계속 우계에게 설명하므로 우계가 끝내 이해하지 못하였던 것이다.

이 율곡의 네 번째 편지에서 약간 우계와 접근할 수 있는 '리·기소속의 부득이함'을 말하고, 주자의 뜻이 '남을 이해시키기 위한 입언으로서' 역시 부득이하였음을 말하였다. 그러나 이후의 편지를 보면 알 수 있듯이 율곡은 자기의 리기론을 이용하여 거듭 호발의 두 묘맥의 부당성을 지적하는 데 그침으로써 우계가 납득하기 어려웠던 것이다.

중국문화와 사상의 특징은 가치판단이 항상 사실판단을 압도하고 있고, 그 가치판단도 도덕론으로 가득 차 있다.[36] 그러므로 성리학에 있어서도 우주론은 항상 인간론(도덕론)의 반사적 위치에 있었던 것이다. 이러한 사정을 고려할 때 당시 논쟁자들이 그러한 가치-사실 구분을 하지 못한 것은 어쩌면 당연한 것인지도 모른다.

4. 여섯 번째 편지

우계는 리기호발설을 '인마설人馬說'을 빌려 말하기를

퇴계의 이른바 호발이라는 것이 어찌 보내온 편지에 이른바 "리·기가 각각 다른 곳에 있다가 서로 발용發用한다"는 말[37]과 같겠는가? 다

---

35 첫 번째 편지 참조. 名理와 입언형식이 안 맞다고 하였다.
36 중국문화의 특징에 대한 것은 리쭝꿰이(李宗桂), 이재석 역, 『중국문화개론』, 동문선, 1991, pp.354-356 참조.
37 율곡의 네 번째 답서에 "다만 리·기에 통철하지 못함이 있어, 혹 리·기가 서로 떨어져 각각 다른 곳에 있을 수 있다고 생각하기 때문에 인심과 도심에도 두 근원이 있는 것으로 의심하는 것이다"라고 하였고, 또 "(리·기) 이 둘은 서로 떨어질 수 없으며, 이미 떨어질 수 없다면 그 發用도 하나이니, 각각 발용함이 있다고 할 수

만 한 물건으로 뭉쳐 있으나 리를 주로 하고 기를 주로 하며, 안에서
나오고 밖에서 감응되어 먼저 두 가지 뜻이 있다는 것일 뿐이다. 제가
"성정 사이에 원래 리·기 두 물건이 있어 각각 나온다"고 한 말[38]도 역
시 이렇게 본 것이다. 어찌 이른 바 "사람과 말이 각각 서 있다가 문을
나선 뒤에야 서로 따라간다"는 말이겠는가?[39]

라고 하였다.[40] 여기에서 우계는 퇴계의 호발이 '각각 다른 곳에 있다
가 서로 발용한다[各在一處, 互相發用]'는 의미가 아니라고 해명하였
다. 그는 먼저 "성현들의 옛 말씀을 참고해보면 모두 양변설兩邊說(상
대적 입언)을 주장하여 형의 고견과 같지 않다. 그러므로 내가 감히 따
르지 못한다"라고 하고,[41] 이어서 말하기를

　　지난번에 보내주신 장서長書에 "문을 나설 때 혹 말이 사람의 뜻을
따라 나가는 경우도 있고, 혹 사람이 말의 발이 가는 대로 맡기고서 나
가는 경우도 있는 바, 말이 사람의 뜻을 따라 나가는 것은 사람에 속하
니 곧 도심이요, 사람이 말의 발이 가는 대로 맡기고서 나가는 것은 말
에 속하니 곧 인심이다"라고 하였으며, 또 "성인도 인심이 없을 수 없으
니, 비유하면 말이 지극히 순하다고 하더라도 어찌 간혹 사람이 말의 발
이 가는 대로 맡기고 문을 나설 때가 없겠는가?"라고 하였는데, 저는

　　없다"라고 하였으므로 이 둘을 합하여 말하면 그렇게 된다.
38 우계의 다섯 번째 편지에 "(주자의) '여기에서 생기고 저기에서 근원하였다'는 말(혹
　　생혹원설)과 '從理從氣說'은 아마도 리·기 두 물건이 먼저 여기에 있는데〔理氣二
　　物先在於此〕, 인심·도심이 혹은 여기에서 생기고 혹은 저기에서 근원하여 이로
　　말미암아 나온다고 한 것 같다"라고 한 바 있다.
39 율곡의 네 번째 답서에 "리기호발은 아직 문을 나서기 전에 사람과 말이 각기 있다
　　가 문을 나선 뒤에야 사람이 말을 타는 것과 같다"라고 하였다.
40 『우계집』 권4, 28-31면.
41 위와 같음.

이 몇 구절을 연구해 보니, 모두 양변설로 말씀한 것이어서 다만 기발리 승 일변만 있다는 말과 약간 달라 점차 옛 사람의 설에 가까워지는 것이 아닌가 하고 이상하게 생각하였다.

라고 하였다.[42] 우계가 보기에 율곡의 이 말은 양변설로 말한 것으로 보였다. 이는 '마종인의馬從人意'와 '인신마족人信馬足'의 두 입언형식이 상대적이기 때문에 그렇게 말할 수 있는 것이다.

그는 또 이어서 말하기를 "그런데 지금의 편지를 또 읽어보니, 그 가운데 '도심을 발하는 것은 기이나 성명이 아니면 도심이 발하지 못하고, 인심의 근원은 성이나 형기가 아니면 인심이 발하지 못하니, 도심은 성명에 근원하고 인심은 형기에서 생긴다는 말이 어찌 순하지 않겠는가?'라고 하였다. 저는 이 한 구절을 보고 그 말이 정밀하고 타당한 데 탄복하였다"라고 하였다.[43] 여기서도 우계는 율곡이 인심·도심 설명에 성명과 형기가 상호 필요하지만, '위주로 하여' 말하면 각각 나눌 수 있다고 말하므로 이를 율곡이 '양변설'로 말한 것이라 보고 탄복한다고 한 것이다.

한편 우계는 또 처음에 가졌던 자기의 입장을 다시 개진하고 있다. 즉 퇴계 호발의 뜻은 '막 발할 즈음에 중한 쪽을 취한 것'이라는 생각과 '퇴계설이 명리가 온당하지 못하다'는 생각 두 가지를 말하고 있다. 우계는 이렇게 말하였다.[44]

형은 반드시 "기가 발함에 리가 타고, 다른 길은 없다" 하였는데, 저는 미발일 때에는 리·기가 각각 발용하는 묘맥이 없다 하더라도 막 발

---

42 위와 같음.
43 위와 같음.
44 위와 같음.

할 즈음에 의욕이 동하는 것은 마땅히 주리·주기라고 말할 수 있을 것이다. 이것은 각각 나온다는 말이 아니고, 한 가지 길에서 그 중한 쪽을 취하여 말한 것이다. 이는 곧 퇴계의 호발의 뜻이요, 형이 말한 '마종인의馬從人意, 인신마족人信馬足'의 설, 즉 형이 말한 "성명이 아니면 도심이 발하지 못하고, 형기가 아니면 인심이 발하지 못한다"는 말이다.

그러면서 자기는 "퇴계의 호발설은 도를 아는 자가 보아도 오히려 잘못 알까 우려되는데, 모르는 자가 읽으면 사람을 잘못되게 함이 적지 않을 것이다. 더욱이 사단·칠정과 리·기의 분립과 '양발수승兩發隨乘'의 단락은 말의 뜻이 순하지 않고 명리가 온당하지 못하니, 제가 퇴계의 말을 좋아하지 않는 이유이다"라고 하여[45] 처음에 가졌던 퇴계설에 대한 불만족을 거듭 이야기하였다.

그리고 마지막으로 우계는 자기의 설을 요약하여 다시 한 번 강조하였다. 이것은 우계의 결론이라고 할 수 있다. 그 내용은 이러하다.[46]

정이 발하는 곳에 주리主理와 주기主氣의 두 개의 뜻이 있다. 분명 이와 같다면 이는 말이 사람의 뜻을 따르고, 사람이 말의 발이 가는 대로 맡긴다는 설이요, 미발의 때에 두 개의 뜻이 있는 것이 아니다. 막 발할 즈음에 리에 근원하고 기에서 생기는 것이다. 이는 리가 발함에 기가 그 뒤를 따르고, 기가 발함에 리가 그 다음에 탄다는 것이 아니다. 이는 바로 리·기가 하나로 발하는데 사람이 그 중한 쪽을 취하여 말하기를 주리 또는 주기라고 하는 것이다.

---

45 위와 같음.
46 『우계집』 권4, 28-31면 : 情之發處, 有主理主氣兩個意思. 分明是如此, 則馬隨人意, 人信馬足之說也. 非未發之前, 有兩個意思也. 於才發之際, 有原於理, 生於氣者耳. 非理發而氣隨其後, 氣發而理乘其第二也. 乃理氣一發, 而人取其重處言之, 謂之主理主氣也.

이는 우계가 처음에 가졌던 생각 그대로이다. 우계는 퇴계 호발설이 율곡이 비판한 바와 같이 우리 마음에 두 묘맥(근원)이 있어 선후로 발한다는 뜻이 아니고, 발한 이후의 현상에서 사람이 중한 쪽을 상대적으로 말하여 '주리—주기'로 말한 것이라고 보았다. 그런데 우계는 율곡과의 논쟁에서 율곡이 자신의 리기설을 강조하기 위하여 사용한 '인마설'을 가지고 다시 설명한 것이다.

그러나 인마설은 인人·마馬가 주종 관계이므로 리기론의 설명에는 적절하나 주리—주기의 설명에는 적절하지 못하다. 우계는 퇴계의 입언의 번잡함을 반대하면서 '막 발할 즈음에'라는 설을 추가하여 퇴계설을 자기 나름으로 해석하였는데, 이는 퇴계설이 가지는 도덕적 입론(가치상대 입론)의 의미를 다소 알아낸 결과이다. 그러나 우계에게 이를 적절하게 설명할 만한 논리와 설명 방법이 '막 발할 즈음에', 그리고 '그 중한 쪽을 취하여' 말고는 별로 없었다.

우계가 매번 율곡에게 설명을 부탁한 것도 단순한 겸사가 아니고 이러한 사정을 말한 것이다. 율곡 역시 이러한 '도덕적 입론의 의미'를 잘 알지 못하여 퇴계설을 '리기의 두 묘맥이 선후로 발한다'는 다소 잘못된 해석(오해)을 내렸던 것이다.

인심·도심이나 사칠을 주리—주기로 입언하여 상대적으로 말하면서도 성리학의 도덕에서 도심은 항상 인심보다 우위에 있는, 다시 말하자면 가치적으로 상대적으로 우위에 있다고 생각하여 도심으로써 인심의 표준을 삼고, 도심으로써 인심을 제어하는 구조로 파악하고 있다. 다시 말하면 가치적으로 상대화시키면서 일면으로는 그러기 때문에 가치적으로 다시 주종관계여야 한다는 당위를 내세우는 데 성리학의 특징이 있다. 이 양면을 다 보아야 하는데, 이런 심성논의의 시원이 된 퇴·고의 논쟁에서 퇴계가 '주리—주기', 또는 더 나아가 '호발승수互發乘隨'의 입론을 함으로써 '도덕적 가치의 상대화' 쪽에 편중되고 말았고, 그로 인하여 논쟁이 촉발된 것이다.

율곡은 여섯 번째 답서에서는 '리통기국設理通氣局說'과 '도심道心을 본연지기本然之氣로 본다'는 설을 주 내용으로 하여 엮어나갔다. 그는 이 두 설이 이전 학자들이 말하지 않은 독창적인 것이라고 하였다. 그는 또 이때까지와는 다른 편지가 이번 편지라고 하고, 이 설을 보내기 전에 우계가 자기 설에 합치되는 의견을 갖기를 기다렸다고 하였다.[47] 이번 여섯 번째 편지도 별도로 '장서長書'를 붙여 자기의 학설을 새로운 각도에서 자세히 부연하고 있다.

율곡은 존재론인 '리기지묘론理氣之妙論'으로 모든 것을 설명할 수 있다고 생각했지만, 가치론에 있어서는 역시 상대입론하지 않을 수 없었다. 그러므로 율곡은 주자의 혹생혹원설이 사람을 가르치는 방편상 그렇게 된 것이므로 '기발리승'과 '혹생혹원'은 어긋나지 않는다고 하였다.[48] 또 율곡은 자신이 양변설로 말하는 인심-도심의 소종래를 존재론적으로 설명하였고,[49] 또 '기발리승'은 리기론의 원리, 즉 '리기불

---

47 『율곡전서』 권10, 24-30면. 율곡의 답서 첫머리를 보면 이번 '長書'는 그전과는 달리 새로운 각도에서 자기의 이때까지의 설을 종합하여 준비한 것임을 알 수 있다.
48 율곡은 "심의 작용면을 보면 기이고, 성은 심 중의 리이므로 기발리승이 되는 것이고, 혹생혹원은 처음부터 두 묘맥이 있어서가 아니고, 입언하여 가르치려 하니까 부득이 그렇게 된 것이므로 양자는 모순되지 않는다"라는 식으로 말하였다. 『율곡전서』 권10, 29면 참조.
49 이에 관한 율곡의 자세한 설명은 다음과 같다: 도심은 성명에 근원하였으나 발하는 것이 기이므로 이것을 '리발'이라고 하는 것은 불가하다. 인심과 도심이 모두 '기발'이나, 기가 '본연의 리'에 따르면[順] 기 또한 '본연의 기'이므로 리가 '본연의 기'를 타고 도심이 되는 것이고, 기가 '본연의 리'에서 변한 것이 있으면 또한 '본연의 기'도 변하므로 리 역시 '변한 기'를 타고서 인심이 되어, 과·불급이 있기도 한다. 막 발하는 즈음에 도심이 그것을 재제하여 과·불급이 없게 하기도 하고, 혹은 과·불급이 있은 뒤에 도심이 또한 그것을 재제하여 '中'으로 나아가게 한다 (『율곡전서』 권10, 28면) ; 기가 '본연의 리'에 따르는 것은 본래 '기발'이나 기가 리의 명령을 들었으므로 그 중한 것이 리에 있고, 그리하여 '주리'라고 말하며, 기가 '본연의 리'에서 변한 것은 본래 리에 근원하였으나 이미 '기의 본연'이 아니니, 리에게 명령을 들었다고 할 수 없으므로 그 중한 것이 기에 있고, 그리하여 '주기'라고 말하는 것이다. 기가 리에게 명령을 듣고 안 듣고는 모두 기가 하는 것이요,

상리잡理氣不相離雜'과 '리통기국'에 근거한 기본 원칙이므로 이 두 가지를 감안하여 어긋나지 않는다고 본 것이다. 즉 각각의 영역의 특성을 알면 상호모순 없이 설명하고 이해할 수 있다고 본 것이다.

그러나 실제로는 '기발리승'은 존재론적으로 말한 것이고, '혹생혹원'은 가치론적으로 말한 것이어서 영역이 다르고, 따라서 입언형식이 다를 수밖에 없는 것이다. 율곡은 이상에서 본 바와 같이 성리학 리기론의 그 형이상학에 대해 매우 정확하게 체득한 바가 있어서 그 시각에서 우계의 질문에 대해 대답해 나갔다. 그러나 가치영역과 사실영역의 구분에 대해 투철하게 이해하지 못한 바가 있었으므로 주자의 '혹생혹원', 그리고 퇴계의 '사칠리기호발'의 의미를 우계에게 정확히 설명해주지 못하였던 것이다.

우계의 의견을 요약하면, 퇴계의 입언 형식이 마음에 들지는 않으나, '호발설互發說'은 옳다고 본다. 왜냐하면 '인심도심설'도 양변설兩邊說이고, 이에 대한 주자의 해설, 즉 '혹생혹원설'도 양변설이기 때문이다. 다만 그가 생각한 '양변설'은 퇴계 호발설처럼 원래부터 마음에서 각기 작용하는(호발) 것이 아니고, 마음이 발할 때 주리-주기로 나눌 수 있다는 것이다. 그리고 이때 나눌 수 있다는 것은 사람들이 마음의 작용 후의 현상을 보고 그 중한 것을 지적하여 각각 주리-주기로 말한다는 것이다.

결론적으로 말하여 우계의 '주리-주기 양변설'은 가치명제로서의 입언형식을 말하는 것이며, 그 기저에는 도덕적 입언에 있어서는 '대립적 입언형식'이 불가피하다는 사고방식이 놓여 있다. 이 점에서 퇴계의 도덕적 입언인 호발설과 서로 통할 수 있었고, 우계는 비판적으로 퇴계설을 긍정한 것이다.

리는 할 수가 없으니, 서로 발용함이 있다고 할 수 없는 것이다(위와 같음).

이제 우계의 이러한 시각이 조선조 후기 '절충파' 성리학자에게 어떻게 발전적으로 계승되고 있는지 살펴보려고 한다.

III. 조선조 후기 '절충파'와 우계
— 남계 박세채와 농암 김창협의 경우

1. 남계 박세채

남계南溪 (또는 玄石) 박세채朴世采(1631-1695)[50]는 리기 문제에 있어서 태극, 혹은 리는 동정하게 하는 원인자이고 기는 동정하는 것이라고 하여, 퇴계와 같은 리의 능동성 주장(理動說)은 아니지만, 원인으로서의 '리의 주재성'을 강조하고 있다.[51]

이러한 리의 주재성 강조는 사칠설에도 반영되어 퇴계 호발설의 입장을 따르고 있다. 그는 말하기를

대개 사단이 발하는 것이 비록 기를 타기는 하지만, 바로 인의예지의 순수한 리理를 따라 나오는 까닭에 리를 강조하여 지목하기를 리발이라고 한 것이다. 예를 들면 사람의 본연지성이 비록 기질의 가운데에 있으

---

50 남계는 정치적으로는 소론을 대표하는 서인으로 예론이나 정치론에서는 기호학파의 입장을 주로 따르고 있지만, 성리설에서는 율곡을 따르지 않고 퇴계의 설을 따르고 있다. 남계는 淸陰 金尙憲의 제자이고, 우암 송시열은 청음에게 제자의 예를 하였으므로 남계와 우암은 동문이기도 하다.

51 그는 『태극도설』의 '태극이 동하여 양을 낳는다'라는 문구에 대해서 말하기를 "이곳은 가장 융통성 있게 보아야[活看] 한다. 도설의 의미는 또한 태극이 실로 음양을 생한다고 한 것은 아니고, 만물의 形化가 그런 것과 같다. 단지 음양이 동정하는 것이지만 태극이 주가 되어 動의 리가 있은 연후에 기가 동하게 되고, 靜의 리가 있은 연후에 기가 정하게 된다. 그러므로 태극이 동하여 양이 생한다고 하였다"라고 하였다. 『남계집』 권41, 42면, 「答沈明仲」.

나 그 강조하는 바를 가리켜 본연지성이라고 하고, 그것이 혹 중절中節 (절도에 맞음)되지 않음에 이른 후에 악하다고 하는 것과 같다. 칠정이 발하는 것이 비록 리에 근원하지만 희·노·애·락·애·오·욕이 기와 겸하여 일어나는 까닭에 기를 강조하여 지목하기를 기가 발하는 것이라고 한 것이다. 예를 들면 사람의 기질 가운데 비록 고유한 본연지성이 있으나 그 강조하는 바에 나아가 기질지성이라 하고, 그것이 혹 중절에 이르게 된 후에 화和라고 하는 것과 같다.

라고 하였다.[52]

여기서 남계는 사칠리기발을 본연·기질의 성에 비유하고 있다. 본연·기질의 성은 실제 두 성이 대립되는 것이 아니고, 명목상 두 이름이 있는 것이다. 하나는 본연을 가리켜 말한 것이고, 다른 하나는 기질이라는 실제를 가리켜 말한 것이다. 즉 사칠은 실제의 두 정이지만, 본연·기질은 하나의 성을 두 가지로 말하는 것이다. 그러므로 엄밀하게 말하면 남계의 논리가 틀리는 것이다. 그러나 호발설이 원래 대립 입론할 수 있다는 것이 남계의 논리이므로 그는 사칠 대립을 '하나의 정을 두 가지로 말한다'는 형식으로 파악하여 본연·기질 문제와 같다고 본 것이다.

'강조하는 바에 따라 입론한다'는 의미가 남계 논리의 핵심이라고 할 수 있다. 이는 퇴계가 고봉과 논쟁하면서 사칠 모두 리기의 공통적 작용이지만, '소주所主' '소중所重'에 따라 리발−기발로 말할 뿐이라는 것[53]과 같은 뜻이다.

그러므로 남계는 이어 말하기를

---

52 『남계집』 권55, 21-22면, 「사단리발칠정기발설」.
53 『퇴계전서』 권16, 30면, 「답기명언」.

여기에서 드디어 사단은 본연을 따라 '리지발理之發'이라 하고, 칠정
은 기질을 따라 '기지발氣之發'이라 하니, 안 될 것이 무엇인가. 이것은
아마도 주자의 원래 말인 '천지지성을 논하면 리를 전적으로 가리켜 말
하고, 기질지성을 논하면 리와 기를 섞어 말한다'라는 데서 '혼륜渾淪'
(섞어 말함)과 '분별分別'(나누어서 말함)의 시초가 있게 되었고, 따라서
어느 쪽을 강조하여 말할 수 있는 것이다〔可就重處言也〕. 이것은 율곡이
의심한 바와 같이 리기 이물二物이 혹선혹후或先或後(앞서거니 뒤서거니)
하면서 상대적으로 두 길이 되어 각자 나오는 것[54]은 아닐 것이다.

라고 하였다.[55]

여기에서 주목할 것은 '강조하여 말한다'는 것이다. 다시 말하면
'사실'과 달리 우리가 입언할 때 '대립시켜' 말할 수 있다는 것이다.
이것은 어떤 존재의 사실을 말하는 것이 아니라 도덕적 가치를 비교하
여 평가하는 것이다. 여기에서 사칠론은 사실명제가 아닌 가치명제로
서의 성격이 있고, 따라서 그 입언방식이 호발설의 형식으로 가능하다
는 것이다.

그리하여 남계는 한 걸음 더 나아가 퇴계의 호발설을 융통성 있게
본다면〔活看〕 좋겠다는 뜻을 피력하였다. 즉 그는 말하기를 "대개 리
발理發의 발發은 참으로 형상形狀이나 조화가 있는 일로 여기는 것이
아니라 단지 기氣가 작용하지 않은 상태에서 곧장 사성四性(인의예지)
에서 나온다는 뜻으로 보고, 또 기수氣隨의 수隨를 수행隨行의 수隨
로 단정하지 않고, 단지 기로 형상을 이루고 리 또한 부여되었다는

---

54 율곡은 "퇴계선생이 사단은 선하다 하고, 또 칠정은 불선이 없다 하였다. 이렇게
    되면 사단 외에 또 다른 善情이 있게 되는데, 그렇다면 이 정은 어디에서 나오는가?
    …… 선정에 이미 사단이 있고, 또 사단 외에 선정이 있다고 하면 이는 인간 마음에
    두 근원이 있게 된다."라고 하였다. 『율곡전서』 권9, 35면, 「답성호원」.
55 『남계집』 권55, 21-22면, 「사단리발칠정기발설」.

의미로 융통성 있게 본다면 자연 리기호발의 의심에 이르지 않을 것이다. …… 또한 (퇴계의 리발기발과 비교하여) 상호 밝히기 어려운 폐단인 율곡의 '전언리專言理, 겸언기兼言氣'란 말도 없었을 것이다"라고 하였다.[56]

여기서 율곡이 '전언리專言理, 겸언기兼言氣'(전적으로 리만 말하고, 기를 겸하여 말하고)라 한 것은 율곡이 말한 바 "정은 하나인데, 사단이라 하고 칠정이라 하는 것은 '전언리, 겸언기'의 차이 때문이다. 그러므로 인심·도심은 서로 겸할 수 없으나 시종始終이 되고, 사단은 사칠을 겸할 수 없고, 칠정은 사단을 겸할 수 있다"라고 한 것을 말한다.[57] 남계의 생각으로는 율곡의 '전언리, 겸언기'도 결국 양자의 차이를 말한 것이므로 퇴계의 호발설과 어느 것이 옳은지 밝히기 어렵다는 것이다.

이러한 남계의 퇴계설 해석은 결론적으로 말하여 호발설이 가지는 대립적 입론의 의미와 가능성을 충분히 이해하였던 것이다. 그의 이러한 시각은 우계의 시각과 다를 바 없는 것이다.

2. 농암 김창협

기호학파는 율곡 학설을 계승하여 전개되었는데, 율곡 학설은 사계 부자가 계승하고, 사계 부자의 사상은 우암 송시열이 계승하였다. 그러나 우암 이후 학통은 두 파로 나누어졌다. 우암-권수암-한남당-임녹문 계열과 우암-김농암-김미호-홍매산-전간재 계열이 그것인데, 권수암 계열이 직계파라면 농암 계열은 별파라고 할 수 있다.

농암農巖 김창협金昌協(1651-1708)[58]은 정치적으로는 노론이었지만,

---

56 위의 책, 22면.
57 『율곡전서』 권9, 34면, 「답성호원」.
58 김창협은 靜觀齋 李端相의 사위요 문인으로서, 24세부터 송시열에 從學하여 학문

학설에 있어서는 소론과 같았다. 졸수재拙修齋 조성기趙聖期(1638-1689)
와 창계滄溪 임영林泳(1649-1696)의 설을 많이 참고하였다. 창계의 스승
이 소론계 학자 남계 박세채였기 때문이다.

　노주老洲 오희상吳熙常(1763-1833)[59]에 의하면 농암의 사칠설은 당
시 우암의 정통계열에서 기피했다고 적고 있다. 수암 등 율곡의 직계
파는 농암설이 후세에 전해지는 것을 원하지 않았던 것이다.[60] 그러나
『농암집』 발간 후 농암의 고제 기원杞園 어유봉魚有鳳이 이것을 전사
하여 전함으로써 세상에 전해졌고, 농암 속집 간행 때 그 속에 들어갔
다는 것이다.[61]

　농암의 사칠설은 두 가지 정情이 성性의 발동인 이상 물론 리와 기
의 공발共發에서 나온다는 사실은 율곡과 마찬가지로 인정한다. 그러
나 사단은 리를 주로 하여 명목을 세우고, 칠정은 기를 주로 하여 명
목을 세운다는 데 대해서는 퇴계에 찬동한 것이다. 칠정은 그것만으로
는 아직 일체의 정을 포괄할 수는 없지만, 그 표현하는 의의에 대해서
생각해보면 모든 정을 포괄하여 칭한 것이고, 단지 아직 충분히 포괄

을 강론하였으나, 우암에게 문인이라 하지 않고 後學이라 칭하였다. 즉 그는 말하기
를 "尤翁은 내가 존경하는 인물이나 그 문하에서 수업받고 사제자의 관계를 맺은
것은 아니다, 그러나 그에게 출입하기 수십 년, 정분은 돈독하다"라고 하였다(『농암
집』 권20, 24면, 「與愼無逸」). 또 김원행의 문인 頤齋 黃胤錫(1729-1791)의 기록에
의하면 "농암은 원래 정관재를 스승으로 섬겼고, 겸하여 우옹을 존경하였다. ……
우옹을 전적으로 모신 것이 아니기 때문에 사람들이 그를 (우옹의) 적전에 넣지
않는다"라고 하였다(『이재선생유고』 속 권7, 「記湖洛二學始末」). 이러한 이유로 그
가 노론 계열이지만 우암 직계파와는 달리 소론 내지 남인 학설을 수용할 수 있었던
것이 아닌가 한다.

59 그는 뚜렷한 師承이 없고, 백씨인 允常(寧齋)에게 배웠다. 家學의 영향으로 김창협
이래의 절충파의 학맥을 계승하였다. 梅山 洪直弼과 교유가 깊었다. 그러므로 김창
협 계열의 학자로 볼 수 있다.

60 『노주집』 권24, 2면, 「잡지2」.

61 『농암속집』 권하, 65-75면, 「사단칠정설」.

적으로 거론하지 못했기 때문에 사단을 완전히 칠정에 배속할 수는 없다고 생각했다. 그러므로 농암은 말하기를 "율곡이 '공경'을 가지고 '구구懼'에 배속하고, '시비'를 가지고 희·노·애·락의 당부當否를 아는 것으로 한 것이 아직 미진한 것이다. 하물며 '사양'에 이르러서는 이것을 칠정의 어디에 배속하겠는가?"라고 하였다.[62] 율곡이 퇴계설(호발설)을 옳다고 하는 우계牛溪 성혼成渾과 토론하면서 칠정 외에 따로 사단이 없다는 설을 관철하기 위하여 사단과 칠정을 상호 비교하여 연관시킨 적이 있다〔四七配屬〕. 우계와의 왕복 서한에 자세하다.[63]

농암은 사단·칠정의 구별에 대해서 "人心은 리도 있고 기도 있는데, 그 외물에 감感하여는 기기氣機가 발동하고 리는 거기에 탄다. 칠정은 기기의 발동에 즈음해 명명한 것이고, 사단은 그 도리道理가 들어난 것을 직접 가리킨 것이다. 사단의 명목을 보면 당초 입언한 뜻이 자연『중용』「악기」와 다른 것을 볼 수 있다. 측은·수오는 애愛·오惡와 그리 큰 차이는 없지만, 사양·시비는 바로 도리에 나아가 말한 것이다. 어찌 기에 관련이 있겠는가? 이로써 추론하면 사단이 칠정과 다름을 볼 수 있다"라고 하였다.[64] 즉 사단은 사실로서는 정의 총칭인 칠정 중에 많이 포함되지만 아직 충분하지 못하므로 가치 개념으로서는 대립적으로 입언할 수밖에 없다는 것이다. 농암의 이 말을 뒷받침하는 것이 사단에 있어서는 맹자가 '확충'을 말하고, 칠정에 있어서는 『중용』에서 '화和'와 '중절中節'(절도에 맞음)을 말하는 이유라고 할 수 있다.

또한 이와 같은 취지로 농암은 주자가『중용장구』서序에서 말한 '원어성명原於性命─생어형기生於形氣'의 대립입언이 퇴계의 리기호발

62 위의 책, 66면,「사단칠정설」.
63 『율곡전서』권10, 7면,「답성호원」.
64 『농암속집』권하, 65-66면,「사단칠정설」.

과 같은 입언형식이라고 보았다. 그러므로 그는 말하기를

우계가 퇴계의 '리발이기수지理發而氣隨之─기발이리승지氣發而理乘
之'라는 설을 보고 처음에는 그르다고 생각했으나, 뒤에 주자의 '혹생어
형기或生於形氣, 혹원어성명或原於性命'이라는 설을 보고 다시 생각하
기를 '주자가 이미 이와 같이 나누어 말했으니, 퇴계의 호발설도 옳지
않겠는가?'라고 율곡에게 질문했다. 그런데 율곡은 다만 칠정은 인심·
도심을 종합한 이름이니, 인심·도심은 상대로 말할 수 있지만, 사단·칠
정은 상대로 말할 수 없다고 극언하고,[65] 끝내 주자의 성명·형기에는
미치지(언급하지) 않았다. 이는 퇴계의 리기호발을 말한 본 뜻과는 다르
니, 저것을 이끌어다가 이것을 증명할 수 없다. 이것이 실로 우계의 의
심을 해소시킬 수 없었던 까닭이다.

라고 하였다.[66] 농암은 또 말하기를

'사단은 선善 일변이고 칠정은 겸선악兼善惡이며, 사단은 리를 전언
專言한 것이고 칠정은 기를 겸언兼言한 것이다'라고 한 율곡의 설[67]은
명백하지 않음이 없다. 내 의견 역시 조금도 이와 다를 바 없다. 다만
논쟁점은 '겸언기兼言氣' 일구에 있다. 대개 칠정은 비록 실제로 리·기
를 겸했으나 요는 기를 주로 한다. 그 선자善者는 기가 리를 따르는 것
이고, 그 불선자는 기가 리를 따르지 않는 것이다. 그 선·악을 겸했다

---

65 율곡은 말하기를 "칠정은 사람 마음의 움직임에 이러한 일곱 가지가 있다는 것을
종합적으로 말한 것이고, 사단은 칠정 중에서 선한 영역을 선택하여 말한 것으로
인심·도심처럼 상대적으로 말할 수 없다"라고 하였다. 『율곡전서』 권9, 35면, 「답
성호원」.
66 『농암별집』 권3, 「어록」, 〈牛栗論理氣書評〉.
67 『율곡전서』 권9, 34면, 「답성호원」.

는 것이 이와 같을 뿐, 처음부터 그 '주기主氣'임을 해치지 않는다. 퇴계는 이 점을 보고 여기가 극도로 정미하여 말하기 어려운 곳이므로 분석하여 말할 때 그만 두 갈래가 된 것이다. 그리하여 '기발리승—리발기수'라고 말함에 이르러 입론의 착오[名言之差]가 정견正見의 누가 됨을 면하지 못한 것이다. 그러나 그 뜻의 정밀, 상세함은 후인이 살피지 않아서는 안 될 것이다.

라고 하였다.[68] 농암은 위에서 본 바와 같이 퇴계의 입언에 하자(실수)는 있지만, 그럼에도 불구하고 우리가 그 입언의 취지를 잘 이해해야 한다고 보고, 그 의미를 다음과 같이 설명하였다. 즉 그는 말하기를

사단은 주리로 말하나 기가 그 가운데 있고, 칠정은 주기로 말하나 리가 그 가운데 있다. 사단의 기는 곧 칠정의 기요, 칠정의 리는 곧 사단의 리이다. 두 가지가 있는 것이 아니다. 다만 표현할 즈음에 의미상 주로 하는 바가 있기 때문이다[但其名言之際, 意各有所主耳]. 『주자어류』의 '사단 리지발, 칠정 기지발'이라고 한 뜻이 이와 같고, 퇴계의 설도 이와 가깝다. 다만 그 미루어 말하는 것이 너무 지나치고 분석하는 것이 너무 심하여 마침내 두 갈래 병통을 이루었을 뿐이다.

라고 하였다.[69] 이러한 설명은 단순히 퇴계설을 수용하면서 좌단한 것이 아니고, 사칠의 대립적 입언의 철학적(윤리학적) 의미를 이해하게 된 것을 말해준다.

이것을 보면 농암은 사실 존재의 영역과 인간 도덕의 영역을 구분하고, 같은 개념도 그에 따라 적절하게 사용하려 한 것을 알 수 있다.

---

68 『농암속집』 권하, 68면, 「사단칠정설」.
69 위의 책, 65면, 「사단칠성설」.

그러므로 그는 "대개 퇴계의 소위 리·기는 심중心中에 있는 리와 기를 가지고 말한 것이다"라고 한 것이다.[70] 이러한 시각에서 농암은 주자의 '성명－형기' 및 '리지발－기지발'과 퇴계의 '리발－기발'을 동일 선상에서 이해하였던 것이다.

이와 같은 절충적 입장에서 퇴계의 대립입언의 의미를 긍정하면 반대설인 율곡의 학설에 대해서 비판이 있을 수밖에 없다. 율곡이 퇴계설을 반대한 발언의 요지는 "칠정 외에 따로 사단이 없다"라는 것이다.[71] 이 말의 주요 근거는 물론 그의 인간－자연 통합적 시각에 있다. 다시 말하면 인간 심리와 자연 현상 모두 우주의 공통 현상으로서 '기발리승'일 뿐이라는 시각이다. 그런데 이 논리로 선악을 설명하면 그 원인은 기로 돌아갈 수밖에 없다. 즉 선은 맑은 기, 악은 탁한 기에서 나오는 것이 된다.

그렇게 되면 사단이든 칠정이든 선악은 기의 청탁으로 단순하게 설명되고 만다. 그러나 퇴·율의 사칠논쟁의 핵심은 사칠 모두 리기 겸비의 인간 마음의 발로이므로 사단의 '순수함'과 칠정의 '선악의 겸비'라는 차이가 있다. 그러나 율곡의 기발리승 논리로는 이러한 의미를 잘 나타낼 수 없다.[72] 동시에 율곡의 이 설을 가지고는 사단과 같은 순수한 정, 인간 본성에서 그대로 나온 정서를 설명할 수 없게 된다.[73]

이상 본 바와 같이 조선 후기 절충파 학자들은 우주론에 있어서는 물론 율곡의 기발리승설을 긍정하고, 또 도덕론에 있어서도 천인합일론에 근거하여 기발리승설을 긍정하면서도 이 설로써는 선악 대립의

---

70 『농암속집』, 「농암선생어록」.

71 『율곡전서』 권9, 35면, 「답성호원」.

72 율곡의 "칠정 외에 사단이 없다"라고 한 것은 '기발리승'의 논리 연장선상에서 나온 것이다.

73 그러므로 농암은 선정이 모두 청기로부터 발하나, 탁기로부터 발하는 것이 모두 악하다고 할 수는 없다고 하였다. 『농암속집』 권하, 69-70면, 「사단칠정설」.

도덕적 입언에는 오히려 적절한 수단이 되지 못한다고 생각하여 '그 중한 것을 따라서 입언'할 수 있다는 시각에서 퇴계의 호발설의 진의를 탐구하고, 그 설에 찬동한 우계의 성리설, 즉 '주리·주기 양변설'의 입언 취지에도 찬동한 것이다.

IV. 결 어

우계는 옛부터 '인심도심설'이 있었고, 주자는 또 '혹생혹원'이라 말하였는데, 이러한 입론상 명목을 둘로 한 것을 볼 때, 퇴계의 호발설이 틀리지 않은 것 같다는 데서 의문을 가지고 율곡과 논란을 벌였다. 그리하여 퇴계의 호발설을 자기 나름으로 해석하기를 막 발할 즈음에 주리─주기의 다름이 있을 뿐이지 원래 마음에 두 싹이 있어서 그것이 호발하여 각기 작용하는 것이 아니라고 하였다. 이와 같이 보는 우계의 기본 시각은 리·기가 하나로 발하는데, 사람이 그 중한 쪽을 취하여 주리, 또는 주기라 지목하는 것이라 하였다. 그러나 우계는 퇴계가 존재론적으로 '리발'을 주장하였다는 것은 몰랐던 것 같다. 그러므로 위와 같이 '막 발할 즈음에 ……'라고 퇴계설을 해석하였던 것이다.

율곡의 설을 우계의 그것과 비교해 보면, 사칠이 인심·도심과 다르다고 한 점과 사단은 칠정 중의 선 일변이라고 한 점은 같다. 다만 율곡은 인심·도심은 상대적으로 말한 것이고, 상호시종이 된다고 하였다. 또 율곡은 사칠은 본연지성·기질지성과 같다고 하였다. 다만 우계는 소위 이분법적 입론이 전통적이므로 퇴계의 설도 그렇지 않겠는가 한 데 대하여 율곡은 퇴계설은 리·기 두 물건이 마음에서 각기 묘맥이 되어 있다가 나온다고 하므로 '두 물건 두 근본'이 되어 틀렸다는 것이다. 그러므로 율곡은 인심·도심은 상대적으로 말할 수 있으나 사칠은 상대적으로 말할 수 없다는 것이다. 그 이유로 칠정은 인간 정의 총칭으로서 사단을 포함하므로 사단과 칠정이 일대일로 대립될 수 없다는 것이다.

우계와 율곡의 관점 차이는 퇴계의 호발설이 과연 리·기 두묘맥의 선재성을 전제로 한 것인가에 있다. 퇴계의 리기호발설, 또는 주리·주기의 구분은 비록 도덕적 관점에서 리·기 상대 입론을 하였지만, 리기 개념은 원래 존재론적 용어이므로 존재론의 제일 원리로서의 리는 원리로서 작용성이 없다는 것에 어긋나는 것이다. 율곡이 퇴계 호발설을 비판한 이유가 여기에 있었다.

율곡은 퇴계의 호발설이 잘못되었다는 것을 리·기의 관계로써만 설명하므로 양변설의 찬동이라는 입장을 가졌던 우계를 이해시킬 수 없었던 것이다. 그러나 율곡도 우계와의 논쟁 중 인심·도심은 근원은 하나이나 흐름은 두 갈래이며, 이런 사실을 주자도 알았지만, 입언하여 남에게 이해시키기 위해서 양변으로 상대화하여 말할 수밖에 없었다고 하여 양변설의 의의를 다소 이해하는 듯한 태도를 취하였다. 다만 그 역시 퇴계가 '호발설'에 집착하듯 리기의 관계(그는 나중에 그것을 '리기지묘理氣之妙'라 했다)에만 집착함으로써 양변설, 즉 가치상대적 입언의 진정한 의미를 깨닫지 못하였던 것이다. 그가 칠정이 사단을 포함한다(칠포사七包四)는 논지를 입증하기 위하여 사단과 칠정을 무리하게 대거배속對擧配屬시킨 것을 보아도 이런 사정을 잘 알 수 있다.

우계가 의문을 가지고 거듭 율곡에게 묻고 있는 핵심은 리기 관계는 그러하나 왜 양변으로 입언하느냐 하는 것이었다. 그런데 양변설과 리기지묘는 상호 모순되는 것이 아니고, 하나는 '가치입언'이고, 다른 하나는 '사실명제'인 것이다. 우계 역시 가치입언과 사실명제의 차이를 이해하고, 또 율곡이 말한 리기론의 형이상학을 이해하였다면 간간이 보인 율곡의 양변설 인정의 발언을 가지고 자기 의문의 일단을 풀 수 있었을 것이다. 그러나 우계 역시 그 차이를 완전히 이해할 수 없었던 것 같다. 그 이유는 무엇보다 당시 논쟁의 수준에서 명확히 '가치

─사실' 두 세계의 차이를 이해할 수 없었던 점에 있다(이는 우계에만 한정되지 않고 율곡, 퇴계, 고봉 등 다 해당될 것이다).

그러면 왜 논쟁자들은 서로 입장을 이해하지 못하고 토톨로지를 반복하였는가? 그것은 이 두 명제의 차이를 이해하지 못했기 때문이라고 생각된다. 그렇다면 또 그 이유는 무엇인가? 그것은 성리학이 원래 자연법 사상으로서 '자연의 법칙＝인간의 규범'으로 생각하였으므로 자연히 존재론의 리·기 개념을 가지고 윤리도덕의 문제를 논하였던 것이다. 그 결과 상대적 개념이 아닌 리·기를 가치입론에 상대적 가치 개념으로 (상징화하여) 사용하였고, 그런 가운데 자연 무리가 생겼던 것이다.

율곡에서 발원한 기호 성리학이 소위 절충파인 농암학파와 소론계 학자들에 오면 율곡의 '칠정이 사단을 포함한다는 설'(七包四)을 부정하고 사단과 칠정은 입언의 취지가 다르므로 섞어 볼 수 없다고 생각, 존재론에 있어서는 퇴계의 호발설을 부정하고 율곡의 기발리승설을 긍정하였지만, 도덕적 입언에 있어서는 율곡의 인간─자연 통합적 시각을 버리고 퇴계를 따랐던 것이다.

주자의 리·기 개념은 존재론과 도덕론에 같이 사용했기 때문에 어느 한쪽 시각에 상대적으로 편중하여 다른 한쪽을 설명하려 하는 경향이 있을 수 있다. 그러므로 도덕적 영역과 존재론적 영역이 서로 다르다는 것을 인정하는 데서 절충론적 시각이 가능하다.

주자학은 원래 '가치 실재론'의 입장에 서 있기 때문에 퇴계처럼 '리─기'를 '선─악'으로 대립해서 보면, 가치 평가의 입장에서 '사단─칠정'을 '리─기'로 나누어 입론할 수 있는 것이다. 따라서 도덕론의 입장에서는 가치를 대립시킬 필요가 있으므로 퇴계식의 '대립입론'(分開說; 兩邊說)이 필요한 것이다. 이런 시각에서 절충론자들은 존재론에서는 율곡설을 인정하면서도 도덕론에서는 퇴계설을 따랐던 것이다.

퇴계설을 도덕론적 입장에서 찬동한 우계의 양변설 긍정의 입장은 절충파 사상의 선하를 이루는 것이다. 우계가 절충파의 인맥과 연결되고 있음은 물론이고, 사상에 있어서도 그의 시각이 계승되었던 것이다.

남계는 리의 주재성을 강조하면서, 사칠설에 있어서는 퇴계설을 융통성 있게 보면 호발설이 성립하고, 그것은 '본연-기질'의 입론과 같고, 율곡의 '전언리-겸언기'의 입론도 취지가 같다고 보았다.

농암은 사칠 모두 리기의 공발이지만, '주리-주기'로 명목을 세워 말할 수 있다고 보았다. 이러한 근거를 그는 율곡의 '사칠배속'의 불완전함에서 찾았다. 그러므로 그는 율곡의 칠포사설七包四說을 인정하지 않고, 사칠은 대립입론이 가능하다고 보았다. 퇴계의 호발설은 그 형식이 이미 주자의 '원어성명-생어형기'의 대립입론에 있다고 하였다. 농암은 율곡의 '사단은 선善 일변'-'칠정은 겸선악兼善惡'의 심의 구조에 대한 '사실'을 인정하더라도, 칠정을 '주기'라 입론하여 그 성격을 규정해도 결코 '겸선악'의 사실과 저촉되는 것은 아니라고 보았다. 이는 사실명제와 당위명제의 구분 문제에 속한다.

또 농암은 퇴계가 입론할 때 너무 지나치게 나누어 말해버린 실수〔名言之差〕가 없는 것은 아니라고 하여 퇴계 호발설을 그대로 옳다고는 보지 않았다. 철학적으로 볼 때 농암의 퇴·율 사칠설 분석은 매우 예리하다고 할 수 있다. 또한 농암 역시 선악은 율곡처럼 기의 청탁에만 돌려져서는 안되고, 리라는 인간의 착한 본성이 기의 청탁에 관계없이 여전히 작용하고 있다고 보았다.

이상을 다시 요약하면 절충론은 율곡의 인간-자연 통합적(우주론적) 시각에서는 기의 청탁에 의해 선악을 설명해버리므로 성선의 리가 발휘되는 순수한 선을 설명할 수 없다는 것을 깨닫고, 퇴계의 호발설을 수용하였다. 또 도덕적 입론에 있어서는 가치평가를 해야 하므로 사단과 칠정을 대립해 보지 않을 수 없는데, 율곡의 칠포사 논리로써는 미진하였으므로 퇴계의 호발설에 호감을 가졌던 것이다. 그러나 퇴계 호발설이 고봉이나 율곡, 또는 우계의 지적처럼 너무 리·기로 나누어 마음에 두 근원이 있는 것처럼 보이는 혐의가 있으므로 전적으로 긍정하지는 않았다. 절충론은 퇴·고, 우·율 논쟁 속에 어지럽게 나타난 개념과 논리를 어느 정도 명료하게 밝힌 것이 사상사적으로 의의가 있다. 여기에서 한층 객관적인 사유, 진보된 논리를 읽을 수 있다.

제3부 조선 후기 철학적 사유의 심화

제6장 우담 정시한의 율곡 성리학 비판

Ⅰ. 서 언

우담愚潭 정시한丁時翰(1625-1707)은 강원도 관찰사를 지낸 언황의 아들인데, 아버지 임지를 따라 강원도 원주에 온 것을 계기로 계속 그곳에 살면서 과업을 폐하고 성리학 연구와 후진 양성에 전념하였다.

그의 당색은 남인이었지만, 정치적으로 중립을 지켰으며, 당시 정치 문제에 대해 기탄없는 상소를 올렸다. 또 그는 벼슬에 별 관심이 없는 은둔자로서의 삶의 모습도 보였는데, 이 점은 그의 사상 형성과 연관하여 고찰할 필요가 있다.

그는 영남의 갈암 이현일(1627-1704)과 함께 퇴계 이황의 학통을 이어 주리파를 형성하는 데 크게 기여하였다. 그의 만년(1688)부터 당시 영해에 있던 이현일과 교유하였는데, 이현일의 율곡 사상 비판의 논리[1]에 많이 계발되었다. 그가 만년에 가서 성리학적 사색을 했다는 점도 그의 사상 형성과 연관하여 논할 필요가 있다. 갈암보다 율곡설을 객관적으로 이해하고 비판하였다는 점도 그의 사상의 특징이다.

---

1 갈암 이현일의 율곡설 비판에 대해서는 이동희, 「퇴계학파는 퇴계의 성리학을 어떻게 이해하고 계승했는가?―갈암 이현일의 율곡 비판을 중심으로―」, 『철학연구』 제89집, 대한철학회, 2004 참조.

그의 주리적 학풍은 그 후 남인 계열의 실학자들에게 많은 영향을 끼쳤다. 특히 기호 남인의 실학풍은 미수 허목과 정시한에서 직간접으로 연원된다고 할 수 있다. 성호 이익은 그를 사숙했고,[2] 그의 방손 정약용도 "그의 사단칠정설은 주자와 퇴계로 준칙을 삼았으며, 분석이 뛰어나다"라고 칭송하였다.[3] 그의 제자에는 외암 이식, 식산 이만부, 권두경 등이 있다. 외암과는 인물성동이론에 대해 논쟁한 바도 있다. 그의 성리설을 고찰하는 데는 사단칠정론과 함께 이 인물성론도 물론 함께 보아야 한다.

그가 72세 때 지은 「사칠변증」은 율곡설을 비판하는 데 초점을 맞춘 것인데, 40여 조목을 표출하여 논평하였다. 이것을 요약하면 그의 율곡설 비판의 요지는 율곡 리기설에 대한 비판(특히 '소이'로서의 리에 대한 비판), 율곡의 사칠설과 인심도심종시설 비판, 그리고 리통기국설에 대한 비판, 이 세 가지로 요약할 수 있다.

그의 사단칠정설의 내용은 그의 저술 「사칠변증」에 실려 있으므로 주로 이것을 분석하여 그의 사단칠정설의 전모를 파악할 수 있다. 그런데 이 저술이 율곡설을 비판하는 형식을 갖추고 있으므로 자연 율곡설과의 비교 고찰이 될 수밖에 없다. 우담은 사단칠정설을 중심으로 퇴계 호발설을 옹호하고, 퇴계를 비판한 율곡설을 반박하였다.

그의 주리론은 영남학파 성립에 기여한 바 크나 갈암 성리학 연구에 비해 연구가 부족하다. 물론 갈암 이현일의 설과 유사한 점이 많으나, 한편 다른 점도 있다. 또 서로 왕복 서신으로 토론한 것은 영남 성리학 발전에 기여한 바가 있다. 그런 점에서 그의 성리학을 갈암과 비교하여 연구하는 것은 퇴계학파 내지 근기퇴계학파 연구에 필요한 작업이다.

그의 철학 사상을 본격적으로 다룬 것은 유명종의 「우담 정시한 연

2 『성호전집』(한국문집총간 198) 권42, 18면, 「우담정선생묘갈명」.
3 『여유당전서』(한국문집총간 281) 제1집, 권17, 18면, 「傍親遺事」.

구」(『경북대 논문집』 3집, 1958)가 효시이다. 유명종은 일찍이 우담에 대
해 소개하였는데, 그의 사단칠정설과 그의 제자와 벌인 인물성론에 대
해 개괄적인 소개를 함으로써 성리학자로서의 우담을 그렸고, 그 뒤
백도근의 석사 논문이 우담을 주제로 삼았고,[4] 이어 안재순은 우담의
생애와 성리사상을 체계적으로 논하였다.[5] 최근에 와서는 김낙진이 우
담의 성리설을 '사단칠정설'과 '인물성론'으로 나누어 자세하게 연구
하였고,[6] 금장태도 우담의 생애와 성리설, 그리고 그의 수양론과 경세
론까지 종합적으로 고찰하였다.[7] 리기용이 그 뒤를 이어 우담의 성리
설과 그의 한국사상사적 위치를 논하였다.[8] 한편 김상영은 우담의 「산
중일기」를 소개하여 그의 생애상 특이성을 자세히 논하였다.[9] 「산중일
기」는 우담이 만년에 쓴 여행기이면서 학습일지로서 그의 성리설을
수립할 당시의 생활 모습을 잘 보여주는 자료이므로 우담의 사상을 논
하는 데 매우 유효하다.

본고는 이러한 우담의 '생애와 사상'에 대한 선행 연구를 토대로 그
의 성리설에 대한 현대철학적 조명을 하려고 한다. 다시 말하면 퇴계
이후 퇴계 사상을 어떻게 계승했으며, 상대학파인 율곡의 성리설을 어
떻게 비판했는가를 현대 철학적으로 살펴보고자 한다.

---

4 백도근, 「우담 정시한의 이학사상 연구」, 영남대학교 대학원 석사, 1985.
5 안재순, 「우담 정시한의 생애와 성리사상」, 『강원문화연구』 제8집, 강원문화연구소,
  1988.
6 김낙진, 「우담 정시한의 사단칠정론」, 『사단칠정론』, 서광사, 1992. 김낙진, 「우담
  정시한과 외암 이식의 체용론과 인물성 논의」, 『인성물성론』, 한길사, 1994. 그후
  김낙진은 이를 주제로 박사학위 논문을 썼다. 「정시한과 이식의 리 체용론 연구」,
  고려대 대학원 박사, 1995.
7 금장태, 「우담 정시한의 학문과 사상」, 『퇴계학파의 사상 1』, 집문당, 1996.
8 리기용, 「우담 정시한의 철학연구」, 『매지논총』 제17집, 연세대학교 매지학술연구소,
  2000.
9 김상영, 「우담 정시한의 생애와 산중일기 내용 분석」, 『논문집』 제6집, 중앙승가대학
  교, 1997.

II. 율곡의 리기설 비판

원래 주자의 리의 성격은 '소이연지고'(所以)와 '소당연지칙'(當然) 두 가지를 겸유하고 있다. 그러므로 존재의 원리, 즉 이데아의 측면에서 보면 '소이'라고 할 수 있고, '바람직한 존재의 모습'으로서 존재를 규정하면 '당연'이 된다. 당연은 사실 인간이 존재를 규정하는 측면으로서 존재의 이상적 모습을 요청(규정)하는 것이다. 이것이 중세 자연법 사상의 특징이다. 그러므로 리를 존재론적 시각에서 보면 어디까지나 원리(이데아)이어서 반드시 질료적인 것, 즉 기를 필요로 한다. 따라서 리·기를 '불리不離'의 형식으로 규정하고자 한다. 이때 물론 인간도 만물도 동등하게 규정한다. 자연법 사상이 유기체 우주론에 근거하여 성립되었기 때문이다.

한편 우주에 있어서 인간은 만물 중에서 고귀한 위치에 있으므로 인간주의적 관점으로 전환된다. 여기서는 리를 규범의 근거, 가치의 근거로 보게 된다. 리를 가치 실재로 보면 리의 적극적 역할을 생각하게 된다. 더 나아가 우주의 최고 궁극자나 또는 종교론적으로 하나의 절대자로 생각하게 되면 더욱 리의 역할이 강조될 수 있다. 마치 유신론의 신과 같은 위상과 역할에 비견할 수 있다. 태극도 리라고 하지만, 이때의 리는 개별 사물의 존재 원리 이상의 우주의 궁극자로서의 '리'를 말하고 있는 것이다. 그리하여 궁극자로서의 이 세계에 대한 리의 작용을 강조하게 된다. 이와 같이 주자학은 리의 성격을 소이와 당연의 두 측면에서 규정할 뿐만 아니라 소이나 당연을 넘어서서 우주의 최고 궁극자로서의 태극의 위상도 함께 가지고 있다.

한편 도덕적 수양의 측면에서도 리의 중요성을 강조하는데, 이는 마음이라는 도덕의 주체를 강조하는 데서 연유한다. 주자학에서 리는 개별 사물의 리를 물론 지칭하지만, 동시에 인간의 주관의식의 본질(사덕을 갖춘 본성 ; 性)도 리라고 규정하고 그것이 심의 작용에 의하여 발휘

된다고 본다. 즉 인간 도덕심이라는 인간의 본질은 심이라는 매우 역동적인 가치 실현자의 힘을 빌려 발현된다고 본다. 결국 심은 인간의 영성(영혼 ; 정신), 의식, 심리, 의지 작용을 다 가지고 있으면서 인간의 도덕적 가치를 실현하는 중요한 매개체로 본다. 이 심을 중요시하고 절대화하면 결국 심이 리가 된다. 소위 심학(주관적 유심론)은 여기에 근원하고 있다.[10]

율곡이 주자의 리기론을 수용하여 그 형이상학적 이론을 부연하여 리를 '소이'로서 규정한 것은 존재론으로서는 매우 정확한 것이다. "발하는 것은 기요, 발하게 하는 것은 리이다"라고 하는 명제도 같은 맥락이다. 그러나 리를 '당연'으로 보면 이것에 만족하지 못한다. 우담의 경우도 그렇고, 그가 계승하고자 하는 퇴계의 성리설도 원래 그러했다. 다시 말하면 중세적 사고에서 존재와 당위를 엄격하게 구분하지 않았으므로 존재론적으로 말할 때도 은연중 도덕론적 시각을 투영하여 말함으로써 리의 적극적 작용을 강조하게 된다는 것이다. 우담은 말하기를

만약 음양동정이 그 기틀이 스스로 그러할[其機自爾也] 뿐 시키는 자가 없다고 한다면, 주염계가 무엇 때문에 "태극이 동하여 양을 낳고, 정하여 음을 낳는다"[11]라고 했겠는가? 만약 "양의 동은 리가 동에 탔으나 리가 동한 것이 아니며, 음의 정은 리가 정에 탔으되 리의 정이 아니다"

---

10 그 연원은 주자학 자체에 있다. 주자는 일찌기 『대학혹문』에서 "사람이 학문을 하는 것은 심과 리 뿐이다. 심은 一身을 주재하지만 그 본체는 虛靈하여 천하의 리를 관장한다[管]. 리는 만물에 흩어져 있으나 실로 그 用의 미묘함은 실로 한 사람의 마음을 벗어나지 않는다[理雖散在萬物, 而其用之微妙實不外一人之心]. 그러니 처음부터 내·외, 정·조를 논할 수 없다"라고 한 바 있다. 『대학혹문』「或問此謂知本條」(『대학혹문·중용혹문 합본』, 경문사 영인본, p.86).

11 주염계의 『태극도설』.

라고 한다면, 주자가 무엇 때문에 "리에 동정이 있으므로 기에 동정이 있다"[12]라고 했겠는가? 만약 리가 동정이 없다면 기는 어디에서부터 동정이 있겠는가?

라고 하였다.[13] "기틀이 스스로 그러하다"라는 것은 율곡의 말이다. 율곡은 "기발리승이라는 것은 무엇을 말하는가? 음정양동은 기틀이 스스로 그러한 것이다. 누가 시키는 자가 없다. 양의 동은 리가 동에 타는 것이지 리가 동하는 것이 아니다. 음의 정은 리가 정에 타는 것이지 리가 정하는 것은 아니다. 그러므로 주자는 말하기를 '태극은 본연의 묘이고 동정은 타는 기틀이다'라고 했다(「태극도설해」)"라고 한 바 있다.[14]

그러나 퇴계는 주염계와 주자의 말을 그대로 받아들여 리가 동하는 것으로 생각하였다. 물론 이 때의 동은 사물의 공간적 이동과 같은 물리적 움직임을 말하는 것은 아니다. 퇴계도 물론 그렇게 생각했다. 그러나 성리학의 형이상학적 언표를 그대로 해석함으로써 리가 동하는 것, 즉 '자체 운동인이 있는 것'으로 보게 만들었다. 퇴계는 말하기를 "주자가 말하기를 '리에 동정이 있으므로 기에 동정이 있다. 만약 리에 동정이 없다면 기는 어떻게 동정이 있겠는가'라고 했다. 이것을 알면 의심이 없을 것이다. 감정이 없다고 한 것은 본연의 체요, 능발능生能發能生은 지극히 묘한 작용이다. …… 리가 스스로 작용이 있으므로 자연히 양을 낳고 음을 낳는 것이다"라고 한 바 있다.[15]

또 퇴계는 "대개 리가 움직이면 기가 따라서 생기고, 기가 움직이면

---

12 『주자대전』(이하 『대전』이라 약함) 권56, 36면, 「答鄭子上」.
13 『우담집』 권8, 6면, 「사칠변증」.
14 『율곡전서』(이하 『율전』이라 약함) 권10, 26면, 「答成浩原」.
15 『퇴계전서』(이하 『퇴전』이라 약함) 권39, 28면, 「答李公浩問目」.

리가 따라서 나타난다. 주염계의 '태극이 동하여 양을 낳는다'는 것은 리가 움직여 기가 생긴다〔理動而氣生〕는 것이다. 또 역의 복괘의 '하나의 양이 돌아오는 데서 천지의 본질을 본다'는 것은 기가 움직여 리가 나타난다〔氣動而理顯〕는 것이다"라고 하기도 했다.[16]

그러나 율곡은 이에 대해 "주자(주염계)가 말하기를 '태극이 동하여 양을 낳고, 정하여 음을 낳는다'라고 하였다. 이 두 구절이 어찌 잘못된 말이겠는가? 그러나 만약 잘못 보면 음양은 본래 없는 것인데, 태극이 음양보다 먼저 있다가 동한 뒤에 양이 생기고, 정한 뒤에 음이 생긴다고 여길 것이다"라고 하였다.[17]

형이상학적으로 보면 리는 분명 존재의 원리이다. 다만 주염계가 설명의 편의상 '태극이 동하여'를 운운한 것이다. 실제로 리와 기는 형이상학적 실재로서 불가분리이다. 다시 말하면 태극과 이 세계와의 관계에서 초월성과 내재성을 동시에 가진다는 것이다. 이는 유기체주의인 과정철학의 신과 비교해 보면 이해가 가능하다. 즉 과정철학의 신은 종전의 유신론의 초월에 편중되지 않고 초월성과 내재성―신의 이 세계와의 관계―을 동시에 갖는다는 것이다.[18] 그러므로 태극이나 리의 원리성을 말할 때 리가 기를 생한다라든가, 리가 앞선다거나 할 수 없는 것이다.

또 다른 성리학의 중요 문제로서 '기틀이 그러하다'는 문제도 과정철학의 형이상학 이론으로 비교 설명할 수 있다. 성리학은 기의 유기

---

16 위의 책, 권25, 35면, 「答鄭子中別紙」.

17 『율전』 권10, 21면, 「答成浩原」.

18 화이트헤드는 신과 이 세계와의 관계를 신의 양극성(dipolarity)으로 설명하였다. 화이트헤드, 오영환 역, 『과정과 실재』, 민음사, 1991, pp.590-603. 주자는 『태극도설』을 주해하면서 태극과 음양과의 관계, 즉 리와 기의 관계를 초월과 내재의 동시성으로 설명한 바 있다. 이동희, 「주희의 형이상학과 그 현대적 의미」, 한국동양철학회, 『동양철학』 특집호, 2001 참조.

체론이고, 그 기의 시원을 묻지 않는다. 이미 움직인 기를 우주론의 출발점으로 삼는다. 그러므로 성리학에서는 '동정무단動靜無端, 음양무시陰陽無始'라고 했다.[19] 이는 마치 과정철학의 유기체론이 존재를 묻는 데 있어서 존재의 기본 구성 단위인 '현실적 존재'(actual entity)에서부터 출발하고, 그것 이상의 시원적인 존재의 시작을 묻지 않는다는 것과 같은 발상이다.[20]

그러므로 존재론에 있어서 본다면, 순수하게 리기론의 형이상학적 성격을 논한다면 율곡의 해석이 정확한 것이다. 퇴계나 우담의 설은 그 속에 도덕론적, 가치론적 관점이 이미 투영되어 있는 것이다. 그런 관점은 우담의 다음 설명을 보면 수긍이 될 것이다. 그는 말하기를

공자의 소위 "역에 태극이 있는데 이것이 양의를 낳았다"라든가, 주자(주염계)의 이른바 "태극이 동하여 양을 낳고 정하여 음을 낳는다"라는 것은 음양 가운데서 음양을 주재하는 것을 가리켜 골라내어 끊어서 말한 것이고, 맹자의 이른바 성선의 성과 측은, 수오, 사양, 시비의 정은 형기 가운데서 형기에 섞이지 않은 것을 골라내 나누어 말한 것이다.

라고 하였다.[21] 또 그는

---

19 주자는 주염계의 『태극도설』을 주해하면서, 태극과 동정을 설명하고, 이어 정자의 말을 다음과 같이 인용한 바 있다: 정자는 "동정이 단초(시작)가 없고, 음양이 시작이 없다〔動靜無端, 陰陽無始〕. 도를 아는 자가 아니면 누가 능히 그것을 알겠는가!"라고 했다.

20 화이트헤드는 "현실적 존재는 세계를 구성하는 궁극적인 실재적 사물(real thing)이다. 보다 더 실재적인 어떤 것을 발견하기 위하여 현실적 존재의 배후로 나아갈 수 없다. ……이 현실적 존재들은 복잡하고도 상호 의존적인 경험의 방울들이다"라고 하였다. 화이트헤드 저, 오영환 역, 『과정과 실재』, 민음사, 1991, p.73. 율곡이 화담의 기론을 비판하면서 기론은 기의 시원을 동정의 음이나 태초의 기와 같은 것을 상정한다고 지적했다. 그리하여 율곡은 화담이 '일기장존한다'고 생각하는 것은 잘못이라고 비평하였다.

만약 리기가 불리不離함만 보고 리기가 이물二物이 아니라 하거나 단
지 기가 리를 늘 싣고 있는 것만을 보고 리기는 나눌 수 없다고 한다면
기가 스스로 용사함에 리가 관할할 수 없어서 방탕하게〔湯〕될 것이며,
작용이 곧 성이라고 하게 될 것이다.

라고 하였다.[22] 위의 인용문도 존재론에 대한 문제와 도덕론에 대한
문제를 동시에 동일 차원에서 논하고 있고, 그 다음 인용문에서의 방
탕하다〔湯〕는 말이나 '작용을 성이라고 할 것이다'라는 것은 어디까지
나 가치론을 존재론 논의에 투영시킨 것으로밖에 볼 수 없다. 이러한
존재와 가치의 동일 차원의 논의는 이미 자연법적 중세 사상인 주자학
에 있어서도 물론 나타나 있다.

또 우담은 율곡의 "리기는 선후가 없다"는 설에 대해 비판하였는데,
여기에서도 주염계의 '태극이 동하여 양을 낳고……' 문구를 또 다시
인용하여 리가 먼저 움직인다는 연장선상에서 '리선기후'를 주장하였
다.[23] 그러나 이는 주자 리기론의 본령을 벗어난 것이다. 주자의 논의
중에도 '리기선후'에 대한 논의가 많지만, 주자의 핵심 사상은 '리기는
선후로 말할 수 없다'는 것이다(시원의 리나 우주의 궁극자로서 리를 먼저
말한 경우는 있지만, 형이상학적 실재로서의 리와 기의 관계는 분명 선후를
논할 수 없다고 했다). 이것 역시 퇴계의 도덕론에 대한 옹호의 입장에
서 리기를 해석하여 율곡의 설을 비판한 것이고, 또한 주염계와 주자
의 설을 아전인수한 것이다.

태극과 음양의 관계에 대한 설명은 율곡의 설이 정곡을 찌른 것이
다. 다만, 율곡의 존재론적 시각, 즉 인간—자연 통합적 시각에서 사칠

21 『우담집』 권7, 13면, 「사칠변증」.
22 위의 책, 권8, 35면, 「사칠변증」.
23 위의 책, 권7, 24-25면, 「사칠변증」.

리기론과 같은 도덕론을 논하는 데는 무리가 없겠는가 하는 문제는 따로 제기될 수 있다. 도덕론 논의에서 율곡이 곤란을 겪는 점도 분명 있다. 우담의 위의 설이 퇴계 호발설을 옹호하고 율곡의 사단칠정설을 비판하며 나온 논리라고 하더라도 퇴계 호발설을 좌단하는 것과 리기가 선후가 있다고 하는 것은 다른 문제이다.

우담이 이와 같이 율곡의 '소이'로서의 리를 비판한 관점은 어디에서 연유하는가? 우담은 리기론에서 특히 리의 '주재성'을 매우 강조하였다. 이것 역시 도덕론적 발상이라고 보지 않을 수 없다. 존재의 이데아로서의 성격을 주재라고 하기는 어렵기 때문이다. 다만, 형이상학적 궁극자(유신론의 신과 같은 위상)나 종교적 절대자로서의 태극의 리를 생각한다면 주재를 말할 수 있다. 그렇다 하더라도 사물의 존재원리로서의 개별리와 태극은 구분되어야 한다. 성리학 체계에서 '태극도리'라고 하여 그 구분이 과정철학처럼 명확하지 않다. 그러나 '주재성'을 단순히 존재의 원리, 이데아로 보기는 어렵다. 여기에서도 우담의 리에 대한 가치론적 시각의 투영을 볼 수 있다. 이는 퇴계에 있어서도 나타났다. 즉 그는 "고금 학술의 차이가 이 리자를 투철히 보지 못하는 데서 온다"고 전제하고,[24] 리의 체용을 보면 리의 작용이 없다고 볼 수 없고, 그럼에도 자기는 그전에 리를 '사물'(죽은 물건)로 볼 뻔했다고 밝힌 바 있다.[25]

우담은 리의 주재에 대해 말하기를

주자가 리가 기 가운데 있더라도 리는 스스로 리이고 기는 스스로 기이어서 서로 섞이지 않는 것을 성이라 한 것[26]은 리기가 묘합하는 가운

---

24 『퇴전』 권16, 46면, 「答奇明彦論四端七情 第二書」
25 위의 책, 권18, 31면, 「답기명언 별지」.
26 주자는 말하기를 "이 기가 있기 전에 이미 이 성이 있다. 기가 없어도 성은 오히려

데 리는 항상 주가 되고 기는 늘 보조가 되기 때문에 리가 기 가운데
있더라도 기에 구애받지 않고 기를 명령하되 기의 명령을 받지 않는 것
을 말한 것일 뿐이다.

라고 하였다.[27] 주자의 이 말은 '기질지성'에 대해서는 언급한 것과 맥
락이 같다. 즉 기질지성은 성이 기질에 떨어져 있는 것으로 보았다.[28]
리기의 불상잡으로서 바로 본성을 논할 수는 없다. 여기서 우담의 리
의 주재에 대한 설명은 퇴계가 말한 리의 '극존무대설極尊無對說'과
유사하다.

퇴계는 "리는 원래 극존무대하여 사물을 명령하되 사물에 명령을
받지 않는 것으로 기가 이길 수 없다"라고 한 바가 있다.[29] 주자의 경
우 '심의 주재'라는 말도 쓰고,[30] 또 '리의 주재'라는 말도 쓰는데, 이
때는 '태극의 리'와 같이 자연의 섭리, 종교적 절대자의 의미를 나타내
고 있다.[31] 또 앞의 말은 사실 존재론적 논의이고, 이어서 인간의 본성
을 말하였는데, 인간의 본성 문제는 도덕론적 문제이다. 물론 본성도
존재론적으로 인간의 본질로서 논할 수는 있지만, 본성 문제는 곧 기

항상 있다. 비록 기 중에 있어도 기는 스스로 기이고, 성은 스스로 성이어서 서로
섞이지 않는다"라고 한 바 있다. 『대전』 권46, 「답유숙문」-2.

27 『우담집』 권9(잡저), 「임오록」. 이와 유사한 말이 또 『우담집』 권7, 13면, 「사칠변증」
에도 보인다.

28 『대전』 권58, 「답서자융」-3

29 『퇴전』 권13, 16면, 「答李達李天機」.

30 주자는 '천지의 마음', '천지의 리'라는 말에서 '마음'이라 한 것은 '주재'의 의미를
살리기 위해서, 뒤의 '리'라고 한 것은 '道理'라는 뜻인데, 표현은 달라도 그 내용은
같다. 즉 리가 심이고 주재하는 것이 리라고 한 바 있다. 『주자어류』, 북경 : 중화서
국, 1986, p.4. 이하 『어류』라 약함.

31 주자는 "천은 하나의 지극히 강한 사물인데, 끊임없이 움직인다. 그러므로 반드시
주재자가 있다"라고 한 바 있다. 『어류』, p.1685. 그 외 p.5 ; p.48 ; p.60 참고. 또
"주재란 바로 리이다"라고 하였다. 위의 책, pp.4-5.

질과 연관되므로 도덕론적 논의로 전환된다. 그러므로 우담은 존재론적 논의와 도덕론적 논의를 구분 없이 하고 있다. 이런 면을 고려하여 우담의 '리의 주재'라는 주장의 맥락을 보아야 할 것이다.

리는 '소이연지고'와 '소당연지칙'의 두 가지 의미를 동시에 갖고 있고, 그 두 가지는 별개의 것이 아닌 동일체의 양면성과 같이 취급되고 있다. 이는 주자학이 자연법 사상으로서 존재와 당위를 동일시하기 때문인데, 여기서 리를 당연지칙의 면을 강조하여 보면 리의 주재성을 주장하게 된다.[32] 혹 우주 자연 현상에 대해서도 마치 신의 작용 처럼 자연변화의 배경으로 리의 주재 작용을 말할 수도 있지만, 그것은 이미 당위적 시각이 반영된 것이다. 아니 애초부터 일치시켜 양쪽으로 말할 수 있는 것이라고 할 수 있다. 오늘날 존재와 당위(가치)를 구별하여 말하는 관점에서 보면 약간 혼란을 겪을 수밖에 없다. 존재의 개념으로서 '주'와 '보조'라는 구분 자체가 어색한 것이다. 이데아와 질료적인 것이 어떻게 주와 보조의 종속적 관계로 성립할 수 있겠는가?

갈암도 그러하고 우담도 마찬가지로 당위의 리를 강조하는 입장에서 보면 존재론의 형이상학적 실재로서의 리·기 상함 관계의 리, 즉 '소이'의 리를 보면 리의 역할이 매우 희미하게 여겨진다. 그러므로 우담은 퇴계 사칠설을 지지하면서 그 입장에서 율곡을 비판하기를

리와 기는 하나이면서 둘이고 둘이면서 하나이어서 선후를 나눌 수

---

32 안재순이나 리기용도 우담의 이 리의 주재성을 '당위적 측면'에서 해석하고 있다. 다른 연구자의 경우도 대체로 이와 같은 해석에는 이의가 없을 것이다. 다만 우담의 설에 대한 개관적 평가(혹은 철학적 해석)가 한 번 더 이루어져야 한다고 본다. 안재순, 「우담 정시한의 생애와 성리사상」, 『강원문화연구』 제8집, 강원대 강원문화연구소, 1988, p.127 ; 리기용, 「우담 정시한의 철학연구」, 『매지논총』 제17집, 2000, p.16.

없다. 리는 조짐이 없고 자취가 없으나 기는 형체가 있고 작용이 있다. 리는 기의 주재이다. 이러한 설을 사람들이 암송하지만 그 까닭을 진정으로는 모른다. 심지어 리를 체로 여기고 기를 용으로 여기기도 하며, 또한 기를 리로 여기는 사람도 있으니, 잘 살피지 않을 수 없다.

라고 하였다.[33]

여기서 "리를 체로, 기를 용으로 여긴다"는 것은 짐작컨대 율곡설의 '소이'로서의 리가 역할이 미약하기 때문에 율곡의 리기론을 비판한 것으로 보인다. 한편으로 다른 원인을 생각해보면 퇴계는 대조적으로 호발설 논증을 위하여 '리의 체용론'을 주장하였기 때문에 이와 견주어 율곡설을 '리체기용'으로 지적한 것이 아닌가 한다. 그 다음 문구 "기를 리로 여긴다"는 말은 주리론자들이 항상 기론자 혹은 주기론자들을 공격할 때 쓰는 말인데, 이때 퇴계학파가 율곡을 이미 '주기론자'라고 비난하던 때이므로 율곡을 비판하는 말임을 알 수 있다. 그러나 우담의 이러한 비판은 정곡을 벗어난 것이다. 어떤 성리학자라도 '리체기용'을 말하는 자는 없고, 또 오늘날 객관적으로 볼 때 율곡을 '주기론자'라고 단순하게 평할 수 없기 때문이다. 율곡이 인간−자연 통합적 시각, 즉 존재론적 시각에서 리기론을 해석하고, 그것으로써 사단칠정을 논한 관계로 퇴계의 호발설을 비판한다고는 하지만, 그렇다고 그 설을 '기를 리로 여기는 것'이라고 할 수는 없기 때문이다.

이상에서 본 바와 같이 우담의 리기론은 리의 '주재성'을 강조하는 것이 특징인데, 이것은 도덕적 입장에서 한 말이므로 율곡의 사칠설과 인심도심설에 대한 비판 등에서 더 자세히 볼 수 있다.

---

33 『우담집』권10, 46-47면, 「遺事」(최도명의 기록). 최도명은 우담의 친척이다.

III. 율곡의 심성설 비판

퇴계가 "사단리발, 칠정기발"이라고 한 것이 소위 호발설이고, 이에 대해 율곡이 비판하면서 "그러면 우리 마음에 두 묘맥이 있게 된다" 하고,[34] 이어 "사단은 칠정이라는 모든 정 중에서 특별한 것을 발췌한 것일 뿐이다" 하고, 그러므로 사단도 '기발' 없이는 이루어질 수 없다고 하는 의미에서 "사단과 칠정 모두 기발리승뿐이다"라고 수정한 것이다.[35] 우담은 율곡의 이 수정설에서 사단도 칠정에 포함된다는 설은 수긍하였다. 그러면서 퇴계처럼 대립입론할 수 있다고 하였다. 즉 그는 말하기를

대저 혼륜해서 말하면 기질(기질지성)이 본성(본연지성)을 포함하고, 칠정이 사단을 겸함은 많은 말을 기다리지 않고도 명백하나, 이미 기질 가운데서 본연지성을 가리키면 본연지성은 리를 주로 해서 말한 것이고, 기질지성은 기를 주로 해서 말한 것이다. 이미 칠정 가운데서 사단을 끄집어냈으면 사단을 리발이라고 하는 것은 본연지성이 리를 주로 하는 것과 같고, 칠정을 기발이라고 하는 것은 기질지성이 기를 주로 하는 바와 같다.

라고 하였다.[36] 고봉과 율곡은 칠정 외에 사단이 없다는 뜻으로 '칠포사', 즉 칠정속의 사단이라고 했다. 이에 대해 우담은 "칠정이 사단을 겸한다"고 했다(더 이상 그에 대한 부연은 없으므로 의미가 확실하지 않으나, 그 앞의 문구에서 '포함'이라는 말을 썼으므로 동일한 의미로 보아도 무

---

34 『율전』 권9, 35면, 「답성호원」.
35 『율전』 권10, 5면, 「답성호원」.
36 『우담집』 권7, 11면, 「사칠변증」.

리는 없다). 그러나 우담의 강조점은 호발설에 있다. 호발설 지지와 '칠
정 겸(포) 사단' 이 두 논리가 병행할 수 있는가? 여기에는 미묘한 문
제점이 있다.

율곡은 퇴계설을 비판하면서 사칠은 본연지성·기질지성과 같다, 즉
본연지성은 기질지성을 겸할 수 없으나, 기질지성은 본연지성을 겸할
수 있는 것과 같다고 했다. 그러면서 율곡은 또 주자의 '발어리發於理,
발어기發於氣'의 말[37]은 주자가 '대강 말한 것'인데, 후세 사람들이 너
무 갈라서 본다고 하면서 융통성 있게 보아야 한다고 한 바 있다.[38] 이
논리에 따르면 우담의 지적처럼 호발설과 '겸-불겸'이 모순되지 않는
다. 다만 율곡이 퇴계를 비판한 것은 퇴계가 '리기불상리' 관계를 잘
모르고,[39] 원초의 자기설을 보충 설명하면서 '리발기수理發氣隨-기발
리승氣發理乘'이라는 말을 덧붙임으로써 언표가 잘못되었다는 점에
있다.

율곡이 고봉의 의견을 따라 사칠론이라는 도덕론을 존재론적으로
논한 것은 도덕론으로서는 오히려 불완전하다. 그러므로 그가 고봉의
설을 받아 칠포사의 논리를 부연하면서 사단과 칠정을 상호 '배속' 하
였으나 뜻대로 되지 않았다. 또 일찍이 주자도 사단과 칠정이 서로 비
슷한 점은 있지만, 반드시 일치되는 것은 아니라고 한 바 있다.[40] 또
율곡은 퇴계 호발설을 비판하면서 자기가 인심·도심을 논할 때는 가
치 대립의 형식으로 논하였다.[41] 이는 율곡도 대립입론의 형식을 필요

---

37 『어류』, p.1297.

38 『율전』 권9, 35면, 「답성호원」.

39 율곡은 "퇴계의 호발 두 자는 언표를 잘못한 것이 아니라 리기불상리의 묘함을
잘 모르기 때문인 것 같다"라고 하고(『율전』 권10, 29면, 「답성호원」), 또 "정암(나
흠순)의 실수는 명칭상에 있지만, 퇴계의 실수는 이론상(리기 이론)에 있으므로 퇴
계의 실수가 더 크다"라고 한 바 있다(위의 책, 권10, 13면, 「답성호원」).

40 『어류』, p.1297 ; p.2242 ; p.2245 참조.

로 하여 그것을 부지불식간에 사용하고 있다는 증거이다. 율곡이 사칠
론에 원용한 리·기의 개념을 존재론적으로 의미를 환원한 까닭은 무
엇인가? 원래 도덕적 가치 문제를 논할 때는 선·악 개념을 사용하는
것이 일반적이고, 또 그것으로 족하다고 생각했다.

그러나 리·기 개념이 등장하면서 이를 도덕론에도 원용하게 되었
다. 그 이유는 선-악은 배중률적인 대립이지만, 리·기는 리는 '순선
무악', 기는 '가선가악可善可惡'이라 하여 선에의 가능성을 열어둘 수
있는 장점이 있기 때문이다.[42]

그러나 한편 도덕적 가치는 그럼에도 불구하고 선·악 대립을 포기
할 수 없다. 이원적 대립입론 방식은 분명 도덕론의 핵심적 전달(표현)
방식이기 때문이다. 뿐만 아니라 인간의 사유방식이 비교인식이기 때
문에 이원적 대립 형식은 불가피한 것이다. 여기에서 사칠론의 논의가
배태될 수밖에 없는 점을 볼 수 있는 것이다. 퇴계와 주자는 리·기를
선·악 개념처럼 대립적 형식으로 썼고, 율곡과 고봉은 리·기의 본래
개념을 찾아 사칠을 논하였던 것이다. 도덕론적 논의와 존재론적 논의
는 논리가 다르다는 것을 우리는 잘 알고 있다. 그러나 당시의 학자들
은 성리학 논리와 그 어법에서 쉽게 벗어날 수 없었으므로 이 두 논리
의 차이를 잘 몰랐던 것이다. 그러므로 퇴계는 고봉의 질문을 받고는

---

41 그는 우계가 '혹생-혹원'을 퇴계의 호발설과 같은 맥락이라고 하자 즉각 반박하며
해명하기를 "주자의 '혹원혹생'은 심의 작용(虛靈知覺)을 두고 한 말인데, 心이 발
하면 性도 발하므로 '혹원'은 초점이 리에 있고, '혹생'은 초점이 기에 있다. 이것은
처음부터 리기의 두 갈래가 있는 것이 아니고, 입론하여 깨우치려니 부득이 그렇게
된 것이다"라고 하였다. 『율전』 권10, 28-29쪽.
42 이는 중세 사상으로서의 성리학의 선악관과 유관한데, 즉 성리학은 우주합목적론의
유기체 우주론이므로 '절대악', 혹은 '실체적 악'을 상정하지 않는다. 『二程全書』,
「程氏遺書」 권2상 : 天下善惡皆天理, 謂之惡者非本惡, 但或過或不及便如此. 화이
트헤드, 류기종 역, 『화이트헤드의 종교론』, 서울 : 종로서적, 1986, pp.74-76 참조.
기독교의 신정론에도 같은 문제의식이 있다.

"리에도 기가 있고 기에도 리가 없는 것은 아니다"라고 하였으며,[43] 자기설을 두 번이나 수정하기도 하였다.[44] 그 수정설의 리·기 개념이 상호 보완(혼합)의 형식을 띤 것(리발기수—기발리승)이 이러한 이면의 의미를 잘 말해주고 있는 것이다. 율곡은 율곡대로 위와 같은 입론의 문제점에 봉착하였던 것이다.

요는 우담이 퇴계의 이론을 옹호하는 것은 틀린 것은 아니고, 또 그 논리에서 율곡의 사칠설을 비판하는 것 역시 틀린 것은 아닌 것이다. 그러나 율곡의 존재론으로서의 리기론을 만약 퇴계 호발설의 논리로 비판한다면 그것은 적절치 못한 비평이 된다.

그러면 우담이 퇴계 호발설을 지지하는 근거는 무엇인가? 이는 그의 '리발'에 대한 설명에서 잘 볼 수 있다. 그는 말하기를

　　대저 리는 무형하기 때문에 기가 아니면 보기 어렵다. 그러므로 작용 유행하는 것은 모두 기의 작용이고 리는 관여하지 않는 것 같다. 그러나 이 리는 없는 듯 하면서 있고, 공허한 것 같으면서도 실재적이며, 동정 하면서도 동정하지 않은 것 같아 그 작용의 모습을 볼 수 없다. 그러나 성정性情이 적감寂感할 때 리의 신묘한 작용이 남김 없이 드러나 가릴 수 없다면, 사단이 순수하게 곧바로 인의예지의 성에서 나온 것이니, 어찌 뒤섞어 기발이라 하고 리발이라 하지 않는 것이 옳겠는가? 그(율곡 —필자)가 이른바 "그 발이 정리(바른 리)에서 곧바로 나오고 기가 작용하지 않는다면 도심이다"라고 한 것을 보더라도 그 발이 바른 리에서 나

---

43 『퇴전』 권16, 9면.

44 鄭秋巒의 『천명도』의 문구 '四端發於理, 七情發於氣'을 고쳐 "四端理之發, 七情氣之發"라고 했는데, 고봉의 질문을 받고, 퇴계는 "四端之發純理, 故無不善, 七情之發兼氣, 故有善惡"라고 했다(『퇴전』 권16, 1면). 이에 대해 고봉이 다시 그렇게 하면 리-기를 두 개로 나누는 것이 된다고 비판하자 퇴계는 다시 자기설을 "四則理發而氣隨之, 七則氣發而理乘之"라고 고쳤다(위의 책, 권16, 32면).

왔다면 리발이라 할 수 있고, 기가 작용하지 않았다면 발하는 것을 기라고만 할 수 없다.[45]

그 아래에서 또 이르기를 "정이 비록 여러 가지이나 어느 것이 리에서 발하지 않으리오마는 기가 리를 가리운 채 작용하거나 아니면 가리지 않고 리의 명령을 듣거나 하는 데서 선악의 차이가 있다"라고 하였는데,[46] 이 또한 리발의 설이니, 문세로 보아 리가 발할 때 기가 간섭하거나 리가 발한 뒤에 기의 가리움이 있거나 혹은 없거나 한 것과 같다. 그러니 여기에는 '기발'이라는 한 주제가 빠졌으니, 그 설이 서로 모순된다.

라고 하였다.[47] 여기에서 우담은 '리발'의 의미를 '성정(마음)의 작용 영역에서 본성인 리의 신묘한 작용이 드러나는 것'으로 보고 있다. 유기체 우주론에서 인간도 만유의 한 종류로 본다면 인간 성정의 문제나 '인간 본성[性]'의 문제를 존재론적으로 논할 수 있다.[48]

이 본성의 발현에 가장 중요한 계기는 '심', 즉 마음이다. 그러므로 성리학에서 최종적으로 마음을 중요시하게 된다. 이것은 인간에 대한 본질적 규정이고, 그런 의미에서 존재론적 설명이기도 하다. 사칠론이란 도덕적 논의에서 선·악의 가치를 보여주고, 선택하도록 하는 수양론이다. 리·기 개념을 존재론적으로 다루는 이유가 여기에 있다. 앞에서 설명한 대로 리·기 개념의 도덕론에의 차용의 이유이다. 그러나 인간의 본질, 즉 본성과 그 발현을 좌우하는 작동 기제 내지 에네르기

---

45 『율전』 권9, 36면, 「답성호원 ; 임신」.
46 위와 같음.
47 『우담집』 권7, 14면, 「사칠변증」.
48 성리학의 자연법적 사유가 오히려 여기에서 잘 드러나고 있다. 성리학은 인간의 본성을 중시하여 '성즉리'라고 했다. 이는 유신론의 신의 정립과 같은 중요한 비중을 차지하고 있는 명제이다.

로서의 '마음'을 존재론적으로 또 논할 수 있기 때문에 리기 개념을 둘러싼 존재론적 논의를 하게 되는 것이다.[49]

그러나 호발설의 경우처럼 인간 본성과 마음을 중시하여 그 작용 기제를 '리발'로 본다고 하여 사단을 리발이라 강조하고, 그 반대로 칠정을 기발로서 규정한다면 이는 형식은 존재론적이지만, 이는 이미 존재론적 입론이 아닌 것이다. 퇴계가 고봉의 존재론적 사칠설 설명을 참작하여 처음 설을 수정하여 "리발기수, 기발리승"이라 고쳤어도 여전히 도덕론적 입론의 성격을 가지고 있는 이유가 여기에 있다.

인용문 후반 부분의 율곡이 "정이 여러 가지이나 모두 리에서 발한 것이다"라고 한 것은 성리학의 심성구조론 '성발위정性發爲情'(성이 발하여 정이 된다)에서 나온 것이다. 심·성·정 구조에서 그렇게 말할 수 있고, 칠정 또한 성에서 발한다면 선이라 할 수 있다. 그러므로 우담은 그것이 리발이 아닌가 하고 지적하였다. 이런 논리라면 우담의 생각에 율곡의 사칠설에서 '기발' 부분이 빠진 것이 아닌가 하고 의문을 제기한 것이다. 원래 퇴계와 고봉간의 논쟁에서 평행선을 달린 이유는 고봉이 존재론적 시각에서 심성구조론인 '성발위정'을 내세워 칠정도 리발인데, 어찌 사단과 대립되는가 하고 질의를 한 데서 출발했던 것이다.[50] 여기서는 공교롭게도 율곡의 이 설이 그의 다른 설, '기발리승설' 등과 모순된다고 지적을 받게 된 것이다. 사칠론의 원 뜻은 가치를 대립시키기 위한 입론형식인 것이다. 그러므로 '성발위정'의 구조론으로 논증하면 핀트가 적절치 못한 것이다.[51]

---

49 마음을 성리학에서는 리와 기가 합하여 이루어져 있다고 본다[心合理氣].
50 고봉은 "그렇게 되면 칠정은 성에서 나오지 않은 것이며, 사단은 氣的인 요소를 지니고 있지 않은 것이 된다"라고 하고(『사칠리기왕복서』 상편(권1), 1-2면, 「고봉 상퇴계사단칠정설」), 또 "사단만 선한 것이 아니라 칠정도 본래는 선한 것이니, 선악 미정이라 할 수 없다"라고 하였다(위의 책, 17면).
51 여기서도 사칠론을 분석하는 데는 현대 윤리학의 메타윤리학적 방법을 원용하여

요는 퇴계나 우담은 마음의 영역에서 '본성의 발현'을 리발이라 생각하여 호발설을 이해하였다. 율곡은 일찍이 '기발리승일도설'을 말하면서 "사단 또한 기발리승이니, 어린아이가 우물에 빠지는 것[孺子入井]을 본 후에야 측은지심이 발하는데, 보고 측은히 여기는 것은 기이니 이른바 기발이고, 측은히 여김의 근원은 인이니 이것이 이른바 '리승지'(리가 타는 것)이다"라고 한 바 있다.[52] 우담은 이를 비판하며 말하기를

　　측은의 근원이 인이라 한다면 근원이 발하여 측은이 된 것을 어찌 인의 발현이라 할 수 없는가? 인이 발현하지 않고 한갓 근원만 된다고 한다면 이른바 '리승지'의 의미는 어디에서 보겠는가?

라고 하였다.[53] 이것을 보면 퇴계나 우담의 '리발'은 분명 인간 본성[性]의 발현을 두고 한 말임을 알 수 있다. 그런데 본성과 마음의 관계는 밀접하여 마음이라는 만두의 속이 본성이라는 주자의 비유[54]처럼 본성의 발현에 마음의 작동 기제는 필수적이다. 이때 마음의 작동 기제를 두고 보면 '리발'의 의도를 짐작할 수 있다. 그러나 '발'은 마음의 작동이라고 보아야 한다. 본성이 스스로 작용한다고 하기는 어렵다. 그러면 마음의 작동과 신체적 기능을 함께 생각하면 그것은 "사단도 기발"이라는 기발리승의 율곡설이 된다. 기발리승이 리의 의미, 즉 선의 가치를 전혀 도외시하고 한 말이 아니기 때문이다. 이렇게 보면 이 율곡설과 퇴계의 호발설의 간격은 실제 그리 크지 않다.

윤리명제로서 분석해야 됨을 알 수 있다.

52 『율전』 권10, 5면, 「답성호원」.
53 『우담집』 권7, 24면, 「사칠변증」.
54 『어류』, p.89.

그러면 우담은 율곡설을 왜 공격하는가? 그것은 이 호발설의 시각
으로 율곡의 존재론적 리기설을 보면 그 '리'의 '소이'로서의 성격이
마치 아무런 작용성이 없는 것으로 보였기 때문이다. 또 다른 하나의
원인은 율곡이 존재론적 리기설로써 사단칠정을 논하여 인간-자연
통합의 우주론적 시각에서 퇴계의 호발설을 도덕적 대립입론의 특성
으로 보지 않고 마음에 두 근원이 있다고 비판하면서 호발설을 틀렸다
고 했기 때문이다.[55] 세 번째 원인은 우담이 율곡의 '기발리승일도설'
을 오해한 점도 원인이 있다. 그는 말하기를 "만약 율곡의 설처럼 발
하게 하는 '소이'로서의 리가 적연한 가운데 갖추어져 있어 발할 때
다만 기만 발하고 리가 발하지 않는다면 일용응사지간에 기의 작용만
있게 되어 다시는 도가 유행할 수 없으니 장차 선을 밝히고 몸을 성실
히 하는 공부를 할 수 없다"라고 한 것이다.[56] 우담의 입장 역시 퇴계
와 같이 '마음의 관점'에서 호발의 의미를 찾고 있는 것이다.

율곡이 퇴계 사칠설을 비판한 또 하나의 논리는 사단은 칠정 중의
선 일변이라는 소위 '칠정포사단설'인데, 이것은 승부가 나지 않는 논
쟁이다. 자기의 입장에 따라 두 시각을 다 가질 수 있기 때문이다. 이
상주의적 입장에서 사단을 규범의 기준(이상태)으로 보면 퇴계설이 되
고, 반대로 칠정의 중절이라는 현실적 노력이 중요하다고 보면 율곡설
이 된다. 이제 남은 문제는 퇴계 호발설을 부정하는 율곡이 과연 도덕
적 가치를 논하는 데 있어서 대립입론의 필요성이 없을까 하는 것이

---

55 고봉의 질문과 논변도 마찬가지였다. 여기에 대해 퇴계 역시 도덕적 입론으로서의
자기설의 특성을 존재론적 리기설과는 다르다는 것을 인식하고 상대방을 설득시키
지 못했기 때문이다. 다시 말하면 사실명제와 가치명제의 차이, 윤리적 입론의 특성
에 대해 분명하게 이해하지 못했기 때문이다. 이는 성리학이 중세 종교론으로서
가치·사실 구분 없이 논했기 때문이고, 그 거대한 성리학 논리에서 퇴계도 벗어날
수 없었기 때문이다.
56 『우담집』권8, 33면, 「사칠변증」.

다. '칠포사七包四', '기발리승일도'는 모두 심성 구조면에서 말한 것이고, 또 인간의 현실적 도덕 조건을 강조하여 '기질을 교정하는' 공부론을 펼칠 수가 있지만, 교육적 차원에서 배우는 사람에게 교훈을 줄수 있는 메시지가 필요한데, 그것은 반드시 선악 가치 대립의 입론으로밖에는 표현할 수 없다. 아니 그런 방법이 효과적이다. 율곡은 이러한 필요성을 느끼지 못했을까?

율곡은 일찍이 나정암의 '인심도심체용설'을 참고하여 '인심도심종시설'을 주장하였다. 그는 정암의 리기설에 대해서는 장점을 인정했으나, 인심도심설을 체용으로 보는 데는 반대하고, '종시설終始說'을 주장하였다. 체용논리는 사물의 진상을 원리(본질)와 현상, 혹은 제1차적인 것과 제2차적인 것 등으로 사물을 두 시각에서 설명함으로써 사물의 참모습을 드러내는 방법인데, 율곡의 생각에 인심·도심은 그런 관계가 아니고, 양자는 선·악의 구분이 있고, 또 도심이 인심의 주가 되어 조율한다는 도덕적 메시지를 갖고 있기 때문에 체·용으로 볼 수없다고 여겼다. 이는 그의 '마음 작용'에 대한 규정에서 '의意', 즉 '계교상량計較商量'[57]의 '생각하는 기능'을 중시한 것과 연관이 있다. 즉 그는 인심·도심을 도덕적 각성에 의해 상호전환 가능한 것으로 생각한 것이다. 그리하여 그는 말하기를 "사람의 마음이 처음 성명지정에서 나왔으면 도심이나 도중에 그 순수함을 따르지 못하고 사의가 끼어들면 인심이 되는 것이고, 처음에 형기에서 나왔으면 인심이나 나중에 정리를 거스리지 않고 욕심을 눌러 따르지 않으면 곧 도심이 된다"라고 하였다.[58]

원래 인심·도심 문제는 형식은 대립입론이지만, 그 내용에 있어서

---

57 '계교'는 비교 관찰, '상량'은 생각한다는 뜻이므로 오늘날로 말하면 '오성의 기능'이나 '의식적 자각'의 뜻에 가깝다.

58 『율전』 권9, 35면, 「답성호원」.

는 성명(본성)과 형기(육체)에 각각 근원한다고 하여 마치 우리 몸에 이원적인 근원이 있는 것처럼 존재론적인 내용을 담고 있다. 그러나 주자는 한편 인심이 없는 것이 도심이고 도심이 없는 것이 인심이라고 배중률로 이야기하여 영・육 갈등처럼 두 실체가 있는 것으로 보지 않았다.[59] 그러면서 또 주자는 도심이 항상 인심을 주재해야 한다고 한다. 이는 하나의 마음을 두 양상으로 표현하여 대립시키는 것이다. 인심이 없는 것이 도심이고 도심이 없는 것이 인심이라는 것은 인간은 원래 존재 자체가 선하기 때문에 항상 도심일 수밖에 없고, 인심은 어떤 조건에서 불가피하게 일시적으로 있다고 하는 것이 된다. 마치 절대악을 인정하지 않는 것과 같다. 이는 일종의 종교론적인 선악관이다. 그러나 인심・도심을 도덕적인 두 가치의 대립으로 말하지 않을 수 없을 때는 이것을 대립시켜 입론할 수밖에 없고, 또 도심이 항상 주가 되고 인심이 그것에 따라야 된다고 하지 않을 수 없다. 그러므로 율곡은 퇴계의 사칠호발을 비판하면서도 자기는 인심・도심을 대립구도로 놓은 것이다.

그렇다면 율곡은 인심・도심을 대립구도로 보면서 왜 종시설을 주장하였는가? 사람의 마음이 가진 '계교상량'하는 '의意'의 작용을 통하여 인심의 '기미'(마음에 일어나는 미묘한 선악의 조짐)를 성찰하여 인

---

59 주자는 "심은 하나인데, 잡아 보존하면 의리가 밝아져 도심이 되고, 놓아버리면 물욕이 제멋대로 나와 인심이 된다. 인심에서 거두어들여 방향을 바꾸면 곧 도심이요, 도심을 놓아 나가버리면 곧 인심이다"라고 하고(『대전』 권39, 「답허순지-19」), 또 "인심・도심은 단지 하나의 사물인데, 지각한 것이 같지 않을 따름이다"라고 하고(『어류』 권78, p.2010), 또 "인심을 인욕이라 함은 어폐가 있다"라고 하기도 하였다(위와 같음). 이와 같이 주자는 인심・도심이 상호 전환될 수 있다고 하면서, 한편으로는 "도심이 주가 되면 인심이 변하여 도심이 된다"고 하여(『대전』 권51, 「답황자경-9」) 인심・도심을 상대화시켜 말하기도 하였다. 즉 주자 인심도심론은 이중의 의미를 갖고 있다. 천라이(陳來), 『주희의 철학』, 서울: 예문서원, 2002, pp.266-269 참조.

심을 전환시킬 수 있다는 것(하지 않으면 그 반대)은 일종의 수양론이다. 대립입론은 가치의 대립을 보여주기 위한 것이다. 그러므로 율곡은 수양론의 관점에서 종시론을 이야기한 것이다. 퇴계는 인심-도심을 사단-칠정, 기질지성-본연지성의 구도와 같이 보았으므로 율곡의 인심-도심 구도는 도덕적 입론으로는 퇴계와 다를 바 없다. 다만 퇴계는 사단-칠정을 대립구도로 보면서 사단을 칠정과 구별하고, 사단의 근원인 리를 높이는 수양론을 제시했다. 다시 말하면 퇴계는 사단과 리, 즉 순수 가치를 위로 보면서 지향해가는 종교적 경건성의 도덕적 노력을 중시하였다. 반면 율곡은 현실주의적 관점에서 인간 이성의 작용에 의한 역동적인 도덕적 가치의 선택을 중시하였다. 현실과의 접합성은 아무래도 율곡이 강할 수밖에 없다. 율곡의 그러한 사상을 피력하는 데 사용된 개념이 '기'이다. 반면에 퇴계의 그것은 '리'인 셈이다. 이와 같이 입장이 다르기 때문에 보는 시각도 다를 수 밖에 없다. 퇴계를 옹호하는 우담의 입장에서는 율곡의 종시설이 쉽게 이해되지 않았다. 그러므로 그는 말하기를

> 만약 처음에는 도심이었지만 나중에 인심이 되었다고 한다면 이는 도심이 처음부터 인심에 간여하지 못하고 오로지 도심이 멸식된 것을 인심이라 하는 것이 된다. 만약 처음에는 인심이었지만 나중에 도심이 되었다고 한다면 이는 인심이 처음부터 도심에 의뢰하지 않고 인심이 곧바로 변하여 선하게 된 것이 도심이라 하는 것이 된다.

라고 하였다.[60] 여기서의 핵심은 '인심이 간여하지〔干〕 못하고'와 '도심에 의뢰하지〔資〕 않고'라는 두 문구이다. 우담의 생각은 인심·도심

---

60 『우담집』 권8, 29면, 「사칠변증」.

이 상호 길항 작용을 하는데, 종시설은 그렇지 못하다는 것이다. 또 우담의 생각에 이렇게 하면 리가 기를 주재할 수 없기 때문이라고 보았다. 종시설이 과연 그럴까? 그렇지 않다. 종시설이야말로 인심－도심이 상호 길항하여 도심으로 나아가야 한다는 수양법을 제시하고 있다. '계교상량'이라는 기전이 작용한다는 것이 이를 입증한다. 그러므로 우담의 우려보다 율곡의 종시설이 도덕적 현실에서 더 긴장된 노력을 강조하는 수양론임은 틀림없다.

IV. 율곡의 리통기국설 비판

율곡의 '리통기국설'은 사실은 주자의 '리일분수설'을 부연한 것이다. 리는 보편성을 말하므로 '통'이라 하였고, 각 사물(존재)의 개별성의 원인이 기에 있으므로 기의 '국'을 말한 것이다. 이러한 논리는 성리학의 우주론에 원래 함축되어 있는 것이다. 다시 말하면 유기체 우주론에서는 모든 존재가 충위는 있지만, 그것이 쇠사슬처럼 연쇄, 즉 유기적으로 연관되어 있다는 것이다. 그 점에서 인간, 동물, 식물, 무기물 모두 같은 자격으로 존재의 연쇄(사슬)에 관계하고 있는 것이다.[61] 그러나 유학은 인간의 우주에 있어서의 고귀한 위치(가치)를 강조하지 않을 수 없는 도덕론이므로 인간과 여타 사물 존재와의 구별을 하지 않을 수 없게 된다. 그러면서 도덕의 근거로서 자연법칙을 끌어와 우주의 합목적론적 운행처럼 인간의 삶도 마땅히 길이 있고, 그 길로 가

---

61 주자는 마른 풀에도 존재의 리는 있다고 하였고(『대전』 권59, 「답여방숙」), 화이트헤드는 자연계를 네 개의 제활동의 정합체(aggregation of actualities)로 상정하여 무기물, 식물, 동물, 인간으로 나누고 있다(화이트헤드, 오영환 외 역, 『열린 사고와 그 철학』, 서울 : 고려원, 1992, pp.42-43).

는 원동력으로서 하늘이 명한 착한 본성이 있다고 하게 되었다. 이것
이 성리학의 도덕형이상학이다.

유기체 우주의 합목적론은 중세 종교에서는 의심 불가이므로 종교
적 신앙 대상이 된다. 이때 하나의 종교로서 보편 사랑(만물에 대한 사
랑)의 교리를 위해서는 존재는 물론 인간 존재의 평등성을 말하지 않
을 수 없다. 그 평등성 규정은 종교에 따라 물론 조금씩 다르다. 유교
는 '도덕적 능력'으로, 즉 인간의 '착한 본성'으로 규정하였다. 맹자의
'성선론'이 그것이다. 성리학에 와서는 좀더 분명하게 '성즉리'라고 하
여 인간 본성을 형이상학적 실재 개념인 '리'로써 규정하고, 리일분수
의 '리일'로써 그런 메세지를 전하고 있다. 한편, 그 평등성의 이상에
도 불구하고 현실적으로는 '기질'에 의한 인간의 다양한 존재 양상과
삶의 모습이 드러나 있고, 그것은 마치 유전자처럼 대를 거듭하여 계
속되고 있다. 그러므로 인간 본질적 평등으로서 보편의 리를 말하는
것으로는 인간의 참된 현실을 볼 수 없다. 여기에서 특수성, 개별성의
원인으로 '기'가 등장하였다. 그러므로 맹자의 성선을 인간의 '기질'과
함께 말해야만 인간 본질 연구가 완전하다고 한 것이다.[62] 뿐만 아니
라 유교는 실제 도덕 현상에서 이를 응용하기를, 사람이 사랑을 베푸
는 데 그 목표는 물론 박애이나, 가정에서 자기와 가장 가까운 부모부
터 공경하는 것이 좋은 방법이라고 가르친다. 이때 박애와 가족애(극단
적이면 자기애)는 변증법적 관계에 있다. 유교는 이런 경우 '리일분수'
로써 해명하기도 한다.[63] 이것은 유교의 도덕론에 응용된 리일분수설
이지만, 우주론적 차원에서 사물의 진상을 말하는 과학적 리일분수론

---

62 주자는 "성을 논하고 기를 논하지 않으면 불충분하고, 기를 논하고 성을 논하지
않으면 밝지 못하다"라고 한 바 있다. 『어류』, p.1387.

63 『이정전서』 권46(「이천문집 권5」), 「答楊時論西銘書」. 정이천은 양주의 '利己'와
묵자의 '兼愛'를 비판하고 유가의 仁이 사랑의 변증법, 즉 널리 사랑하되, 가까운
데서 시작한다는 가장 좋은 방법이라고 하였다.

이 또 있다.[64]

성리학에서 다루는 인물성동이 문제가 바로 이 문제이다. 인간과 다른 존재(사물)의 본성이 같은가 다른가 하는 문제인데, 위에서 설명한 바와 같이 어느 쪽으로 보아도 상관없다. 두 관점을 겸비해야 한다고 하는 것이 결론이다. 주자는 말하기를 "만물의 근원을 논하면 리는 같으나 기는 다르고, 만물의 상이한 형체를 보면 기는 오히려 비슷하나 리는 절대로 다르다〔論萬物之一原, 則理同而氣異 ; 觀萬物之異體, 則氣猶相近, 而理絶不同.〕"라고 하여 압축적으로 시사한 바 있다. 제자가 이어 "『중용』에서는 이제 막 본성을 부여했을 때, 즉 '리동理同'을 말씀하셨고, 『맹자집주』에서는 이미 품부 받은 뒤의 일, 즉 '기상근氣相近'을 살피신 것입니까?"라고 질문한 바와 같이 어느 쪽으로 보아도 되고, 또 두 관점을 겸비해야 됨을 말하고 있다.

우담은 제자 외암 이식과 논쟁하면서 인물성 상이相異 쪽으로 관점을 취하였다. 그는 말하기를

만물 일원의 본체를 말한다면 만물의 리가 모두 한 근원에서 나왔으므로 본체를 떠나 유행에서 따로 구할 수 없다. 그러나 기국한 뒤로 말하면 '리통'이란 말은 본체상에서 말한 것이라 할 수 없다. 리가 기질 속에 내재하여 이미 인성이 되고 물성이 되었다면 리와 성이 처음부터 두 물건인 것은 아니지만 이미 인성이라 하면 물의 성이 아니니 '리의 국'이다.

라고 하였다.[65] 우담은 인성과 물성이 기국에 의해 다르다면 인간의 본질은 인간성, 즉 도덕성이고, 사물(주로 동물과 비교)의 본질은 '물성

---

64 오늘날의 체세포 복제 문제 참조.
65 『우담집』 권8, 26면, 「사칠변증」.

物性'을 이루므로 이것이 현실적으로 존재하는 양상이 아닌가 하고 생각하였다. 그러므로 '리가 상이하다'는 의미로 '리국理局'이라고 하였던 것이다.

율곡이 '리통기국'이라 한 것은 '리일분수'의 원인이 기에 있기 때문에 그렇게 말한 것이다. 성리학에서 기의 시원, 혹은 태초의 기를 추구하지 않고 기는 이미 움직였다고 보므로 '동정무단, 음양무시'라고 했던 것인데, 율곡 리기설의 형이상학은 이 기의 참치부재參差不齊, 즉 청탁수박의 편차가 이미 있다고 보므로 기를 '리 분수'의 원인이라 본 것이다. 그러나 우담의 인성·물성이 다르다고 보는 관점에서는 기의 편차에 의해 인성과 물성, 나아가 개별 존재의 성질이 결정된다고 본다면 여기에는 이미 보편의 리, 즉 '리일'의 리는 없는 것이 아닌가 하고 생각했기 때문에 바로 '리국'이라고 한 것이다. 개별 존재의 리가 기 때문이라고 본 점에서는 우담도 율곡과 같으므로 '리국'이라 하더라도 그것은 본질에는 별 문제가 없고, 다만 용어상의 차이일 뿐이다. 이는 마치 기질지성—본연지성 구도에서 본연지성이 기질에 떨어져 있는 것을 말한다는 것에 의해 기질지성만 인정하는 것과 같은 논리이다.

여기서 중요한 것은 '리국'이라는 개별 존재의 리만 인정하려는 입장이나 기질지성만 인정하려는 관점이 어떤 의미인가 하는 것이다. 이것은 탈형이상학적 관점으로 나아가고 있는 경향이라 볼 수 있다. 리일분수의 논리는 보편과 특수 문제를 형식논리를 넘어서 일종의 변증법적 논리로 설명하려는 형이상학적 사고이기 때문이다. 그러므로 여기서 '리국'의 용어가 중요한 것이 아니라 우담의 탈형이상학적 사고에로 전환되는 점을 중요시해야 한다. 그 후의 남당과 외암의 인물성 동이 논쟁의 숨은 의미도 마찬가지이다. 성리학의 우주론이 그렇고, 또 주자는 두 관점이 다 성립되는 것으로 말했으므로 조선조 성리학자들의 인물성 논의는 사칠논쟁과는 조금 달리 동어반복의 성격이 짙다.

우담의 인물성상이론의 발언을 들어보면,

리의 체體는 조짐이 없지만, 온갖 상이 갖추어져 있다. 그러나 기를 타고 유행하여 분산하여 만수가 된 뒤에는 각기 일정불역의 리가 있어 서로 통할 수 없게 된다. 마치 개의 성질은 소의 성질일 수 없고, 물성은 인성으로 될 수 없는 것이라든지, 고목사회枯木死灰의 리가 생목활화生木活火의 리일 수 없는 것이 이것이다.

라고 하고,[66] 또 말하기를

무릇 천지만물은 일리一理에 근원한다. 이 리는 없는 곳이 없어 격리되거나 막힘이 없으니, 만물의 일원은 단지 동일한 리라고 말할 수 있다. 처음부터 꼭 '통通' 일자로 말할 것은 없으나, 리가 기에 떨어져[墮在] 각각 일성一性이 됨에 있어 본연의 체는 가장 신령스러운 사람에게만 갖추어져 있다. ……만물이 체體(몸)를 달리할 때는 '리통理通'이란 글자 역시 드러날 수 없을 것이다.

라고 하였다.[67] 여기에 우담의 인물성상이론의 주장이 잘 나타나 있다. 우담의 이러한 생각은 호락논쟁의 인물성동이 논쟁보다 시대가 앞선다는 데 의의가 있다. 호락논쟁에서의 호론의 입장인 "사람과 만물이 본연지성부터 다르다"라는 주장과 통한다.[68] 우담이 "만물일원에 있어서는 태극본연의 체, 담일청허의 기가 모두 막힘이 없으므로 '통'과 '국'을 말할 수 없다. 만물이 다양한 모습으로 나타났을 때[萬物異體]

---

66 『우담집』 권8, 16면, 「사칠변증」.
67 위의 책, 권8, 3면, 「사칠변증」.
68 최영성, 『한국유학사상사 4』(조선후기편 하), 아세아문화사, 1995, p.280.

에는 리는 혼명개색昏明開塞하고 기는 편전청탁偏全淸濁하여 모두 정
분定分이 있게 되니 하나는 통이고 하나는 국이라 할 수 없다"는 것[69]
도 그런 표현의 하나이다. 그러나 인성과 물성이 성립된 현상을 중시
하여 보편성을 부정하면서 이렇게 리와 기의 본원, 즉 '태초의 상태'를
상정하는 것은 모순이다.[70] 원래 율곡의 리통기국설(리일분수설도 마찬
가지)에서 문제가 제기될 수 있는 것은 각 사물이 형성 존재할 때, 즉
'리가 국할 때'(이것을 성리학에서는 '各正性命'이라 한다) 그 원인이 기
때문이라는 것은 이해할 수 있으나, '리의 원초', 즉 '리통'일 때의 기
는 어떤 상태로 '리일'에 관여하는가 하는 문제이다. 결국 '리통'에 대
응하는 기는 기의 원초, 즉 '담일청허의 기'가 되지 않을 수 없다. 그
러면 이것은 "기는 이미 움직여 청탁수박이 있다"는 성리학의 명제와
모순된다. 그러므로 율곡이 서화담을 비판하면서 화담은 '일기장존―
氣長存'을 상정한다고 비판하였고,[71] 자신은 결코 '담일청허지기'가
존재한다고 말하지는 않았다.[72]

 이 중세 형이상학 이론은 존재 일반을 연역적으로 설명하는 장점은
있지만, 현상, 혹은 현실적 존재를 직접 접하지 못하게 하는, 예를 들
면 자연과학적으로 다루지 못하게 하는 단점이 있다. 현상과 현실로
나아가려면 이 관념을 파기하지 않으면 안된다. 우담의 관점은 형이상
학적 사고인 중세적 사고에서 벗어나 사물의 현상과 인간의 현실로 나

---

69 『우담집』 권8, 34면, 「사칠변증」.

70 최영성도 논리적 결함으로 지적하고 있다. 즉 그는 "리무한, 기유한을 전제로 하는
 성리학에서 담일청허지기로 표현되는 '기의 통'은 논란의 여지가 없지 않다"고 하
 였다. 최영성, 전게 『한국유학사상사 4』, p.280.

71 『율전』 권9, 18면, 「답박화숙-2」.

72 율곡은 "화담은 ……그 위에 리통기국 일절이 있다는 것과 繼善成性의 리는 어느
 物에도 없는 데가 없지만, 담일청허의 기는 없는 경우가 많다는 것을 몰랐다"라고
 하였다. 『율전』 권10, 37면, 「답성호원」.

아가고자 한 것이라고 볼 수 있다.[73] 이러한 탈형이상학적 경향은 인간 사유의 필연적 전개로서 근세에 동서 고금에 보편적으로 나타나고 있다.

V. 결 어

이상 우담의 성리설의 특징을 몇 가지 주제로 나누어 고찰해보았다. 중요한 것은 그의 「사칠변증」에 실려 있으므로 주로 연구자들은 그의 사칠설의 특징, 즉 퇴계 호발설의 입장에서 율곡의 사칠설을 비판한 것을 논하여왔다. 물론 주 내용은 그것이지만, 그 배경을 이루는 그의 기본 입장은 인성과 물성을 다르게 보는 데 있다. 이것은 중세 형이상학인 리일분수적 사고를 탈피하려는 미미하지만 새로운 경향이라고 볼 수 있다. 탈형이상학적 관점을 내비친 것은 보편적인 인간 사유의 전개 양상인데, 우담의 경우도 그런 특성이 있다. 이런 특성이 그의 성리설에 나타나 있다.

우담이 율곡의 존재의 원리, 즉 '소이'로서의 리를 비판한 것은 그의 입장이 도덕론적 관점에서 리·기를 이해했기 때문이다. 그러므로 형이상학적 실재로서의 율곡의 리를 잘 이해하지 못했다고 볼 수 있다. 도덕론적 관점에서 보는 리는 마음속의 본성으로서의 리이므로 이 리가 마음이라는 작동기제를 타고 발현되는 모습을 보고 매우 실재적으로 여기게 된다. 그러므로 '소이'로서의 리가 미약하다고 보게 된 것

---

[73] 최영성은 우담의 이러한 설을 "근세에 볼 수 없었던 창견으로서 리일분수설과 기일분수설을 종합할 수 있는 중요한 논리로서 녹문 임성주의 기일분수설의 선구가 된다"고 했는데(최영성, 앞의 책 『한국유학사상사 4』, p.279), 우담의 의도와는 약간 다르기 때문에 그렇게 단정할 수 없다. '기일분수'는 '리일분수'보다 더 진전된 사유가 아니기 때문이다.

이다.

우담이 퇴계 호발설을 옹호하는 입장도 역시 도덕론적 관점이다. 퇴계는 리·기를 선·악의 대립처럼 생각하고, 인간 수양의 목적에서 사단과 리를 높이려는 것과 같은 사고방식을 가지고 있었다. 호발설은 일종의 가치를 대립시키려는 도덕론적 입론방식이므로 비록 선·악 대신 리·기 개념을 빌려와도 그 나름의 의의가 있는데, 율곡은 이것을 존재론적 관점에서 리·기 본래의 의미를 기준으로 '마음에 두 갈래가 있다고 볼 위험'을 들어 호발설을 비판하였다. 여기에 대한 우담의 비판은 일리가 있다. 그의 친구 갈암 이현일의 경우도 이와 같은 경우이다.

우담이 율곡의 '인심도심종시설'을 비판하였는데, 퇴계와 우담의 인심-도심 대립 입론, 즉 사단-칠정 대립 입론과 같다고 보는 관점에서 보면 비판할 수 있지만, 율곡의 종시설을 틀렸다고 하기는 어렵다. 이는 도덕적 관점의 차이에서 오는 것이기 때문이다. 다시 말하면 율곡의 입장은 현실주의적 도덕론이고, 퇴계의 입장은 이상주의적 도덕론이기 때문이다. 다만, 율곡의 경우 그의 현실주의적 도덕론을 확립하기 위해 종시설을 주장하면서 한편으로 인심·도심을 대립시켜 가치 대립 입론의 한 방식으로 사용하기도 했다. 이는 율곡이 퇴계 호발설을 비판하면서 '칠포사'를 주장하였는데, 이 사칠 일원적 논의에서는 도덕적 가치 대립의 형식이 없기 때문에 그의 도덕론이 불완전하므로 보완 차원에서 그렇게 한 것이다. 그러므로 우담이 율곡의 인심-도심 대립 입론은 그의 '칠포사'의 입론 방식과 모순된다고 비판할 수는 있으나, 율곡 종시설이 틀렸다고 비판할 수는 없다. 이는 도덕론의 기본 입장이 퇴계와 다르기 때문이고, 동시에 주자학에 원래 종시설을 말할 만한 근거가 있기 때문이다.

우담과 제자 외암과의 인물성동이론에 대한 토론은 호락논쟁보다 먼저 있었던 만큼 의의가 있다. 우담의 인물성론은 율곡의 리통기국설을 비판하는 가운데서 나온 것인데, 이는 오늘날 관점에서 탈형이상학적 경향으로 해석할 수 있다. 율곡의 리통기국설은 주자의 리일분수설의 부연으로서 이는 중세적 형이상학 이론이다. 사물의 보편성과 특수성의 동시 성립을 말하는 것인데, 이 이론이 고대에는 종교가들이 신비적 직관으로 알아낸 것이지만, 오늘날엔 생명체 복제에서 과학적으로 증명되고 있다. 그러나 이것이 우주의 진실이라 하더라도 이것으로는 사물의 연역적 설명은 가능하지만, 현대 자연과학처럼 사물을 객관적으로 다루는 데는 한계가 있다. 그러므로 우담의 율곡 '리통기국설' 비판은 중세적 사유에서 벗어나려는 경향을 가지고 있었다는 데에서 일정한 의미를 찾을 수 있다.

제7장 청대 권상일의 퇴계 해석의 함의

I. 서 언

　퇴계 이황(1501-1570)의 철학 사상은 일반적으로 '주리론'으로 부르는데, 그 이유는 그의 도덕론에서 리를 중요시 여겼기 때문이다. 그와 고봉 기대승 사이의 사단칠정이라는 도덕 문제를 두고 벌어진 논쟁에서 '리기호발설'을 주장하여 리의 작용을 강조하였다. 그러나 이때의 리의 작용은 인간 마음의 작용을 의미하는 것이었다. 그러나 퇴계는 고봉 기대승(1527-1572)이 '성발위정'의 심의 구조론과 리기론의 원칙에 근거하여 그의 설을 비판하자 그 취지를 받아들여 '리발기수－기발리승'이라 수정하였다. 처음 퇴계의 입론의 취지는 사단과 칠정의 가치를 '리발－기발'로써 대립시키려는 데 있었으나, 이와 같이 리기의 존재론적 의미를 삽입함으로써 원래의 의미가 퇴색되고 말았다. 다른 측면에서 말하면, '마음의 작용'으로서 '리발'이라면 '칠정은 본성과 아무 연관이 없는가' 하는 고봉의 질문에 답할 수 없게 되므로 퇴계는 결국 수정할 수밖에 없었는데, 그때에도 '리발기수－기발리승'의 수정설은 호발설이 가진 '가치입론'의 취지가 후퇴할 수 밖에 없다. 이러한 퇴계 사단칠정설의 수정 과정에서 퇴계 호발설의 처음 입론, 즉 '사단발어리－칠정발어기'(四端發於理－七情發於氣)가 퇴계의 본뜻이라 보고 그것을 부연 해석해나간 학자가 청대 권상일(1679-1760)이다.

성리학은 인간과 자연 문제를 구분하지 않고 우주론적 차원에서 리와 기로써 논하였다. 우주론적으로 보면 인간도 모든 존재의 하나인 만큼 인간 마음의 구조도 존재론적으로 논할 수 있다. 인간의 본성이 본질로 있고, 거기에서 인간의 감정이 나오는 구조, 즉 '성발위정性發爲情'의 구조를 갖고 있기 때문이다. 성리학은 이 인간의 본성을 칸트처럼 선험적으로 규정하여 '성즉리'라고 하였다. 이는 물론 원시유가 맹자의 '성선설'을 계승한 것이다.

그러므로 인간의 감정을 논할 때 이 본성에서 바로 발휘되는 감정과 본능이나 감각에 의해 많이 좌우되는 현실적 감정과는 차이가 있을 수밖에 없다. 이 순수한 감정은 도덕론에서 이상적인 것으로 간주, 중요시하는 것은 이상주의적 도덕론에서는 당연하다. 그러므로 사단과 칠정을 리·기로 나누어 그 '순수성[純善無惡]'과 '선악 가능성 혼재[可善可惡]'를 대비하면서 사단을 강조하려 한 것이 호발설의 의도이다. 즉 사단은 칠정과 섞일 수 없다는 뜻이다.

그런데 사단·칠정 호발을 리·기로써 설명하는 도덕론에서 존재론적 의미의 리·기의 의미가 계속 남아 영향을 미치는 데서 철학적 문제가 일어났다. 퇴계 후학들도 퇴계의 이러한 사칠론 속에서 말하는 리의 개념에 대해서 철학적 사유를 거듭했다. 인간과 자연을 구분하지 않고 논하는 성리학 본래의 우주론적 관점이 기본 원인이지만, 또 스승의 설을 계승해야 한다는 학문 외적 원인이 작용하기도 했다. 그리하여 퇴계 후학들은 퇴계의 도덕론에서 말한 리의 개념을 존재론적인 의미와 구분 없이 '작용하는 것'으로 보고, 그것을 합리화하는 방향으로 나아갔다. 즉 퇴계의 '리발—기발'의 '리발'과 '태극동이생양太極動而生陽'의 '리동理動'(리의 작용)을 연관시켜 논하면서 주자의 '리무위理無爲'의 원칙과 어긋나는 퇴계의 성리설의 입장을 옹호하면서 부연해나갔다.

오늘날 볼 때 도덕론과 존재론은 엄연히 영역이 다르다. 그러므로

198 제3부 조선 후기 철학적 사유의 심화

우주론에서 함께 섞어 논한 도덕론과 존재론은 마땅히 구분해서 논해
야 한다. 특히 리·기 개념 자체가 원래 존재론적 개념이고, 도덕론에
서는 그것을 원용했기 때문에 양자는 더욱 마땅히 구분하여 논해야 한
다. 그럼에도 퇴계 후학들은 그렇게 하지 못했다.

  그리하여 퇴계 후학들은 리를 존재론적으로 작용이 있는 것으로 생
각하고, 심지어는 리를 우주의 근원으로까지 끌어올려 그것이 기를 낳
는다거나, 기가 리에 종속된다고 생각하기도 했고, 또 리를 '활물活物'
이라 하기도 했다. 대체적으로 이러한 사유 방식은 갈암 이현일(1627-
1704)이 퇴계설을 당파적으로 옹호하면서 율곡설을 비판한 데서 시작되
었지만, 그 후 그의 아들 밀암 이재(1657-1730), 이재의 외손 대산 이상
정(1711-1781), 대산의 외증손 정재 유치명(1777-1861) 등 소위 '갈암학
파'가 그러했고, 이상정과 같은 시기에 논변을 벌였던 청대 권상일
(1679-1760), 이상정의 제자 입재 정종로(1738-1816) 등도 그러했다. 이
렇게 보면 퇴계학파 대부분이 그러한 사고 방식을 가졌다고 할 수 있다.

  여기서는 갈암 이후의 퇴계학설을 계승한 이들과 그 주변의 퇴계학
설을 계승한 이들을 중심으로 퇴계의 리에 대한 이해의 양상을 고찰해
보려고 한다. 이것은 퇴계학의 본질을 연구하는 데 매우 중요하고, 나
아가 성리학이나 주자학의 우주론이나 도덕론의 의미를 정확히 이해
하는 데도 필요하다. 더 중요한 것은 주자학의 '한국적 전개'라는 한국
주자학의 특색을 살피는 데 매우 중요한 시사를 줄 것이다.

  퇴계 성리설의 계승은 퇴계 사후 약 100년 뒤 기호학파에 대항하여
율곡설을 당파적 입장에서 비판하고 퇴계학설을 옹호한 갈암 이현일
에서 본격적으로 시작되었다. 그러므로 여기서 고찰 대상은 갈암 이후
의 소위 '갈암학파'라고 할 만큼 혈연 인맥으로 혹은 사승 관계로 연
결된 학자들이 주 대상으로 될 것이다.[1] 여기에 그러한 혈연·사승 관
계는 아니지만 퇴계를 사숙하고 퇴계 호발설을 적극적으로 지지하면
서 그 근거를 인간 본성의 지각설, 인간 마음의 역동성에서 찾은 청대

권상일이 독특한 위치를 차지하고 특색을 보이고 있으므로 함께 다루고자 한다.[2] 그는 갈암학파의 대산 이상정과 근기 퇴계학파의 성호 이익과 동시대에 활약하였는데, 그들의 퇴계 학설 이해를 적극 비판하면서 자기설을 수립한 데 특색이 있다. 특히 그는 퇴계의 '처음 호발설'을 중요하게 보고 그것에 대해 보완 설명을 해나감으로써 퇴계가 미처 설명하지 못한 바를 설명하기도 하였다. 그리하여 퇴계 호발설을 퇴계학파의 종지로 만들고, 학파의 세력을 확립하는 데 큰 역할을 하였다. 다만 대산 이상정과 동시대 활동하여 그의 학설의 특성이 좀 가려진 면이 있다.

활약한 시대순으로 보면 갈암 이현일, 밀암 이재(1657-1730), 대산 이상정, 입재 정종로, 정재 유치명 순이고, 청대는 대산보다 30여 년 뒤이지만(청대, 대산, 입재, 정재―30년의 세대별 시차가 있다) 거의 동시대 학문 활동을 하였고, 청대의 학설이 퇴계학파 후학들의 학설을 계승하는 점도 있으면서 특색이 있다고 보아 제일 마지막에 다루었다.[3]

퇴계를 사숙하고 그의 학설을 지지한 학자로서 넓은 범위의 퇴계학파에 넣을 수 있는 학자로서 갈암 이현일과 교류한 우담 정시한(1625-1707)도 거론할 수 있는데, 따로 논한 바 있고,[4] 또 청대, 대산과 교류

---

1 밀암 이재는 갈암 이현일의 아들이고, 대산 이상정은 밀암의 외손이고, 입재 정종로는 대산의 문인이고, 정재 유치명은 대산의 외증손이다. 청대 권상일은 5대조 선조가 퇴계의 문인이었다. 그는 당시 대산 및 성호 이익과 학술 논변을 주고받았다.

2 이런 清臺의 위치를 다카하시(高橋亨)는 "이황의 가장 충실한 조술자 권상일"이라고 표현하고, 그가 성호 이익이나, 대산 이상정과는 달리 퇴계 호발설의 원의를 추구하는 태도를 하나의 사상적 특색으로 보고, 마지막에는 그렇게 되면 심학이 되어 선불교나 양명학과 접근된다고 평가하였다. 다카하시 도오루, 조남호 역, 『조선의 유학』, 서울 : 소나무, 1999.

3 갈암학파에 대해서는 이동희, 「영남 성리학의 형성과 전개」, 『동양철학』 제8집, 동양철학연구회, 1997 참조.

4 이에 대해서는 이동희, 「우담 정시한의 성리설 연구」, 『한국의 인물사연구』 제6집, 한국인물사연구소, 2006 참조.

한 근기 퇴계학파에 성호 이익(1681-1763)이 있는데, 그의 『사칠신편』
은 종합적이어서 따로 연구할 필요가 있다. 또 한말에 가서 한주 이진
상(1818-1886)이 나와 퇴계의 도덕론을 특히 심학적으로 전개하여 '심
즉리'를 주장한 바 있는데, 역시 따로 논한 바 있어[5] 여기서는 다루지
않았다.

　이러한 퇴계 후학 연구를 통한 퇴계 사상 탐구가 중요함에도 아직
연구가 부족하다.[6] 퇴계와 쌍벽을 이룬 율곡설 및 현대 여러 분과 학
문의 이론을 동원해야 하기 때문에 쉬운 일이 아니기 때문이다.

　밀암 이재의 경우, 종합 논문집으로 단행본『밀암 이재 연구』(영남대
출판부, 2001)가 나와 있고, 대산 이상정의 경우, 연세대 국학연구소 간
행의『동방학지』113집(2001)에 몇편의 논문이 실려 있다.[7] 그외 인물
에 대해서는 사상사에서 다룬 것 이외에 별도의 전문 고찰이 없는 실
정이다.[8] 이러한 논문들도 철학적으로 잘 분석되고 현대적 시각에서
해석되고 비판된 것이 아니다. 다만 한학적인 방법으로 학설을 소개한
정도의 논문이다. 그러므로 현대적 방법론을 동원하여 철학적 해석을
해주는 일이 필요하다.

---

5 이에 대해서는 이동희, 「한주학파의 퇴계 성리학 계승」,『한국학논총』제26집, 계명
　대 한국학연구소, 1999 참조.
6 그래도 개괄적으로 개인별로 사상을 논한 자료는 최영성의『한국유학사상사 IV』(서울
　: 아세아문화사, 1995)가 있고, 금장태의『퇴계학파의 사상 I 』(서울 : 집문당, 1996)이
　있다.
7 김우형, 「대산 이상정의 리기론」,『동방학지』제113집, 연세대 국학연구원, 2001 ;
　손흥철, 「대산 이상정의 사단칠정론」,『동방학지』제113집, 연세대 국학연구원, 2001
　외.
8 그런 가운데서도 오래전에 나온 다카하시의 청대 연구는 참고할 만하다. 그는 여기서
　청대와 성호, 대산 3인을 비교하며 서술하고 마지막에 자신의 논평을 길게 붙였는데,
　참고할 만하다. 다카하시 도오루, 조남호 역, 앞의 책『조선의 유학』참조. 그 외
　최근의 논문으로는 안영상, 「퇴계학파 내 호발설 이해에 대한 일고찰」(『퇴계학보』
　제115집, 2004)이 있다.

II. 갈암 이현일 이후 퇴계 리 해석의 여러 양상

퇴계의 제자는 매우 많으나 스승의 설을 부연하여 자기설로 주창한 자는 오랫동안 없었다가 갈암 이현일에 와서 비로소 율곡설을 비판하고 퇴계설을 옹호하기 시작하였다. 갈암의 율곡 비판은 「율곡이씨논사단칠정서변栗谷李氏論四端七情書辨」,[9]에 자세한데, 이것이 쓰여진 것이 그의 나이 62세 때(1689)이므로 퇴계 만년 기고봉과의 사칠논변의 시기와 비교하면 약 120년 뒤가 된다. 문인들과 후학들이 퇴계 사후 스승의 설에 대해 별 의심 없이 받아들인 결과가 아닌가 한다.

갈암은 율곡이 "음양동정이란 그 기틀이 스스로 그러한 것이다"라고 한 데[10] 대하여 "리는 비록 무위이지만 실로 온갖 변화의 지도리〔樞紐〕요 만물의 뿌리〔根柢〕가 된다. 만약 이씨의 설과 같다면 이 리는 단지 허무공적虛無空寂한 것이 되어 변화의 근본이 될 수 없다. 음양기화陰陽氣化만이 이리저리 조화를 행하니 그릇된 것이 아닌가?"라고 하였다.[11] 또 갈암은 "대개 율곡의 뜻은 항상 리는 공허명막空虛冥漠하여 주재가 없고, 감응발동感應發動하는 것은 모두 기의 작용으로 생각하는 것이다"라고 하였다.[12] 그 근거로 주자의 "리에 동정이 있으므로 기에 동정이 있다"라는 것[13]을 인용하였다.[14] 이것은 율곡이 음양은 저절로 그러하고〔其機自爾〕, 거기에 시키는 자가 있지 않고, 리는

---

9 그의 이 「서변」(이하 「서변」이라 약칭함)은 愚潭 丁時翰(1625-1707)의 「四七辨證」과 비슷한데, 이는 당시 두 사람이 서로 의견을 나누었기 때문이다. 두 사람 다 율곡설을 조목조목 비판하였다. 「변증」이 쓰여진 것도 우담의 나이 72세 시(1697)로서 「서변」의 작성과 비슷하다.

10 『율곡전서』 권10, 26면, 「답성호원」.

11 『갈암집』 권18, 16면, 「書辨」.

12 위의 책, 권8, 12-13면, 「答申明中」.

13 『주자대전』 권56, 「答鄭子上」.

14 『갈암집』 권18, 17면, 「서변」.

동정에 타는 것이지 리 자체에 동정이 있는 것이 아니라는 설에 대한
반박으로 나온 것인데, 이 논리는 퇴계의 것 그대로이다.

갈암과 같은 비판이 나온 것은 리기를 도덕론에 전용할 때는 '가치
실재론'[15]의 관점에서 리기를 보기 때문에 리의 주재성, 작용성을 강
하게 의식하게 된다. 그 결과 '소이所以'라는 형상성, 원리성에 만족하
지 못하게 되고, 리의 '당연'으로서의 규범적 규제력 같은 구체적, 실
제적 작용성을 강조하게 된다. 이러한 리의 이해는 사칠설에도 반영되
어 나타났다.

갈암은 율곡의 칠정 이외에 사단이 없으므로 사단 칠정을 리기호발
로 규정하는 것은 잘못이라는 비판[16]에 대해 퇴계의 설을 옹호하고,
율곡이 '칠겸사七兼四'(七情包四端 ; 칠정밖에 사단이 따로 없다)[17]의 논
리에 의하여 칠정을 사단에 배속하는 설 역시 강하게 비판하였다.[18]
율곡은 퇴계의 호발설은 우리 마음에 두 근본이 있는 것처럼 비친다고
하면서 "칠정만 그런 것이 아니라 사단 역시 기발리승氣發理乘이다"
라고 하고[19] 어린아이가 우물에 빠지는 것[孺子入井]을 '보는 것'을

---

15 평요우란(馮友蘭)은 "주자의 철학은 보통 말하는 유심론(唯心論)이 아니고, 현대의
신실재론(New Realism)에 가깝다"라고 한 바 있다. 馮友蘭, 박성규 역, 『중국철학사
(하)』, 까치, 1999, p.568. 유가는 '가치'를 실재로 여기기 때문에 이런 표현을 하였
다. 물론 '성선'이라든가 '人極' 등의 '가치'가 이데아적인 것이지만, 유가는 그것을
기반으로 한 가치의 실현으로서의 '인륜', 즉 '오륜'이나 그것이 형식으로 나타난
예 규범 같은 것을 통하여 가치를 매우 실재적인 것으로 생각하고 있다. 이 때문에
유가는 매우 현실주의적 종교가 된 것이다.

16 『율곡전서』 권9, 35면, 「답성호원」.

17 율곡은 '兼한다'고 표현했다. "칠정이 사단을 겸하지만, 사단은 칠정을 겸할 수 없
다"라고 하고, 또 "기질지성은 본연지성을 겸할 수 있으나, 본연지성은 그렇게 할
수 없다"고 하였다(『율곡전서』 권9, 35면). 이것의 의미를 해석하면 '칠정이 사단을
포함한다'는 것이므로 그 후 그 말을 번역하여 '칠포사(七包四)'라고 하기도 했다.
뜻은 물론 같다.

18 『갈암집』 권18, 11면, 「서변」.

19 『율곡전서』 권10, 5면, 「답성호원」.

'기발'의 예로 들었다.

이에 대해 갈암은 "퇴계가 사단이 성에서 발하는 것은 '심중心中의 본래의 리'가 발하여 측은 등의 정이 되는데, 그 발이 형기와 섞이지 않는다는 것을 말한 것이지, 느끼지[感] 않고 스스로 발한다는 것을 말한 것이 아니다"라고 설명하였다.[20] 즉 그는 '마음 가운데의 리'가 발하는 것을 퇴계의 '리발'로 해석하였다. 그러나 이러한 입장은 칠정의 선한 면을 상대적으로 폄하하는 이상주의적 도덕론에 빠지게 된다.[21] 그러나 이러한 설명은 퇴계설의 의도를 더욱 명확히 했다고 할 수 있다.

퇴계는 일찍기 사단과 칠정은 말하면서 사단·칠정의 관계는 인심·도심의 관계와 같다고 하여 별 문제가 없었으나, 율곡은 퇴계의 이러한 설을 비판하면서 자신은 '인심도심종시설人心道心終始說'을 주창하였다. 이는 물론 심의 활동을 정이라는 정감 이외에 '의意'라고 하는 '생각하는' 심리작용[計較商量]까지 합쳐서 보고 인심과 도심의 상호 전환을 말함으로써 현실적인 도덕활동에 있어서 이성의 작용으로 노력하는 면을 강조하려 한 것이다.

갈암은 이러한 율곡의 인심도심설의 모순을 지적하기를 "칠정이 사단을 포함하는 것은 인심과 도심을 상대적으로 말하는 것과 다르다고 해놓고, 또 도심은 칠정 가운데 선 일변이라고 하였으니, 서로 모순된다"라고 하였다.[22] 그리하여 갈암은 율곡의 종시설과는 달리 인심·도심은 근원적으로 처음부터 각각 본성[性命]에서 발하고 육체[形氣]에서 생하는 것이라고 하였다.[23] 이것 역시 퇴계 호발설의 관점 그대로

---

20 『갈암집』 권8, 32-33면, 「答丁君翊」.
21 갈암은 말하기를 "(율곡처럼) 사단을 칠정 중의 선 일변으로 보게 되면 이는 천리를 인욕 중에서 구하는 것이 아닌가?"라고 한 바 있다. 『갈암집』, 권8, 32-33면, 「답정군익」. 그러나 율곡의 뜻은 그런 것이 아님은 물론이다.
22 위의 책, 권18, 11면, 「서변」.

이다.

갈암에 와서 퇴계의 리의 작용설 관점에서 율곡의 리기설, 즉 형이상학적 실재로서의 리의 해석은 성리학의 리의 의미를 사실은 잘못 본 것이고, 퇴계 호발설 관점에서 율곡의 사칠설 및 인심도심설에 대해 비판한 것은 그 모순을 잘 지적했다고 볼 수 있다. 이 두 관점은 상호 밀접하게 연관되어 있고, 모두 퇴계설을 답습하고 있다.

한편 갈암은 혼륜설渾淪說과 분개설分開說의 두 가지 관점[24]이 있다는 것을 말하기도 했는데, 이는 물론 퇴계설을 옹호하기 위하여 분개설을 강조하려는 데 있다. 즉 그는 "희노애락을 말할 때는 기발이라 하고 리기를 겸했다고 해서는 안 되고, 사단을 말할 때는 리발로 말한 것이므로 또한 리기를 겸했다고 해서는 안된다. …… 만약 분별설分別說(分開說)에 따라 말한다면 이러한 두 가지 방식의 말이 있는데, 이것은 사단리발, 칠정기발의 징험이 될 수 있다"라고 하였다.[25] 또 다른 데서는 '기가 주가 되며'〔氣爲之主〕, '리가 주가 되며'〔理爲之主〕라는 표현을 써서 두가지 관점, 혹은 두가지 입론 방식이 있다고 하였다.[26] 이것은 분개설과 호발설을 옹호하기 위해서 한 말이지만, 이 속에 사칠논변의 또 다른 측면, 즉 사단 칠정 모두 리·기가 다 관여되지만, '위주로 말할 수 있다'는 것이다. 이것은 일종의 입론방식이나 보는 관점으로 간주하고 있었다는 것이다.

---

23 위와 같음.
24 혼륜설, 분개설 자체가 언표(言表)의 방식, 즉 표현 방식을 말하는 것이다. 사실과는 별개의 것이다. 물론 사유에서 언표가 나오지만, 언표를 통하여 사유하고, 자기의 관점(이념, 사상)을 갖게 되기도 한다. 그러므로 성리학의 '리발-기발'이라는 것도 존재나 마음이 사실 어떤 것인가를 말하려는 의미도 있지만, 한편으로는 언표로서의 의미도 있다. 이 언표, 또는 윤리적 명제로서의 고찰을 하면 사칠논쟁의 분석이 한층 쉬워진다.
25 『갈암집』, 권13, 9면, 「답신명중」.
26 위의 책, 권18, 25면, 「서변」

밀암 이재는 갈암의 아들로 부친과 숙부 숭일에게 수학하여 퇴계 이황-학봉 김성일(1538-1593)-경당 장흥효(1564-1634)-갈암 이현일로 이어지는 영남 호파(虎派 ; 학봉 학파)의 학통을 계승하여 그의 외손 대산 이상정을 거쳐 손재 남한조-정재 유치명-서산 김홍락(1827-1899)으로 학통이 내려갔다. 그는 기호학파에 맞서 퇴계의 주리설을 옹호, 천명하는 데 주력하였다.

그의 이러한 기본 시각은 부친을 계승한 것으로 특히 『태극도설』의 "태극이 동하여 양을 낳고"의 문구와 주자의 "리에 동정이 있으므로 기에 동정이 있다"라는 말[27]에 근거하여 리 스스로에 운동(작용)이 있다고 주장하였다. 그는 말하기를 "(위의 주염계와 주자의 말을 인용한 다음) 이것은 그 동정이 리에 있고 기에 있지 않음을 미루어 알 수 있다. 리는 감정도 운동도 없지만 그 어찌 한 덩어리 죽은 물건으로서 靜靜하기만 하고 動動할 수는 없고, 또 그 발동[發]은 기의 작용이겠는가?"라고 하였다.[28] 또 그는 말하기를 "주자가 말하기를 리에 스스로 동정이 있다고 했는데, 왜 기에 관계되는가?"라고 하기도 하였다.[29]

그러므로 밀암은 이러한 관점에서 여헌旅軒 장현광張顯光(1554-1637)과 같이 "사단과 칠정이 다 리의 발이다"라고 한다면[30] '발하는 것은 모두 기이다'라고 하는 것과 같아서 기를 보고 리로 여기는 병폐나 인욕을 보고 천리로 여기는 병폐에 빠지게 된다고 하였다.[31] 이와 같이 그는 존재론에서 리동을 주장하고 도덕론에서는 리발을 주장하여 퇴계

27 『주자대전』 권56, 「답정자상」.
28 『밀암집』 권3, 7면, 「答權地主以鎭」.
29 위의 책, 권6, 7면, 「答權方叔」.
30 여헌이 '기발리본(氣發理本)'의 입장에서 "사단과 칠정은 모두 리가 발한 것이다. 왜냐하면 칠정은 性의 用이기 때문이다"라고 하였다. 『여헌성리설』, 권4, 54면, 「歷引經傳」.
31 『밀암집』 권3, 32면, 「答李國材」.

의 호발설을 부친 갈암을 이어 충실히 계승하였다.

대산 이상정은 밀암의 외손으로 14세부터 외조부에게 사사하였다. 세상에서 그를 '소퇴계'라고 할 정도로 퇴계의 설을 계승하여 주리파의 형성, 발달에 크게 기여하였다. 그는 리기론의 중요 명제인 '리기동정'이나 '리기선후' 등에 대하여 그 양면성을 잘 파악하여 그 본래적 의미를 이해하는 것이 중요하다고 하며 매우 합리적인 태도를 가지고 있었다. 즉 그는 말하기를 "천지 사이에는 리기의 동정만이 있을 뿐이다. 리라는 것은 동정을 주재하는 묘한 것이요, 기는 도와서 동정하는 질료〔資具〕이다"라고 하였다.[32]

그는 이와 같이 리기를 '주재지묘主宰之妙'와 '동정자구動靜資具'로 보았다.[33] 요약하면 '리주기자理主氣資'라고 할 수 있다. 그러나 대산이 리기를 비록 균형 있게 보았다고 하지만 한편으로 율곡류의 리의 '소이所以'라는 형상성에 만족하지 않고 퇴계 주리설의 입장에서 리의 작용성을 더 강조하고자 하는 의도가 있었다. 리기 관계만 균형 있게 본다면 리기의 역할을 어떻게 표현하든 상관 없을 것이다. 그러나 대산의 '리주기자'에서 퇴계 주리설의 계승을 볼 수 있다.

그러므로 그는 율곡설을 비판하여 "근세에 리기를 말하는 자는 주로 불상리를 주로 하니, 리를 거의 말라 죽은 물건으로 인정하고 동정합벽은 기의 기틀이 스스로 그러한 것이라 한다. …… 만약 리와 기를 서로 대립시켜 각자 발용한다고 하면 이 역시 잘못이다"라고 하였다.[34] 더 나아가 그는 '리의 주재성'을 강조하여 리를 '활물'이라 하였

---

32 『대산집』 권39, 8면, 「理氣動靜說」.
33 이에 대한 원문은 "理也者, 所主以動靜之妙也, 氣也者, 所資以動靜之具也"인데, 이를 특징을 살려 요약하면 이렇게 말할 수 있다.
34 『대산집』 권6, 19면, 「答權淸臺相一」.

다. 즉 그는 말하기를 "리는 활물이다. 비록 기를 타고 동정한다 하더라도 그 운용의 묘를 발휘함은 리의 지극히 신묘한 작용이다. 그러므로 하지 않으면서 하는 것이라 무위가 아주 없는 것이 아니며, 주재하지 않으면서 주재하므로 주재가 없는 것이 아니다"라고 하였다.[35] 여기에서도 대산의 퇴계 주리설의 계승을 볼 수 있다.

사단칠정설에 있어서도 그는 혼륜과 분개로써 설명하면서 어느 한 편에 치우치면 안 된다고 하였다. 즉 율곡의 혼륜설과 청대 권상일의 분개설이 다 잘못되었다고 하였다. 그리하여 그는 더 나아가 율곡의 문도들이 혼륜설을 강조하므로 부득이 잘못을 바로잡지 않을 수 없다고 하면서 퇴계의 분개설의 입장을 지지하였다. 즉 그는 말하기를 "사단은 기의 수반이 없지 아니하나 천리가 주인이 되고 기는 객이 되며, 칠정에서는 리의 타는 바가 없지 아니하나 형기가 주인이 되고 리는 객이 된다. 그 객과 주인으로 드러남에 어찌 나누어지지 않겠는가?"라고 하였다.[36]

또 그는 말하기를 "일을 따라 느껴감에 서로 자승資乘(바탕이 되고 타기도 함)하니, 다만 그 가운데 주리·주기의 나뉨을 볼 수 있을 뿐인데, 어찌 두 갈래가 있다고 의심하겠는가?"라고 하였다.[37] 여기서 "어찌 두갈래……"라고 한 것은 율곡이 퇴계의 호발설을 비판하여 한 말이다. 이와 같이 그가 율곡을 비판한 논리는 매우 정당하다. 왜냐하면 그는 혼륜과 분개의 두 관점이 다 필요함을 역설함과 동시에 퇴계 분개설의 의미를 정확히 해석해냈기 때문이다.

그가 위의 말에서 "사단은 기의 수반이 없지 아니하나"라고 한 것과 "칠정은 리의 승재가 없지 아니하나"라고 한 것은 분명 '존재'에 있어

---

35 위의 책, 권40, 23면, 「讀聖學輯要」.

36 위의 책, 권20, 24면, 「答李希道」.

37 위의 책, 권39, 26면, 「사단칠정설」.

서의 리기 관계를 말한 것이고, 그 다음 '주객론'으로써 분개를 설명한 것은 '가치입론'을 설명한 것이다. 물론 그가 가치적 입론에서의 리기 분개설과 존재의 설명에서의 리기혼륜설의 특성을 오늘날 철학에서와 같이 깊이 인식하고 있었다고 보기는 어렵지만, 혼륜—분개의 두 관점 (설명법)은 분명 퇴계의 호발설을 해석하는 중요한 무기가 된 것은 틀림없다. 이 점에서 대산은 뛰어난 퇴계 계승자라고 할 만하다.[38]

입재 정종로는 대산 이상정에게 배웠다. 그 역시 영남학파의 전통을 계승하여 주리론을 주창하였다. 리기에 대한 존재론적 해석에서 '태극 동이생양' 해석을 퇴계와 발상을 같이 하였다. 그는 말하기를 "리기불 상리만 지우쳐 주장하는 자는 소위 동정이 태극이 그렇게 시키는 기틀 〔太極使然之機〕인 줄을 모르고 기 스스로 그렇게 할 수 있다〔氣自能〕 고 생각한다. 그리하여 리는 다만 그 위에 타고 있어〔乘載〕마치 죽은 사람이 말 등에 타고 있는 것과 같으니, 이것은 잘못하여 (논리가) 막히고 활기도 없다"라고 하였다.[39]

이러한 리기 해석은 주자가 현상의 진상을 설명하며 제시한 '리약 기강理弱氣强'의 설도 다르게 해석하였다. 즉 그는 말하기를 "리는 무 형무위이고 기는 유형유위이다. 따라서 개괄적으로 보면 유형유위한 것은 항상 강하고 무형무위한 것은 언제나 약하다. …… 그러므로 세 상의 논자들은 매양 리는 약하고 기는 강하다고 하며, 기는 리를 이길

---

38 대산 이상정의 퇴계 계승은 다른 후학들과 조금 다른 점이 있다. 그는 한 마디로 말하여 퇴계설의 옹호보다도 주자 리기론의 원리원칙을 해석하려고 했다. 그 원리 원칙이란 리기의 상호 작용성, 보완성, 즉 불상리—불상잡하는 관계(리기 相須的 관계 ; 리기상함적 관계)를 기본 입장으로 삼는 것이다. 그리하여 청대와 성호의 사단칠정설을 비판하였다. 이는 당시 학계가 정주 리학의 이해를 심화시키는 데 기여했다고 할 수도 있지만, 특색 없이 주자학의 원론을 재론했다고도 할 수 있다. 김우형, 앞의 논문, 「대산 이상정의 리기론」 참조.

39 『입재집』 권24, 7면, 「태극동정설」.

수 있으나 리는 기를 이길 수 없다고 한다. 그러나 나는 리보다 더 강한 것은 없고 기보다 더 약한 것은 없다고 생각한다. 기가 리를 이김은 잠시뿐이나, 리가 기를 이김은 만세에 걸쳐 필연의 세가 있는 것이다. 어찌 천지의 리기에서 찾지 않는가?"라고 하였다.[40] 이와 같이 '리강기약理强氣弱'이라 고쳐 말하는 의미는 리를 존재의 '원리'와 같이 존재론의 차원에서 말하는 것이 아니라 일종의 도덕론적 입장에서 리기를 평가한 것이다.

이러한 관점은 인간의 마음을 논하는 데도 반영되어 있다. 즉 그는 말하기를 "사람의 심은 리·기가 합하여 이루어졌다. 그러므로 리를 버리고 기만으로 말할 수 없다. 또 이미 심이 이루어진 뒤에는 리를 주로 하여 말해야 하며 기자氣字를 가지고 심의 주로 삼아서는 안 된다"라고 하였다.[41] 이는 기호학파에서 율곡의 '심시기설心是氣說'을 주장한 데 대한 반론이다. 그리하여 그는 주자가 '심은 기의 정상精爽'이라 한 것도 심의 주된 작용은 리에 의한다는 전제가 있다면 심의 기는 육체의 기와 달리 맑고 깨끗한 것이므로 그 영활한 것을 가리켜 '심시기'라고 할 수도 있다고 부연하였다.[42]

입재 역시 사칠론에 대해서는 퇴계와 의견을 같이 하였지만, 설명은 조금 다르게 하였다. 즉 그는 퇴계의 『성학십도』 가운데 「심통성정도설」에 의거 '칠정도 리발'이라 할 수 있다고 하였다. 그는 말하기를 "사단은 순선무악하고 칠정은 선하거나 악하기도 하다. 그러나 퇴계의 「심통성정도설」의 중도를 가지고 보면 칠정 역시 본연지성으로부터 발함이 있으니, 그 순선무악함은 바로 사단과 같다. …… 대개 사단·칠정 할 것 없이 이미 본연지성으로부터 발하였다 하더라도 …… '이

---

40 『입재집』 권24, 20면, 「리강기약설」.
41 『입재집』 권25, 15면, 「理氣心性說」.
42 『입재집』 권25, 15-16면, 「리기심성설」.

칠정'은 감각적 욕망〔聲色臭味〕만을 위해 발하는 까닭에 그 지위가 작고 좁아 '본성의 칠정'〔본성지칠정〕이 천하의 오달도五達道에 두루두루 걸치면서 항상 사단과 함께 하는 것과 같지 않다. 그러므로 그것이 발하여 절도에 맞는다 하더라도 결국은 기의 발일 따름이다"라고도 하였다.[43]

그러나 그가 칠정의 발도 전적으로 선하다고 한 것은 아니고, 성의 발로서의 칠정과 감각에 의한 칠정을 구분해 본 것뿐이다. 그리하여 그는 결국 칠정은 기발이라고 결론지었는데, 이는 퇴계 호발설의 부연 설명에 다름 아니다.

정재 유치명은 대산 이상정의 외증손으로 퇴계학파 호파의 학맥을 계승하였다. 대산의 문인 손재 남한조에게 사사하였으며 입재 정종로에게도 배웠다. 문하에 응와 이원조(1792~1871), 서산 김흥락 등이 배출되었다.

그는 대산의 학설을 계승하여 리를 '활물'이라 규정하고, 리 자체에 동정의 작용이 있다고 하였다. 즉 그는 말하기를 "기의 동정은 반드시 리에 의존하니, 리의 동정은 기를 기다림이 없다. …… 만약 리에 동정이 없다고 한다면 리를 죽은 재와 같은 것〔死灰無情〕으로 인정하는 것이니, 기는 곧 근원이 없는 동정이 된다. 이 리는 활물이다. 양양히 유동하고 충만하여 있지 않은 곳이 없으니 어찌 무위이겠는가? 그러므로 '천도가 유행하여 만물을 기른다' 했으며, '한 번 음되고 한 번 양되는 것을 도라고 한다'라고 했으며, '태극이 동하여 양을 생하고 정하여 음을 생한다'고 한 것이다. 여기서 소위 도나 태극은 리를 말한 것이다. ……동하여 양을 생하고 정하여 음을 생한다고 말한 것은 리가

---

43 『입재집』 권25, 15-16면, 「리기심성설」.

동정함을 직접 말한 것이다"라고 하였다.[44] 여기서 정재가 말하고자 하는 것은 존재론에 있어서 리의 작용성을 강조하려는 것이다.

그는 또 심성설에 있어서 '리발'의 의미를 이렇게 해석하였다. 즉 그는 말하기를 "사단의 발에 있어 '리는 스스로 발할 수 없으며, 발하게 하는 것은 기이다'라고 한다면 이는 '천도가 유행이 아니고 유행하는 것은 음양이며, (천도가) 음하게 하고 양하게 하는 것이 아니고 바로 음양이 그렇게 하는 것이 되니, 리를 해침이 심하지 않은가?'라고 하였다.[45] 여기서는 사단의 문제에서의 '리발'의 의미를 존재론적으로 보는 모순이 있지만, 여하튼 정재의 의견은 리가 '자발自發한다'는 데 있다.

퇴계의 호발설이 약간의 입론상의 오해를 빚는다는 것을 기호학파에서 공격하자 이에 대해 반론을 펴려는 영남학파에서는 존재론과 도덕론을 구별하지 않고 '리자발理自發'(理, 能發能生)의 문제를 옹호할 필요가 있었다. 그런데 율곡의 리기론은 주자 형이상학 체계에 대한 충실한 해석이었으므로 형이상학적 실재로서의 리의 원리성, 이데아로서의 가능태라는 속성을 강조한 관계로 리의 '작용'이 선명히 드러나지 않는 느낌을 주었다. 즉 리는 기에 어떤 '적극적 역할'을 하는가? 하는 문제가 리의 '소이(연)'만으로는 잘 납득이 되지 않았던 것이다.

리와 기는 과정철학(process philosophy)의 '영원한 객체'(eternal object)와 '현실적 존재'(actual entity)와 유사한데, 그 형이상학적 실재(범주)로서의 리에 대한 정밀한 설명이 없었기 때문에 보는 관점에 따라 리·기 중 어느 쪽의 작용을 강조하느냐에 따라 차이가 날 수밖에 없다. 그 표현에 있어서도 '리자발'이라고 하든 '능발능생能發能生'이라고 하든 별 문제는 되지 않고, 내용은 같은 것이다. 또 리기 관계 설명에 한문

---

44 『정재집』 권19, 3면, 「理動靜說」.
45 위와 같음. 今於四端之發, 獨曰理不能自發, 發之者氣也, 是將曰天道非流行也, 流行者陰陽也, 非陰之陽之也, 乃陰陽爲之也, 是不亦害理之甚乎?

식 표현이 가지는 특성과 한계가 있기 때문에 리의 능동적 작용을 강조하는 주자의 말에 집착할 수도 있는 것이다. 그러나 문제는 존재론적으로 리기를 논할 때 반드시 리기의 '불상리-불상잡'하는 관계를 균형 있게 논해야 하는 점이 중요하다. 또한 사단칠정과 같이 도덕적 가치의 문제를 논할 때는 율곡이 비판한 "호발설은 마음에 두 근본이 있는가 오해할 소지가 있다"는 말에 대해 해명할 수 있어야 한다.

  퇴계 후계자들은 이러한 점에 대해서는 명확히 인식하지 못했던 것 같다. 다만 대산의 경우 비교적 높은 안목을 가지고 리기 관계를 균형 있게 논한 것 같다. 정재의 경우는 대산을 계승했다고 하지만 어느 한 편으로 치우친 감이 있다. 이것은 말하자면 '리본주의理本主義(Deism)'라고 표현할 수 있겠다. 정재의 이러한 리본주의가 나올 수 있는 것은 또 성리학에서 태극과 리가 별 구분이 없다는 데 그 원인이 있다. 태극은 '여러 리의 총합'〔衆理之總名〕이라고 하는 바와 같이 개별적인 존재의 리보다 포괄적인 의미만 있지 리와 태극과의 관계는 자세히 설명되어 있지 않다. 이는 성리학은 무신론으로서 태극이라는 최고 궁극자를 상정하는 데 그치고, 이것과 개별 리와의 관계는 설정할 필요를 느끼지 못했던 것 같다. 다만, '리일분수'라든가 '리통기국'이 태극과 개별리와의 관계를 말하는 것이지만, 그 명제의 함의가 유비적이며 단순하고, 또 '리'라는 표현으로 묶어버리는 경우가 많아 맥락이 자세하지 못하다. 이와는 대조적으로 과정철학은 영원한 객체와 신(God)과의 관계가 잘 설정되어 있으므로 영원한 객체와 현실적 존재와의 관계도 따라서 명확히 설정될 수 있다. 다카하시 도오루(高橋亨)가 정재의 성리설을 평하여 "리의 신묘한 작용을 역설하여 리를 우주의 주체로 삼았다"고 한 것[46]도 그러한 맥락이다.

---

46 다카하시(高橋亨), 「이조유학사에 있어서의 주리파 주기파의 발달」, 다카하시 도오루, 조남호 역, 앞의 책 『조선의 유학』, p.128.

그의 이러한 리본주의의 관점은 명덕설明德說에서도 나타나고 있다. 그는 말하기를 "명덕이라 하면 심 위에서 도리가 광명하게 비추는 곳을 말한 것이니, 이는 모두 리기를 합한 가운데 리를 주로 하여 말한 것이다"라고 하였다.[47] 일반적으로 심이나 명덕은 리기의 합으로 생각해 왔는데, 그가 명덕이라 할 때는 리를 강조하여 말한 것이라고 한 것은 주리적 관점을 나타낸 것이다. 이것이 나중에 한주 이진상(1818-1886)이 '심즉리'를 주장하는 데 영향을 주었을 것이다.[48]

이상 갈암에서 정재에 이르기까지 소위 갈암학파의 성리설을 살펴보았는데, 대체로 공통점은 존재론적으로 형이상학적 실재로서의 리의 원리성보다도 도덕론적 소당연으로서의 리에 적극적 의미를 부여하여 율곡의 리에 대해서 '사물死物'이라고 혹평할 정도로 만족하지 못하였다. 그리하여 『주역』의 '태극동이생양'의 해석이나, 주자의 "리에 동정이 먼저 있다"는 설을 공통적으로 인용하였다. 퇴계의 설을 그대로 답습하였다. 이는 분명 형이상학으로서의 리기론의 리의 의미에 대한 불충분한 이해라고 할 수 있다.

이러한 관점은 도덕론에도 그대로 반영되어 호발설의 '리발'을 '마음의 발'로 보고, 퇴계설을 적극 옹호하고 계승하였다. 퇴계의 '리발'을 '마음의 발'로 본다면 '성발위정'과 결국 같은 발상이 된다. 퇴계가 고봉의 비판을 받아들여 처음 설을 수정한 것도 이 '성발위정'의 논리

---

47 『정재집』 권17, 7면, 「讀書瑣語」.

48 다카하시(高橋亨)는 "정재의 사칠설은 대산의 그것을 계승한 것이지만, 그는 더욱 리에도 동정이 있다고 하는 점을 강조하고, 리의 신묘한 작용을 역설하여 리를 우주의 주체로 삼았으며, 다시 더 나아가 심의 본체는 리이지 기가 아니라고 하는 점까지 설파하여 다음의 이한주, 곽면우가 창도했던 심즉리의 법문의 기초를 열었다"라고 하였다. 다카하시, 「이조 유학사에 있어서의 주리파 주기파의 발달」, 다카하시 도오루, 조남호 역, 위의 책 『조선의 유학』, p.128.

때문이다. 그러나 더 근본적인 원인은 퇴계가 '리발-기발'을 대립적
으로 말하고, 또 사단과 칠정이 '소종래所從來'가 다르다고 했기 때문
에 비판을 받았던 것이다. 그러나 퇴계 후학들은 사단과 칠정을 구분
하여 볼 수 있다든가, 리가 주가 되기도 하고 기가 주가 되기도 한다
고 말하면서도 이것을 '윤리적 명제', 즉 '입론 방식'이나 '두 관점의
차이'로서의 의미가 있다고 보지 못하고 결국 호발설, 즉 분개설을 강
조하는 증거로 인용하는 데 그쳤다.

특히 대산과 정재 경우는 리의 작용성을 강조한 나머지 리를 '활물'
이라고 부르기도 했다. 이러한 해석은 존재의 원리성으로서의 리를 넘
어서 있다. 마음의 리를 넘어 이 우주의 섭리를 말하면 태극과 같은
궁극자의 신묘한 작용을 말할 수 있고, 이러한 작용을 리의 작용으로
볼 수도 있다. 그들은 이것을 '리의 주재'라고도 하였다. 이때의 리는
형이상학적 궁극자, 또는 우주 섭리로서의 태극의 리를 염두에 둔 것
이다. 이는 유신론의 체계가 없는 동아시아 중세 사상에서 태극의 위
상은 유신론의 신과 유사하기 때문이다. 또 태극의 리와 개별리와 사
이에 분명한 구분이 뚜렷하지 않은 데서 비롯된 점도 있기 때문이다.

III. 청대 권상일의 퇴계 리 해석과 특징

갈암이 퇴계 호발의 '리발기수'의 의미를 '심중의 리발'로 해석한
것은 마음이 원래 리와 기의 합으로 되어 있기 때문이기도 하지만, 퇴
계설의 전체적 분위기도 그렇기 때문이다. 특히 퇴계가 강조한 '소종
래설'을 보면 심중의 리의 작용을 말한 것을 잘 알 수 있다. 퇴계는
고봉에 답하는 가운데서 사단과 칠정은 그 '소종래'부터가 다르다고
한 바 있다.[49] 물론 이러한 표현이 고봉과 율곡에게 마음에 두 갈래가
있어 마음이 분열되는 혐의가 있다는 비판을 받는 빌미가 되었다.[50]

그러나 퇴계에게 있어 마음은 본성을 함유한 역동적인 도덕 감정(정서)의 원동력으로 생각되었고, 그 순수한 감정의 발로인 사단은 가치에 있어 칠정과 차원이 다르다고 보았다. 그러므로 그가 호발설에서 사단과 칠정을 구분하려는 의도에는 마음의 에네르기를 타고 심중의 리, 즉 본성이 그대로 발현된다고 하는 생각이 가로놓여 있다. 이것이 퇴계의 '소종래설'이다.[51]

또 퇴계가 마음의 리를 중요시한 데는 다른 연관된 사유가 작용한 것 같다. 즉 그것은 리를 우주의 궁극적 원리, 즉 태극으로서 생각한 데서 출발한다. 태극과 리는 성리학에서 크게 구분되지 않고, 다만 태극은 여러 리의 총괄 정도로 설명하고 있기 때문이다. 이는 앞에서 말한 대로 유신론적 전통이 없는 동아시아 중세 사상의 한 특징인데, 여하튼 퇴계는 리의 가치를 높이는 데 있어 기와 상대적으로 논하면서도 기와는 다른 차원의 태극의 리를 생각하고 말한 경우가 많다.[52]

---

49 『퇴계전서』권16, 10면, 「답기명언 논사단칠정 제1서」.

50 고봉은 "사단과 칠정이 '소종래'가 다르다는 것은 그 근원에 있어서 발단이 다르다는 것인데, 모두 성에서 발하는 것을 소종래가 다르다고 말하는 것은 인정할 수 없다"라고 하고(『사칠리기왕복서』상편(권1), 25면), 율곡은 "퇴계 처럼 '사단은 리발기수, 칠정은 기발리승'이라고 하면 이는 리·기 두 물건이 선후가 되어 상대적으로 두갈래가 되어 각자 나오는 것이 되니, 이렇게 되면 사람 마음이 어찌 두 근본이 안 되겠는가?"라고 하였다(『율곡전서』권9, 36면).

51 이러한 관점에서 보면 퇴계의 성리학을 양명 심학과는 다른 의미로 '심학'이라고 할 수 있다. 이에 대해서는 이동희, 「화이트헤드의 형이상학적 신관에서 본 퇴계의 독특한 리 관념, '尊理說'」, 『퇴계학보』, 제116집, 퇴계학연구원, 2004 참조.

52 예를 들면 "리는 원래 極尊無對하여 사물(物)을 명령하되 사물에 명령을 받지 않는 것으로 기가 이길 수 없다"(『퇴계전서』권13, 16면, 「答李達李天機」)라든가, "리를 死物로 볼 뻔 했다"(위의 책, 권18, 31면, 「답기명언별지」)라든가, "가만히 생각하건대 고금에 걸쳐 학문에 차이가 나는 까닭은 오로지 理 자가 알기 어렵기 때문이다 ……"(위의 책, 권16, 46면, 「答奇明彦論四端七情 第二書」)라든가, "(理가)감정이 없다고 한 것은 본연의 본체요, 能發能生은 지극히 묘한 작용이다"(위의 책, 권39, 28면, 「답이공호문목」)라고 하면서 리의 체용론을 주장한 것이라든가 하는 데서 증명할 수 있다. 이동희, 앞의 논문, 「화이트헤드의 형이상학적 신관에서 본 퇴계의

대산, 성호와 토론하였던 청대 권상일의 성리설은 퇴계 호발설을 이러한 측면을 추구해 들어갔다. 그리하여 그는 사칠설과 리기설이 착종되어 얽히고 설킨 퇴계 수정설 이후의 호발설에 얽매이지 않고, 퇴계 호발설의 원초적 형식과 의미를 가지고 해석해나갔다.

청대는 당시 학계의 상황에 대해 다음과 같은 문제의식을 가지고 있었다. 즉 그는 말하기를

안타깝다. 요새 학문하는 자들을 가만히 보니, 그들이 언제나 리·기 두 글자를 꿰뚫어보지 못하는 것이 걱정이다. 어떤 사람은 리는 작용할 수 없고 반드시 기를 바탕으로 하여 발한다고 한다. 이것은 율곡설을 바꾼 것은 아니라 하더라도 그 결론은 같다. 그렇지 않으면 분별이 너무 심하여 이물二物이 서로 간섭하지 않은 것처럼 여긴다.

라고 하였다.[53] 여기서 '이물'(두개의 사물 / 물건)은 물론 리·기를 말한다(이미 주자의 표현 방식이다). 청대는 사칠을 리기로 논함에 있어서 퇴계의 호발설을 지지하여 사단과 칠정이 각각 묘맥이 원래 다르다는 것을 강조한다. 그는 말하기를

사단은 기가 없는 것이 아니고, 칠정은 리가 없는 것이 아니지만, 그 소종래의 묘맥이 서로 다르다. 그래서 퇴계 선생은 사단의 경우에는 먼저 리발을 말하고 '기수' 두 자를 이었고, 칠정의 경우에는 먼저 기발을 말하고 '리승' 두 자를 이었다. 그러므로 사단과 칠정을 모두 기라고 할 수도 없고, 리라고 할 수도 없다.

독특한 리 관념, '尊理說」 참조.
53 『청대집』 권7, 4면, 「答李君直」.

라고 하였다.[54] 여기서 청대는 퇴계가 고봉의 질문 후 자기의 처음 설을 고쳐 리·기가 다 관계되도록 리발·기발 다음에 '기수'와 '리승'을 보충 설명한 뜻을 부연하였지만, 그는 기본적으로 퇴계의 호발설, 특히 고치기 전의 '처음 호발설' '사단 발어리, 칠정 발어기'(四端發於理, 七情發於氣) 자체를 지지했다. 그는 성호의 사칠설을 비판하면서 말하기를 "불상리不相離와 불상잡不相雜은 리기의 본래 모습이다. 불상잡이면 리와 기가 호발한다. 나눌 수 있는데도 나누지 않고 섞어 말하는 것은 실로 퇴계의 본의가 아니고, 또 리기의 원 의미에도 약간의 차이가 있는 것 같다"라고 하였다.[55]

이와 같은 호발설의 지지는 어떤 사고방식에서 나온 것일까? 그는 사단은 '본연지성'에서 나오고 칠정은 '기질지성'에서 나온다고 생각했다. 이는 퇴계가 호발설을 말하면서 사단과 칠정의 구분은 본연−기질지성의 구분과 같다고 한 설과 맥락을 같이한다. 그는 말하기를

사단은 본연지성이 발한 것이기 때문에 리발이라 말하고, 칠정은 기질지성이 발한 것이기 때문에 기발이라고 말한다.

라고 하였다.[56] 또 그는 "사단은 본연지성에서 나오고 칠정은 기질지성에서 나온다. 기가 만약 리를 순종하여 발동하는 것이 모두 절도에 맞으면 슬픔은 측은함과 비슷하고, 분노는 부끄러워하고 미워하는 것과 비슷하다. 그러나 그 근원〔所從來〕을 탐구하면 그 묘맥苗脈은 다르다"라고 말하였다.[57] 그의 이러한 설은 동시대의 성호 이익의 "대기소

---

54 위의 책, 권9, 25면, 「答禹大來」.
55 위의 책, 권15, 23면, 「答李子新」.
56 위의 책, 권15, 9면, 「觀書錄」.
57 위의 책, 권15, 15면, 「관서록」.

기설大氣小氣說"[58]이나 입재 정종로의 "칠정도 리발"이라는 설[59]을 모
두 비판하면서 성립되었다.

그러나 엄밀히 말하면 퇴계나 청대가 사칠 구분 설명에 본연－기질
지성의 구분을 대비한 것은 틀린 것이다. 본연지성과 기질지성은 두
성이 아니고 본연지성이 기질에 떨어져 있는[墮在] 것을 기질지성이
라고 부르는 논리이다. 그러므로 두 실재가 아니므로 두 실재인 사단
과 칠정에 그대로 대비될 수 없다. 그러나 달리 생각하면 하나의 상징
으로 본연－기질지성을 원용할 수는 있다. 이는 마치 인심－도심이 두
실재이면서 인심이 물러가면 그곳이 바로 도심이고 도심이 사라지면
그곳이 곧 인심이라고 하듯이 상호길항 관계에 있는데,[60] 이를 하나의
상징으로 원용할 때는 두 실재로서 마치 선－악처럼 사용할 수 있는
것과 같다고 할 수 있다. 요는 퇴계나 청대의 이러한 사칠설 설명은
여러 가지 대립입론의 형식을 원용하여 사단－칠정을 도덕 가치로서

---

58 성호 이익은 『사칠신편』을 통해 사칠논쟁에 대해 종합적으로 체계적으로 고찰하고
  있다. 반드시 퇴계설을 지지하는 것도 물론 아니다. 성호는 외부 사물에 감응하여
  나의 본성이 동하는 것이 사칠이 모두 같고, 그런 의미에서 사단과 칠정 모두 '리발'
  아님이 없다고 보았다. 율곡이 퇴계의 '기발리승' 명제를 빌려와 사칠 모두 '기발리
  승'뿐이라고 한 것처럼, 성호는 사칠 모두 '리발기수' 한 가지라고 하였다. 그러나
  사단과 칠정의 구분은 없을 수 없으므로 그 구분 요인은 대기와 소기에 있다고 하였
  다. 대기는 칠정의 원인인 욕구를 일으키는 육체의 기이고, 소기는 마음에서 작용하
  는 '리발기수'의 바로 그 기를 말한다고 하였다. 안영상은 전게 논문 「퇴계학파내
  호발설의 이해에 대한 일고찰」에서 같은 시대 논쟁한 청대, 성호, 대산 3인의 성리
  설을 비교 고찰하고 있는데, 퇴계설을 옹호하는 3인의 각각의 입장이 잘 드러나
  있다.

59 입재 정종로는 퇴계의 「심통성정도」의 중도(中圖)에 의하면 칠정도 본연지성에서
  나오므로 리발이라 할 수 있다고 한 바 있는데, 이에 대한 청대의 논변이다. 그러
  나 입재는 칠정은 그런 면이 있으나 결국은 기발이라고 하였다. 『입재집』 권25,
  15-16면.

60 주자는 "하나의 심인데, 두 측면에서 말할 수 있다. 인심과 도심이 그것이다"라고
  하기도 하고, 또 "인심을 수렴하면 도심이고, 도심을 놓아버리면 인심이 된다"라고
  도 하였다. 『주자어류』, 북경 : 중화서국, 1986, p.2012.

상호대비시키려는 데 목적이 있는 것만은 분명하다.

퇴계나 청대나 사칠론이라는 도덕 논의에 있어서 이러한 본연지성에서 사단이 직접 나온다고 보는 근거는 어디에 있는 것일까? 청대는 말하기를 "주자의 말이 '대황大黃은 설사를 주로 하고 부자附子는 열을 주로 한다'고 했는데, 이것은 본성이 그렇다는 것이다. 이 본성이 있으면 자연히 지각知覺[61]이 있다"라고 하고,[62] 또 청대는 말하기를 "주자는 초목이 수분이 적을 때 물을 대주면 뻗어나가게 되는 것을 지각이라고 생각했다. 왜냐하면 꽃나무가 비나 이슬로 적셔주고 아침 해로 비추면 생생한 색깔이 있음을 느끼니, 이것이 곧 지각이다. (식물의) 생명 의지는 지각에서 나오고, 지각은 본성에서 나온다"라고 한 바 있다.[63] '본성에 지각이 있다'는 것은 본성이 자기 원인으로 움직일 수 있다는 뜻이다. 마음은 성(본성)을 만두 속처럼 마음 안에 가지고 있으면서[64] 정(감정)의 발로를 조종한다는 '심통성정心統性情'의 시스템에서 마음의 에네르기를 타고 순수 본성이 발로되는 것을 중요하게 여길 수 있다. 비록 리·기라는 용어로 표현하더라도 그 뜻은 '순수 본성의 발로'에 있고, 그것이 마음을 통하여 드러날 수 있다고 본 데 있다.

그러나 문제는 칠정에 있다. 그렇다면 칠정은 전연 본성과 관계가 없는가 하는 문제이다. 성리학에서 마음의 구조는 '성발위정'이다. 이는 마음이라는 작용 기제의 구조를 말하는 일종의 사물에 대한 사실적(존재론적) 설명이다. 이 구조론에 의하면 칠정도 본성에서 발한다고

---

61 이때의 지각이란 인간의 지각만을 말하는 것이 아니고, 만물이 주변 환경에 대해 가지는 일차적 '느낌'이라는 원초적 작용을 말하는 것이다. 이는 마치 과정철학에서 '현실적 존재'가 가지는 '파악(prehension)'과 유사한 용어이다.

62 『청대집』 권15, 12면, 「관서록」.

63 위의 책, 권15, 12면, 「관서록」.

64 『주자어류』, p.89.

하지 않을 수 없다. 다만 그것이 기질의 원인으로 선한 감정이 되지 못한다는 부가 설명이 붙는다. 이러한 마음에 대한 존재론적 설명은 리·기라는 존재론적(형이상학적) 범주를 적용하는 데 의심의 여지가 없다. 그러므로 이때 마음을 말할 때 '리·기의 두 요소에 의해 이루어진 것'〔리·기의 合〕으로 규정된다. 이런 관점에서 퇴계의 호발설에 대해 "마음에 두 묘맥이 있어 사단과 칠정이 각각 나오는 혐의가 있다"고 비판한 고봉 기대승은 '성발위정론'에 근거하여 칠정도 본성에서 나오니, 사단과 다를 바 없고, 다만 칠정 중에서 사단을 특별히 골라낸 것이라고 주장한 것이다.[65] 다른 말로 칠정 외에 따로 사단이 없다고 하기도 하는데, 이것이 소위 칠정이 사단을 겸한다는 '칠겸사七兼四'의 논리이다. 이것은 율곡도 그대로 수용하였다.

이에 대해 퇴계 역시 칠정도 본성에서 발로된다는 것을 부정할 수 없었다. 그러면서 자기의 호발설, 즉 사단은 칠정과 섞어 말할 수 없을 정도로 순수 선한 것이라는 생각을 버릴 수 없었으므로 사·칠／리·기는 나누어 말할 수도 있고〔分開說〕, 섞어 말할 수도 있다〔渾淪說〕는 '입론의 방식'에 대해 설명하는 한편, 고봉의 반론에도 적절히 대처하기 위하여 '리발기수, 기발리승'이라는 보충된 호발설을 제시하였다.[66] 여기에 약간의 혼란이 생겼다. 퇴계는 사단과 칠정이 구분되면서도 전적으로 리·기 단독으로만 관계되는 것이 아니라는 것을 설명하기 위해 보충설을 제시하였지만, 그러나 퇴계가 처음 호발설을 주장한 취지는 사단과 칠정이 '가치에 있어서' 서로 다르다는 것을 말하려는 데 있었지 '성발위정'과 같은 마음의 구조라든가, 이에 대한 존재론적 설명 같은 것을 전제로 혹은 연관시켜 말한 것이 아니었다.[67] 사실 그것

---

65 『사칠리기왕복서』 상편(권1), 1면, 「고봉상퇴계사단칠정설」.
66 『퇴계전서』 권16, 32면, 「답기명언논사단칠정 제2서」.
67 고봉이나 퇴계나 '사단리발─칠정기발' 형식으로 입론한 것 자체가 어떤 의미가

은 '존재=사실'이라는 것으로 다른 문제에 속하는 것이다. 주자가 말한 것도 두 가치를 대비해서 말하려는 것이 목적이었다.

청대는 두 학파 사이에 이에 대한 여러 논의가 오고가는 것을 본 결과 퇴계의 처음설과 보완후의 호발설 사이의 논리적 부족을 느끼고 퇴계의 본의가 어디에 있는지 탐구해 들어갔다고 볼 수 있다. 그 결과 그는 퇴계가 사칠의 구분은 본연-기질지성의 구분과 같다고 한 설명에 착안하여 사단은 본연지성에서, 칠정은 기질지성에서 각각 발한다고 보았다. 이렇게 하면 퇴계 처음 호발설에 대한 충분한 설명이 될 뿐만 아니라 논리적으로도 명확하게 될 것이라 생각했다. 그 근거로 그는 본성에 처음부터 '지각'이 있다고 하여 인간 마음의 역동성은 본유적이라고 생각한 것이다.

마음도 존재론적으로 하나의 사실로 보면 본성을 함유하고 있는 마음을 역동적으로 보는 것은 자연스럽다. 즉 맹자의 성선을 정태적으로 보는 것이 아니라 능동적인 자발적 도덕적 작용을 하는 일종의 '도덕적 충동(에네르기)의 발산처'로 보고 있는 것이다. 이러한 관점은 천명의 내재화로서의 인간 본성에서 우주의 본질을 동시에 보려는 성리학의 인간론에서 연유한다.[68] 청대의 마음의 리·기에 대한 이러한 사고

따로 있다는 것을 서로 이해하지 못하고, 마음의 존재론, 리기 범주 사용의 시비에 매달렸다. '리기불상리-불상잡', '마음은 리기의 합', '심통성정', '성발위정' 등의 명제는 이미 확립된 것이므로 어느 한쪽으로 치우쳐 설명하면 오류에 빠지고 만다. 그러나 사칠리발기발 대립 입론은 가치 입론으로서 이와는 다른 의미가 있는데, 두 사람이 잘 이해하지 못하였다. 이동희, 「퇴·고 사칠논쟁에 대한 윤리학적 고찰」, 이동희, 앞의 책 『조선조 주자학의 철학적 사유와 쟁점』 참조.

68 인간도 우주론적으로 보면 다 같은 하나의 존재물에 불과하다. 그러나 만물의 영장으로서 인간의 우주에서의 독특한 위치가 있으므로 인간의 '도덕성'은 인간의 본질을 이루고 이것은 心에서 발출한다고 보는 것이 유학이고 성리학이다. 이때 심은 도덕적 의식과 행위가 나올 수 있는 에너지의 원천이라고 할 수 있다. 그러므로 심의 작용을 만유의 생명의 '역동성'과 같은 차원에서 설명할 수 있다. 다만 유학과 성리학은 그것을 '도덕적 충동'으로 보았을 뿐이다.

방식은 우주론, 즉 형이상학에 있어서 그대로 드러나 있다. 즉 그는 말하기를

> 노 선생(이황—필자)의 이른 바 "리가 동하면 기가 따라서 생긴다〔生〕"고 한 것과 염계의 "태극이 동하여 양을 낳는다〔生〕"고 한 것은 '리가 동하여 기를 낳는다'는 것을 말함이다.

라고 하고,[69] 또

> 태극이 동하여 양을 낳음〔生〕은 이것이 최초의 근원처로서 '리생기理生氣', '리선기후理先氣後'의 때이다. 여기서 어찌 기자氣字와 합해서 볼 것인가?

라고 하였다.[70] 이러한 '리생기설'에 대해 대산 이상정은 리기론의 원론에 따라 태극과 음양과의 관계, 형이상과 형이하의 관계를 예로 들어 비판했지만, 청대는 오히려 "그대가 리기의 본래 면목을 설득함은 좋으나, 다만 리를 주로 삼지 않고 반드시 기와 대립시켜 말한다면, 끝에 가서 생길 폐단은 기자氣字가 리의 경계를 침범하여 기 알기를 리로 여길 듯하다"라고 하였다.[71] "태극이 동하여 양을 낳는다"는『주역』과 그것을 인용한 주염계의『태극도설』의 명제는 퇴계도 청대와 같이 해석한 바 있다. 뿐만 아니라 주자가 리와 기의 관계에 대한 언표를 함에 있어 리가 먼저인 것처럼 말하기도 하고, 선후를 말할 수 없다고도 하여 균형을 이루었는데, 퇴계는 주자의 "리에 동정이 있으므로 기에도

---

69 『청대집』권8, 14면, 「答李仲久別紙」.
70 위의 책, 권8, 28면, 「答李景文」.
71 위의 책, 권8, 31면, 「답이경문」.

동정이 있다"는 설[72]을 취하여 '리의 작용'을 주장한 바 있다. 청대는 이러한 퇴계의 '태극동정론太極動靜論'을 그대로 지지하면서 인용하였다.[73] 단순한 인용이 아니고, 그의 관점이 그러하였다. 그러므로 그는 또 말하기를

> 만약 동정을 음양에만 돌리고 동정하는 까닭을 리에 돌린다면, 이것은 리는 체가 되고, 기는 용이 되며, 리는 무위이고 기는 유위有爲가 된다. 작용은 단지 기일 뿐이고, 리는 다만 사물死物이 된다.

라고 하였다.[74] 주자의 리기론에서 리는 작용성이 없는 이데아, 형이상학적 실재이기는 하나 일종의 '가능태'[75]로 규정되었으므로 리의 작용을 말하면 이 이론에 어긋난다. 그러므로 퇴계 당시도 '리의 체용론'으로서 그 모순에 대항한 바 있는데, 청대의 경우도 그것과 맥락을 같이한다. 퇴계도 "리를 사물로 볼 뻔했다"고 한 적이 있다. 청대 역시 리의 체용을 가지고 말하면서 존재에 있어서 현상의 모든 원인을 율곡처럼 기의 작용으로 보지 않고, '리의 용(작용)'이 그러하다고 설명한다. 즉 그는 말하기를 "충막무짐은 리의 본체이고, 때에 따라 나타남은 리의 묘한 작용인데, 본체에서는 기를 말할 수 없고, 작용에서 비로소 기를 말할 수 있다. 천지조화의 묘 또한 그러하다. ……일종지학一種之學(율곡설 – 필자)은 어찌 리자理字가 있는 것을 모르겠는가마는 다만 리가 기에 타재墮在한 후 자취가 없는 것만 보고, 당초의 '리

---

72 『주자대전』 권56, 36면, 「답정자상」.
73 『퇴계전서』 권39, 28면, 「答李公浩問目」.
74 『청대집』 권8, 28면, 「답이경문」.
75 이 '가능태'로서의 리에 대해서는 필자가 과정철학의 '영원적 객체'에 비유하여 말한 것인데, 이것은 플라톤의 이데아로서의 성격과 연관되어 있음은 물론이다.

생기'나 '리기선후'의 조목은 보지 않고, 작용은 전적으로 기라고 말한다"라고 하여[76] 율곡설을 의식하고 리의 체용론을 가지고 비판하기도 하였다.

존재론에서 리의 작용성을 말하는 경우 그 리는 우주의 궁극자, 즉 종교적 절대자나 형이상학적 궁극 원인으로 생각한 경우가 많다. 이때의 리는 기와 상대적으로 말하는 사물의 존재 원리로서의 리, 아리스토텔레스식으로 말하여 질료에 대한 형상, 또는 플라톤의 이데아의 의미가 아니다. 우주의 생생불식하는 현상을 볼 때 그 원인자는 아무 작용이 없다고 보기 어렵기 때문이다. 즉 천지의 생의生意는 바로 리, 즉 태극의 리로 여겨질 수 있다. 주자도 이런 면에서는 리선기후를 말한 경우가 있다.[77]

이것은 유신론의 종교체계가 아닌 동아시아 중세 사상에서 충분히 이러한 종교적 발상이 가능하다. 이러한 종교적 발상을 하게 되면 태극으로서의 리와 리·기의 리는 외연이 다름에도 불구하고 형식이 같으므로 내포에 있어 의미상의 중첩이 일어나 혼란스럽게 된다. 여기에 사단·칠정을 선악 대신 리기를 빌려 설명할 때 상징으로서의 리·기의 용어 사용 방식과 다시 논리가 얽히게 된다. 특히 사칠론의 '분개설'이란 것은 일종의 '도덕적 명제'로서 보아야 하는데 이 형식의 측면을 도외시하고, 그 사용 언어라든가 그 언표 내용의 분석에 치중함으로써 논쟁이 끝을 맺지 못하게 된 것이다. 리기론의 기본 의미는 모든 사물이 리와 기로 이루어져 있으므로 리·기 관계는 불상리−불상잡이라는 명제로 통일되어 있다.[78]

---

76 『청대집』 권8, 31-32면, 「답이경문」.

77 주자는 "리가 먼저 있다. 그러나 오늘 이 리가 있고, 내일 이 기가 있고 하는 식은 아니지만, 선후는 있다. 만약 산하대지가 다 없어져도 필경 이 리는 여기 있다"라고 하였다. 그 외에도 여러 예문이 있다. 『주자어류』, p.4.

78 물론 이것만으로 리기론의 전부가 다 해결되는 것은 아니다. 선악 대신 리기를 원용

성리학(주자학)에서 존재론과 도덕론은 리·기를 함께 사용함으로써 존재론이나 도덕론 자체도 분명한 구분 없이 함께 논하는 경우가 많다. 그 대표적인 것이 '소이연-소당연'으로서의 리를 설명할 때이다. 이것은 중세 자연법 사상의 한 특징인데, 소위 '천인합일'이라는 사유 방식이다. 그러므로 이때 존재론 설명에 도덕론적 시각이 투영될 수 있고, 존재론의 '소이연'으로서의 리는 작용이 없는 것처럼 보이게 된다. 다시 말하면 리의 '소당연'으로서의 작용 같은 것이 없는 듯이 생각된다. 즉 이는 이데아로서의 리에 대한 이해의 결핍이고 도덕론에 치우친 해석이라 할 수 있다. 그러므로 청대는 이렇게 말하였다 : "한백겸이 말하기를 '이이는 발하는 것은 기이고 발하게 하는 까닭은 리라고 한다. 만약 이와 같다면 리는 단지 앞에서 소이연이 될 뿐이고, 뒤의 소당연에는 맥락이 통하지 않는다'라고 하였는데, 한백겸의 이러한 말은 매우 좋다. 왜냐하면 소이연은 체이고, 소당연은 용이다. 만약 이이의 주장과 같다면 리는 비록 체가 되지만, 용에서는 오로지 기만 주장하고 리는 간섭할 수 없다"라고 하였다.[79] 소당연에서의 리의 작용(리의 용)은 인간의 마음뿐만 아니라 천지 조화도 그렇다고 볼 때 이는 도덕론적 시각으로 존재론의 리를 해석하고 있는 것이다.

요는 청대의 경우는 퇴계의 처음 호발설의 의미를 그대로 계승하면서 그 의미를 파악하고자 노력하였고, 그 근거 인용도 퇴계의 발언을 그대로 답습하였다. 그의 이러한 주리론 속의 리의 의미는 성리학 리기론의 존재론에서는 태극의 리의 작용(우주의 생생 작용)을 중시하고,

---

할 때의 이점은 기=겸선악, 즉 기=가선가악이므로 선·악 대립처럼 악을 절대악으로 보지 않으려는 사고방식이 저변에 놓여 있다. 이러한 선악관도 사칠론, 인심도심론 등의 논의에 포함되어 있어 여러 논의가 갑론을박이 된 것이다.

79 『청대집』 권15, 9면, 「관서록」.

사칠론에서는 사단은 본연지성에서 발하고 칠정은 기질지성에서 발한다고 하여 사단이라는 순수 도덕적 감정의 발로가 가능하다는 것을 '본성의 존재', '본성의 지각'이라는 역동성에서 그 근거를 찾았다.[80] 그는 퇴계의 호발설의 성립 가능 근거를 퇴계가 미처 하지 못한 바까지 자세히 입증하며 영남학파의 퇴계학 계승에 크게 기여하였다고 할 수 있다.[81]

IV. 결어

퇴계 이후 약 100여 년이 지난 뒤 기호학파에서 퇴계 입론의 잘못을 논하게 되자 영남학파에서도 퇴계 성리설을 옹호하고 변명하기 시작하였다. 처음 갈암이 학파의식을 가지고 율곡설을 비판하며 퇴계설을 옹호하였다.

갈암은 존재론에서 리 개념에 대해 율곡류의 '소이'의 원리성에 만족하지 않고 리의 유행발현으로서의 '작용'을 인정하여 '태극동이생양'의 해석이나 주자의 "리에 동정이 있으므로 기에 동정이 있다"는 명제를 그대로 해석하여 '리동', 즉 '리 자체의 동정'으로 해석하였다. 이는 퇴계의 방식을 그대로 답습한 것이다. 이러한 관점이 사칠설에도

---

80 유교는 본성(맹자의 '선성' / 성리학의 '성즉리')을 인간의 본질, 즉 도덕성의 근거로 보며, 본성의 지각은 사실은 '심통성정'의 구조가 말하는 바와 같이 심이라는 작용을 통하여 발현된다. 그러한 본질이 없으면 발현되는 내용이 없으므로 '본성의 지각'이라고 했다. 청대의 경우 사단은 본연지성에서 나오는 것으로 보기 때문이다.
81 다만 그 당시 대산 이상정이 영남학계를 주도하고 있었고, 또 그 학설이 주자식의 리기론 원론에 충실했기 때문에 그에 가리워져 청대 사상의 진면목이 가리워진 셈이다. 다카하시의 「이황의 가장 충실한 조술자 권상일의 학설」, 다카하시 도오루, 조남호 역, 앞의 책 『조선의 유학』, p.263.

그대로 나타나 퇴계 호발설 해석에서 '리발'을 '마음 가운데의 리의 발동'으로 해석하였다.

밀암은 존재론에서 리동을 주장하고 도덕론에서는 리발을 주장하여 퇴계의 호발설을 부친 갈암을 이어 충실히 계승하였다. 그는 리의 주·재성과 순수성을 강조하고자 하였다

대산은 리기 관계를 비교적 균형 있게 보려 하였다. 그러면서도 리를 '활물', 리기 관계를 '리주기자'라고 하여 주리론을 전개하였다. 사칠론에 있어서도 혼륜-분개 두 입론 방식이 필요하다고 하고, 퇴계 분개설의 의미를 '사칠주객론'으로써 설명하였다. 혼륜-분개법은 분명 퇴계의 호발설을 해석하는 중요한 방법이므로 대산은 결국 퇴계 호발설을 지지 계승한 것이다.

입재의 경우 '태극동이생양'이라는 리의 존재론적 의미 해석도 퇴계나 갈암과 마찬가지로 리의 선동先動을 주장하였다. 또 '리약기강'은 일시적이지만, 장기적으로 보면 '리강기약'이라 하였고, 심이 리와 기의 합으로 이루어지지만, 심이 이루진 뒤에는 리를 가지고(리를 위주로) 말해야 한다고 주장하였다.

정재의 경우 '리의 자발론'과 '리활물론'을 가지고 퇴계설을 옹호하였다. 정재가 말하고자 하는 것은 '천도의 유행'이라는 의미로 존재론에 있어서의 리의 작용성을 강조하려는 것이다. 주리론이 더 철저화된 결과로서 이때의 리는 '우주의 섭리'라는 의미를 갖고 있다. 이는 퇴계가 리를 '극존무대'라고 하여 높이는 그러한 발상과 같다. 그는 사칠의 문제를 논하면서도 이러한 논리를 연장하여 '천도의 유행'이라는 관점에서 '리발'의 의미를 해석하였다. 그는 리를 존재론적으로 말하는 모순은 있지만, 여하튼 '리가 자발한다'는 것을 강조하였다. 이것은 말하자면 '리본주의(Deism)'와 같은 것이다.

청대는 대산 및 성호와 비슷한 시대를 살면서 상호간의 논쟁을 통하여 그의 학설을 수립하였는데, 그는 성호처럼 칠정도 리발이라 보는

'리발일도설'도 비판하고, 대산처럼 사단이나 칠정이나 리기가 함께
작용해야 한다는 주자 리기론의 원론을 주장하는 것도 배격하고, 퇴계
호발설의 처음 주장을 지지하고 그 의미를 해석하였다. 그는 리기론의
존재론에서는 태극의 리의 작용(우주의 생생 작용)을 중시하고, 사칠론
에서는 사단은 본연지성에서 발하고 칠정은 기질지성에서 발한다고
하여 사단이라는 순수 도덕적 감정의 발로가 가능하다는 것을 본성의
존재, '본성의 지각'이라는 역동성에서 그 근거를 찾았다.

청대뿐만 아니라 퇴계학설을 계승했다고 하는 갈암학파의 대부분의
학자들도 도덕론을 중심으로 리기론을 해석하였다. 그러므로 존재론
적 의미의 리기 해석도 『역』과 『태극도설』의 '태극동이생양'을 글자
그대로 해석하고, 주자의 언표 중에서도 '리가 먼저 동한다'는 설을
근거로 삼았다. 그리하여 형이상학으로서의 주자의 리기론에 대한 이
해보다도 퇴계 사칠설을 중심으로 리기론을 부연하여 조선조 성리학
을 도덕론으로 전화시켰다고 할 수 있다. 청대를 비롯한 갈암학파뿐만
아니라 한말의 영남의 퇴계 계승자 한주 이진상의 '심즉리설'도 이러
한 맥락의 최종 종점으로서 이해가 가능하다.

제8장 성호 이익과 다산 정약용의 사칠논쟁 해석

I. 서 언

조선조 성리논쟁의 핵심은 '사단칠정(리기)논쟁'이라고 할 수 있다. 퇴계와 고봉이 논쟁을 시작한 이후로 율곡과 우계가 그 주제로 담론을 이어갔고, 퇴계와 율곡의 사후 그 제자들을 중심으로 학파가 형성되면서 논쟁이 가열되고 나중에는 당파적인(이데올로기적인) 성격도 갖게 되었다. 학파에 관계 없이 개인적인 연구를 하는 경우에도 이 주제는 조선조 말까지 끊어지지 않고 선비들이 즐겨 다루는 주제—심지어는 문집에 한 마디 넣기 위해서라도 몇 마디 적어 동료들에게 편지를 보내기도 하는—가 되었다. 그리하여 철학 방면에서는 인물성론과 함께 매우 광범위하고 일반적인 사유의 문화를 이루었다.

그러는 가운데 기호학파의 농암과 그 친구들, 그리고 소론학파들이 퇴율 학설에 대해 비교적 객관적인 분석을 하면서 절충적인 관점을 제시하기도 하였다. 이것은 퇴율에서 시대가 제법 내려와 그동안 사유를 거듭한 결과 얻어진 일정한 지성사의 발전이기도 하다. 한편 영남학파에서도 퇴계설을 비판적으로 계승하면서 보완하는 움직임이 있었다. 그중에 특히 관심을 끄는 사람이 성호 이익과 다산 정약용이다. 왜냐하면 이들의 시대는 이미 서양과학과 기독교가 들어온 이후의 시대이므로 새로운 서양적 관점에서 전통 성리학을 볼 수 있었기 때문이다.

역사학자들이 말하는 소위 '실학시대'의 실학자들이다. 이들 실학자들
이 분명 전통 주자학적 세계관을 비판적으로 보았기 때문에 그들이 전
통 주자학인 이 사칠논쟁, 즉 성리논쟁을 어떻게 보았는가 하는 것은
큰 관심거리가 아닐 수 없다.

성호는 『사칠신편』을 저술하여 매우 체계적으로 사칠론의 근본 문
제를 검토하고, '부록'에는 퇴율과 고봉의 논점을 분석하였다.[1] 여기에
퇴계설을 지지하는 입장이 나타나 있지만, 고봉과 율곡의 학설에 대해
서는 비판적인 평가를 내리고 있다. 그는 당시 서양의 천주교와 과학
에 대한 폭넓은 지식을 가지고 있는 지성이었다. 다산은 성호를 존경
하고 계승한 사람으로 물론 그의 영향을 받았겠지만, 서양종교와 그
속에 담긴 서양철학의 일정한 수용이 전통을 새롭게 볼 수 있는 안목
을 제공한 점에 주목할 만하다. 더욱이 선진고경先秦古經 연구의 경학
과 천주교 이해가 주체적으로 어우러지는 특이한 입장이기 때문에 전
통 주자학에 대한 평가 또한 경청할 만하다. 물론 그의 실학적 관점,
즉 리기론과 같은 공리공담을 불식하고 경세학에 전념하려는 그의 학
문적 입장도 일정하게 반영되었다.

위와 같이 다소 특이한 관점을 가졌던 성호와 다산의 사칠논쟁에
대한 이러한 해석과 비판이 그토록 오랫동안 논의되어왔던 논쟁을 어
느 정도 청산하고 정리한 것일까? 성호나 다산은 난마처럼 얽힌, 그리
고 당색이 끼어든 논쟁에 대해 어느 정도 결론을 내고 싶은 마음을 가
지고 있었던 것 같다.[2] 그런데 만약 특이한 관점에서 내린 참신한 해

---

1 성호는 「사칠신편」에서 앞부분은 사칠론에 관한 자료 정리이고(대부분 주자의 학설
  인용), 뒷부분은 퇴율과 고봉 3인의 학설 평론이다(퇴계·고봉에 대한 것은 2~4건이
  고, 대부분 율곡설에 대한 비판이다). 그러므로 학파 형성 이후의 사칠논쟁 전개의
  여러 양상에 대한 고찰은 없는 셈이다. 최초의 문제만을 핵심으로 다루었지만 연구
  사적 고찰이 없는 것이 한계이다. 아마 실학자로서 철학 이론에 대한 관심의 한계가
  아닐까 한다.

석이 아니라면 또 하나의 학설을 더하는 것이 될 뿐이다. 그러므로 오늘날 우리는 현대 보편철학의 관점에서 그들의 논의를 다시 객관적으로 검토해볼 필요가 있다.

사칠논쟁이나 인물성론은 조선조 학술사에서 많은 인원과 시간이 소요되었다는 점에서 오늘날 우리가 소홀히 할 수 없는 문화유산인 것은 틀림없다. 그러나 주자학이 중세철학으로서 한계가 있음에도 불구하고 그것을 계속 동어반복적으로 논의했다는 것은 근대적 사유나 주체적 사유를 방해했다는 비판을 받을 수도 있겠다. 그러나 한편으로 생각하면 이러한 정신적 유산은 조선조 선비들의 삶의 자취요, 사유의 족적이란 점에서 중요한 '사유의 유산'이라고 할 수 있다. 그러므로 현대적 시사점을 얻는 데는 옥석을 가리는 작업이 먼저 있어야 할 것이다.

그동안 많은 사람들이 성호와 다산에 대해 연구를 하여 좋은 자료가 축적되어 있다.[3] 본고는 이러한 자료에 힘입어 두 사람의 성리논쟁

---

2 성호는 「사칠신편서」에서 "율곡 이후 당의에 치우쳐 사칠논의에 대한 수많은 글들이 나왔는데, 모두 퇴계를 공격하는 글이고, 자기가 읽어보니 요령도 알 수 없고 짜증이 날 정도로 복잡하였다"라고 말하고 있다. 다산은 "퇴율 이후 사칠설은 큰 싸움거리〔大訟〕가 되어 후생이 감히 입을 땔 수가 없다"라고 하였다. 『전서』 1, p.451, 「서암강학기」.

3 성호 경우 이상익 역, 『역주 사칠신편』(서울: 다운샘, 1999)이 있고, 그 부록에 이상익의 '해설논문' 「성호의 사단칠정론」이 붙어 있다. 성호 사칠론 관련 중요한 논문을 열거하면 다음과 같다: 송갑준, 「성호 이익의 사단칠정론」, 『철학논집』 제3집, 경남대 철학과, 1987(민족과 사상 연구회 편, 『사단칠정론』, 서광사, 1992에 수록); 김용걸, 『성호 이익의 철학사상 연구』, 성균관대 대동문화연구소, 1989; 김홍경, 「이익의 자연인식」, 『실학의 철학』, 예문서원, 1996; 안영상, 「성호이익의 사단칠정설」, 『동양철학』 제11집, 한국동양철학회, 1997; 안영상, 「성호학파의 우주론과 도덕 실천적 심성론의 분리」, 『민족문화연구』 제32호, 고려대·민족문화연구소, 1999; 안영상, 「퇴계학파 내 호발설의 이해에 대한 일고찰」, 『퇴계학보』 제115집, 퇴계학연구원, 2004; 이동희·안영석, 「성호좌파 성리설의 전개와 변용」, 『동양철학연구』 제47집, 동양철학연구회, 2006. 다산의 사칠론 관련 중요 논문은 다음과 같다: 유초하, 「정약용의 사단칠정관」, 민족과 사상 연구회 편, 『사단칠정론』, 서광사, 1992; 박홍식,

(사칠논쟁)에 대한 해석을 현대적인 관점에서 평가하고자 한다.

II. 성호 이익의 사칠논쟁에 대한 해석

성호는 퇴계-한강 정구-미수 허목으로 연결되는 근기 퇴계학파에 속하므로 일찍이 퇴계학에 대해 관심을 가졌다. 그가 허목으로부터 직접 배운 것은 아니지만, 당시 치열한 당쟁 속에서 소외된 남인학자들이 근기지방에 우거하고 있었고, 서인의 학풍이 율곡-우암학이었으므로 자연히 퇴계학을 존숭하여 남인의 당론으로 삼았다. 그러므로 성호 역시 특별한 사승 관계는 없으나, 근기 남인의 학문적 분위기 속에서 퇴계학을 조술하게 되었다.

그러므로 그가 『사칠신편』을 저술하여 체계적으로 사칠설에 대해 논증한 것으로 보이지만, 실은 퇴계설의 입장에서 율곡설을 비판한 것으로 결국 퇴계설을 옹호하는 저술인 셈이다. 많은 부분이 주자의 설을 인용하여 사칠설을 설명하고, 부록으로 붙은 퇴계, 고봉, 율곡 3인의 설에 대한 비판은 대부분 율곡설에 대한 비판이다(퇴계학설에 대한 의문은 2건이고, 고봉에 대한 것은 4건이고, 대다수는 율곡에 대한 의문으로 되어 있다). 퇴율 이후 자기에 이르기까지의 사칠논쟁의 역사는 빠져 있다. 그럼에도 그가 주목되는 것은 서양과학과 천주교를 알고 있는 실학자로서 어떻게 주자와 퇴계의 전통적 도덕론을 옹호하는가 하는

「다산 정약용의 인간관」, 1994(박홍식 편저, 『다산 정약용』, 서울 : 예문서원, 2005; 송영배, 「다산 철학과 『천주실의』의 철학적 패러다임의 유사성」, 2005, 위의 책; 윤사순, 「성리학과 실학, 그 근본 사고의 동이성에 대한 고찰」, 2003, 위의 책; 이광호, 「동서융합의 측면에서 본 정약용의 사상」, 2005, 위의 책; 이동환, 「다산 사상에서의 '상제' 도입의 경로와 성격」, 2005, 위의 책; 김영우, 「다산의 사단칠정론 고찰」, 『다산학』 제6호, 다산학술문화재단, 2005.

의문 때문이다.

퇴계-고봉, 율곡-우계 사이에 있었던 최초의 사칠논쟁에서 핵심 문제는 다음 몇 가지로 정리할 수 있다.

첫째, 퇴계 호발설에서 '리의 발'은 '리의 자발自發'(또는 '리의 능발 能發')을 말하는가 하는 문제와 만약 자발이라면 주자의 '리 무위설'과 모순되는데, 퇴계가 모를 리 없다면, 무슨 의미로 그렇게 말하였는가?

둘째, 퇴계 호발설에 대해 고봉과 율곡이 '마음에 두 근원이 있는 것 같이 보인다' / '칠정에도 리가 작용한다'고 비판하자 퇴계는 해명 하면서 '리발기수-기발리승'으로 대답하였는데, 과연 답이 되는가이 다(고봉 비판을 수용하여 퇴계는 '리기불상리', '성발위정', '심합리기', '심통 성정'의 성리학 기본 명제를 참조하여 보완).

셋째, 퇴계의 호발설의 뜻은 사단은 결코 칠정과 섞일 수 없다는 것 을 강조한 것인데, 고봉과 율곡은 칠정 외에 다른 정은 없고, 사단은 칠정 중의 특별한 것으로 골라낸 것이라고 보았는데(七包四), 두 관점 의 차이는 무엇인가?

넷째, 퇴계 호발설에 대해 고봉은 '성발위정'이므로 칠정도 성리性 理에서 나왔으므로 기氣만 지칭하여 '기발'이라 할 수 없다고 하고, 율 곡은 인간과 자연 모두 작용은 기에 의하므로 사칠 발현도 '기발리승' 뿐이라고 했는데, 호발설과 고봉-율곡의 두 관점의 차이는 무엇인가?

다섯째, 퇴계는 리발-기발은 본연지성-기질지성, 도심-인심과 같 다고 했고, 율곡은 본연-기질은 다른 두 가지와 다르다고 했다. 그러 면서 율곡 자신은 인심-도심을 상대적으로 거론하고(주리-주기라는 표현도 하여 퇴계 호발설과 유사) 또 종시설을 주장했는데, 인심-도심은 그렇게 볼 수 있는데, 리발-기발은 왜 그렇게 보면 안되는가?

여섯째, '사단 부중절' 문제와 '칠정 중절' 문제에 대해 두 입장이 다르다(이는 셋째 관점과 연관되어 있다). 퇴계는 사단 부중절은 맹자의 본의가 아니라고 하여 부정하였고, 고봉은 칠정의 중절(성인의 칠정)을 강조하여 '칠포사'의 논리를 뒷받침하려고 했는데, 퇴계는 결국 성인의 칠정은 중절이므로 사단과 같다는 고봉의 설을 인정하였다.

일곱째, 퇴계는 리는 순선純善, 기는 겸선악兼善惡이라 하고, 또 기발에 리승이 없으면 이욕利欲에 떨어져 금수禽獸가 된다고 하여 가치론적으로 리-기 개념을 사용하였는데, 이런 관점에서 리발-기발을 대립 입론할 수 있다고 보았다. 이것은 리-기의 존재론적 개념과는 다른 용례인데, 이렇게 사용해도 정당한가? 또 이를 어떻게 해석해야 될 것인가?

여덟째, 퇴계는 호발설을 설명하면서 사칠이 '소종래所從來'가 다르다고 하고, 또 한편으로는 사칠은 '소취이언지자所就而言之者'(所主 / 所重)가 다르므로 '리발-기발', 또는 '주리主理-주기主氣'라고 말할 수 있다고 했는데, 이 관점은 어떤 의미가 있는가? 물론 이 시각은 고봉이나 율곡이 받아들이지 않았다.

아홉째, 퇴계는 리발을 말할 때 마음은 '심합리기心合理氣'이고, '심통성정'이므로 심의 작용은 역동적이고, 심의 리는 능동적으로 자발한다고 생각했다. 따라서 리를 매우 중요시하여 '극존무대極尊無對'라 하였다. 퇴계에게 리는 심의 본질이고, 도덕적 가치의 근원〔人極〕이며, 우주의 궁극자로서는 태극이다. 그러므로 퇴계의 이런 이론들이 실천론에서는 '심학'이 된다.

열째, 리-기는 원래 존재론적 개념(형이상학적 범주)인데, 이것이 도덕론에 전용되어서는 가치 개념으로 바뀌어 리-기에는 우열이 생긴다. 그러므로 사칠을 리발-기발로 표현하는 것은 일종의 리-기를 빌려 가치를 인식하는 '은유법'이다. '가치인식'의 기본은 선-악(성명-형기 / 인심-도심)인데(이분법적 형식), 선-악을 대신하여 리-기를 응용하는 이유는 무엇인가? 또 리발-기발 표현 속에 리-기라는 개념이 들어 있으므로 자연히 리-기 개념이 가지는 표상 기능과 실제 설명하는 기능이 동시에 작동하게 된다. 이 은유와 설명(작용)이 리-기 개념

(범주)을 사용할 때 사용 범위를 한정(구분)하지 않으면 뒤섞이게 되는 것 같다. 즉 리-기 작용을 말하면 리는 무위, 기는 유위, 리기관계는 불상리잡, 리기선후 등의 논리가 전개되고, 한편으로 리발-기발을 사단-칠정에 대한 가치인식의 은유법으로 사용하면 단순한 '상징'이나 '기호'의 역할을 하게 된다. 이 두 관점에는 갭이 생긴다. 이런 문제 등이 사칠논쟁에 남겨진 문제들이다. 또 이런 것을 논쟁 담론자들이 어떻게 인식하고 있었는가 하는 점도 살펴볼 문제이다. 성호는 퇴계를 옹호하는 입장이므로 물론 위의 문제를 다 다루지는 못했다.

성호는 먼저 고봉의 비판을 받은 퇴계의 호발설에 대해 해명하는 것이 중요한 일이었다. 그는 말하기를

밖으로부터 와서 느끼는 것을 감(感 ; 감촉)이라고 하고, 나로부터 움직이는 것을 발(發 ; 발동)이라고 한다. 나의 성이 외물에 감촉하여 움직일 때 나의 형기와 서로 간섭되지 않는 것은 리발에 속하고, 외물이 나의 형기를 촉발한 후 나의 성이 감촉되어 움직이는 것은 기발에 속한다.

라고 하여[4] 사단은 형기 교섭 없이 마음이 발하는 것으로 설명하였다. 그러나 율곡은 이 경우를 현실에서는 있을 수 없는 매우 추상적인 것으로 보았기 때문에 '기발리승'만 인정할 수 있다고 한 것이다. 동시에 성호는 퇴계의 '기발리승'은 형기로 말미암아 발한 것이란 뜻이지 기가 먼저 발하여 리가 타는 것이 아니라고 하였다. 그러므로 그에게 있어서 사단칠정은 모두 '리의 발'이 된다. 즉 그는 말하기를

'리발기수'는 리가 먼저 움직이고 기가 뒤따른다는 뜻이 아니다. 이

---

4 『성호전서』 7, 「사칠신편」, 〈칠정변시인심 제8〉. 이하 『성호전서』 7 생략하고, 「사칠신편」으로만 표기.

발發이란 나의 천려가 그렇게 하는 것이다. '기발리승'도 기가 먼저 움직이고 리가 나중에 탄다는 뜻이 아니다. 이 발이란 나의 형기가 그렇게 한다는 것이다. 합해서 말하면 모두 리발이요, 나누어서 말하면 두 가지 다름이 있다. 이것이 인심—도심이 있게 된 까닭이고, 주자가 이미 다 말했다. 저 이른바 '기발일로'만 있다는 것은 무엇인가? 무엇을 가지고 밝히겠는가?

라고 하였다.[5] 이것이 성호의 '리발일로설理發—路說'이다. 이 관점에서 율곡의 '기발일도설氣發—途說'을 비판하고 있다. 이 설은 퇴계의 설과 같고, 설명 방식도 같다. 그러나 이러한 논의는 퇴계의 가치론적 대립입론의 취지와는 약간의 거리가 있다. 즉 성호는 퇴계의 대립입론을 '심성구조', 또는 '심성 작동의 시스템' 측면에서 해명하고 있는 것이다. 그의 다음 말[6]이 이것을 입증한다.

(율곡이 퇴계 호발설은 심에 두 묘맥이 있다고 볼 혐의가 있다는 설을 비판하면서) 호발이란 단연코 이러한 이치는 없다. 퇴계가 의도한 바가 다른 데 있으므로 오래 생각하고 한 말이다. 심중에 드나드는 기를 가지고 말하면 '리발기수'는 사단과 칠정이 모두 그러하니 어찌 다름이 있겠는가? 칠정에 이르러서는 리발의 상면에 한 층의 묘맥이 있어서 이 리의 발이 형기로 말미암은 것이어서 리의 직발直發이 아니다. 직발하면 형기와 교섭이 없으므로 마음에서는 '리발기수'만 말하는 것이 옳다. 형기에 부딪혀 발하는 것은 '기발리승'을 말하는데, (이때도) 마음에 있어서의 '기수' 두 글자는 다시 말하지 않아도 그 뜻이 나타나지 않음이 없다.

---

5 위의 책.
6 『성호전서』 2, p.1080 上右, 「答權台中 을축」.

사단 칠정 모두 '리발기수'라고 단정하고 형기의 촉발에 의한 칠정은 이 구조와는 다른 구조로 작동한다고 설명하고 있다. 그리하여 "마음에서는 리발기수만 말하는 것이 옳다"라고 하고,[7] 또 "칠정의 경우는 분명히 형기의 촉발로 인한 것이므로 '기수'는 말할 필요 없이 포함되어 있다"는 식으로 부연 설명하였다. 그는 퇴계가 호발을 말한 의도는 따로 있는데, 율곡이 곡해한다고 비판하였지만, 그의 위와 같은 해명은 과연 퇴계의 뜻과 같은지는 의문이다. "칠정은 리발 위의 한층의 묘맥이 더 있다"고 하면 우리의 마음의 작동은 '리발기수'뿐이고 칠정은 '그 가운데 특이한 것'이 된다. 이 논리는 고봉과 율곡의 '모두 칠정, 사단은 특별히 골라낸 것'이란 논리와 같은 것이 된다. 그러므로 성호 역시 심성 작동 기제에만 치우쳐 퇴계설을 설명함으로써 퇴계의 입론 방식의 특징에 대해 간파하지 못하였음을 보여주고 있다.

퇴계 호발설에는 사단을 높이려는 이상주의적 입장이 잘 나타나 있는데, 퇴계는 이 입장에서 사단-리발, 칠정-기발로 보았다. 이때 그가 사용한 리-기 개념은 형이상학적 범주가 아닌 선-악 대신에 사용한 가치 평가어라고 할 수 있다. 그가 "기발에 리승이 없으면 이욕에 빠져 금수가 된다"고 한 것[8]이나, "분석을 싫어하고 합하는 것을 좋아하면 기를 가지고 性을 논하고 인욕을 천리로 여기게 된다"고 한 것[9] 등이 이를 말한다. 그리하여 '사단리발-칠정기발'이라는 명제는 일종의 은유로서 메타윤리학적 의미를 담고 있다. 즉 이 명제는 심의작용에 의해 나타난 정이라는 발현 현상을 두고 선-악을 평가하는 것이므

---

7 성호가 「사칠신편」에서 "칠정 가운데에 사단의 모상(貌象)이 없는 경우가 없다"라고 하여 칠정에 사단의 원리가 작용하고 있다고 하여 '칠정횡관사단'이라고 하였는데, 사칠 모두 '리발일로'라고 하는 주장과 같은 논리이다. 「사칠신편」, 〈칠정횡관사단 제6〉.

8 『퇴계전서』 권36, 2면, 「답이굉중문목.

9 앞의 책, 권16, 11-12면, 「논사단칠정 제2서」.

로 일종의 가치 인식을 위한 기호학적 방법이고, 이때 사용된 리−기
는 상징어(기호)라고 할 수 있다. 문제는 선−악이라고 할 때와 리−기
라고 할 때 사단과 칠정에 대한 평가(규정)가 다르기 때문에 리−기 개
념을 차용한 것이므로 그 차이가 무엇인가에 대한 해명이 필요하다.

간단히 말하면 리는 순선, 기는 겸선악〔可善可惡〕이어서 기=칠정
은 바로 악(불변적인 절대악)이 아니라는 것이다. 그러므로 선−악에 의
한 규정보다 악에 대한 융통성 있는 규정을 내릴 수 있다. 즉 악은 소
멸되는 과정에 있는 '불완전한 선'으로 보는 선악관이 그 속에 내재되
어 있는 것이다. 이는 자연의 이법을 합목적적인 것, 즉 진선진미한 것
으로 보는 동양의 중세 신학이론이기 때문에 그렇다고 보인다(서양 중
세 기독교 교리와 비교해보면 쉽게 알 수 있다). 여하튼 리발−기발에 이러
한 가치인식(가치평가)의 방식이 내재되어 있기 때문에 존재론적 리−
기 개념의 사용과의 사이에 차이가 생기고, 또 평가하려는 도덕적 관
점과 심의 구조나 작동기제를 규명하려는 존재론적 논리가 겹쳐지면
서 혼란이 생기게 된다. 사칠논쟁의 혼란도 핵심은 여기에 있다. 이 두
관점을 구분해서 말해야 하는데, 옛날 사람은 그렇게 하지 못했다. 그
러나 오늘날 우리는 분석해서 보는 것이 옳다.

성호가 리발−기발을 성에서 직발하는 것과 형기가 섞인 것으로써
구분한 것은 역시 이분법적 논리로서 퇴계와 같지만, 퇴계가 '나아가
말하는 바〔所就而言之者〕'가 다르다고 하는 은유법에 대해서는 알지
못했다.

성호의 기본 입장은 퇴계와 다른 점이 있는데, 세 가지를 지적할 수
있다. 첫째, 칠정 밖에 사단이 있다고 한 점이다. 그는 말하기를

칠정의 중절한 것은 사단이 주재한 것이니, 곧 '인심이 바로 도심'이
라는 뜻과 같다. 그러므로 칠정의 중절한 것을 바로 사단이라고 하는 것
은 옳지만, 만일 칠정 밖에 사단이 없다고 한다면 옳지 못하다. 맹자가

말한 사단이란 별도의 하나의 학설로서 칠정의 선일변善一邊을 제외하고도 또한 순수한 천리의 발이 있다는 것이다.

라고 하였다.[10] 여기서 칠정의 중절이 사단이라고 하는 논리와 칠정 밖에 사단이 별도로 있다는 논리는 상호 모순된다.[11] 퇴계는 사칠을 구분해서 보아야 된다고 했을 뿐 성호와 같이 '칠정 외 사단'은 말하지 않았다.[12] 퇴계의 '사칠 구분 / 사단 강조'의 뜻을 부연하면 성호의 해석이 나올 수 있다. 이 부연 설명이 퇴계의 의도를 분명히 드러냈지만, 동시에 오히려 퇴계 호발설에 논리적 모순이 있는 것처럼 만들기도 한 셈이다. 퇴계의 뜻은 심성 구조나 작동기제를 말하려고 한 것이 아니고 리를 높이고 사칠을 가치 대립시키고자 하였다.[13]

둘째, 성호는 사단을 별도로 중요시하면서 한편으로는 사단에도 부중절이 있다고 하여[14] 논리적 모순을 보였는데,[15] 퇴계는 "사단의 부중

---

10 「사칠신편」, 〈사칠유이의 제7〉. 「사칠신편」 부록 〈독퇴계선생서기의〉에도 이와 같은 말이 있다.

11 이상익은 "성호는 사단·칠정 또는 인심·도심을 형기의 개입 여부로 묘맥을 가르기도 하고, 또한 중절과 부중절이라는 차원에서 일관시키기도 하였지만, 이 두 관점은 맥락이 다른 것으로 논리적 통일성이 결여되었다"라고 지적하였다. 이상익, 「사칠신편 해설논문」, 앞의 책, p.181. 이러한 지적을 보더라도 성호가 아직 퇴계 호발설의 입론 형식에 대해 심의 구조론에 얽매어 잘 이해하지 못하고 있는 것을 알 수 있다.

12 퇴계는 "칠정 외에 사단이 있다고는 할 수 없어도 사단과 칠정이 다르지 않다고 하면 안될 것 같다"라고 하였다. 『퇴계전서』 권16, 34면, 「답기명언 논사단칠정 제2서」.

13 퇴계의 이런 윤리적 입장과 '칠정 외 사단'을 주장하는 성호의 윤리적 입장은 거시적으로 볼 때 고봉과 율곡의 '현실주의적' 입장에 비해 '이상주의적'이라 할 수 있다.

14 「사칠신편」, 〈사단유부중절 제3〉.

15 성호에게 이 논리적 모순은 불가피하게 보인다. 사칠논쟁에서 사단 부중절과 성현의 칠정의 중절에 대한 선-악(혹은 리발-기발) 판단은 이론에서 부딪치는 논리적 함정으로 보이고, 이것은 오로지 '실천의 장'에서 해결될 수 있는 문제인 것 같다.

절은 맹자의 본의가 아니다"라고 일축한 바 있다.[16] 그러나 성호는 퇴계를 부연하면서 위와 같이 다른 주장을 폈다. 퇴고 논쟁에서 '사칠의 중절-부중절'은 본격적으로 논의되지는 않았으나 성호는 이 논리를 자연스럽게 적용하였다.[17]

　성호 처럼 '사칠의 중절-부중절'이나 '칠정횡관사단七情橫貫四端'[18]으로 말하는 것은 사칠 대립입론과는 취지가 조금 다르다. 이것은 심의 작동기제를 말하는 것으로 심의 발현에 대한 '평가'와는 다른 것이다. 중절-부중절을 말한다면 이것은 사칠논쟁의 또 하나의 평가 기준을 제시하는 셈인데, 자세히 보면 결국 이분법적 평가이다. 그렇게 되면 사칠논쟁 처음의 '사칠대립'과는 이중적으로 겹치게 되어 혼란이 일어난다. 실제 심의 작동기제를 말하면 '성발위정'의 구조에 '기발리승' 뿐이라고 할 수 있는데, '성발위정'의 명제는 성호의 '리발기수'와 같다. 그 반대 명제인 '기발리승'은 성호가 반대했는데, 그 이유를 설명하기를 "리는 고목사회枯木死灰와 같지 않다. 아직 측은하지 않았을 때에도 반드시 측은의 리가 있는 것이니, 어린아이〔赤子〕의 일에 느끼면〔感〕이 리가 차마 가만히 있을 수가 없어서 기가 따라와〔氣隨〕이러한 느낌을 이루니 어디에 기발이 있단 말인가?"라고 하였다.[19] 그런데 율곡은 이와 반대로 보고 느끼는 것을 '기발'로 해석하였으니, 그는 "유자입정孺子入井을 보고 측은한 마음이 일어난다. 이때 '보고 측은히 여기는 것'은 기이다"라고 하였다.[20] 이것을 보면 리-기로 심의 작동을 이야기하면 두 개의 반대되는 논리가 성립됨을 알 수 있다. 그러므

---

16 『퇴계전서』권16, 41면, 「후론」(「답기명언」-논사단칠정 제2서 改本에 부록으로 추가한 것임).
17 「사칠신편」에 〈사단유부중절 제3〉이나 〈성현지칠정 제4〉 항목이 보인다.
18 성호가 말하고자 하는 뜻으로 보아 '四端橫貫七情'이라고 해야 맞다.
19 「사칠신편」, 〈칠정변시인심 제8〉.
20 『율곡전서』권10, 5면, 「답성호원」.

로 심의 구조나 작동기제를 논하는 존재론적 논의에서는 리-기 두 개념이 동시에 수반되어야 한다. 이는 사칠 대립입론의 가치평가와는 다른 문제임을 알 수 있다.

셋째, 퇴계는 사단-칠정을 본연지성-기질지성 관계와 같다고 하였는데,[21] 성호는 그렇게 보지 않았다. 그는 말하기를 "선생(퇴계-필자)의 뜻을 보면 사단은 본연지성에서 곧바로 발한 것이고, 칠정은 기품氣稟을 말미암아 발한 것이라고 여겨 이렇게 말한 것이다. 그러나 정에 사단과 칠정의 구분이 있는 것은 성에 본연지성과 기질지성이 있는 것과 같지 않다. 본연지성과 기질지성은 두 성이 아니다. 혹은 기품과 합해서 말하고 혹은 기품을 제외하고 말하는 것이니, 하나는 단언單言, 하나는 겸언兼言한 것이어서 대립하는 것이 아니다. 정에 이르러서는 분명 두 길이다. 성은 하나이지만 혹은 이렇게 말하고 혹은 저렇게 말하니, 어찌 두 길이 아닌가?"라고 하였다.[22] 원래 주자에게 있어 기질지성은 본연지성의 '타재墮在'라고 하듯이[23] 보편적인 이데아로서 말한 것이 본연지성이고, 그것의 개별화가 기질지성이다. 두 성이 있는 것이 아니고, 두 가지로 말하는 것이므로 실제는 '동시공재'하고 있다는 뜻이다. 이것을 '리일분수'로써 말할 수도 있고, 또 율곡처럼 '리통기국'으로써 말할 수도 있다. 이것은 중세 종교 교리로서 만물의 개별성(차별성)을 넘어선 만물의 평등성을 말하고자 하는 메시지이지만, 오늘날 체세포 복제가 과학적으로 이를 증명하고 있으므로 보편적 의미가 있다.[24]

---

21 『퇴계전서』 권1, 12면, 「답기명언 논사단칠정 제1서」. 율곡도 그렇게 보았는데, 퇴계와 입장이 달랐다. 즉 퇴계가 대립된다는 관점에서 말했다면, 율곡은 사단은 칠정을 겸할 수 없으나 칠정은 사단을 겸할 수 있다는 관점에서 기질지성-본연지성 관계를 인용하였다.
22 「사칠신편」 부록 〈독퇴계선생서기의〉.
23 『주자대전』 권58, 「답서자융」.

성호는 그의 '리발기수일로설'을 뒷받침하기 위하여 기에 대소가 있다는 설을 제창하고, 더 근본적으로는 인간 심성에서 리기를 논하는 방식과 천지자연에서 리기를 논하는 방식이 다르다는 것을 제안하였다. 대기大氣는 형기의 기로서 일신을 두루 흐르는 기이고, 소기小氣는 심장心臟을 드나드는 기로서 이른바 '신명지심神明之心'이라고 하였다.25 이는 '리발기수일로설' 위에서 '칠정기발'을 원만히 설명하기 위한 장치로 보인다.

문제는 성호의 위와 같은 부연 설명은 역시 리기이원론에 구애된 이분법적 설명 방식이고, 동시에 도덕적 명제를 존재론적으로 치환하여 설명한 것이어서 퇴계 의도를 정확하게 이해했다고 볼 수 없다. 다시 말하면 "두 가지로도 말할 수 있다"26는 데 대한 설명이 부족하다. 그러면서 다른 한편으로 성호는 리기이원론적으로 심성구조와 작용기제를 설명하지만, 기호학파에서 공격하는 퇴계의 '리발'의 문제를 시원하게 존재론적으로 설명하지 못했다. 즉 퇴계의 리발설과 관련 있는 '리동설理動說'에 대해서는 논외로 하였다. 이는 그가 형이상학적 문제에 관심이 없었다는 것을 말한다.27

물론 성호 역시 가치론적 시각이 전혀 없었던 것은 아니다. 그는 사단칠정을 설명하면서 사단은 공公, 칠정은 사私라고 하였다. 예를 들면

---

24 이에 대한 간단한 참고사항은 이동희,『동아시아 주자학 비교 연구』, 계명대 출판부, 2005, p.40 참조.

25 『성호전서』 2, p.1100 下右,「答李汝謙 경신」;「답이여겸 신유」.

26 『퇴계전서』 권16, 30면,「답기명언 논사단칠정 제2서」. '分別言之'라고 하였다. 앞에서 말한 '所就而言之者'와 동일한 뜻이다.

27 이상익은 이에 대해 일반적으로 사칠리기론을 논하면 반드시 다루게 되는 형이상·형이하의 문제와 리의 작용 문제(能發이냐 所發이냐 문제)에 대해 성호는 설명이 충분하지 않다고 말한다. 이상익,「사칠신편 해설논문」, 앞의 책『역주 사칠신편』, p.188.

사단의 측은은 공적인 것이고, 칠정의 슬픔〔哀〕은 사적인 것, 사단의 싫어함〔惡〕은 불의를 미워하는 것이므로 공적인 것, 칠정의 싫어함〔惡〕은 자기를 해치는 것을 미워하는 것이므로 사적이다.

라고 한 것[28]이 그것이다. 물론 이것은 대체적인 규정이지만, 분명 '가치 인식'(가치 규정)이라 할 수 있다. 성호는 이러한 논리로 퇴계의 호발설이나 주자의 인심-도심 설명을 왜 이해하지 못했을까? 퇴계 호발설이 고봉의 질문 후 '기수-리승' 등의 용어가 붙어 처음의 도덕론적 가치입론[29]이 마치 심성구조론(리-기 개념에 의해 심성정 메카니즘 설명)처럼 보였기 때문인가? 고봉의 존재론적 리기 개념에 의한 사칠론 설명(퇴계에게 질문)에 대해 퇴계가 자기 관점을 충분히 설득하지 못함으로써(반대로 말하면 고봉이 이해하지 못함으로써) 생긴 의견 차이가 성호의 해석에서도 그대로 나타나 있다.

성호는 한편으로 고봉이 일찍이 문제 제기한 '성현의 칠정'에 대한 논의에서 기발이라고 했다가(『사칠신편』), 리발이라고 고치고(『사칠신편』 중발重跋), 다시 문도들과의 논의 후에는 기발이라고 단정한 바 있는데,[30] 이것은 대체적으로 성호의 리기심성론도 완벽하게 이론적으로 설

---

28 「사칠신편」, 〈사단자의〉.

29 퇴계가 처음 정지운의 「천명도설」에 있던 '사단발어리, 칠정발어기'의 문구를 고쳐 '사단리지발, 칠정기지발'이라고 하였는데, 이것은 사단과 칠정을 리-기를 빌려 가치를 판단한 것이다. 즉 리-기의 어떤 형이상학적 범주 기능이나 '心即理氣'처럼 리-기로 어떤 사실이나 작용을 설명하려는 것이 아니고, 일종의 윤리학적 명제(가치인식)로서 말한 것이다. 그러므로 율곡은 "주자의 뜻은 사단은 專言理, 칠정은 兼言氣를 말한 것 뿐이다"라고 하였다(『율곡전서』 권10, 5면, 「답성호원」). 율곡 역시 가치적 입론의 뜻을 명확히 알고 있었던 것은 아니지만, '리기선후'의 작용을 말하는 게 아닌 것이라고는 분명히 하였다. 퇴계는 그 후 주자에게도 '사단시리지발, 칠정시기지발'이라는 문구(『주자어류』, 북경: 중화서국, 1986, p.1297)가 있는 것을 발견하고 자기설에 대해 확신하였다(『퇴계전서』 권16, 12면).

30 성호는 처음 「사칠신편」에서 (〈성현지칠정 제4〉) 성현의 중절한 칠정도 역시 '기발'

명할 수 없다는 것을 말한다. 이는 사칠론의 이론 자체가 대체적인 선
악을 말하고 실천에 있어서 마음을 선으로 향하도록 권유하는 도덕적
입론이기 때문이다. 그런데 성리학이 사실과 가치, 존재와 당위를 함께
논하고, 더욱이 리−기라는 형이상학적 범주를 도덕론에 전용하여 구
분 없이 사용함으로써 혼란이 일어난 것이다.

　형이상학 범주로서 리와 기는 동등한 가치를 지닌 것이지만, 도덕론
으로 사용될 때는 리를 중요시하거나 아니면 기를 중요시하는 이분법
적 선택이 나올 수밖에 없다. 가치 판단은 결국 선−악 판단이고, 우리
의 인식은 항상 비교인식이기 때문에 이는 불가피한 것이다. 그러므로
선−악, 공−사, 중절−부중절이라는 가치 평가는 배중율로서 정반대
이고, 그 때문에 윤리학적 명제를 표현할 때 적절하다. 그러나 리−기
(혹은 리발−기발)로 표현하면 리는 순선이나 기는 '겸선악'이므로 일대
일로 대비되지 않는다(배중률이 아니다). 또 리−기 개념이 원래 존재론
적 범주이므로 리발−기발을 단순한 윤리학적 언표로서 보지 않고 '묘
맥'을 찾고 '소종래'를 찾는 등 심의 구조나 작동기제를 찾게 된다. 이
것은 리−기라는 원래의 존재론적 개념의 여파 때문이기도 하지만, 리
발−기발이라는 언표의 원래 목적을 벗어난 것이다.

　심의 구조나 작동기제를 말하면 '성발위정'과 '기발리승'으로 말할
수밖에 없듯이 우리 마음은 하나의 작용이 있을 뿐이다. 그러므로 사
단은 도덕 감정의 특별한 경우를 말하는 것으로 하나의 이데아의 세계
를 상정한 것이다. 이것은 종교의 절대자, 형이상학의 궁극자처럼 철
학적 '요청(postulate)'에 속한다고 볼 수 있다. 이것은 도덕적 이상주의
라고 부를 수 있다. '칠포사'의 입장은 현실주의적 입장으로서 그와 반

이라고 하였다가 「사칠신편 중발」에서는 '리발'이라고 수정하였고, 나중에 신후담
에게 보낸 편지에서 제자 윤동규 등의 주장에 따라 다시 생각하게 되어 '기발'로
본다고 하였다. 『성호전서』 2, p.1138, 「與耳老 을축」.

대되는데, 이 두 입장은 동시에 성립 가능하고, 다만 우리가 선택할 뿐이다. 본연지성-기질지성 관계도 마찬가지인데, 본연지성을 우리가 요청하는 것이다. 이것은 성리학의 일종의 아포리아라고 할 수 있다. 그러므로 현대적 조망을 한다면 그들의 우주론 내지 세계관을 근본적으로 파악하여 보는 수밖에 없다. 성호의 경우는 어떤가?

성호에 와서는 우주론과 심성론, 다시 말하면 존재론적 논의와 도덕론적 논의를 구분하기 시작했다는 점을 주목해야 한다. 이러한 전회는 물론 성리학적 천인합일론과 결별하는 것이므로 서학에 대한 지식의 영향이라 하여도 과언이 아니다.[31] 율곡이 일찍이 "천지의 변화와 내 마음의 작용이 다르지 않다"고 한 바 있는데,[32] 여기에 대해 성호는 비판하기를

천지의 상도常道는 그 마음이 만물에 두루 미치지만 마음(心臟에 근거한 마음-필자)이 없기 때문에 사람의 마음이 정의情意와 지각知覺을 발출하는 것과 같지 않다. 천지와 사람이 조금도 차이가 없다면 모르겠으나, 천지에도 겸선악兼善惡(=칠정)과 선일변善一邊(=사단)이 있는가? 천지의 고요한 이치(말없이 운행하는 우주의 理)와 사람 마음이 외물에 느껴 정감이 나오는 것을 억지로 같다고 할 수 있겠는가?

라고 하였다.[33] 이와 같이 성호는 천지우주와 사람 마음의 작용을 구분하고 있다. 이것은 서양 천문학과 세계지도에 대한 지식, 그리고 『천주실의』를 통하여 천주교 교리를 알고 있는 기반 위에서 말한 것이다.

---

31 안영상, 「성호학파의 우주론과 도덕실천적 심성론의 분리」, 『민족문화연구』 제32호, 고려대·민족문화연구소, 1999 참조.
32 『율곡전서』 권10, 5면, 「답성호원」.
33 「사칠신편」, 부록 〈독이율곡서기의〉.

그러므로 그는 또 말하기를 "사람은 '심장心臟'이 있기 때문에 사물에
감응할 수 있는 지각이 있으나, 초목은 지각이 없는데, 이것은 심장이
없기 때문이다"라고 하면서 '심장'을 거론하였다.[34] 이는 근대적 지식
으로 볼 수 있다. 그리하여 인간, 동물, 식물, 무생물을 구분하기를 "식
물은 생장지심만 있고, 동물은 지각지심도 있고, 인간은 그 위에 의리
지심도 있다"는 식으로 설명하고 있다.[35] 이러한 견해는 동양의 순자의
설에도 비슷한 것이 있고, 기독교의 영혼靈魂, 각혼覺魂, 생혼生魂의
설과도 유사점이 있다.[36] 여하튼 성호의 이러한 설명은 분명히 우주자
연과 인간(심성)을 구분해 보려는 시도라고 할 수 있다.

　　따라서 성호는 우주론에서는 주기론[37]을 심성론에서는 주리론을 폈
다고 할 수 있다.[38] 즉 그는 말하기를 "리가 사물 위에 있는 것으로
말하면 단지 기질지성이라고 말해야 한다. 리는 스스로 행하는 것이
있으나, 형질形質에 따라 같지 않다. 리가 물[水]에 있으면 물의 성이
되고. ……이 리가 통하지 않는 것이 없지만, 기에 의해 국한된다. 이
렇게 그 학설(율곡의 리통기국설—필자)을 보면 역시 이치가 있다"라고
하였다.[39] 그러나 심성론에 있어서는 율곡의 말한 바 "리통기국이니,
리는 무위하나 기는 유위하다. 그러므로 기발리승이다"라는 말[40]에 대

---

34 『성호전서』 2, p.1062면, 「與金上舍 仲鎭」.
35 『성호전서』 1, p.442, 「心說」.
36 안영상, 앞의 논문, p.391. 이러한 설명은 가능하지만, 한편 성리학의 '기의 유기체
론'이나 화이트헤드의 과정철학의 유기체 우주론에서는 이러한 차이를 넘어서서
유기적인 일체, 즉 만물일체로 천지와 인간을 일원적으로 볼 것을 강조하고 있다.
사실은 우리는 두 관점을 함께 가지고 있어야 한다고 본다.
37 성호는 리나 태극과 같은 궁극적 실체를 관념적으로 설정하지 않는 대신 자연인식
을 기 일원론적으로 해석하는 태도도 보였다. 이는 서양 자연과학의 영향인데, 이로
인하여 그는 주자학적 자연인식 방법을 택하지 않아도 되었다. 김홍경, 「이익의 자
연인식」, 『실학의 철학』, 서울: 예문서원, 1996, p.201.
38 안영상, 앞의 논문, p.393-394.
39 『여유당전서』 1, p.263, 「答洪良卿」. 『여유당전서』는 이하 『전서』라 표기함.

해 '리 무위' 이하는 주자설로써 그 차이(틀림)를 입증해야 한다"라고 하면서 예증을 들고 있다.[41] 이것은 그의 사단 칠정 모두 '리발기수'라는 주장과 맥을 같이한 것임은 물론이다.

성호는 성리학의 유기체주의를 떠나서 인간의 특수한 능력으로서의 마음의 작용, 그것을 리기로 말하면 리의 작용으로 생각했다. 그러므로 이때 마음의 작동기제로서의 리는 활물活物이 되지 않을 수 없다. 그러므로 그는 리－기를 '리장기졸理將氣卒'에 비유하기도 하고,[42] 또 "리에 정의와 조작이 없기는 하지만 활기 없는 사물死物은 아니다. 그러므로 움직이지 않으면서도 움직이게 하는 것은 리라고 한다. ……이것이 리의 능동성인 것이다"라고 하기도 했다.[43] 이것은 앞에서 본 대로 심성론에서 리기를 말한 것임이 분명하다. 이것 역시 퇴계의 '심학'과 관점이 같다. 다만 심성론에서의 리의 활물론, 우주론과 심성론의 구분, 이것은 성호에 와서 이루어진 사유의 발전이라고 볼 수 있다.

그러나 한편 생각하면 주자가 체계화한 성리학의 우주론, 즉 형이상학에서 두 범주로 사용된 리－기의 정체성은 어떻게 되는 것인가 하는 의문은 남아 있다. 사칠논쟁이 심성론이고 리발－기발 입론은 도덕론이기 때문에 우주론과 상관없다고 한다면 이는 우주와 인간을 유기적으로 보고 그 토대 위에서 도덕 규범을 세우려는 도덕형이상학으로서의 성리학을 벗어난 것이라고 할 수 있다. 이 입장에서 퇴계 호발설을 해석하는 성호의 논리는 일리는 있지만, 퇴계 '리발설'에 대한 설명과 호발설의 입론 방식에 대한 설명이 충분하지 않음으로써 사칠논쟁을 원만하게 해석했다고 볼 수가 없다. 퇴계를 좌단하는 그의 논리는 율

40 『율곡전서』 권10, 26면, 「답성호원」.
41 「사칠신편」, 〈독이율곡서기의〉.
42 『전서』 2, p.1175 下左, 「答禹大來 신미」.
43 『전서』 4, 「맹자질서」, 〈고자상-6〉.

곡 측에서 다시 반격할 수 있기 때문이다. 즉 '리발기수'가 성립되면 율곡의 '기발리승'도 성립된다. 그러므로 성호의 퇴계 호발설 변호를 위한 논설은 체계적 논리를 갖추었고, 그 저변의 사유 방식도 탈중세적인 면이 있지만, 오늘날 서양 근대를 다시 보고, 유기체주의 우주론도 새롭게 인식되는 관점에서 보면 그의 사칠논쟁 해석도 다시 검토 대상이 된다.

III. 다산 정약용의 독특한 사칠논쟁 평가

다산은 23세 시(1784) 「중용」에 대한 정조대왕의 하문에 대하여 대답하기를

> 저는 '사단은 리발에 속하고 칠정은 기발에 속한다'는 설에 대해 오랫동안 의심해 왔습니다. …… '기발리승'은 옳으나 '리발기수'는 옳지 않다고 봅니다. ……저는 사단과 칠정이란 한 마디로 '기발리승'일 뿐, 리와 기로 나누어 속하도록 할 필요가 없다고 생각합니다. 사단과 칠정만이 아니라 풀 한 포기 나무 한 그루가 꽃을 피우고, 새 한 마리, 짐승 한 마리가 날고 달리는 것에 이르기까지 '기발리승' 아닌 것이 없습니다.

라고 하였다.[44] 이때 다산의 생각은 율곡설이 옳고 퇴계설이 틀린 것으로 여겼다. 특히 그가 율곡설에 찬동한 것은 율곡의 리기론인 "발하는 것은 기, 발하는 까닭은 리"라는 성리학 기본 명제의 부연에 대한 지지에서 나온 것이므로 그는 말하기를 "우리나라 학자(율곡-필자)가 말한

---

44 『전서』 2, p.93, 「중용강의보」.

'리를 드러내는 것은 기이며, 기가 발하는 근거는 리이다'라는 설은 옳고 명백하다. 누가 그것을 바꿀 수 있겠는가?"라고 하였다.[45]

그러나 다산의 이러한 생각은『중용』조대條對 이후 얼마 되지 않아 수정하게 된다. 그것은 평소 존경하던 선배인 광암曠庵 이벽李檗(1754-1786 ; 伯兄 若鉉의 처남)의 질정을 받아 이루어졌다.[46] 다산은 이벽의 설을 받아들여 자신의 설을 바꾼 내역에 대해 말하기를

이덕조(덕조는 이벽의 자)는 말하기를 "만일 리자와 기자의 원의에 따라 공식적으로 논하자면 이 설(다산의 조대에 나타난 사칠기발일도설－필자)이 원칙적으로 그럴 듯하다. 그러나 성리학자들이 말한 예(대립적으로 입론한 명제들－필자)에 따라 분석한다면 리는 도심, 기는 인심일 뿐이다. 마음 가운데 성령性靈에서부터 발한 것은 리발이 되고, 마음 가운데 형구形軀에서부터 발한 것은 기발이 된다. 이렇게 볼 때 퇴계의 설은 매우 정미한데 비해 율곡의 설은 우리가 따르면 안 된다"라고 하였다. 그는 내가 이 논의의 핵심 맥락을 잘못 잡았음을 지적하였다.

라고 하였다.[47] 이어서 다산은 이것이 조대가 있었던 바로 그해 1784년에 이루어진 것임을 밝히고, 동시에 이 수정 견해가 1801년 최초의

---

45 위와 같음.

46 이벽은 다산의 백형 약현의 처남으로 다산보다 8년 선배였다. 그는 수학·과학·종교 등 서양 학문에 조예가 깊어 다산 사상 형성에 영향을 주었다. 특히 정조에게 바친 다산의『중용문목조대』(『중용강의보』의 초고)도 이벽과의 토론을 통해 이루어졌다.『중용자잠』및『중용강의보』의 서문과 본문의 11군데에서 다산은 이벽의 설을 좇았음을 명시 또는 암시하고 있다. 유초하,「정약용의 사단칠정설」,『사단칠정론』, 서울 : 서광사, 1992, p.374 참조. 다산 23세 시 정조가 내린「중용의문」70조에 대해 답하기 위해 저술한『중용강의』는 32세 시(1793)에 정리된 뒤 강진 귀양 중 53세(1814)『중용자잠』을 저술할 때『중용강의보』로 완성되었다.『중용강의보』서문.

47『전서』2, p.93,「중용강의보」.

귀양지 장기에서 「리발기발변」(1, 2 연작)으로 정리되었음을 말하고 있다.[48] 그는 여기에서 말하기를

(1) 나는 이들 두 분의 책을 구해 읽고 그 견해가 갈라진 근원을 따져 보았다. 두 분이 리와 기라고 하며 사용하는 말은 같으나 가리키는 바는 '전專'과 '총總'의 차이가 있음을 알았다. 퇴계는 그 나름으로 하나의 리와 기를 논하고, 율곡도 그 나름으로 하나의 리와 기를 논하는 것이었다. 따라서 율곡이 퇴계의 리와 기를 그대로 가져다가 부정하고 수정한 것이 아니다. (2) 퇴계는 전적으로[專] 사람의 마음의 측면에서 여덟 글자(사단리발, 칠정기발─필자)를 분명하게 설명하였다. 그가 말하는 리는 본연지성, 도심, 천리의 공이고, 기는 기질지성, 인심, 인욕의 사이다. 그러므로 사단과 칠정이 발하는 데는 공─사의 구분이 있고, 따라서 사단은 리발이 되고 칠정은 기발이 된다. (3) 율곡은 태극을 총괄적으로 [總] 붙잡고 리와 기를 일반적으로 논하여[公論] 천하의 사물에는 작용 [未發]의 전에는 먼저 리가 있지만, 그 작용[發]에는 기가 앞선다. 사단과 칠정 역시 일반적인 사례로 말하므로 사단과 칠정 모두 기발이라고 한다. 그가 말하는 리는 형이상이며, 사물의 근본이라면, 기라는 것은 형이하이고 사물의 형질形質이다. 그러므로 율곡은 심·성·정을 중요하게 언급하지 않는 것이다. (4) 퇴계의 말은 비교적 미시적이고 자세하고 [密細], 율곡의 말은 비교적 거시적이고 간략하다[闊簡]. 그러나 강조하여 말하는 바는 각각 다르다. 그러니 두 사람이 어찌 어떤 잘못이 있었겠는가? 일찍이 어떤 잘못도 없는데 하나를 틀렸다 하고 하나는 옳다

---

48 이것은 34세 시의 「서암강학기」를 정리한 것이다. 「리발기발변 (1)」에서는 퇴율의 설이 다 옳다고 하였고, 「리발기발변 (2)」에서는 이벽의 설을 많이 반영하여 실천적인 면에서 퇴계를 더 중요시하고 있다. 연작의 시간적 차이가 얼마나 있는지는 알 수 없으나, 「리발기발변 (2)」에서는 도덕 실천론을 설명하고 있으므로 자연히 퇴계 설을 강조한 듯 보일 뿐이라고 보면 저작 시기는 아마 연속이었던 같다.

하면 의견이 분분하게 되어 결론을 낼 수 없다. 탐구의 요령은 '전'이냐 '총'이냐를 구분해 보는 것이다.

라고 하였다.[49] 문단을 나누어보면 대개 4단으로 볼 수 있는데, 특이한 것은 그 문장 스타일이 종래의 성리학자의 투가 아니어서 읽기 어렵다는 점이다.[50] 여기서도 퇴율을 동시에 긍정하고 있다. 23세의 생각이 그대로 이어지고 있다. 장기로 귀양 가기 전 34세 시에(1795) 있었던 봉곡사鳳谷寺 독회 모임[51]을 기록한 「서암강학기」에서도 여전히 같은 생각을 가지고 있었다. 그 모임에서 다산은 이삼환李森煥에게 이렇게 질문을 하였다.[52]

대개 퇴계가 말한 리기는 전적으로 내 마음의 성정에서 입론한 것입니다. 리는 도심으로서 천리에 속하고 '성령性靈'과 유사한 것입니다. 기는 인심으로서 인욕에 속하고 혈기와 유사한 것입니다. 그러므로 사단은 '리발이기수지'라 하고, 칠정은 '기발이리승지'라 하였습니다. (마음의 작용에는) 천리, 성령을 따라 나오는 것이 있는데, 이것은 본연지성이 (외부 사물에) 느낀[感] 것이고, 인욕, 혈기를 따라 나오는 것이 있는데, 이것은 기질지성이 (외부 사물에) 촉발[觸]한 것입니다. 율곡이 말한 리기는 천지만물을 포괄하여 입론한 것입니다. 리란 무형한 것으로 사물의 근원이고, 기란 유형한 것으로 사물의 형질[體質]입니다. 그러므로 사단칠정에서 천하만물에 이르기까지 '기발리승' 아닌 것이 없다고

---

49 『전서』 1, p.248, 「리발기발변(1)」. 문단은 필자가 나눈 것이다.
50 그뿐만 아니라 한국식 한문투인 것 같아 읽기가 어렵다.
51 이 모임은 성호의 유저(遺著)를 교열하고 이삼환 선생에게 도학에 관한 여러 질문을 했던 모임이었다.
52 『전서』 1, p.451, 「서암강학기」.

하였습니다. 대개 사물이 능히 발동發動하는 것은 형질이 있기 때문입니다. 이 형질이 없으면 리가 있다 하더라도 어떻게 발동을 볼 수 있겠습니까? 그러므로 작용하기 전에는〔未發之前〕 리가 먼저 있으나, 작용〔發〕에 있어서는 기가 반드시 앞섭니다. 율곡의 말은 이 때문입니다. 그러므로 퇴계와 율곡이 같이 사칠을 논하고 함께 리기를 이야기하지만, 그 리기 두 자의 해석은 판이합니다. 율곡집에 이와 같은 분명한 설명처는 없지만 그 가지고 있는 본뜻은 반드시 이와 같습니다. 리와 기 글자는 의미가 분명히 다르므로 저것도 하나의 학설이고 이것도 하나의 학설이 되어 시비득실을 따져 하나로 귀일시킬 수 없을 듯합니다. 어떻게 생각하십니까?

이에 대해 이삼환은 "이 말이 옳은 것 같다. 원래 사칠을 논하면서 많은 리기의 논의가 나오게 되었는데, 천지만물의 리기라고 보는 것은 마땅하지 않은 것 같다"라고 대답하였다.[53] 이러한 다산의 사칠논쟁 해석은 성호―신후담愼後聃―이병휴李秉休―이삼환의 해석 방식과 같은데, 그 저변에 리기론을 우주론과 구분하여 도덕론에 한정하여 적용하려는 공통된 사고방식 때문에 그런 것으로 보인다.[54]

그러나 「리발기발변 (2)」에서는 도덕적 실천 방법을 설명하면서 퇴계설의 실천적인 장점을 지지하고 있다. 즉 다산은 말하기를

군자는 마음이 고요할 때는 본성을 보존하고 마음이 움직이면 선악의 기미를 살핀다. 하나의 마음(감정)이 일어날 때 스스로 근심스럽게 반성하여 '이것이 천리지공天理之公에서 나왔는가, 인욕지사人欲之私에서 나왔는가', 또는 '도심인가, 인심인가' 하고 세밀하고 절실하게 고찰하여

---

53 위와 같음.
54 안영상, 앞의 논문, p.407.

천리지공이면 그것을 배양하고, 혹 인욕지사에서 나왔으면 막고 꺾어서 극복한다. 군자가 입이 타고 혀가 닳도록 리발기발 논변에 진지했던 것은 이 때문이다. 진실로 그 발하는 근원을 알 뿐이라면 분별을 왜 했겠는가? 퇴계가 일생 치심양성治心養性에 힘을 쏟았으므로 리발·기발로 나누어 말하고, 그것도 분명하지 못할까 걱정했다. 학자는 이 뜻을 살펴 깊이 체험한다면 그는 퇴계의 충실한 문도이다.

라고 하였다.[55]

성호의 사상은 제자 하빈河濱 신후담을 거쳐 정산貞山 이병휴와 목재木齋 이삼환(이병휴의 양아들)에게 이어졌는데, 이삼환을 통하여 다시 다산 정약용에게 이어졌다. 다산은 젊은 시절 성호의 글을 읽고 크게 감동하여 평생 사숙하기로 마음 먹었는데, 이삼환을 스승으로 모시면서 더욱 성호 학설의 영향을 받았다.[56] 그리하여 다산은 성호 학설을 계승할 뿐만 아니라 인물과 학덕도 존경해 마지않았고, 자연히 성호의 정신적 지주인 퇴계 학설에 대해서도 깊은 신뢰를 가졌다. 물론 그는 매우 객관적인 입장에서 퇴율의 학설을 분석하였지만, 성호학파의 도덕론적 리기론에서의 사칠논쟁 해석에 대해 찬동하는 관점에서 자연히 퇴계의 호발론에 더 지지를 보냈던 것이다.

「서암강학기」에서 등장하는 '성령'이라는 용어는 '영혼-육체'라는 이분법적인 천주교 교리의 표현 방식이라 보여지고, 이런 천주교의 영향이 성호학파에서 다산에 이르기까지 사칠리기론을 논하면서 우주론

---

55 『전서』 1, p.248, 「리발기발변 (2)」.
56 이삼환은 자기 주도로 봉곡사에서 다산을 포함한 당시 젊은 학자들과 성호의 『질서』를 검토하면서 많은 토론을 하였다. 여기에는 이삼환의 친아들인 이명환도 참가하였다. 이런 모임을 통해 다산은 성호 사상에 깊이 경도하게 되었다. 이 시기가 1795년 다산 34세 시인데, 이때의 일을 기록한 것이 「서암강학기」이다. 안영상, 앞의 논문, p.406 참조.

과 구분하여 인간 도덕론에 한정하여 논하려고 하는 사고방식을 촉발
시킨 것 같다. 이것은 사칠론 초기에 혼륜설-분개설(또는 양변설) 형식
으로 제기되었던 논리이다. 또 주자의 인심도심설에서도 '원어성명原
於性命-생어형기生於形氣'의 형태로 표현되었던 사고방식이다. 이렇
게 보면 성호학파와 다산의 설은 원점으로 돌아간 느낌이다.

다산은 이벽의 영향으로 성령과 도심을 동일한 개념으로 보게 되면
서 퇴계설을 지지하게 되고, 나아가 주자의 인심도심설도 바꿀 수 없
는 정설이라고 옹호하게 되었다. 즉 그는 말하기를 "자기로써 자기를
이기는 것은 모든 성인과 왕들이 전한 오묘하고 요체가 되는 말이다.
여기에 밝으면 성현이 될 수 있고, 어두우면 금수가 된다. 주자가 유학
의 중시조가 된 것은 다른 이유가 아니다. 「중용서문」을 지어 이러한
이치를 밝혔기 때문이다"라고 하였다.[57] 결국 다산의 '천리-인욕' '성
령-혈기'의 종교적 이원론은 퇴계의 호발론, 주자의 인심도심론과 같
은 윤리적 가치 대립론과 맥을 같이 하는 것이고, 윤리학적 명제를 종
교적 시각에서 윤색한 것뿐이다.

이러한 성리학의 도덕형이상학의 배제는 그가 천주교를 수용하여
선진고경先秦古經의 '상제上帝'를 기독교의 '천주'로 일치시켜 이해한
데서 연유하는데, 그 단적인 증거로 그가 성리학의 리를 어떻게 보는
가를 보면 이 점을 잘 알 수 있다. 그는 말하기를 "기는 스스로 존재
하는 것[自有之物]이며, 리는 의지하여 붙어 있는 것[依附之品]이다"
라고 하였다.[58] 그러나 상제가 인간에게 '성령'을 주었다고 한 것이나
『중용』의 '천명을 성이라 한다'를 로고스화하여 '성즉리'라고 한 것과
별반 차이가 없다. 차이가 있다면 전자는 종교적 버전(version)이고 후
자는 윤리적(혹은 철학적) 버전일 뿐이다. 그러므로 다산의 천주교적

57 『전서』 2, p.2, 「논어고금주」.
58 『전서』 2, p.65, 「중용강의보」.

변환을 '유학과 천주교의 합일', 또는 '신앙 아닌 윤리 실천으로 상제 섬김'으로 해석해도 무방하리라 본다.[59] 왜냐하면 수신에 '하늘을 아는 것'이 중요하다고 하면서[60] 상제를 섬기는 윤리적 실천은 또 효·제·자에 있다고 했기 때문이다.[61]

　다산의 사칠논쟁에 대한 논평은 위의 예문이 전부일 정도로 얼마 되지 않는다. 그 내용도 퇴율 비교와 종교적 실천 면에서 퇴계설을 지지한 것뿐이다. 객관적인 논평이기는 하나 그동안의 성리논쟁의 유산 (사유의 축적)은 사상된 채 간단히 요약되고 말았다. 다카하시(高橋亨) 같은 이는 오히려 다산처럼 간단하게 논쟁의 맥락을 정리한 점과 마지막으로 도덕적 실천을 강조한 점을 높이 사서 다산을 칭찬할 수도 있겠지만[62], 사칠논쟁의 여러 맥락을 이론적으로 다 해명했다고 말하기는 어렵다. 성리학의 '철학적 의미'도 별로 다루지 않았기 때문에 철학적 측면에서 더욱 그렇다. 역시 다산은 경학연구자, 고증학자, 경

---

59 이광호, 「동서융합의 측면에서 본 정약용의 사상」, 박홍식 편저, 앞의 책, p.175. 그러나 다산이 생각한 유교는 선진유학이고 성리학이 아니다. 그는 성리학적 사고 방식을 이미 넘어서 있었다.

60 『전서』 2, p.19, 「중용자잠」.

61 『전서』 2, p.16, 「중용자잠」 ; p.32, 「논어고금주」.

62 다카하시(高橋亨), 조남호 역, 『조선의 유학』, 서울 : 소나무, pp.274-275. 다카하시는 다산의 양시론적 해석에 대해 "조선의 유학자 가운데 우뚝 서서 나의 견해와 매우 일치하는 점이 있다"라고 하고, 또 "진실로 이치가 분명하여 감동하지 않을 수 없다"고 칭찬하면서 조선조 성리학 논변(주로 사칠논변을 말함)을 혹평하고 있다. 즉 주자 리기론이 하나의 형이상학 체계로서는 의미가 있으나, 이것으로 구체적 선악의 윤리문제를 논하는 데는 한계가 있는데도 불구하고 조선조의 많은 학자들이 여기에 매달려 논쟁을 일으킨 것은 유감이라고 하였다. 위에서 말한 다카하시의 '나의 의견'이란 이런 '불필요한 논쟁에 매달린 것은 유감'이라는 소신을 말한다. 그렇다면 다산이 논평하여 사칠논쟁의 얽힌 맥락을 간단히 정리한 것이 완전 해결되었다는 의미다. 과연 그럴까? 이론적 논의는 그것으로 끝나는 것이 아니다. 다만 사칠논쟁이 도덕 실천과 연관되어 있으므로 거시적 조감으로 미시적 논쟁을 그치고 실천으로 나아가는 것은 필요하고 그런 점에서 다산의 한 마디가 유효하다고 할 수 있다.

세학자로서 철학적 사유에는 한계가 있었다고 할 수 있다.[63] 다만 천주교 교리의 용어라든가 선진고경의 용어를 살려 종전의 성리학 논의에 참신성을 가져오고, 또 사칠논쟁의 핵심인 퇴율의 명제를 가지고 다시 미시적 논쟁에 매이지 않고 거시적으로 해석하여 도덕 실천 방향을 강조한 것은 실학 시대의 요청을 대변한 것으로 의의가 있다 할 수 있다.

Ⅳ. 결 어

사칠논쟁은 조선조 학술적 논의의 핵심 주제로서 수많은 학자들이 오랫동안 담론하고 논쟁하였다. 일면 형이상학적 문제를 동어반복적으로 전개하여 지루한 감이 있으나, 당시 학술 문화의 환경으로 인해 학자들은 여기에서 벗어날 수 없었다. 그러므로 성리학자들의 논쟁은 조선 후기 절충파처럼 사유의 발전을 가져온 면도 있으나 대체로 동어 반복이 많아 공리공담의 성격이 농후하다. 성리학파 외에 조선 후기 실학자들 중에도 이러한 철학적 논의에 관심을 적극 표명한 학자들이 있었는데, 이들은 어떤 관점을 가졌는지 흥미를 갖지 않을 수 없다. 대표적으로 성호 이익과 다산 정약용을 들 수 있다. 이들 실학자들은 이미 서양 자연과학과 천주교라는 서양 종교에 대한 지식을 가지고 있었으므로 새로운 해석이 나올 수 있는 가능성이 비교적 강하였다. 그러므로 그들의 사칠논쟁에 대한 해석은 관심의 대상이 될 수밖에 없다.

성호는 퇴계의 학설을 옹호하고 고봉과 율곡의 학설을 비판하는 입

---

63 그의 「오학론五學論」을 보면 성리학에 대해 매우 비판적임을 알 수 있다. 『전서』 1, p.231.

장에서 『사칠신편』을 저술하여 체계적으로 사칠논쟁에 대한 해석을 하였다. 그의 관점은 퇴계의 리발-기발을 마음의 작용으로 한정시킴으로써 사칠 모두 '리발일로'라 하고, 다만 리발은 성이 직발한 것, 칠정은 형기가 작용한 결과로 나누었다. 입론 방식은 퇴계 호발설과 같고, 사칠을 모두 심의작용으로서 통일적으로 보아 '리발일로'라고 한 것이 발전적 해석이다. 그러나 퇴계 호발설의 또 하나의 뜻인 '나아가 말하는 것이 다르다'는 것에 대한 해명은 없었다. 즉 퇴계가 말한 바, 심의 구조나 작동기제를 말하면 리-기 동시 작용이지만, 발현된 정으로서의 사단과 칠정을 가치 평가하면 사단-리발, 칠정-기발이라고 대립하여 입론할 수 있다는 은유법으로서의 리발-기발 표현에 대해 해명하지 못했다. 다만 성호는 사단은 공, 칠정은 사라고 가치 평가는 하였으나, 퇴계 호발설에 대한 의미는 설명하지 못했다. 즉 선-악 가치 평가와 리-기 가치 평가 사이의 차이에 대한 인식이 충분하지 못하였다.

성호는 칠정의 중절이 사단과 같지만, 칠정 밖에 사단이 또 있다고 하였다. 이는 애매한 관점인데, 결국 퇴계와 같이 이상주의적 도덕론의 입장이라고 할 수 있다. 칠정의 발현에 사단이 항상 명령하듯이 간섭한다고 한 것(칠정횡관사단)도 같은 맥락이다. 그러면서 퇴계와 달리 사단에도 부중절이 있다고 주장하여 모순된 관점을 노정하였다. 그리고 칠정의 중절, 특히 성인의 중절 문제도 강조하였는데, 이것을 '기발'이라고 했다가 다시 '리발'로 하고, 다시 원래대로 '기발'로 보는 등 혼선을 빚었다. 이것은 리발-기발(주리-주기)을 공-사 / 인심-도심 / 선-악으로 보면서 다시 새로운 기준으로 중절 / 부중절을 설정했기 때문이다. 다시 말하면 가치평가는 이분법적 입론형식이 될 수 밖에 없기 때문에 리발-기발이 처음에는 그러한 대립적 가치인식의 방법이었지만, 리-기 대립의 경우 선-악(인심-도심)과는 달리 기는 겸선악(가선가악)이라는 복합적인 의미가 그 속에 개재되어 선-악 이분법과는 달랐기 때문이다.

성호의 이러한 심성론에서의 '리발일로'의 주장은 그의 리에 대한 관점과 상통한다. 즉 그는 리는 고목사회가 아니고 '활물'이라 하고, 또 '리는 장수 기는 졸도〔理將氣卒〕'라고 표현하기도 했다. 그러나 성호는 퇴계의 호발설에서 전제된 '리의 능동적 발현'의 모순 문제에 대해 충분한 설명을 하지 않았다. 이는 그가 실학자이므로 성리학의 형이상학적 리기 개념에 관심이 없었기 때문이다. 또 리발기수를 강조하기 위하여 리발기수의 '기'와 기발리승의 '기'는 다르다고 해야 할 필요에서 기를 대기大氣-소기小氣로 나누었고, 리발기수의 기는 심장의 기(소기), 기발리승의 기는 육체의 기(대기)로 보았다. '심장의 기' 같은 것은 서양 과학지식의 영향이기도 하다. 서양 자연과학의 영향은 그로 하여금 심성론과 우주론을 구분하게 만들었다. 자연은 자연의 법칙에 따라 움직이고, 인간의 심성은 맑은 기로 이루어진 심장이 있고, 또 인간은 영혼이 있는 만물의 영장이기 때문에 심성의 작용은 '리발일로'가 되지 않을 수 없다고 보았다. 이 점이 그의 사칠논쟁에 대한 해석에 스며 있는 서양 과학의 중요한 영향이다. 그러나 퇴계 호발설에 대한 부연 설명은 충분하지 못할 뿐만 아니라 퇴계설 비판에 대한 객관적 이해가 부족했고, 또 퇴계 호발설 속에 담겨 있는 윤리학적 명제로서의 가치인식의 의미에 대해서는 충분히 알지 못한 것이 한계로 지적될 수 있다.

한편 다산은 선진고경을 탐구하여 유교 본래의 모습으로 돌아가려고 한 경학 연구자로서 젊은 시절 받아들인 천주교의 영향으로 사칠논쟁 자체에 대한 철학적 연구를 하기보다 고증학자로서 객관적인 입장에서 바라보았다. 그리하여 처음에는 퇴율 입장 모두 다 일리 있다고 하였다. 이는 두 사람이 사용하는 리-기 개념이 다르기 때문이라고 보았기 때문인데, 이는 핵심을 간파한 것이다. 그러나 중년 이후 경학 연구에서 천주교와 선진유교의 비교 연구가 진행되면서 도덕 실천 면에서 퇴계의 설이 더 장점이 있다고 생각하였다. 그가 '상제'를 강조한다든가, '성령'이라는『천주실의』의 천주교 용어를 원용하여 '성령-혈기'와 같은 논리를 구사하는 점에서 퇴계 호발설과 같은 관점을 보여주었다. 이러한 동일한 이분법적 논리는 퇴계의 것이 도덕적 버전이라면 그의 것은 종교적 버전이라고 할 수 있다. 그러나 다산은 성리학에 대해 부정적이었고, 나아가 그 세계관을 넘어선 입장이었는데, 이는 그가 기를 '자유지물自有之物', 리를 '의부지품依附之品'이라 보고 있는 데서 단적으로 드러난다. 또한 그가 「오학론五學論」에서 성리학을 다섯 학문의 하나로 평가하고 있는 데서도 입증된다. 결론적으로 다산이 도덕형이상학으로서의 성리학은 부정하였으므로 사칠논쟁에 담긴 성리학적 요소는 깊이 있게 탐구되지 않았고, 그 점이 사칠논쟁을 미시적으로 보지 않고 거시적으로 보게 만들어 또 다른 관점의 해석을 제공할 수 있었다. 이 점이 그의 장점이면서 또한 한계라고 할 수 있다.

성호와 다산의 사칠논쟁 분석은 성호의 경우는 퇴계 호발설에서의 '리발'에 대한 해명 불충분과 호발설의 또 다른 측면인 '가치인식'의 입론 방식에 대한 설명이 불충분하여 조선조 사칠논쟁의 복잡한 내용을 다 해명하지 못했고, 다산의 경우는 천주교의 영향으로 사칠논쟁의 일부 개념 설명에 전환을 가져왔고, 또 실학자, 경학연구자로서 미시적 논쟁에 말려들기보다 거시적으로 퇴율 입장을 설명한 것은 장점이나, 성리학 본래의 의미는 놓치고 말았다.

제9장 간재 전우 성리설의 특징과 시사점

I. 서 언

간재 전우(1841-1922)는 한말 마지막 성리학자로서 면우 곽종석(1846-1919)과 당시 성리학계의 쌍벽을 이루었다. 당시 조선조의 말기, 왕조의 문물제도와 문화가 전환을 이루는 격변기를 맞이하여 더 이상 성리학(주자학)적 사유 방식이 통하지 않은 시대의 마지막을 장식했다고 할 수 있다. 이러한 격변기에 간재 전우는 전통적 사유방식과 학문 방법을 고수하고 이것을 후학들에게 가르치는 것을 사명으로 삼았다. 물론 유학의 이념이 '수기치인'이므로 유학자가 현실 문제에 발언하거나 실천 행동을 할 수 있지만, 당시 그 실천이란 항일의병이라는 매우 전투적인 행동이었으므로 일률적으로 이것을 가지고 인물을 평할 수는 없다.[1] 더욱이 오늘날은 이론과 실천을 구분하여 논하는 시대이므로 더욱 그러하다. 따라서 여기서는 그가 남긴 성리설을 철학적으로 분석하는 데 연구를 한정하려고 한다.

그러나 그의 학문의 종지는 도덕적 실천, 즉 '당위의 학'[2]이었으므

---

1 이에 대해서는 최영성, 『한국유학통사(하)』, 서울 : 심산, 2006, p.451 이하 참조. 비난과 옹호의 글이 균형 있게 소개되어 있다.

2 그는 "학문은 도를 듣는 것이 먼저이고 윤리를 돈독하게 하는 것이 궁극 목표이므로

로 그가 비록 개인의 당위의 학, 즉 독서와 수양에 치중했다 하더라도
당시 국가적 위기와 국제 정세에 대한 인식, 다시 말하면 '시대의식'이
전연 없었다고 할 수는 없다. 당시 시대상황은 그에게 도덕적 가치의
확립을 각성시켰을 것이며, 동양 전통의 문화가 서양에 의해 침탈되는
듯한 느낌을 주었을 것이고, 간재에게는 이로 인한 우울한 심정이 반
대로 전통을 지키려는 강한 자부심으로 나타났을 것이다. 그러므로 그
가 기호학파이지만 심성설에서 '주리적' 경향[3]을 강하게 띄게 되었다
고 할 수 있다.

그의 학문 경력에서 눈에 띄는 점은 20세 젊은 시절 퇴계의 글을
읽고 감명을 받았다는 점이다.[4] 그러나 그의 학설은 율곡 이이(1536-
1584)과 우암 송시열(1607-1689)의 학설을 계승하였다. 율곡의 존재론에
서는 '리무위기유위설理無爲氣有爲說'을 계승하고, 심성설에서는 '심시
기설心是氣說'을 계승하였고, 우암이 율곡설을 이어받았으므로 우암설

만약 당연을 버리고 지식을 말하면 이단일 뿐이다"라고 하였다. 『艮齋私稿』(이하『사
고』라 약함) 권13, 「答李淵會崔滄烈李秉珪」. 장숙필, 「전간재의 사단칠정론」, 『철학
연구』 14집, 고려대 철학연구소, 1989 참조.

3 조선조 퇴계-고봉 사칠논쟁 이후 학설 분류에 '主理-主氣'의 용어가 사용되었다.
율곡의 경우 심성론에서는 퇴계에 비해 '주기적'이라 할 수 있다('心是氣', 또는 '氣
發理乘一道說' 등의 주장). 그러나 존재론인 리기론에서는 율곡의 시각은 인간-자
연 통합적 입장(우주론적 입장)이며, 동시에 '리기의 불가분리'를 강조하는 주자 형
이상학의 철저한 계승 입장에서 '리기지묘'를 강조했으므로 반드시 '주기적'이라 할
수 없다. 물론 퇴계의 경우는 존재론(太極生兩儀論)과 심성론(四七互發說)에서 모두
율곡에 비해 상대적으로 '주리적'이라 할 수 있다. 간재의 경우 '性師心弟'는 분명
'주리적' 발상이라 할 수 있다. '주리-주기'에 대해서는 이동희, 「율곡 성리학 해석
의 새로운 관점」, 이동희, 『조선조 주자학의 철학적 사유와 쟁점』, 서울 : 성균관대
유교문화연구소, 2006 참조.

4 『사고』, 부록 「연보」. 그는 20세에 『퇴계집』을 읽고 비로소 '위기(爲己)'의 학문'이
있음을 알았다고 하였다. 그 후 그의 스승 전재 임헌회의 명에 따라 정암 조광조,
퇴계 이황, 율곡 이이, 사계 김장생, 우암 송시열 5인의 학설을 엮어 『五賢粹言』을
지었다. 이는 퇴계학설을 받아들인 것은 아니고, 선현을 배운다는 뜻만 나타낸 의례
적인 행위라고 할 수 있다.

역시 기호학파의 정통이라 여기고 받아들였다.

학통을 보면 그는 기호학파인데, 인물성론 논의 당시에 와서는 인물성동론을 주장하였으므로 낙론계 학자에 속한다.[5] 조선 후기 기호학파에서 '절충파' 학자[6]들이 퇴계설을 긍정적으로 해석, 수용하는 경향이 있었지만, 그가 영남학파의 한주 이진상(1818-1886)의 학설을 비판하는 점을 볼 때 그는 분명 율곡설의 입장임을 알 수 있다. 다만 그의 성리설이 기호학파 내에서 율곡설이나 율곡학파의 주기설에 대한 발전적 해석인지는 다시 고찰할 필요가 있고, 나아가 기호학파 내에서 별파로 갈라진 소위 '절충파'와의 관계는 어떠한지도 고찰해보아야 한다.[7] 그가 율곡의 '심시기설'을 계승하면서 퇴계학파의 '심즉리설'을 비판하고, 자신은 매우 '주리적인' '성사심제설性師心弟說'을 주장하였으므로 이 설과 퇴계학파의 '심즉리설'과의 차이가 무엇인지 규명하는 것도 중요하다. 동시에 소위 '절충파'라는 것이 율곡설, 특히 존재

---

5 윤영선의 『조선유현연원도』(서울 : 태학사 영인, 1985)에서는 '陶庵 李縡一渼湖 金元行一近齋 朴胤源一梅山 洪直弼一全齋 任憲晦一艮齋 田愚'의 연원을 이야기하고 있으며, 윤태순의 『동국유현연록』에서는 '月汀 尹根壽一浦渚 趙翼一靜觀齋 李端相一농암 김창협一미호 김원행一매산 홍직필一전재 임헌회一간재 전우'의 학통을 이야기하고 있다.

6 농암 김창협을 비롯하여 아우 김창흡, 친구 창계 임영, 졸수재 조성기, 그리고 소론의 남계 박세채 등인데, 인간-자연 통합적 시각에서 사칠리기론을 전개한 율곡설의 도덕론적 미비점을 인정하고, 도덕론에서는 오히려 리기호발 형식의 대립적 입론인 퇴계설의 도덕론적 의의를 인정하고자 한 학자들을 말한다. 처음 시작은 율곡과 논쟁한 우계 성혼이 퇴계설에 지지를 보낸 데서 출발하였지만, 이들 절충파에 와서 퇴-율 사유의 차이와 장단점이 한층 철학적으로 잘 분석되고 의미도 선명히 드러났다. 이에 대해서는 이동희, 「조선 후기 '절충파'의 성리학설에 대한 연구」, 앞의 책 『조선조 주자학의 철학적 사유와 쟁점』 참조.

7 배종호는 그의 『한국유학사』(서울 : 연세대 출판부, 1974)에서 그를 '절충파'로 분류하고 있다. 퇴계와 율곡설을 절충했다는 뜻이다. 최영성은 "김창협 계열의 농암문파의 절충적 성향이 오희상, 홍직필 등 후계 학인들을 거치면서 이이의 설을 '주리'의 측면에서 이해하도록 하였고, 마침내 전우에 이르러 확고한 주리설로 굳어지게 되었음을 의미한다"라고 평하였다. 최영성, 앞의 책 『한국유학통사(하)』, p.481.

론의 리기설, 즉 '리무위기유위설'를 기본으로 하면서 도덕적 입론에
서는 율곡식의 '기발리승일도설'만으로는 도덕적 입론에 부족하다고
생각하여 퇴계식의 '호발식' 입론이 필요하다는 관점이므로 이것과의
비교도 필요하다. 배종호가 "(간재는) 극단적인 주기설을 피하고 또 주
리설을 공격함으로써 절충적 입장에 선다. ……주리−주기의 중간에서
절충적 입장을 취하면서도 일종의 주리론자로 되는 것이다"라고 한
것[8]이 매우 시사적인데, 그러나 그 속 맥락은 잘 밝혀지지 않았다. 이
것을 밝히는 것이 이 논문의 핵심 의도이다.

간재 전우가 주장한 성리설을 요약하면, 특히 심성론에서 '성사심
제'라고 할 수 있다.[9] 이러한 학설은 노사 기정진(1798-1879), 화서 이
항로(1792-1868), 한주 이진상(1818-1886) 등의 학설에 대한 비판에서
이루어졌다.[10] 동시에 그는 노주 오희상(1763-1833) 학설의 영향도 다
소 받았다.[11] 그리고 그의 사유방식이나 표현방식이 비슷한 학자의 경

---

8 배종호, 앞의 책 『한국유학사』, p145.

9 그의 사상을 이 외에도 여러 가지로 표현한다. 간재의 글과 그의 사상 표현의 대표
   문구를 같이 열거하면 다음과 같다. '心本性'=「심본성설」(61세), '성존심비'='性
   尊心卑的據」, '성사심제'=「性師心弟獨契語」(74세).

10 간재가 노사, 화서, 한주 등을 비판한 논문으로는 「華西雅言疑義」, 「華西神道碑理
    氣說」, 「心說正案辨」(이상 화서 비판의 글), 「猥筆辨」, 「納凉私議疑目」(62세 이후,
    노사 비판의 글), 「李氏心卽理說條辨」(71세, 한주 비판의 글), 「蘆華異同辨」, 「蘆寒
    異同辨」(삼자 종합 비판) 등을 들 수 있다. 그는 또 일찍이(33세부터) 화서의 제자인
    성재 유중교와 심성리기 등에 대해 논변한 적이 있다. 이상에 대해서는 이상호,
    「간재 전우의 성리설」, 『간재사상연구논총』 제1집, 간재사상연구회, 1994, p.105
    참조.

11 노주 오희상이 '性爲心宰說'을 주장하자 당시 학자들이 비판한 데 대하여 간재는
    '本天', '尊性'의 뜻을 얻은 것이라고 높이 평가하였다. 오진영 찬 「간재행장」. 또
    간재 자신이 "성위심재 한 구절은 노주 선생으로부터 처음 나온 것이지만 사실은
    그 이전 성현들과 율곡, 우암 등 여러 노선생들이 전해준 단전밀부이다"라고 하였
    고(『사고』 권5, 20면, 「答金致容」), 또 "노주의 성위심재는 나를 속이지 않음을 더
    욱 믿게 되었다"라고 하였다(『사고』 권2, 25면, 「與柳稺程」).

우가 있는데, 중국에서는 오봉 호굉(1105-1155)과 우리나라의 응와 이원조(1702-1871)의 예를 들 수 있다.[12] 대략 비교해보아도 알 수 있는 바와 같이 '성존性尊', 즉 '성사性師'는 결국 맹자의 '성선'으로 돌아가는 것 같다. 주자학의 '성즉리'도 맹자의 '성선'을 계승한 것이라면 결국 간재의 '성존'은 '성즉리'–'성선'의 다른 표현에 불과하게 된다. 마지막으로 이러한 영향과 비판을 통하여 형성된 그의 학설이 현대 철학적으로 어떤 의미가 있는지도 함께 해석해보려고 한다.

II. 간재의 리기설의 특징

1. 주자와 율곡의 리기설 계승

간재의 리기설은 대체로 주자의 학설을 따랐다. 그러나 조선조에 와서 퇴계가 리기호발설을 주장하면서 리 자체의 작용, 즉 '리동설'을 주장함으로써 학자들 간에 문제가 되었는데,[13] 간재는 주자 리기론에 대

---

12 유명종은 간재의 "나라를 잘 위하는 자는 내 性을 존숭할 뿐이다"라고 한 말은 호굉의 『知言』(권2)에 있는 말의 인용이고, 또 호굉이 '성체심용'을 주장하고, "성은 심의 주재다"라고 한 말(『지언』 권2)도 간재와 같다고 하였다. 또 유명종은 한주의 숙부 응와 이원조도 「性經」(『凝窩集』 권13)을 지었는데, 그 취지가 간재와 비슷하다고 지적하였다. 유명종, 「간재의 성존심비의 性學」, 『간재학논총』 제3집, 간재학회, 2000, p.37 ; p.49.

13 퇴계의 '리동'이 '소이연', 즉 원리로서의 작용을 전제로 말한 것이냐, 물리적 작용을 말한 것이냐 하는 논란이 있을 수 있다. 물론 퇴계가 물리적 작용을 말한 것은 아니다. 그러나 주염계 『태극도설』의 '태극동이생양'의 해석이나 주자의 "리에 동정이 있으므로 기에 동정이 있다"라는 설을 인용한 것이라든가 여러 정황으로 보아 퇴계가 최소한 문자 그대로 '리의 동정(작용)'을 해석한 것은 부정할 수 없다. 이는 주자학의 '태극–음양론'의 형이상학적 성격에 대한 정확한 이해의 결여를 보여준다고 할 수 있다. 이에 대해서는 이동희, 「퇴계 존리설의 과정철학적 의미」, 앞의 책 『조선조 주자학의 철학적 사유와 쟁점』 참조.

해 다음과 같이 합리적인 해석을 내렸다. 즉,

> 태극에는 동정의 리는 있으나, 동정은 없다. …… 선현이 음양은 태극
> 에서 나왔다고 말한 것은 그 근본을 미루어 말한 것이지 리가 실제로
> 작용한다〔造作〕고 말한 것이 아니다.

라고 말하였다.[14] 이는 퇴계의 '태극동이생양太極動而生陽'에 대한 해
석, 즉 '리동설'과는 다른 해석이다.

노사 기정진은 유리론唯理論의 입장에서 율곡의 '기자이설機自爾說',
'비유사지설非有使之說'를 비판하면서 리의 주재성을 강조하고자 한
바 있는데,[15] 간재는 이에 대하여

> 주자의 아언雅言에 '조금이라도 작용이 있으면 곧 형이하자이며, 동
> 정은 작용이다'라는 말이 있다. 그러므로 '기자이機自爾'라고 말한 것이
> 다. …… 주자가 '천리天理의 당연함은 마치 그렇게 시킨 것 같다'라고
> 말하였다. 이것은 무엇 때문인가. 사람들이 '사使'자를 작용의 의미로
> 잘못 생각하면 도道를 해치는 것이 크게 됨을 염려한 것이다. 그러므로
> 별도로 아래에 '약若'자나 '흡사恰似'나 '비유물사지연非有物使之然'을
> 두어 작용 없이 부리는 것임을 보인 것이다. 그러므로 '비유사지非有使
> 之'라고 한 것이다.

라고 비판하였다.[16] 그러면서 간재는 리의 역할에 대해 그 중요성을
이렇게 말하였다 :

---

14 『사고』 권28, 「理氣有爲無爲辨」.
15 『노사집』 권12, 「猥筆」.
16 『사고』 권28, 「외필변」.

만약 리가 기의 주가 되고 성이 심의 본이 됨을 논한다면, 율곡 또한 '기가 하는 바에는 반드시 리가 주재하는 것이 있다'라고 하였다. …… 비록 '기자이'라고 말하였지만, 그 '자이'의 소이연은 여전히 리이다. 비록 '비유사지'라고 말하였지만, 직접 시키지 않으면서 시키는 것은 여전히 리이다.

간재의 율곡설 인용에서 "리가 기의 주재가 된다"고 한 말은 노사의 설과 비슷하다. 그러나 간재는 말하기를

리가 시킨다고 말한 것은 단지 근저根柢임을 말하는 것이지 기에 정의情意가 있는 것과는 다르다. …… 대저 리는 비록 주재라고 하지만 실은 자재自在하는 것이며, 기는 비록 동정한다고 하지만 실은 리에 근본하는 것이다.

라고 하여[17] 리의 주재는 근저로서의 역할을 말한다고 해석하였다. 다시 말하면 리의 작용은 부동의 원동자로서 형이상학적 원리로서의 작용을 말하는 것이고, 기의 작용처럼 물리적 작용을 갖는 것은 아니라고 본 것이다. 노사 기정진이 리를 너무 강조한 나머지 물리적 작용은 아니지만, 기의 작용과 혼동될 만한 점이 있는 것을 비판한 것이다.

간재는 이와 같은 논리로 화서 이항로의 태극설도 비판하였다. 화서는 "태극에는 동정이 없고 동정은 오직 기기氣機에만 의존한다면 태극은 공적에 빠져 기기의 본체가 되기에 부족할 것이다"라고 한 바 있다.[18] 이에 대해 간재는

---

17 위와 같음.
18 『화서집』, 「화서아언」 권1, 〈臨川제2〉.

내가 임천臨川 오씨吳氏의 설을 상고해보니, '태극에는 동정이 없으니 동정하는 것은 기기이다. 기기가 한 번 동하면 태극 역시 동하고 기기가 한 번 정하면 태극 역시 정한다'라고 하였는데, 이것은 율곡이 '음이 정하고 양이 동하는 것은 기틀이 저절로 그러한 것이다. 양이 동하면 리가 동을 타는 것이니 리가 동하는 것은 아니다. 음이 정하면 리가 정을 타는 것이니 리가 정하는 것은 아니다'라고 말한 것과 부합한다. …… 화서가 태극이 기기의 본원이 되기는 부족하게 되고 또 동정의 주재는 오로지 기기에 귀결된다고 비난한 것은 임천 오 씨의 설에서 걱정할 바가 아닌 것 같다. 태극에 동정이 없다고 한 것은 단지 리가 무위라는 뜻일 뿐 애초에 동정의 리가 없다고 말한 것이 아니다.

라고 하였다.[19] 이것은 화서가 "태극에 이미 동정이 없다면 동정을 주재하는 것이 기의 작용으로만 돌아갈 것이 분명하다. …… 온갖 사람의 '리를 해치고 기를 높이는 설'이 많지만 그 틀어진 근본 원인을 찾을 것 같으면 임천 오씨의 '태극에 동정이 없다'고 한 말이 그 전조가 되었다고 하지 않을 수 없다"라고 한 말에 대해 반박한 것이다. 이를 보면 간재의 리기설은 주자와 율곡의 해석을 정확하게 계승하였다고 할 수 있다.[20]

---

19 『사고』 권29, 「화서아언의의」.
20 주자의 태극설에 대해서는 주자의 『태극도설해』에 자세하다. 율곡의 태극과 음양과의 관계에 대한 해석은 『율곡전서』 권9, 18-19면, 「답성호원」. 거기에서 율곡은 "성현의 말에도 미진한 것이 있으니, 태극이 음양을 낳았다고만 말하고, 음양은 본래부터 있는 것이요, 처음으로 생긴 것이 아니라는 것을 말하지 않았다"라고 하였다. 율곡은 주자의 태극음양설을 매우 정확하게 이해하고 있었다고 할 수 있다. 이동희, 「율곡 성리학 해석의 새로운 관점」, 앞의 책 『조선조 주자학의 철학적 사유와 쟁점』 참조.

2. 노사 기정진의 리기설 비판

그런데 노사 기정진과 화서 이항로는 일반적으로 '주리적 학설'을 주장한 것으로 우리는 알고 있다. 그렇다면 간재와 어떤 차이가 있는가 하는 것이 문제이다. 노사는 '유리론'이라고 알려져 있을 정도로 리를 강조하고 있다.

노사 기정진은 리기를 도덕적으로 해석하여 기가 리의 자리를 빼앗게 되는 것을 아내가 남편, 신하가 임금, 이적夷狄이 중화의 자리를 빼앗는 것과 같다고 하고[21], 또 기를 '리중지사理中之事', '유행지수각流行之手脚'이라고 표현하면서 리·기를 짝하여 말하는 것 자체를 부정하였다. 그는 말하기를 "기와 리를 대립적으로 말하여 리-기라 부르는 것은 언제부터 시작되었는가. 나는 이것을 성인의 말씀이 아니라고 생각한다. 무슨 이유로 그렇게 말하는가? 리의 존귀함은 상대가 없는 것인데, 기가 어찌하여 리와 짝이 될 수 있으리요. 그 광활함이 상대가 없으니, 기 역시 리 가운데의 사물이요, 이 리가 움직이는 손과 발 같은 것이다. 리에는 본래 대적이 안된다. 짝도 아니고 적도 아닌데 상대적으로 말하는 것은 무엇 때문인가. …… 요즈음 사람들은 리理자를 보자마자 기氣자를 찾다 짝을 지우니, 이에 리의 작용이라는 큰 일이 모두 기氣자로 되어버렸다"라고 하였다.[22]

원래 주자학에서 리기의 관계는 '불상리불상잡不相離不相雜'이라는 명제가 말하는 바와 같이 두 개의 형이상학적 범주로 말한 것이다. 나아가 주자학에서 우주의 궁극자, 즉 리 중의 리, 리의 총합으로서의 태극이라는 범주가 우주론의 중요 범주로 요청되었다. 그러므로 이 태극과 리는 다 같이 리라고 통칭하기도 한다. 태극의 리와 개별의 리 두 범주의 기능상 규정이 정밀하지 않다. 이것은 같은 형이상학 체계로서

---

21 『노사집』〈부록〉권1, 17면, 「연보」.
22 『노사집』권16, 27-28면, 「외필」.

의 과정철학의 '신(God)'과 '영원적 객체(eternal object)' 및 '현실적 존재(actual entity)'의 세 범주의 구분과 비교해볼 때 그렇다는 것이다.[23]

그런데 리와 기를 비교하여 리를 높이고 나아가 태극을 또 높이면 이는 어떤 입장이라고 할 수 있을까? 이러한 발상이 가능하고 그 반대로 또 기를 리보다 더 중요하게 생각하는 발상 또한 가능하다. 리와 태극을 중요하게 생각하면 이는 일종의 '종교적 발상', 즉 '종교적 경외심의 표명'이라고 할 수 있는데, 이것을 '존리설尊理說'이라고 말할 수 있다. 이는 주리-주기의 상대적 관점에서 리를 강조한다는 의미의 주리설과는 약간 다르다. 이러한 발상은 퇴계 이황이 사칠논쟁을 하면서 이미 표명한 바가 있는데,[24] 노사 역시 이러한 발상법을 보여주었다.[25]

그런데 이러한 발상은 주자의 형이상학 원래 체계에 맞지 않다.[26]

---

23 물론 여기에는 과정철학의 神觀(종교론)이 서양의 유신론적 전통을 어느 정도 계승하면서 수립된 '과정신학'인 점에서 그러한 차이가 생긴 것으로 볼 수 있지만, 여하튼 태극의 리와 개별 리(사물의 리)를 구분 없이 '리'라고 통합적으로 표현하는 경우가 많아 혼란스러울 때가 많은 것이 사실이다.

24 퇴계는 "학술의 차이는 理자를 어떻게 보느냐에 달렸는데, 그것도 확실히 아는 것이 중요하며, 또 이 리는 極尊無對이다"라고 한 바 있다. 『퇴계전서』 권13, 16면, 「答李達·李天機」. 자세한 것은 이동희, 「퇴계 존리설의 과정철학적 의미」, 앞의 책 『조선조 주자학의 철학적 사유와 쟁점』 참조.

25 노사는 唯理論의 논리로써 리기이원론에서 주장하는 '리일분수설'을 부정하고, 기의 원인에 의한 '분수'가 아니고 리 속에 이미 분수의 원리가 내포되어 있다는 소위 '理分圓融說'을 주장한 것이 특징이다. 문제는 유리론이 가능하다면 그 반대의 기를 극단적으로 중요시하면 '唯氣論'이 성립된다는 것에 유의할 필요가 있다. 도덕과 가치의 문제를 떠나 먼저 인간이 존재하고 있는 이 우주 자연에 대해 존재론적 설명을 한다면 기로써 충분히 다 설명할 수 있기 때문에 유기론이 성립할 수도 있다. 녹문 임성주의 사상이 그런 종류이다. 간재는 녹문의 이 설에 대해서는 논평하지 않았다. 이동희, 「노사 기정진 유리론의 과정철학적 의미」 및 「녹문 임성주 유기론의 과정철학적 의미」, 앞의 책 『조선조 주자학의 철학적 사유와 쟁점』 참조.

26 주자의 리기론을 일종의 형이상학 체계로 보지 않고 주자의 여러 가지 존재와 가치 영역의 발언들을 분류하여 정리하는 수준에서 고찰한 경우가 있는데, 이렇게 되면 리기의 형이상학적 범주로서의 성격이라든가 태극론이 가지는 종교론적 성격 같은

유신론적 전통이 없는 동아시아 문화 전통에서 태극이라는 우주 궁극자를 강조하는 점은 이해할 수 있지만, 리와 태극을 구분하지 않고 논리를 전개하는 것은 주자 리기론의 원래 체계를 혼란스럽게 할 수밖에 없다. 그러므로 '태극-음양' 관계에서 태극의 동정을 주장하여 그 형이상학적 무위설無爲說을 무력하게 만든 것은 주자 리기론을 잘못 이해한 것이다. 따라서 간재의 비판은 옳은 것이다.

그러나 여기에서 한 가지 유의할 것이 있다. 이러한 분석은 존재론 내지 형이상학에서 비교한 것이다. 그러나 노사는 매우 강한 도덕론적 시각을 투영하여 리기를 말하였다. 이러한 노사의 도덕론적 입장에 서면 간재의 심성론이 말하고자 하는 '성사심제'의 의도와는 자연히 만나게 된다. 결국 두 사람은 표현형식은 달라도 동일한 의미를 말하고 있는 것이다.

3. 화서 이항로의 리기설 비판

화서 역시 리-기를 선-악의 상징으로 보아 이를 통하여 리기의 가치를 구분하였다. 화서는 말하기를 "형이상의 것을 도라 하고 형이하의 것을 기器라 하는데, 상·하 두 자는 여러 가지 의미를 함축한다. 아직 사물이 생기기 이전을 말하면 그 리는 이미 갖추어져 있으므로 상·하라는 말은 리기가 선후가 있다는 말이고, 사물이 막 생겨나는 때로 말하면 리는 기의 장수〔帥〕가 되고 기는 리의 부림〔役〕을 받으므

것이 제대로 설명되지 않는다. 일본의 야마다 케이지(山田慶兒) 같은 경우 리를 '물질이나 에너지의 어떤 규칙적인, 조직적인 배열'이라는 의미로 '패턴', 혹은 '질서 내지 조직의 원리'로 해석하였는데, 이렇게 되면 리는 '기의 條理'에 지나지 않고, 형이상학적인 리-기 관계는 사상되고 만다. 더욱이 이런 해석에 태극과 리의 관계, 태극론의 종교적 성격은 전연 언급될 수 없다. 자연과학자의 연구로서는 성과가 있지만, 역시 철학적인 면이 부족하다. 야마다(山田慶兒), 김석근 역, 『주자의 자연학』, 서울 : 통나무, 1992, p.370 및 이상호, 「간재 전우의 성리설」, 앞의 책『간재사상연구논총』 제1집, p.118 참조.

로 상·하라는 말은 존비의 의미를 갖는다. 또 사물이 없어진 뒤를 말
하면 기는 생성과 괴멸이 있지만 리는 고금에 통한다. 그러므로 이때
는 상·하가 존망存亡을 의미한다"라고 하였다.[27]

도-기, 상-하, 리수-기역, 존-비, 존-망 등은 모두 리기를 비유
의 기호(상징)로 삼은 것인데, 여기에 나타난 화서의 생각은 분명 '리
존기비理尊氣卑'라고 할 수 있다. 이러한 가치 구분은 단순한 개념의
규정이 아니고, 세계를 파악하는 중요한 척도로 말하고 있다. 그러므
로 그는 또 말하기를 "리가 주인이 되고 기가 사역이 되면 리는 순수
하고 기는 바르게 되어 만사가 잘 다스려지고 천하가 평안하게 되며,
기가 주인이 되고 리가 그 다음(차선)이 되면 기는 강하고 리는 숨어
버려 만사가 어그러지고 천하가 위태로워진다"라고 하였다.[28]

물론 이 논리가 화華-이夷 구분의 대외관에도 응용되고 있다.[29] 화
서의 리에 대한 존숭의 생각은 퇴계의 '극존무대설極尊無對說'[30]과 유
사한 면을 볼 수 있는데, 그는 말하기를 "리는 하나이지 둘이 아니며
사물에 명령하는 것이지 명령을 받는 것이 아니며, 주인이지 객이 아
니다. 기는 둘이지 하나가 아니며 사물로서 명령을 받는 것이지 사물
을 명령하는 것이 아니며 객이지 주인이 아니다"라는 말[31] 속에 잘 나
타나 있다. 이것은 화서의 강한 '주리설'을 대변하고 있다.

이상에서 본 바와 같은 간재의 리기설에서는 당연히 퇴계의 소위

---

27 『화서집』, 「화서아언」 권1, 11면, 「임천 제2」.
28 『화서집』 권25, 「理氣問答」.
29 화서는 말하기를 "동·북은 陽·義·性命의 善의 땅인데 비해 서·남은 陰·利·形
　氣의 邪의 땅이므로 서남에 위치한 서양은 인의예지가 폐색되어 形氣利欲이 충만
　하여 새나 벌레가 살아가는 데는 편리하나 인간은 살 수 없다. 그러므로 서양은
　보기에는 인간과 같으나 내심은 금수와 같다"라고 한 바 있다. 『화서아언』 권10,
　「尊中華」.
30 『퇴계전서』 권13, 16면, 「답이달·이천기」.
31 『화서집』 권17, 44면, 「鳳岡疾書」.

리동설理動說도 비판해야 하는데, 그렇게 하지 않았다. 퇴계가 리의 소이연(원리)으로서의 의미를 몰랐던 것은 아니지만, 『태극도설』의 '태극동이생양太極動而生陽' 해석이나 주자의 '리에 동정이 있으므로 기에 동정이 있다'는 말의 해석에서 '리동설'의 혐의를 드러냈다.[32] 이러한 설은 간재의 입장에서 보았을 때는 정통적인 주자와 율곡의 리기설과는 다른 것이었다. 그러므로 간재는 말하기를

　　선현이 태극에 동정이 있다고 말한 것은 기를 타고 동정하는 리가 있다는 것을 말한 것이지 동정의 능력이 있다는 것은 아니다. …… 선현이 동정은 기의 기틀이 자연히 그러한 것이라고 말한 것은 그 능연처能然處(작용의 場)에서 말한 것이지 기가 홀로 작용한다고 말한 것은 아니다. …… 선현이 음양은 태극에서 나왔다고 말한 것은 그 근본을 미루어서 말한 것이지 리가 실제로 작용〔造作〕한다고 말한 것은 아니다.

라고 하였다.[33] 이것은 태극－음양에 대한 정확한 해석이다. 이 관점에서 퇴계의 '리동설'을 보면 당연히 비판의 대상이 되어야 하는데, 간재는 퇴계의 설에 대해서는 말이 없었다.

　　이와 같이 간재는 화서와 노사의 리기론에서, 다시 말하면 태극－음양론에서 리의 실재화(실체화)에 대해서 예리하게 비판하였다. 태극과 리는 어디까지나 '형이상학적 원리'임을 말한 것이다. 리기설의 이러한 사고는 심성설에서는 어떻게 나타나고 있는가?

---

32 『퇴계전서』 권41, 20면, 「非理氣爲一物辨證」; 권39, 28면, 「答李公浩問目」.
33 『사고』 권28, 「리기유위무위변」.

III. 간재의 심성설의 특징

1. 리의 무위성과 순선

리에 대한 이러한 사유방식은 그대로 도덕론에 옮겨져 리는 '가치의 근원'으로서 의미를 동시에 갖게 된다. 간재는 말하기를

> 리는 지극히 선하여 조금도 미진함이 없다. 세계에 어지러움이 있고, 일상적으로 악을 저지르는 것, 모두 리가 구할 수 없다. 어질지만 일찍 죽고〔賢而夭死〕 약하지만 원한을 품는 것〔弱而含寃〕을 리가 모두 풀어줄 수 없다. …… 리가 능력〔知能〕이 없음을 어렵지 않게 볼 수 있다. 리가 이와 같으니 심에 지각운용이 있지만 잘못 보고 잘못 행하는 경우를 면하지 못하는 것은 기〔氣分〕에 돌리지 않을 수 없고, 또한 기를 검속하는 노력〔精研檢制〕을 하지 않을 수 없다.

라고 하였다.[34] 간재의 리에 대한 생각은 존재론적으로는 리의 '무위성無爲性'을 강조하고, 그것이 도덕론에 전이되어서는 리의 가치로서의 '순선純善'이 되어 나타났다. 원래 성리학은 존재와 가치를 구분 없이 보았으므로 리기를 가지고 통합적으로 종횡으로 구사, 존재를 말하면서도 도덕을 말하곤 하였다. 오히려 도덕론적 시각을 투영하여 자연을 해석했다고 하는 것이 정확하다. 그러므로 여기서도 도덕론적인 생각이 더 기본적이다. 그러므로 그는 말하기를

> 기가 어떠하든지간에 실려 있는 것은 성선性善의 리이다. 만약 성선의 리가 없다면 기가 무엇으로부터 이 선정善情을 드러낼 수 있을까?

---

34 『사고』 권37, 「華島漫錄」.

라고 하였다.35 이는 그가 심성론에서 기호학파의 전통을 계승하여 '성性은 리이고 심心은 기氣이다'라는 입장을 취하는 것인데, 이 명제의 근거는 리기론의 '리는 무위이나 기는 유위'라는 기본 원리에 바탕을 두고 있다.36 그리하여 '성은 리이고 심은 기이다'라는 것도 '성은 무위, 심은 유위'로 해석되는 것이다.37

간재는 만물의 성을 존재의 리에서 보편화시켜 말하였다. 그러므로 "성과 태극은 두 가지 리가 아니다. 성은 태극이 천지와 인물의 심에 있는 것으로써 말한 것이고, 태극은 성이 천지와 인물의 근본이 됨을 가지고 말한 것이다"라고 하여38 인간의 성과 만물의 근본인 태극이 기 내지 원기와 떨어져 있지 않지만, 형기와 섞이지 않는 하나의 '리체理體'라는 것을 강조하였다.39 그렇기 때문에 간재에게 있어 '본연지성−기질지성' 관계도 조금 특이하게 해석된다. 즉 기질지성이라 하더라도 본연지성의 '순선'이 그대로 유지되고, 기질이 달라 성이 다르다는 것은 다만 '나무의 부드러움', '쇠의 단단함'과 같은 사물의 성질을 가리킬 뿐이라고 하였다.40

결국 간재의 생각은 인간이나 만물의 탄생 이후의 현실적인 본성이 존재의 원리로서의 본연지성을 여전히 갖고 있다는 것이다. 이는 '만물일원萬物一源', '인물성동론人物性同論'의 관점인데, 성리학의 유기체 우주론의 원래 모습이다. 그러므로 간재는 '생生을 성性이라 한다'(『맹자』 속의 고자의 말)는 것도 본연지성으로 해석하였다.41 이 입장이

---

35 『사고』 권29, 「農巖四七說疑義」.
36 『간재사고속편』(이하 『사고속편』이라 약함) 권11, 「理學之要」: 性與太極, 無爲之理也 ; 心與陰陽, 有爲之氣也.
37 『사고』 권33, 「怤言(분언)」: 無爲而爲主之謂性, 有爲而爲役之謂氣.
38 『사고』 권3, 「答宋晦卿」.
39 위와 같음.
40 『사고』 권1, 「溪雲金丈」.

바로 인물성동론의 낙론 입장인데, 간재는 이 입장에서 인물성동이논 쟁을 비판하여 양쪽이 다 틀렸다고 하였다.[42] 즉 그는

> 태극은 사물을 낳는 근본이고 오행은 사물을 낳는 도구이다. 오행의 성性은 나중에 남녀, 만물의 오성五性(五行)의 근본이 된 것이므로 본래 인물人物이 성을 받음에 편전의 구별이 있는 것은 아니다. 『태극도설』 에 오행이 음양의 아래에 있고, 인물이 또한 오행의 아래에 있는 것으로 보면 주자周子의 뜻을 알 수 있다. 어찌 이것으로 인물동이의 논쟁을 하겠는가?

라고 하였다.[43] 그렇다면 간재의 입장은 어떤 것인가?

원래 인물성론은 유기체 우주론의 '인물성동론'과 인간의 우주에 있어서의 만물의 영장으로서의 우위를 말하는 '만물영장론'과의 갈등 인데, 중세 종교론으로서의 성리학에 내포된 아포리아이다. 인물성동 론의 원칙만 지키면 현실적 문제로 한걸음도 나아갈 수가 없다. 즉 인 간과 만물의 차이는 물론이고 현실적으로 다양한 만물 사이의 '물성物 性'도 논할 수가 없게 된다. 그렇다고 인물성이론을 강조하기만 하면 만물일체를 또 논할 수 없고, 만물평등이나 만물 사랑을 말할 수 없다. 나아가 인간차별론에 쉽게 빠지게 된다. 이는 유기체 우주론의 원칙에 도 어긋나고, 한 개인의 종교적 영성의 함양에도 막대한 지장을 초래 한다.[44] 그러므로 주자가 본연지성이 기질에 떨어진〔墮在〕것을 기질

---

41 『사고』 권14, 「答吳震泳」.

42 『사고속편』 권10, 「遂庵集記疑」.

43 위와 같음.

44 인물성동론은 유기체우주론의 공통적인 관점인데, 화이트헤드의 과정철학에서도 나타나 있다. 중세 종교론에도 이러한 사상은 나타나 있다. 동양의 이러한 종교적 신념, 즉 인물성동론의 관점은 근대 과학의 자연관을 낳지 못했다. 자연을 대상으로

지성이라고 하여[45] 두 관점을 동시에 가질 것을 권한 것이다.

2. 심이 성에 근본하여 기를 주재한다

간재의 입장은 인물성동론의 낙론이므로 결국 인물성이론을 비판하게 된다. 이러한 인물성동론의 입장, 즉 본연지성의 리체理體의 편재遍在를 생각한 간재의 사상은 다시 인간 본성을 강조하는 데로 나아가 '심이 성에 근본하여야 한다'〔心本性〕라는 명제를 내세웠다.

간재는 인간의 행위를 실제로 행하는 것은 심이기 때문에 '도덕적 당위성'을 얻기 위해서는 심이 성에 근본하여야 한다는 것이다. 그는 일찍이 성은 무위하며 순선하며 존귀한 것으로 규정하고 심은 그에 비해 작용이 있고〔有爲〕 비천하다고 보았다. 그는 말하기를

심이란 작용하는 때에 성선의 발현이 모범이 되고 규범이 되어야 한다.

라고 하였다.[46] 이것이 그의 '성사심제설性師心弟說'인데, 이 명제 역시 맹자의 '성선', 성리학의 '성즉리', 양명(왕양명)이나 한주 이진상의 '심즉리' 등과 마찬가지로 윤리적 행위를 권유하는 일종의 윤리학적 명제라고 할 수 있다. 형식은 사실명제처럼 되어 있지만, 실은 도덕적 행위를 권유하는 슬로건의 성격이 강하다.[47] 간재는 '심본성'을 자신의

삼는 사고방식을 방해했기 때문이다. 근대 서양 과학은 이러한 유기체론을 버린 결과라고 할 수 있다. 이런 점에서 조선 후기 인물성동이론의 논쟁이 일어난 것은 그만큼 철학적 문제 의식이 있다는 것이다. 그러나 당시 논리로는 이를 해결할 수 없었다. 근대 과학 이전의 시대였기 때문이다. 그러므로 매우 번쇄한 철학적 논리의 전개로만 나아갔던 것이다.

45 『주자대전』 권58, 「答徐子融」.
46 『사고』 권38, 「성사심제변변」 : 爲心者, 運用之際, 以性善之發現者爲模範, 而一一效法也.
47 맹자의 '性善'도 사실 '生之謂性'에서의 인간의 욕망을 제외하고 본성을 규정한 것이

학문적 종지라고까지 말하였다.[48] '성사심제'는 성이 스승이고 심이 제
자라는 뜻이다. 또 그는 '성존심비性尊心卑'라는 표현도 했는데,[49] 같
은 의미라고 할 수 있다.

간재는 율곡의 '심은 기〔心是氣〕'라는 설[50]을 수용하고 우암 송시열
의 심에 관한 논의를 소개하면서 자신의 의견을 피력하였는데, 그는
말하기를

우암 선생의 논심설論心說 여덟 조목에서 성문聖門 상전相傳의 종지
를 볼 수 있는데, 오늘날 애매하고 혼란스러운 논의와는 다르다. 제1조
는 성과 심을 리와 기에 분속한 것은 공자로부터 송현宋賢에 이르기까
지 모두 그러하니, '심시기心是氣' 한 마디는 율곡이 후학에게 공이 있
다는 것이다. 제2조는 심의 지각은 기라고 한 것이다. 제3조는 심의 허
령은 기라고 한 것이다. 제4조는 허령을 성이라 한 것은 석 씨釋氏의 견

다. 그러므로 맹자는 사단의 확충을 동시에 강조하여 도덕적 노력을 권유하였다.
성즉리는 정이천이 먼저 말하고 주자가 계승한 것이지만, 이 역시 성선의 연장선에
있다. 정이천과 주자는 맹자가 본성의 선만 말하고 기질의 '현실적 조건'을 말하지
않아 완전한 性論이 되지 못하였다고 하면서 '기질지성'을 보완하였지만(장횡거의
말을 가져왔다), 성선의 도덕론을 계승한 것은 분명하다. 왕양명의 '심즉리'도 역시
어떤 사실을 말한 것은 아니고 도덕적 행위의 방향을 지시해주려는 의도로 말한
것이므로 슬로건이라고 한 것이다. 한주의 '심즉리'도 심의 순수한 본질을 말하고자
함이므로 '성즉리'의 또 다른 변형이라 할 수 있다. 양명의 '심즉리'의 슬로건에
대해서는 야마노이 유(山井湧)의『明淸思想史の硏究』, 東京 : 東京大學出版會, 1980,
p.103 참조. 야마노이는 거기에서 "심즉리는 성즉리처럼 체계적 명제로 세워진 것이
라기보다 '교훈이나 가르침'의 슬로건으로 세워진 것이다"라고 그 성격을 말하고
있다. 내가 보기에 '성선'이나 '성즉리'도 마찬가지라고 생각한다. 이러한 관점을
간재 '성사심제설'에도 물론 응용할 수 있다. 간재의 명제 역시 도덕적 실천을 겨냥한
것이라고 할 수 있다. 이러한 명제에 대한 해석은 '메타윤리학적' 관점에서 보면
더욱 잘 알 수 있다.
48 『사고』 권31, 「心疑似」.
49 『사고속편』 권18, 「性尊心卑的據」.
50 『율곡전서』 권12, 「答安應休」.

해라고 한 것이다. 제5조는 심을 스승으로 하는 자는 쉽게 어긋난다는 것이다. 제6, 7, 8조는 모두 '본심本心', 즉 '심에 근본한다'와 '본천本天', 즉 '천天에 근본한다'는 것으로 정도正道와 이단을 분간한 것인데, 심은 기이고 천天은 성性이라 한 것이다.

라고 하였다.[51] 성과 심을 리-기로 나눈 것을 예로 든 것은 리와 기의 존비처럼 성과 심을 본다는 뜻이다. 심의 허령과 지각을 기로 보는 것은 결론적으로 심을 기로 본다는 말과 같다. 심에 근본하는 것, '본심'과 하늘에 근본하는 것, 즉 '본천本天'을 대거하여 유교와 불교의 차이를 논하고, 자신의 설은 '본천'에 있다는 것을 시사하였다.

그렇다면 문제는 심의 기와 육체의 기와의 구분이 문제이다. 허령과 지각을 심의 기라고 하였으므로 이는 육체의 기와는 물론 다르다고 할 수 있다. 그러나 크게 보면 같은 기이기 때문에 심의 기와 육체의 기에 차이가 없다고 한다면 율곡이 말한 '심시기'라는 명제라든가 성리학에서의 심의 정에 대한 주재 기능이라든가 심의 인식(인지) 능력의 탁월성을 논할 수 없게 된다. 그러므로 간재는 심의 기와 육체의 기를 구분하였다. 즉 그는 "성은 태극의 혼연한 체體이므로 하나이면서 상대가 없다. 심은 두 개의 기氣[음양]의 정영精英이 모인 것이므로 둘이면서 상대가 있다"라고 하였다.[52] 율곡이 '심시기'라고 한 것도 심의 기의 이러한 '정영'을 두고 한 말이다. 주자도 심의 기를 '정상精爽의 기'라고 한 바 있다.[53]

또 그는 심과 성도 구분하였는데, "성은 순선純善한 리이고, 심은 본선本善한 기이다"라고 하였다.[54] 여기에서 '본선'이란 말은 심의 맑

---

51 『사고』 권12, 「與呂達爕」.
52 『사고』 권12, 「與李喜璡」.
53 『주자어류』(북경 : 중화서국, 1986) 권5, p.85.

은〔淸秀〕 기, 즉 '기의 정영'이란 말과 같은 것이다. 그러나 '본선'이란
말은 성리학에서 보편적으로 사용한 어법과는 다른 생소한 말이다. 또
그는 말하기를

　　무위하면서 주主가 되는 것을 성이라 하고 유위하면서 역役이 되는
　　것을 기라 한다. 성에 근본해서 기를 주재하는 것을 심이라 하니, 심은
　　기보다 영험하지만 성보다는 거칠다.

라고 하였다.[55] 여기에서 무위와 유위로써 성과 심을 형용하였는데, 이
것은 적절한 어법이 아닌 것 같다. 성과 심은 밀접한 관련이 있기 때
문이다. 또 '성에 근본해서 기를 주재한다는 것'도 어색한 표현이다.
심과 성의 밀접한 관련을 '심이 성에 근본한다'라고 표현할 수 있을
까? '심본성재기心本性宰氣'는 심성의 구조를 말한 것으로는 어색하
지만, 이것으로 어떤 도덕적 실천 방향을 시사하는 것으로 받아들일
수는 있다. 즉 슬로건으로서의 윤리학적 명제 성격을 갖고 있다고는
할 수 있다.
　그러나 심의 정령精靈(精英), 즉 지각과 인지의 독특한 기능, 그리고
감정을 조율하는 이성적 기능을 강조하여 '심을 리'라고 규정해도 된
다. 이런 입장이 바로 '심즉리心卽理'라고 규정한 한주 이진상이나 퇴
계의 심학의 입장이다. 그러므로 간재는 "심은 기보다 영험하지만 성
보다는 거칠다"라고 한 것이다. 그러나 이 표현 역시 심과 대비하여
성을 높이려는 의도에서 나온 말로서 성리학적 어법에서 보면 약간 어
색하다. 또 그 역시 심의 작용을 전연 도외시하지는 않았다. 즉 그는

---

54 『사고』 권2, 「答柳穉程」: 性是純善之理, 心是本善之氣.
55 『사고』 권33, 「분언」: 無爲而爲主之謂性, 有爲而爲役之謂氣, 本性而宰氣之謂心,
　　心也者靈於氣而粗於性矣.

말하기를 "사람이 학문을 하는 것은 마땅히 이 마음을 검속하여 그 기를 막고〔禦〕 그 본성〔性〕을 다하는 것이다"라고 하기도 하였다.[56]

그렇다면 간재가 말하는 "성에 근본해서 기를 주재하는 것이 심"이라는 것은 무엇을 말하는 것인가? 기를 형기로 보면 심이 주재한다는 것은 '욕망'을 억제한다는 의미일 것이다. 예부터 '극기'라는 말이 있으므로 이 말의 뜻은 유학의 전통에서 이미 알려진 것이다. '성에 근본한다'는 것은 심과 성의 관계에서 말하는 것인데, 성이 '윤리학적 기준', 즉 '도덕적 행위의 준칙'이 되어야 한다는 뜻일 것이다. 이러한 표현은 '성선'이나 '성즉리'의 명제가 이미 그런 뜻을 가지고 있다고 할 수 있다. 그렇다면 간재가 이렇게 말하고자 하는 의도는 무엇인가?

3. 주자 '심통성정'과의 비교

간재의 입장, 즉 "성에 근본하여 기를 주재하는 것이 심"이라는 입장에서는 주자학에서 자주 언급되는 '심통성정心統性情'과 비교가 된다. 그러므로 그는 말하기를 "심통성정의 통자統字에는 '겸포兼包'의 뜻이 있지 '상통하上統下'의 의미는 없는 것 같다"라고 말하였다.[57] 그는 또 말하기를

심에 지각이 있고 리가 무위인 것을 말한다면 '심통성정'이요, 성이 근본이 되고 심이 작용이 되는 것으로 말하면 '리위기주理爲氣主'이다. …… 상하 나누어짐에 집착하여 그것을 심통성정에 적용하려 하면 지각과 작용이 있는 것이 형이상의 이름을 거짓으로 칭하는 것이 되고, 순선무악한 것이 형이하로 강등되는 것인데, 이를 어찌 생각하지 않는가?

---

56 『사고』 권36, 「海上散筆 3」.
57 『사고』 권1, 「鳳岫金丈」.

라고 하였다.[58] 글의 앞 부분은 두 명제가 성립되는 이유를 설명하면서 서로 방해가 되지 않는다는 것을 말한 것이고, 뒷 부분은 심과 성의 형상·형하의 구분이 분명해야 되는데, 이 논리로 심통성정에 적용하여 통統을 '상통하上統下'의 의미로 본다면 윤리학설상 문제가 된다는 걱정이다. 그러나 앞의 글은 이미 성리학 일반의 상식이기 때문에 심의 영명한 작용을 주장하는 것이 바로 심을 성과 뒤바꿔놓는 것은 아니다. 만약 도덕 실행상의 우려를 윤리학적 논리와 섞으면 학적 체계가 불분명하게 된다. 또 앞의 주제와 뒤의 주제는 별도 문제인데, 이를 같이 논한다면 사고와 논리에서 혼선이 빚어진다. 이는 간재뿐만 아니라 많은 성리학자들이 범하는 오류이다. 이런 오류는 주자학이 가치와 실재를 구분 없이 논하는 중세 자연법적 종교철학이었기 때문일 것이다.

주자 역시 '심통성정'의 문제를 논하면서 통자를 두 가지로 해석하였다. 즉 "심통성정의 통統은 겸兼과 같다"라고 하면서[59] 한편으로는 통을 '통솔한다'는 적극적 작용의 의미로도 해석하여 "통은 주재主宰이니, 백만대군을 통솔〔統〕한다는 것과 같다"라고 하기도 하고,[60] 또 "성은 리로써 말한 것이고, 정은 작용〔發用處〕이고, 심은 성정을 컨트롤하는〔管攝〕 것이다"라고 하였다.[61] 즉 주자도 통의 의미를 두 가지로 해석하였는데, 겸한다고 해석한 것은 심·성·정의 구조상에서 말한 것이고, 통솔한다고 해석한 것은 심의 주재 기능을 가지고 말한 것이다. 결국 주자에 있어서 심·성·정 세 가지는 서로 분리될 수 없는 '마음'을 세 측면에서 이론적으로 설명한 것이다.

---

58 『사고』 권29, 「화서아언의의」.
59 『주자어류』, 북경 : 중화서국, 1986, p.2513.
60 위와 같음.
61 위의 책, p.94.

이때 주자의 심은 역동적인 작용을 하는, 인식과 사고와 판단을 하고, 이성과 의식이 작용하면서 감정도 적절하게 억제할 수 있는 그런 현실적인 작용 기제로서의 심을 말한 것이다. 이 현실적인 심의 작용을 긍정함으로써 주자에게 있어 '격물치지'와 같은 후천적 노력이 강조될 수 있었던 것이다. 이와는 반대로 조선조 주자학자들, 간재는 물론이고 화서와 한주도 어느 한쪽을 강조하는 형식으로 자신의 철학을 표방하였던 것인데, 모두 공통적으로 심의 리적인 면을 강조하였음을 볼 수 있다. 간재는 성을 심과 대비시켜 직접적으로 '성존심비'라고 성리학적 전통의 어법과는 약간 다르게 표현한 것이 다를 뿐이다. 그러나 그 뜻은 도덕론적으로 보아 '주리적'임은 분명하다. 주자와 율곡의 심은 기적인 요소를 가진 매우 현실적인 작용 기제로서 말한 것이고, 그 외부 조건으로 영향을 미치는 육체적 기질을 순화시키기 위하여 '기질을 교정하는' 후천적 노력을 강조한 것이다. 이런 점에서 간재의 '성존심비설'은 오히려 율곡설과 다소 멀어지게 되었다.

4. 한주의 '심즉리'와 율곡의 '심시기'와의 비교

간재는 한주 이진상의 '심즉리설'에 대해서도 논평을 하였는데, 그는 말하기를

선현이 말한 심즉리, 리즉심은 성인聖人의 경우 심의 작용이 리의 체體에 맞는 것을 말한 것이다.

라고 하고,[62] 또 "심성은 하나의 리인데, 이는 마치 군신과 부자가 일체인 것과 같다. 하나인 가운데서 두 개가 있음을 보아야 한다"라고

---

62 『사고』 권3, 「答朴正瑞」.

하였다.[63] 또 퇴계가 심통성정의 통자를 '통합統合'의 뜻으로 말했는데, 한주가 '상통하上統下', '존통비尊統卑'의 의미로 본 것을 비판하기도 하였다.[64] 이것은 간재가 보기에 한주는 심과 성을 너무 분리하고, 그리하여 심의 통솔하는 기능을 너무 강조한 나머지 결국 '심즉리'를 주장한 것으로 보았기 때문이다.

그러나 한주의 심즉리가 양명의 명제와 같아 오해의 소지는 있지만 사실은 심·성·정의 관계에서 심의 허령한 작용의 측면을 강조하여 말한 것이다. 한주는 "심을 기라고 하면 대본달도大本達道가 다 기로 돌아가 리는 죽은 물건이 되어 공허에 빠지게 될 것이다. 예로부터 성현은 의리를 주로 하여 말하지 않음이 없었다"라고 하였다.[65] 아들 대계 이승희 역시 이 명제에 대해 "모든 사물은 주된 것으로 이름을 붙인다. 이 심은 이 리를 주로 하였으므로 어찌 심즉리라 하지 못하겠는가?"라고 하였다.[66] 이렇게 되면 간재의 한주 비판은 같은 것끼리 비판한 것이 된다. 한주 역시 '심즉리'라고 한다고 해서 심의 기의 측면을 제외한 것이 아니고, 간재 역시 '심존기비'라고 해서 심의 기적 측면을 완전히 도외시한 것은 아니다.[67] 모두 주된 바를 따라서 명제를 만들고, 이것을 가지고 윤리학적 명제가 가지는 도덕적 권유를 위한 강령으로 만든 것이다. 이는 '성선', '성즉리', '심즉리'의 특성과 하등 다를 바가 없다.

그런데 기호학파의 선구 율곡의 경우 심을 기라고 한 것은 심의 역동적인 측면을 강조하기 위한 것인데, 성을 상대적으로 더 강조한 간

---

63 『사고』 권27, 「이씨심즉리설조변」.

64 위와 같음.

65 『한주집』 권32, 「심즉리설」.

66 『대계집』 권10, 「答南聖行」.

67 간재는 "내가 말하는 心卑는 일부러 心字를 천하고 낮게 여기는 것이 아니다. 오직 성에 대해서 상대적으로 낮을 뿐이다"라고 하였다. 『사고』 권6, 「答鄭宅新」.

재의 경우 율곡설에서 오히려 벗어난 것이다. 그리고 그의 '심본성'은
퇴계가 심의 역동성을 강조하여 사단이 본심에서 바로 나왔다는 소위
퇴계의 '심학'의 입장에 오히려 가까워진 것이다. 한주의 '심즉리'는
퇴계의 심학의 연장선상에 있으므로 결국 한주와 간재는 만나게 되는
것이다.

간재는 이미 말하기를

주재라는 두 글자는 형태는 같지만 쓰임이 다르다. 심이 성의 주재가
된다고 하는 것은 작용[流行處]에서 심이 이 리를 운용할 수 있다는 것
을 말한 것이고, 성이 심의 주재가 된다는 것은 근원[源頭處]에 나아가
성이 그 심의 기의 근본이 된다는 것을 말한 것이다.

라고 한 바 있다.[68] 이렇게 보면 한말의 주자학들의 성리학적 명제의
형식만 보아서는 아무 의미가 없고, 그 내용의 함축을 고찰해보아야
한다.[69] 심을 강조해도 '성선'을 전제로 한 것이라 보아야 하고, 성을
근본으로 해도 공부는 심을 통하여 하지 않으면 안된다고 보고 있는
것이다. 이와 같이 형식은 달라도 같은 의미라면 주자학 명제의 '동어
반복'의 느낌을 지울 수 없다.

---

68 『사고』 권7, 「答金致容」.
69 예를 들면, 한주의 숙부 응와 이원조는 『성경』을 지었는데, 그는 말하기를 "사람이
   기는 다르나 같은 성을 타고 났다. 그 다름을 교정하고 같음을 벗 삼으면 모두 요순
   이 될 수 있다. 그러므로 성현의 천언만어가 그 성을 회복하게 하는 데 있다. 성은
   도의 근원이고 학문의 근본이 아니겠는가? 그래서 성경을 지었다"라고 하였다. 이
   어서 그는 "성은 형체가 없어 공부의 착수처가 문제인데, 맹자의 '존심양성'이나
   『중용』의 '大本을 세운다'든가 주염계와 정자가 말하는 '함양' 등이 성에서의 공부
   가 아닐까?"라고 하였다. 『응와집』 권13, 「性經序」. 유명종, 「간재의 성존심비의
   性學」, 앞의 책 『간재학논총』 제3집, pp.49-50. 여기서도 결국 성을 존중하지만 실
   제 공부는 심에서 하는 것으로 되어 있다. '復性' '존심양성' 등을 말하고 있는데,
   이것은 주자학의 동어반복이라고 할 수 있다.

　이러한 명제를 주장한 사상적 배경에는 시대의식이 물론 깔려 있는
데, 간재의 경우는 당시 학자들이 심의 기능과 기의 작용을 너무 강조
한 나머지 유학의 본령인 성과 천명 같은 근본 도덕적 근거를 망각하
는 것을 염려하여 그 시정을 계몽하려고 한 데서 출발하였다. 한주, 화
서, 노사의 시대 배경도 역시 같다고 할 수 있다. 이들은 한말이라는
국가적 위기를 맞이하여 전통적 학문인 성리학을 가지고 세계를 인식
하고 도덕적 위기를 극복하려고 한 점에서 공통점이 있는데, 그 과정
에서 이러한 윤리학적 명제가 나온 것으로 보인다. 그리하여 전통 학
문의 범위, 즉 사고와 논리의 틀이나 용어의 사용에서 의도되지 않았
지만 결과는 유사하였다. 다른 측면에서 보면, 그때 이미 전통적 학문
방법으로는 그들의 뛰어난 사고와 구세救世의 의욕을 담아내기에는
적절하지 못하였음을 알 수 있다. 다시 말하면 전통적 학문의 수단인
한자-한문의 문장 형식은 그 나름의 한계가 많았다고 할 수 있다. 물
론 그들은 '도통의식'에 가려 아마 이 점을 인식하지 못했을 것이다.
　이상호는 한말의 이러한 성리학적 논의를 '19세기 성리설의 분화分
化'라고 명명하고, 그 대표자로 방대한 성리학적 자료를 남긴 간재를
들고 있다.[70] 또 그는 이러한 '성리설 분화'를 주자학의 '수정 입장'이
라고 보고, 그 배경을 시대적 위기에서 빚어진 가치의식, 즉 도덕적
의식이라고 하였다.[71] 이러한 설명은 결국 '성사심제'의 명제가 시대
의식의 반영이요 도덕적 요청에서 입안된 윤리학적 명제임을 증명하
는 것이다. 그러나 주자학 수정이나 성리설 분화의 성격이 있다고 해
도 그 사상 내용의 차이가 크지 않다면 주자학의 '동어반복'이 아닐까
한다.

---

70 이상호, 「간재 전우의 성리설」, 앞의 책 『간재사상연구논총』 제1집, pp.141-142.
71 위와 같음.

5. 간재의 사칠설의 특징

간재가 율곡의 심성설에서 멀어진 다른 예로서 그의 사단칠정에 대한 해석을 들어본다면 확인할 수 있다. 간재는 율곡의 '기발리승설'을 계승하였는데, 그 이유를 설명하기를 "기는 리를 싣고서 발현되지만, 리는 '아는 능력'〔知能〕이 없으므로 기발이라고 하며, 리는 기에 의지하여 유행하므로 기가 리의 자료〔材具〕가 되는 까닭에 리승이라고 한다"라고 하였다.[72]

간재는 이러한 그의 리기론에 근거하여 사단과 칠정을 리기로 나눌수 없으며, 칠정을 '가리켜 말하는 것〔所指而言者〕'이 기에 있다고 할수 없고, 리기를 함께 말해야 된다고 하였다.[73] 이어 그는 말하기를

사단과 칠정을 막론하고 모두 외물外物에 감응하여 성으로부터 발출된 것이므로 호발로 나누어 말할 수 없다.

라고 하였다.[74] 이것은 퇴계와 고봉의 논변 중 고봉이 칠정도 '성발위정性發爲情'이므로 기발이라 할 수 없다는 주장과 같은 것이다. 간재는 말하기를

그 근원〔本源來處〕을 말하면 사단만 리발이 아니라 칠정도 리발이며, 그 작용〔能所〕에 따라 나눈다면 칠정만 기발이 아니라 사단도 기발이다.

라고 하였다.[75]

---

72 『사고』 권30, 「讀율곡선생답우계선생서」.
73 『사고』 권30, 「讀퇴계선생답고봉사칠설改本」.
74 위와 같음.
75 『사고』 권29, 「농암사칠설의의」.

여기에서 퇴계가 호발설을 통하여 강조하고자 한 바, 즉 '가리켜 말하는 것[所指而言之者]'이 다르므로 '리발—기발'로 나누어볼 수도 있다는 뜻은 사라지고 없고, 사칠 논의를 리기설에 의해서만 재단하고 있다. 다시 말하면 간재에게 있어 '리발—기발'의 구분은 별로 중요하지 않았다. "칠정도 리발"이라는 주장에서 보면 그의 기본 입장은 기를 검속하여 본연의 성을 회복하려는 실천의 논리에서 나온 것인데, 이는 율곡의 '기질 교정[矯氣質]'하는 현실주의적 도덕론[76]을 계승한 측면이다.

그러나 "사단도 기발"이라고 하는 주장에서 보면 그의 '성사심제'의 주장과 상충된다. 뿐만 아니라 퇴계가 말하려고 하는 호발설의 의도, 즉 '심의 역동성'의 발현으로서 '리발'을 생각한 점, 또 윤리학적 명제로서 '리발—기발'의 대립적 입론을 하려는 의도 등은 사상되고 없다. 심성론을 통하여 도덕적 가치를 말하려고 하는 의도가 리기론의 원칙으로 되돌아가고 만 것이다. 이는 오히려 리기론에 의한 심성론의 무화無化라고 할 수 있다.

원래 '성발위정'의 심의 구조론으로 퇴계의 호발설을 비판하는 것은 적절치 못한 것이다.[77] 그러므로 간재의 이러한 논평은 고봉의 학설과 율곡의 관점을 계승한 것이지만, 그의 원래 의도인 성을 높이려

---

76 『율곡전서』 권19, 12면, 「성학집요 1」, '修己'의 조목에 '교기질'을 넣고 있다. 또 "성현의 천언만언이 사람들로 하여금 기를 검속하여 기의 본연을 회복하도록 할 뿐이다"라고 하고, 이어 '기의 본연'이란 바로 맹자의 '호연지기'이며, 이 호연지기를 기르도록 한 맹자의 공이 크다고 하였다. 권10, 27면, 「답성호원」. 율곡의 도덕론은 이와 같이 기질을 교정하고, 칠정의 컨트롤을 통하여 선을 실현하려는 입장이므로 퇴계에 비해 도덕 현상의 현실성을 강조하였다고 보아 '현실주의적 도덕론'이라고 한 것이다.

77 퇴계 호발설 속에는 리기론의 형식을 빌렸지만, '심의 역동성' 강조라든가 '도덕적 입론', 즉 '가치대립 입론'의 필요성 주장 같은 함축이 들어 있는데, 이런 것이 고봉의 '성발위정론'의 존재론적 관점에서는 이해하기 어려웠고, 반대로 퇴계도 상대방을 논리적으로 두 설의 차이를 납득하도록 설명하지 못하였다.

는 성선설적 입장과는 또 다른 주장이 되었다. 여기 인용된 '성발위정'
이나 심은 '리기의 합'이므로 '사칠 모두 리기의 발'이라고 하는 원론
적 주장은 주자학의 그것에서 벗어나지 않는다. 다만 '사칠 모두 리기
의 발'이라고 하면 이는 조선조 성리학의 사칠론에서 보인 성과, 즉
도덕적 가치 추구의 노력을 원점으로 되돌려놓는 것이 되고, 간재 자
신의 '성사심제설'과도 맞지 않는 것이 된다.

간재의 '성사심제설'과 비슷하게 성을 높인 학자로는 중국의 오봉
호굉(1105-1155)[78]이 있다.[79] 그는 '성'을 인간의 본성 외에도 철학적
본체라는 자기 나름의 독특한 의미로 사용하였다.[80] 결국 그의 '성본
론性本論'은 주자의 '리본론理本論'이라고 할 수 있다.[81]

그런데 주자는 나중에 횡거 장재의 '심통성정설'을 수용하고 호굉
의 설을 비판했는데, 그것은 그의 설대로라면 '정情'을 둘 자리가 없기
때문이라고 하였다.[82] 주자는 심·성·정 세 측면에서 체계적으로 우리
마음을 설명하려고 했기 때문이다. 호굉의 '성론'과 심과 성의 관계,
그리고 "성은 마음의 주재를 받는다" 등을 보면 주자 이전에는 아직
심성의 개념이 정립 안 된 느낌이다. 주자 역시 그렇게 여기던 중 장
재의 '심통성정'을 보고 심·성·정의 관계 정립이 확실하게 된다고 생
각하여 그 설을 수용했던 것이다.

---

78 胡宏은 남송 시대 사람으로 형산에서 20여 년간 강학함으로써 당시 '湖湘學派' 형
성에 중요한 기여를 하였다. 호상학파는 주자에게 커다란 영향을 끼쳤을 뿐만 아니
라 건도와 순희 연간에 이르기까지 지속적으로 영향을 발휘한 학파였다.

79 유명종은 五峰 호굉의 '성론'이 간재와 비슷하다고 하였다. 또 유명종은 "간재가
호오봉을 여러 곳에서 거론한 것으로 보아 '성학'에서 공통점이 있다고 생각한다"
라고 하였다. 유명종, 「간재의 성존심비의 성학」, 앞의 책 『간재학논총』 제3집,
pp.37-38.

80 천라이(陳來), 안재호 역, 『송명성리학』, 서울 : 예문서원, 1997, pp.224-225.

81 위의 책, p.226.

82 『주자어류』 권5, p.91.

이러한 설명을 간재에 적용시켜보면 그의 '성사심제설'에는 '정'이 빠진 것을 곧 알 수 있다. 이 점에서 과연 주자학을 넘어 창조적으로 나아갔다고 할 것인지는 의문이다. 또한 '성사심제'의 명제가 '성즉리'의 명제 이상의 메시지를 전하는지도 의문이다. 양명의 '심즉리'나 한주의 '심즉리' 역시 '성즉리'와 마찬가지로 윤리학적 강령의 성격이 강하다고 한다면 그의 '성사심제'도 그 부류에 들어간다고는 하겠으나, 성리학적 어감과는 거리가 있다고 할 수 있다. 이 점에서 간재 성리설의 한계가 있는 것 같다. 주자학의 도통론, 한자−한문의 언어의 한계 속에서 창조적 사고는 어려웠다고 볼 수 있다.[83]

---

83 이러한 사정은 한주와 화서, 그리고 노사의 경우도 마찬가지이다. 한주의 경우 '심즉리'는 속 내용은 다르다 해도 강령의 형식이 양명과 같아 결국 오해를 불러일으켰고, 또 그가 말한 "發者, 理也, 發之者, 氣也"라는 명제도 성리학 보편의 "發之者, 氣也, 所以發者, 理也"와는 달라 어감상 오해가 불가피하다. 문제는 이 다른 표현이 성리학의 틀을 깰 만큼 창조적이지 않다는 것이다. 한편 화서의 경우는 리−기로써 세계인식의 방법으로 삼았는데, 이는 일종의 은유법(metaphor)이다. 리−기는 '성−심'과 달리 일종의 '기호'(혹은 상징)로 그렇게 사용할 수 있다(퇴계 호발설도 그러한 측면이 있다). 문제는 그것으로 세계를 인식하기에는 시대가 급변하여 충분하지 않다는 것이다. 노사의 경우도 그의 유리론은 리를 극대화한 결과이므로 형이상학 원래의 리−기 범주를 벗어난 것이다. 태극의 리를 종교론적 관점에서 극대화할 수는 있으므로 유리론이 틀린 것은 아니나 리−기 관계 설명에(특히 기에 대해) 적절하게 대처할 수 없게 된다. 이상에서 본 바와 같이 이러한 상징적 리−기 사용이 '도덕적 권유' 이상의 의미를 가져오지 못한다는 것이다. 이렇게 보면 한말의 성리설은 심성을 논하든, 리기를 논하든 '도덕적 입론'으로 귀착되었다고 말할 수 있다(한말에 한정되지 않고 조선조 전체적 경향도 그러한 것 같다). 여기에 주자학의 '격물치지'의 정신, 즉 도덕에 있어서 지성과 이성의 역할을 강조하는 정신이 사상되고 말았다. 이는 공자의 仁−知 병행의 정신에도 어긋나는 방향이라 할 수 있다.

IV. 결 어

간재 전우는 한말 일제 침략기의 전통 성리학자로서 항일 의병과 같은 활동에 참여하지 않고 외딴 섬에 은거하여 성리학 연마와 제자 양성에 매진한 조선조 마지막 성리학자였다. 전통적인 학문 정신은 개인 수양과 사회적 실천을 겸하는 것이 상식이지만, 항일 항쟁과 같은 큰 사회적 실천은 누구나 다 할 수 있는 것이 아니므로 일방적으로 사회적 실천 여부를 가지고 인물을 평할 수는 없다. 오늘날 학문 연구 방식대로 이론과 실천을 분리하여 그의 성리학설만을 검토하였다.

성리학에서 리기론은 존재(우주) 설명에서나 도덕(심성) 설명에서나 함께 혼용하고 있는데, 오늘날 연구에서는 분석상 구분할 필요가 있다. 그의 존재론에서 보이는 리기론(태극론 포함)은 주자와 율곡의 설을 그대로 계승하였다. 즉 주자의 '리기불상리불상잡'의 원칙을 잘 이해하였고, 율곡의 '태극-음양 관계' 및 '태극생양의론'에 대한 해석을 그대로 계승하였다. 그러나 심성론에서 보이는 리기론은 '주리론적'이라 할 수 있다. 퇴계와 고봉이 사칠논변을 전개한 이후 학파 비교를 '주리-주기'라고 표현했는데, 이는 율곡설이 '심시기'라든가, '기발리승일도'라든가, '리통기국' 등을 주장하였으므로 이것이 퇴계설과 비교하여 상대적으로 '주기적'이라 한 데서 나온 것이다. 그러나 율곡설이 존재론에서는 '리기지묘론'을 주장했으므로 율곡설을 전체적으로 반드시 '주기적'이라 할 수는 없다. 그러므로 이 용어는 도덕론에 한정하여 사용해야 한다. 다만 상징적으로 두 학파의 성격을 비교하여 그 용어를 사용할 수는 있다.

이러한 구분을 빌려오면 간재의 심성론은 '주리적'이라 할 수 있는데, 율곡의 심성설을 계승했으면서도 그가 표방한 '성사심제설'이나 '성존심비설', 또는 '심본성설' 등은 심-성을 비교하여 명제를 만들었지만, 성리학의 기본적인 심·성 구조론에서 보면 대동소이하고, 성을

기본으로 한다는 점에서 역시 주리론적 심성론이라 할 수 있다. 왜냐
하면 성을 아무리 강조해도 성을 발현시키는 것은 마음의 역동적 작용
이기 때문에 심·성 중 어느 하나만을 말해도 나머지는 저절로 따라오
기 때문이다. 그런데 심·성을 상대적으로 '존－비'로 규정한다는 것
자체가 성리학적 어법에서 약간 어색할 수밖에 없다.

그의 이러한 주장은 남송 시대 오봉 호굉이 이미 주장한 바 있는데,
심·성만 강조함으로써 주자에 의해 호굉의 심성설은 비판 받은 바 있
다. 즉 주자는 호굉의 설은 심·성만 말하여 '정情'을 어디에 위치 시
킬지 알 수 없어 심성(심·성·정)을 체계적으로 설명할 수 없다고 하였
다. 그리하여 주자는 횡거 장재의 '심통성정설'을 수용하여 심성론을
체계화하였다. 다시 말하자면 주자에 의해 호굉의 설은 비판을 받았
다. 간재의 '심본성心本性' 주장은 호굉의 '성본설性本說'과 유사하다.
호굉의 설과 비교할 때 간재의 설에서도 역시 '정'에 대한 설명이 누
락된다.

간재의 '성사심제설'이나 '성존심비설'은 성리학적 어법상 조금 어
색한 느낌이 있을 뿐만 아니라 내용의 핵심을 취한다 해도 이 명제는
맹자의 '성선'이나 성리학의 '성즉리'와 마찬가지의 메시지를 전하고
있다. 이러한 표현은 어떤 사실을 말하는 것이 아니고, 도덕적 권유를
위한 윤리학적 강령인데, 결국 '성선'과 '성즉리'의 동어반복이라고 할
수 있다. 이러한 해석은 간재뿐만 아니라 한말 대부분의 성리학자들에
게도 적용할 수 있다.

조선조 후기 성리학적 사유가 심화되었지만, 이미 한말에 이르러서
는 이러한 사유가 통하지 않는, 혹은 의미가 없는 한계를 노정한 것
같다. 사유의 누적이 왜 창조적 발상으로 가지 못했을까? 여기에는 주
자학이 중세 종교철학으로서의 완벽한 형이상학이라는 점에서 첫째
연유하기도 하지만, 도통론적道統論的 사유, 중화주의적 사유의 틀 때
문이기도 하다. 덧붙이면 한자－한문의 도구가 가지는 언어상의 한계

에도 그 원인을 찾을 수 있다. 이미 이 시대는 전통적인 성리학이나 주자학을 고수하는 것 자체가 사회적 공감을 얻지 못하는 것은 물론 학문적으로도 막다른 골목에 들어와 있었다. 전통 문화를 보전하기 위해서 주자학을 했다면 그것은 철학적 사유와는 별다른 문제이다. 한말에 와서 무엇인가 탈출구가 필요한데, 적절한 용어를 창출하지 못한 조선조 주자학의 모습을 '성사심제설'도 단적으로 보여주고 있다.

제10장 근현대 경북 고령의 유학과 성리학

I. 서 언

고령군高靈郡은 현재 지도상으로는 경상북도 남서단에 있는 군으로 동쪽은 대구광역시 달성군과 경상남도 창녕군, 남쪽은 경상남도 합천군, 서쪽은 경상남도 거창군과 경상북도 김천시, 북쪽은 경상북도 성주군과 각각 접한다. 현재 1읍 7면으로 이루어져 있으며, 군청은 고령군 고령읍 지산리에 있다.

고령군은 경상북도에서 전체 면적의 약 2%로 울릉군 다음으로 작은 군이지만, 과거에는 토지가 비옥하고 교통의 요지였다. 이중환은 『택리지』에서 "감천甘泉의 남쪽에 선석산禪石山(白馬山)이 있다. 산의 남쪽에 성주·고령이 있는데, 고령은 옛날 가야국이다. 그 남쪽에는 다시 합천이 있는데, 가야국의 동쪽에 자리잡고 있다. 이 세 고을의 논은 영남에서 가장 기름져서 씨를 조금만 뿌려도 수확이 많다. 그리하여 토착민들이 부유하여 떠돌아다니는 사람이 없다"라고 하여 성주·합천과 함께 고령을 영남에서 가장 풍요한 지역으로 들었다.

고령의 이러한 경제적 풍요는 가야산 동편 성주쪽에서 발원한 가천 伽川과 서편 합천쪽에서 흐르는 야천倻川이 만나 용담천龍潭川을 이루면서 넓은 평야를 조성한 데다 현풍과의 경계를 흐르는 개산강開山江이 양질의 토사 보급과 함께 관개를 원활하게 해주는 환경 때문이었

다. 여기에 고령은 낙동강을 경계로 동·서와 남·북을 연결하는 접점
에 위치한 입지적 조건 때문에 오래전부터 전략적 거점이 되어왔다.
이 전략적 거점은 지금으로 말하면 교통의 요지라고 할 수 있다. 대가
야가 신라에 망하자 위상이 급격히 낮아졌고, 고려와 조선조에 와서도
행정 조직이 제대로 갖춰지지 못해 엉성하였다.[1] 그러나 천혜의 자연
조건과 교통의 요지인 점에서 경제적·문화적으로 성장할 수 있었다.
이것이 유학의 진흥과 문풍의 진작이 이루어지게 된 조건을 만들어 유
학자들이 모이게 하였고, 또한 재지사족在地士族들이 고령에서 성장
하도록 만들었다.

　경제적 기반과 교통의 편리성은 지역간 사림의 교류를 원활하게 하
였다. 고령은 동쪽으로 현풍과 경계를 이루고 서쪽으로는 합천의 야로
와 맞닿아 있고, 북쪽으로는 성주와 연결되는 위치에 있다. 그리하여
성주·합천·현풍이 경제적으로나 사회적으로 하나의 권역이나 마찬가
지였고, 따라서 문화·학술적으로도 매우 밀접한 교류가 이루어졌다.
예를 들면 현풍 출신으로 합천 야로 처가에 우거하고 있던 한훤당 김
굉필(1454-1504)이 그곳의 정여창·김일손과 학술 교류를 했던 것이 좋
은 예다. 이러한 학문 분위기는 그후도 이어져 합천 삼가 출신의 남명
조식(1501-1572)과 야로 출신의 정인홍으로 이어지는 남명학과 성주
출신 김우옹·정구 등을 통한 퇴계학을 복합적으로 수용하는 학술 분
위기를 조성하였다.

　여기에 고령의 풍속이 순박하고 농사에 힘쓰는 반면, 굳세고 용맹을

1　김종직의 제자 조위(曺偉)가 "이 현은 옛날 신라 때 대가야 500여 년 동안이나 나라
　를 세웠던 곳으로 산수의 훌륭함이 영남에서 으뜸이다. 고려초부터 격을 낮춰 작은
　현이 되었고, 땅이 좁은 것이 검은 사마귀 같이 되었다. 그리하여 정치는 거칠어지고
　백성은 쇠잔해졌다"라고 하였다.『신증동국여지승람』권29, 고령현 궁실 ; 설석규,
　「조선시대 영남의 학풍과 고령사림의 동향」,『고령문화사대계(1)역사편』, 고령군대
　가야박물관·경북대학교퇴계연구소 편, 2008, p.398.

숭상하는 습속을 가지고 있었다.[2] 이러한 풍속과 기질은 김굉필의『소
학』위주의 실천 도학과 남명과 같은 실천적 도학이 성립되는 배경이
되었다. 이에 따라 고령 지역은 남명의 절의節義와 퇴계의 학문이 함
께 구현되는 분위기가 조성되었다.[3]

근현대 고령의 유학자들은 경상도 북부지역인 안동의 학풍과는 달
리 서양 문명에 대해 약간의 개방적인 태도를 보인 것도 특색이다. 한
주 이진상(1818-1886)의 특성 있는 퇴계학 전개인 '심즉리설心卽理說'
을 주창한 이후 면우 곽종석(1864-1919)이라는 훌륭한 제자가 나왔고,[4]
그의 제자 중에는 서양 철학을 연구한 성와 이인재(1870-1929)라고 하
는 이가 나와 특이한 학문 경향을 보였다. 면우 역시 일본 침략에 맞
서 의병과 같은 저항보다는 현실을 직시하고 당시 국제공법에 호소하
는 외교 운동에 주력하였다.

고령 지역에 한정하여 출신 학자들을 거론한다면 이종기李種杞(1837-
1902), 홍와 이두훈(1856-1918), 그리고 성와 이인재를 들 수 있다. 이종
기가 제일 앞서서 한주 이진상과 약 20여 년 차이밖에 없다. 그러므로
그는 한주와 학설 논쟁를 하기도 하였다. 홍와와 성와는 면우 곽종석의
제자이다. 이들을 논하려면 면우와 그의 스승인 한주를 원류로서 논하
지 않을 수 없다. 그리하여 이들 학자들이 내왕한 고령·현풍·합천·성
주를 합하여 조금 넓게 보지 않으면 안 될 것 같다. 겸하여 남명의 영향
도 고려해보아야 할 것이다. 다만 지면 관계상 한주와 면우는 별도로

2 『신증동국여지승람』 권29, 고령현 풍속.
3 조선시대 영남의 학풍이 "상도(上道)는 이황이 있어서 학문으로 서로 받들고, 하도(下
道)는 조식이 있어 절의로 서로 높인다"라는 말이 있었다. 『선조실록』 권142, 34년
10월 기축.
4 '주문팔현(洲門八賢)'이라는 훌륭한 제자들이 배출되었다. 면우 곽종석, 아들 한계(대
계) 이승희, 후산 허유, 회당 장석영(1851-1929), 교우 윤주하(1846-1906), 자동 이정
모(1848-1915), 물천 김진호(1845-?), 홍와 이두훈 등이었다.

논하지 않는다.

II. 한말 영남 남서부 지역 유학계의 상황

한말 영남 지역 학자들은 5-6개의 학파로 나눌 수 있다.[5] 안동 중심의 영남 북부 지역에서는 정재 유치명(1777-1861)에 연원을 두는 정재학파가 있었고, 그 안에서 서산 김흥락(1827-1899)과 척암 김도화(1825-1912)가 각각 큰 학파를 이루고 있었다. 그 외 서파 유필영(1841-1924)과 향산 이만도(1842-1910)등의 학파도 널리 알려져 있었다.

성주·산청·거창을 중심으로 하는 영남 남서부 지역에는 한주 이진상에 연원하는 한주학파가 있었다. 이 학파 안에서는 면우 곽종석과 한계(또는 대계) 이승희(1847-1916)가 큰 학파를 형성하였고, 한주 문하의 후산 허유(1833-1904) 등 대표 문인 6인이 유명하였다.

결론적으로 말하면 한말 영남 지역 큰 학파는 정재학파와 한주학파라고 할 수 있지만, 다소 영향력이 적지만 군소학파가 더 있었다. 김해의 성재 허전(1797-1886) 학파, 칠곡의 사미헌 장복추(1815-1900) 학파가 있었고, 노사학파와 간재학파도 있었다.[6]

성와 이인재는 고령 출신 학자로서 면우 곽종석의 문인이었다. 동문으로 비슷한 연배로는 진주의 회봉 하겸진(1870-1940)·진암 이병헌(1870-1940)이 있었고, 약간 후배 동문으로 중재 김황(1896-1978)이 있었다. 학파는 다르지만 성와는 창녕의 심재 조긍섭(1873-1933)과 절친하였다.[7] 심재는 사승 없이 독자적으로 학문을 연마한 학자이다.[8]

---

5 이하 한말 영남 지역 학파 개요는 김종석, 「한말 영남 유학자들의 신학 수용 자세(1)」, 『퇴계학보』 제94집, 퇴계학연구원, 1997 참조.

6 금장태, 『퇴계학파의 사상Ⅰ』, 서울 : 집문당, 1996, p.23.

영남 남서부 지역[9] 유학계의 동향을 보면 이 지역은 지리적 위치상 퇴계학에 연원을 두면서도 남명학파의 영향을 받아 독특한 학풍을 이루었다. 그리하여 이 지역 유림들은 척사斥邪 투쟁적 분위기 속에서도 독자적인 시대인식을 가지고 있었다. 1871년에 있었던 서원철폐 반대 만인소萬人疏와 1881년의 척사 만인소에서는 한주 이진상이 정재 학맥과 행동을 같이 하였지만, 을미사변(명성황후 시해 사건) 후에 북부 지역 유림인 척암 김도화가 의병을 일으키고 합류해줄 것을 요청했으나, 곽종석은 응하지 않았다. 그는 대신 민족문제를 1919년 이른바 「파리장서」를 통해 국제사회에 호소하고자 했다.

한주학파는 시의時宜와 변통變通에 북부 지역 사미헌 학파에 비해 비교적 개방적이었다. 원류를 살피면 한주의 학문 방향이 그러하였다. 한주는 정재 문하에서 배웠는데, 그가 40세 때 정재와 심에 대해 토론한 적이 있다. 정재가 심은 '리기의 합'이라 해야 무난하다고 한 데 대해 한주는 "리기를 겸하지만, 일신의 주재를 말하면 다만 리인 것 같습니다"라고 하여 견해를 달리 한 적이 있다.[10] 또한 한주학맥은 시폐時弊에 민감하고 시무時務에 대한 의식이 강하였다.[11] 따라서 근대에

---

7 심재 외에 송강 김성하·소와 남정섭·입암 남정우 등 당시 유명한 학자들도 그의 친구였다. 금장태, 『유학근백년』, 서울 : 박영사, 1984, p.502.

8 심재는 만구 이종기·사미헌 장복추·서산 김흥락을 찾아가 토론을 하기도 하고, 특히 서산을 두 번이나 찾아가 학문을 물었다고 한다. 그러므로 혹 서산 문하로 보기도 하나, 그의 학문 도정을 보면 독자적으로 학문을 이루었다고 할 수 있다. 금장태, 앞의 책 『유학근백년』, pp.548-552.

9 김종석은 '영남 남서부 지역'을 '영남 중부 지역'과 '영남 남부 지역'으로 나누어 '중부지역'에는 한주학맥과 사미헌 학맥을 넣고, '남부 지역'에는 성재 허전 학맥과 노사학맥을 넣고 있다. 김종석, 「한말 영남 유학계의 동향과 지역별 특징」, 『국학연구』 통권4호, 한국국학연구원, 2004.

10 『한주문집』 부록 권1, 연보, 정사년.

11 한주는 임금에게 상주하지는 않았으나, 「묘충록」을 지어 당시 시폐를 논하였다. 「묘충록」(『한주전서』 수록, 아세아문화사 영인, 1980). 이에 대한 자세한 연구는 우인

대응하기 위한 다양한 사상적 관심 표명이 그 문하에서 이루어졌다. 한주 자신의 '심즉리설'도 사실은 이 시무 의식과 연관되어 있다. 즉 리를 강조하여 '퇴폐화되어 가는' 시폐를 구하고 크게 경장(혁신)해야 하는 시무의식에서 주체의 단단한 의지를 강조하려는 의미가 담겨 있다.[12] 이러한 한주의 약간 개방적이고 실천적인 학풍은 면우 곽종석에게 잘 계승되었다.

면우는 신학문에 대해 섭렵한 바가 있었고, 그에 대한 자기 견해를 글로 남겼다. 특히 서구의 국제법, 동서양의 정치제도와 문화 비교에 대해 견해를 표명한 바 있다. 그런 분위기 속에서 문인 성와 이인재의 서구철학 연구가 나온 것이고, 면우 자신이 발문을 쓰기도 했으니, 일정하게 신학을 수용한 셈이다. 한주 학맥에서 한계 이승희와 진암 이병헌의 유교종교화 운동 같은 것도 이 학맥의 특징을 보여주고 있다.

이진상의 문인 중에 후산 허유가 있는데, 합천 가회면 출신으로 그는 이진상의 40세 때 늦게서야 자동 이정모와 함께 이진상을 찾아가 그 문인이 되었다. 이진상의 '심즉리설'을 계승하여 그 근저인 '심의 허령'을 '의리의 심'으로 해석하고, 명덕 역시 '의리의 심'으로 해석하여 당시 시대 상황과 대비하여 적극적 의미, 즉 도덕적 의미를 부여하였다.[13]

수, 「『묘충록』을 총해 본 한주 이진상의 국정개혁론」, 『퇴계학과 한국문화』 제38호, 경북대학교 퇴계연구소, 2006 참조.

12 중국의 양명의 입장도 사실은 이 도덕적 주체로서의 심의 주재(의지)를 강조하려는 의도가 있다. 양명의 표현 중에는 유심론적인, 혹은 서양철학의 '현상학적 환원'과 유사한 인식론적 주관을 강조하는 듯한 표현이 있지만, 그가 유가의 입장에서 유가 윤리 실천이나 생민을 위한 정치라는 심 바깥의 세계로 통로가 열려 있다는 점에서 역시 심의 의지를 강조하려는 '심즉리'라고 할 수밖에 없고, 이 점에서는 퇴계 심학을 계승한 한주의 '심즉리'와 일맥상통한다.

13 이 해석을 보면 이진상의 '심즉리'가 조선조 성리학사 내에서 도덕성 회복, 선악의 가치 구분이라는 언어적 컨텍스트를 갖고 있는 것을 알 수 있다. 이들이 말하는 '의리'라는 것은 그 도덕적 가치는 '보편적 진리'(절대적 진리)라는 뜻을 담고 있다.

한계는 한주의 아들로서 신학에 대해 상당한 상식을 가졌으나, 서양의 대의제도 등 행정제도에 관한 것 말고는 대체로 서양문화에 대해서 부정적이었다. 그는 유학이 이론적 차원에 머물러서는 안 된다고 판단, 서양의 기독교처럼 종교화하여 지식인뿐만 아니라 일반 백성들에게도 실천 방안으로 제시되어야 한다고 생각했다. 그러나 그는 유학의 가르침에 대해 조금도 의심하지 않았다. 그러므로 중국의 강유위처럼 성리학을 비판하고 공자교를 세운 것이 아니고, 유학의 보편적 요소를 추출하여 개혁적 유교를 종교처럼 만들려고 하였다.

진암 이병헌은 거창으로 가서 곽종석에게 전통 학문을 배웠다. 당시 선각자인 박은식·손병희·장지연 등과도 만나고, 중국으로 건너가 강유위와도 만났는데, 그의 생각은 서양의 철학이나 기성의 종교는 우리 민족에게 대안이 될 수 없다고 보고 강유위의 공자교를 당시 우리나라에서도 실천하려고 하였다. 강유위의 공자교를 통하여 서양 문화의 장점을 수용한다는 의도였다.

한계의 문인 중에 심산 김창숙(1879-1962)이 있는데, 그는 18세 시 만구 이종기·면우 곽종석·한계 이승희·회당 장석영 등으로부터 전통 성리학의 수업을 받았다. 그는 국가적 시무를 등한시하는 거짓 유자들을 청산하지 않으면 치국평천하를 논할 수 없다고 하였다.[14] 그는 대한협회, 사립학교(명성학교)와 관련된 활동을 하였고, 해방 후에는 성균관대학교를 유림의 이름으로 건립하였으며, 정치적으로는 이승만 독재와 싸우기도 하였다.

일정한 사승 없이 창녕 지역을 중심으로 학파를 형성한 학자로 심

후산 허유에 대한 전거는 『후산문집』 권5 잡저, 縣學講義; 권12 잡저, 심합리기설 및 권오영, 「한주 리학의 전통과 그 사상사적 의의」, 『퇴계학과 한국문화』 제38호, 경북대학교 퇴계연구소, 2006, 69-70쪽 참조.

14 『심산유고』 권5, 「벽옹73년회상기」 상편.

재 조긍섭(1873-1933)이 있다. 그는 17세 시부터 곽종석·이종기·장복추·김홍락 등에게 수업하였다. 그러나 그는 지역적으로 가까운 곽종석이 주장한 '심즉리설'을 비판하였다. 그는 특이하게도 38세 시 『곤언困言』을 지어 동서양의 사상을 비교한 자기의 생각을 정리하였다. 서양사상에 대한 기본 입장은 '동도서기적東道西器的' 성격이었다. 그는 전통 성리학도 학파에 관계 없이 자유롭게 탐구하였다.

칠곡 지역에는 사미헌 장복추가 있었는데, 그는 여헌 장현광의 후손으로서 특별한 스승은 없었고, 한주 문하의 김진호·곽종석·이종기·이승희 등과 교유하였다. 한주 문하의 장석영은 그의 재종질이 되는데, 예학에 밝았다.

III. 만구 이종기의 생애와 사상

이종기李種杞(1837-1902)는 자는 기여器汝, 호는 만구晚求 또는 다원거사茶園居士이다. 그는 고령군 다산면 상곡마을에서 출생하였는데, 상곡마을은 원래 성주군 다산면에 속해 있었으나, 1906년(고종 광무 10년) 고령군에 편입되었다. 그러므로 혹 성주 사람으로 보기도 하나, 지금 행정구역 기준으로 고령군 사람으로 보아도 무방하다.

그는 일찍부터 총명함을 드러냈는데, 14세 때 성주의 회연서원檜淵書院의 강회講會에 참석하여 예리한 질문을 함으로써 선배 학자들로부터 주목을 받았다. 이종기의 학문은 가학을 통하여 이루어졌다. 그의 집안은 퇴계학을 계승한 대산 이상정(1710-1781)의 학맥을 이어받았다. 그러나 그는 특별한 사승 없이 퇴계학의 정통을 공부하였다. 그는 기호남인인 성재 허전(1797-1886)과도 교분이 있었고, 성주의 대표적 학자 고헌顧軒 정래석鄭來錫(1808-1893), 칠곡의 학자 사미헌 장복추 등은 그의 자질을 높이 평가하고 서로 의지하였으며, 특히 안동의 서산 김흥락은 다른 학자들에게 그를 '사표師表'로 칭찬하였다. 그의 문인은 약 200여 명이나 되는데, 그중 대표적인 인물로는 수파 안효제, 금주 허채, 선헌 이병희, 공산 송준필, 심재 조긍섭, 수봉 문박 등이 있다.

그에 대해서는 비교적 잘 알려지지 않았는데, 그 이유는 당시 유력한 퇴계학파였던 장복추·이진상·김흥락 등 어느 학파에도 그가 속하지 않았던 때문이다. 출신 지역으로 보아 성주의 한주 이진상 계열에 속할 것 같지만, 그는 이진상 및 그 문인들과 교류하면서 '심즉리설'에 대해 비판적 입장을 견지하였다. 그러나 그는 어디까지나 퇴계학을 계승하는 입장이었고, 다만 지나치게 '주리적' 또는 '주기적' 입장을 취하는 것에 대해 반대하였다.[15] 그에 대한 연구 자료는 그의 문집(원집 17권, 속집 8권)이 민족문화추진회의 한국문집총간본『만구집』(No.331)으로 영인 간행되어 있다.[16] 선행연구는 임종진의「만구 이종기의 성리사상」이라는 선구적인 연구가 있다. 영남 퇴계학파의 외래 사상에 대한 입장은 대체로 척사위정의 입장을 견지하였다. 이종기의 사상 경향도 마찬가지였다. 김홍집이 일본에 사신으로 갔다가『야소교』라는 책을 가지고 왔는데, 조정에서는 그 책을 발간하여 배포하려고 한 적이 있었다. 이때 그는 동지들과 함께 장문의 글을 지어 야소교에 대해 배척하였다. 그 글이 바로「의척사소擬斥邪疏」이다.[17]

이 글에서 그는 청나라 사람 황준헌이 야소학(천주교)을 전파시키려 하는데, 이를 국법으로 배척하고 일본·서양과의 교류를 중지할 것을 주장하였다. 이와 같이 이종기는 성리학(주자학)을 하나의 종교적 신념, 즉 진리로서 받아들이고, 동시에 당시 영남의 학파와 가학에 대한 자

---

15 임종진,「만구 이종기의 성리사상」,『철학연구』89집, 대한철학회, 2004, p.365.
16 총간본『만구집』(서울 : 민족문화추진회, 2004)에는 '부록'이 없다.
17 『만구집』권2, 31-35면(漢籍 版心面, 이하 같음).

부심과 전통 계승의 책임의식을 가지고 새로운 시대적 흐름에 대해 보수적(수구적) 태도를 견지하였다. 이것은 소위 주자학적 도통론道統論, 척사위정적 대외관(세계관)의 발로라고 할 수 있다. 이런 태도는 이종기뿐만 아니라 당시 영남 유학자들의 공통된 것이었다. 그의 성리학설의 개략을 다음에 고찰해본다.

그의 성리학적 관점은 퇴계학을 계승하고, 주기설을 비판하는 데 있었지만, 영남학파 내에서도 이진상처럼 지나치게 주리론으로 흐르는 것은 찬성하지 않았다. 즉 그는 퇴계의 '심합리기설'을 지지하고 한주의 '심즉리설'은 비판하였다. 그는 말하기를 "성인의 심은 혼연한 천리일 뿐이니, 어찌 기에 맡겨 마음대로 기를 사용하리요. 대개 성인의 마음에서 '심즉리'라고 하는 것도 청명한 기가 리를 따라 발하는 것이니, 만약 심의 본체를 말하면 분명 리와 기의 합입니다. 그러므로 학자의 공부는 반드시 '주리'로써 기를 제어하는 것이며, 기를 다스려 리를 따르는 것입니다. 이제 그대가 '심즉리'를 주장하되 심에서의 공부를 심의 본체인 것처럼 말하니, 이는 중인의 심이 모두 하고 싶은 대로 해도 법도를 어기지 않는 것이 됩니다. 이 설은 행한 지 오래되었으나, 믿는 자가 적습니다. …… 제가 심은 리라고 한 것은 심은 '주리'로 말해야 옳기 때문이었지 그 설이 완전무결하다고 하여 한 말은 아닙니다"라고 말하였다.[18]

한주의 '심즉리'와 그것을 묵수하는 그의 제자들에 대해 그는 객관적으로 이렇게 논평하였는데, 「유사」의 기록은 다음과 같다. "심은 리와 기를 겸하고 있다. 이것은 이전의 현인들이 정립한 이론이다. 그런데 율곡은 '주재하는 것이 리'라는 것을 알지 못하고, '심시기心是氣'

---

18 위의 책, 권4, 18면, 「답곽명원」.

(마음은 기)라는 이론을 만들었다. 근세의 이한주는 '유행·발용하는 것
이 기'라는 것을 모르고, '심즉리'라는 이론을 만드니, 그 제자들이 적
극 옹호하고 나섰다. 선생(이종기-필자)이 여러 차례 그들과 편지를 주
고 받으면서 논변하였으나, 그들이 깨닫지 못하게 되자 이를 잘못이라
여겼다. …… 지금 '심즉리'라는 이론은 율곡의 이론과 반대되지만, 그
문제점은 같다. 예전에 주자는 '인심·인욕'에 대한 자신의 학설을 고
수하였으나 만년에는 바꾸었다. …… 어찌 스승의 학설만을 고수하여
도를 훼손하는가라고 하셨다."[19]

이종기는 율곡 이이의 '심시기설'에 대해 이는 주자의 설과 어긋난
다고 하여 비판하였다. 즉 그는 말하기를 "주자는 성·정의 덕을 주
재·운용하는 것이 마음이라고 하였는데, 율곡은 마음을 기라고 여겼
다. ……이것은 주자의 '심은 기의 정상精爽'이라는 문구에서 나왔는
데, '정상'이라는 것은 '기의 정영精靈'이며, '기의 정영'은 신神(신묘
함)이며, 신이라는 것은 리가 묘하게 작용하여 기를 타고 출입하는 것
이다. ……이러한 것을 근거로 하여 말한다면 '기의 정상'은 기의 작
용만으로 보아도 안 되고, 리의 작용만으로 보아도 안 된다. ……마음
은 리와 기를 합한 것이다. 그런데 마음은 반드시 기로 말미암아 이루
어진다. 그러므로 마음을 말할 때는 먼저 기를 말한다. 그리고 리는 반
드시 기를 타고 발한다. 그러므로 마음의 발용을 말할 때는 반드시 리
를 주된 것으로 한다. ……대체로 리가 무위無爲이나 기와 합치게 되
자 바로 발용할 수 있으니, 촛불이 기름을 얻으면 빛을 내는 것과 같
다. 그러므로 주자는 '도리道理가 스스로 작용함이 있다'라고 하고, 또
'이 리가 있은 후에 이 기가 있다'라고 하였다. 일시적으로 리와 기가
함께 있으나, 필경에는 리가 주가 된다"라고 하였다.[20]

---

19 위의 책, 〈부록〉 권4, 「유사」, 40-41면.
20 위의 책, 권8, 11-12면, 「四七皆氣發理乘之辨」.

여기서 말하는 주제는 여러 가지이다. 먼저 이종기가 말하고자 하는 것은 율곡이 '심시기'라고 본 것에 대한 비평이다. 퇴계의 설과 같이 '심합리기설'의 입장에서 비판한 것이다. 주자가 말한 '기의 정상'이라는 것이 반드시 기만을 말하는 것이 아니라는 것을 주자의 설로써 논증하였다. 이것은 학자로서의 이종기의 세심한 연구 태도를 보여준다. 그러나 마음을 말하면 기를 가지고 하고, 마음의 발용을 말할 때 리를 위주로 한다는 것은 애매한 표현이다. 또 리와 기의 상호 연관 작용을 촛불의 불과 기름으로 비유한 것은 적절하지 못하다. 리는 불과 같은 물질이 아니고 존재의 원리이기 때문이다. 이것은 리기의 형이상학적 원리에 대한 정확한 해석이 아니다. 당시는 형이상학에 대한 이해가 쉽지 않았을 것이다. 그는 주자의 '리가 스스로 작용이 있다'는 것을 인용하여 리의 작용, 리선기후理先氣後에 대해 편견을 가진 듯하다. 마지막에 '리가 주가 된다'는 것도 논증이 불충분하다. 주자가 '리가 있은 뒤 기가 있다'는 것이 정론은 아니다. 주자학에는 그 반대되는 명제도 있다.

그는 또 한주 선생에게 리기에 대해서도 질문하였는데, 그의 리기에 대한 균형 있는 시각이 잘 나타나 있다. 즉 그는 말하기를 "대저 리와 기는 서로 함께 체體(원리)가 되기도 하고 용用(작용)이 되기도 하는데, 이 기를 주재하는 것은 리입니다. 그러므로 리를 위주로 말하게 됩니다. …… 주자가 말하기를 '이 기가 없으면 이 리는 의지할 데가 없다'고 하였으니, 이는 시종始終과 동정動靜을 함께 말한 것입니다. 그러므로 아직 움직이지 않았을 때 리는 갖추어져 있는데 기 또한 거기 있고, 그 움직임에 이르러서는 리가 진정 주가 되고 기 역시 거기 따르게 됩니다. 이것이 철저하게 리와 기가 혼융묘합한 것이므로 기 한 글자를 가볍게 보아서는 안 되는 것이 분명합니다. 그런데 선생의 말에 언제나 기에 있어서는 유행처에 한정하여 말하고, 리자는 근원상에서 말하니, 여기에서 리는 온전하고 기는 반푼이 되고, 리는 생하고 기는 없어집니다. 그리하여 움직임이나 움직이기 전이나 리는 있으나 기는 없습니다. 그리하여 태극은 스스로 동정하고 기에는 관계 맺지 않으니, '태극이 동하여 양을 낳는다'는 그 기는 원래 없다가 홀연히 있게 됩니다"라고 하였다.[21]

그의 리기론은 주리론, 즉 리가 기보다 더 우위에 있고, 주가 되어야 한다는 입장이었다. 그러므로 율곡의 리는 '소이연所以然' 즉 원리이고, 작용하는 것은 기라고 하는 설에 대해 반대하였다. 그는 말하기를 "율곡은 리가 무위하다(작용이 없다)는 한 마디 말만 붙잡고 리가 스스로 작용이 있다는 점은 알지 못했고, 마음에서는 기가 먼저 발한다는 것만 보고 리가 주가 된다는 점은 살피지 못하여 마침내 사단칠정은 모두 기가 발한 것으로 여기니, 그가 말한 '기발리승氣發理乘'은 (리가 타는 것이 아니라) 다만 리가 기를 따른다는 것일 뿐이다. 이렇게 되자 기는 근본이 되고 리는 죽은 물건[死物]이 되었다"라고 하였다.[22] 율곡의 설에서 '기발리승'을 주리론적 입장에서 비판하면 리가 주재하는 강도가 약하므로 '따르는 것'이나 마찬가지라는 해석인데, 이는 율곡설에 대한 오해이다. 또 율곡설에서 원리로서의 리를 '죽은 물건'이라 보는 것은 리기론을 형이상학적 관점에서 보지 않고 리·기를 가치론적으로 보아 그 관점을 존재론(형이상학)에 투영시켜 '리주기종理主氣從'으로 보려 했기 때문에 그런 것이다. 성리학의 존재-가치 일원적 체계에서 연유하는 이론적 난점이 여기서도 여전히 계속되고 있다.

그러나 반면에 "율곡의 발하는 것은 기이고 발하는 까닭은 리이다"라는 설에 대해서는 리가 스스로 작용이 있다는 의미로 보고 대체적인 입론으로서는 찬동하였다.[23] 그러나 율곡이 사칠론에서 '기발리승'을

---

21 위의 책, 권3, 8-9면, 「與李寒洲」.
22 위의 책, 권8, 12면, 「사칠개기발리승지변」.
23 위와 같음.

306 제3부 조선 후기 철학적 사유의 심화

주장했으므로 리의 '스스로의 작용'이 있다고 할 수 없고, 그것은 기의
작용이며, 다만 기와 짝을 맞추기 위해 리자를 붙인 것이므로 리의 주
재하고 발용하는 오묘한 작용은 찾아볼 수 없다고 부정하면서 한주 이
진상의 "발하는 것은 리이고 발하여 나타나는 것은 기이다"〔發者理也,
發之者氣也〕라는 설이 더 훌륭하다고 평하였다.[24] 역시 영남학파의 주
리론적 관점에서 율곡설을 평한 것인데, 율곡설은 존재론적 시각에서
리·기를 해석한 것이므로 이종기의 평이 전적으로 옳은 것은 아니다.
성리학이 존재―가치를 통합적으로 다루고 리·기 용어도 함께 통용하
기 때문에 어느 쪽이든지 논리를 세울 수 있다. 이와 같은 관점의 이
중성에서 오는 이론적 혼란과 논쟁은 조선조 주자학사에서 그동안 계
속 표출되어 왔던 것인데, 이종기 역시 주자학적 이론의 한계와 조선
조 논쟁의 허점을 간파하지 못하고 영남학파의 논점을 계속 유지하였
던 것을 볼 수 있다.

당시 한말에 이르러서도 조선조의 성리 논쟁이었던 '사칠논쟁'이
반복되었는데, 주로 스승의 학설이나 학파의 입장을 계승하고 부연하
면서 상대방을 비판하는 형식이었다. 그는 퇴계의 '사칠설'이 주자의
설을 가장 잘 계승한 것으로 여겼다. 그러므로 율곡의 사칠설에 대해
반박하기 위해 「사칠개기발리승지변四七皆氣發理乘之辯」을 지었다. 그
는 퇴계설을 옹호하기를 "주자는 '사단은 리의 발, 칠정은 기의 발'이
라고 말하였다. 학자들이 리기 양쪽에 발함이 있다는 것을 의심하였으
나, 퇴계 선생은 주자의 견해를 더욱 충실하게 계승하여 '사단은 리가
발하고 기가 따르는 것이며, 칠정은 기가 발하고 리가 타는 것이다'라
고 하였다. 이렇게 하여 그 말 뜻이 비로소 정밀해지고 잘 갖추어지게
되고, 주자의 뜻도 밝혀졌다"라고 하였다.[25]

---

24 위와 같음.
25 위의 책, 권8, 10면, 「사칠개기발리승지변」.

이종기는 퇴계설을 적극 지지하면서 그 의미를 해석하려고 하였다. 그는 칠정도 리발이므로 율곡처럼 사단도 기발이라고 보아 '기발리승일도설'을 주장한 것을 이해할 수 없었다. 그는 말하기를 "사단과 칠정은 모두 성에서 발하는데, 성은 곧 리이다. 칠정 역시 리에서 발하는데, 기가 발한다고 말하는 것은 무슨 까닭인가? 칠정은 밖으로 형기에서 느껴 움직이기 때문에 그 '소주所主'와 '소중所重'을 따라 기가 발한다고 말할 따름이다"라고 하였다.[26] 퇴계와 고봉의 논쟁에서도 드러났던 문제로서 심의 구조와 작용의 기전(시스템)을 말하면 '성발위정性發爲情'이므로 칠정도 구조상 '리발'이 될 수밖에 없다. 고봉 기대승이 퇴계의 호발설에 대해 질문한 관점 역시 이러한 심의 구조론이었다. 퇴계의 『성학십도』 중 「심통성정도」의 제2의 내용도 그러하다. 그런데 왜 퇴계는 리발-기발의 호발설互發說을 주장하였는가 하는 것이 사칠논쟁의 쟁점이다.

이종기는 이에 대해 해명하기를 "리와 기는 반드시 서로 필요로 하여〔相須〕 작용하기 때문에 사단에서는 '기가 따른다' 하고, 칠정에서는 '리가 탄다'라고 하였다. 서로 필요로 하지만 항상 리가 주가 된다"라고 하였다.[27] 여기서 퇴계가 왜 호발을 주장했는가에 대한 참신한 해석은 내리지 못했다. 퇴계의 처음 설이 '리발-기발' 호발설이고, 고봉의 지적에 대해 고친 설이 '리발기수-기발리승'이었다. 이종기는 퇴계가 '리가 발하여 (기가 따른다)'와 '기가 발하는데 리가 탄다'는 두 문구에서 리의 중요성을 읽었는데, 실은 퇴계의 리발-기발 호발설의 취지는 변함없었다.

퇴계가 고봉의 질문을 받고 '리 없는 기 없고, 기 없는 리 없다'고 하여 리기의 상호 관계성을 말했지만, 그의 뜻은 역시 호발에 있었다.

---

26 위와 같음.
27 위와 같음.

그러나 이 호발은 심의 구조론으로써는 해명할 수 없는 또 다른 의미를 나타내고 있다. 즉 퇴계 호발설은 이종기처럼 '칠정도 성발', '리기 서로 필요[相須]' 등으로 해석할 수 없는 또 다른 의미를 나타내려는 명제라는 것에 유의해야 한다. 그것은 도덕적 가치의 상호 비교라는 목적이 그곳에 개재되어 있다. 즉 존재의 문제나 구조의 문제가 아니고, 도덕적 가치, 도덕적 실천의 당위(방향)를 나타내고자 한 입론 방식이다.[28] 이러한 의미를 이종기는 읽지 못했다. 한말에 이르러서도 여전히 동어반복이 계속되고 있음을 볼 수 있다. 이것이 한말 성리학자들의 한계이기도 하다.

이종기 사상의 핵심은 영남학파의 주리론을 계승하는 것이었는데, 그의 사상이 집약적으로 나타나 있는 것이 「리기선후주종편전설理氣先後主從偏全說」이다. 여기에서 그는 '리선기후', '리주기종', '리전기편' 세 가지 관점을 제시하여 논술하고 있다. 그는 말하기를 "천지간에는 리가 먼저이고 기가 나중인 경우가 있으니, '태극이 움직여서 양을 낳는다'는 것이 그것이다(근본 원리에서 말한 것). 기가 먼저이고 리가 나중인 경우가 있으니, '기로써 형태를 이루는데, 리 역시 주어졌다'라는 것이 그것이다(사물이 형성된 것, 즉 현상에서). 그런데 만물이 이루어지는 것도 실제는 리가 먼저라고 하는 것이 옳다(『주자어류』에 음양오행이 뒤섞이면서도 조리를 잃지 않은 것이 리라고 했다)"라고 하였다.[29]

"조리를 잃지 않은 것이 리이다"라는 말은 주자가 리·기를 동시에 형이상학적 범주로 말한 것이 아니고, 자연철학적으로 자연 현상에서

---

28 이러한 윤리학적 명제에 대한 언어적 분석을 메타윤리학이라 하는데, 이에 대해서는 이동희, 「퇴·고 사칠논쟁에 대한 윤리학적 고찰」, 이동희, 『조선조 주자학의 철학적 사유와 쟁점』, 서울 : 유교문화연구소, 2006 참조.

29 『만구집』, 권8, 23면, 「리기선후주종편전설」. ( ) 속의 말은 이종기의 보충 설명이다.

의 기의 작용을 설명하면서 자연 법칙과 같은 '조리'를 말한 것이다. 그러므로 이것을 증거로 삼아 리가 먼저라고 할 수 없다. 오히려 리가 기의 작용 원리, 원인(까닭)— 형이상학적으로 말하면 '이데아'— 이므로 리가 먼저라고 하는 것이 맞다. 그러나 이때에도 존재론적으로는 '선후'를 말하는 것이 적절하지 않다. 존재론적으로는 리·기가 선후가 없고, 가치 또한 동등하다. 첫머리 인용의 "태극이 움직여서 양을 낳는다"는 주돈이의 『태극도설』의 설명은 형이상학적으로 해석해야 된다. 태극과 음양의 관계는 형이상학적으로는 음양 속에 태극이 있으면서 음양을 초월한다는 의미인데, 이를 표현상 '태극이 양을 낳는다'고 했을 뿐이다. 그러므로 염계 주돈이가 이 문구 전에 '무극이면서 태극이다'라는 말로써 태극이 형이상학적 원리임을 말한 것이다.

퇴계 역시 이것을 문자 그대로 해석하여 '리 스스로 작용이 있다'는 식으로 해석한 바 있다.[30] 이것은 형이상학적 해석이 아니다. 이종기 역시 퇴계의 설을 답습하고 있는데, 이는 정확한 해석이 아니다. 리기론에 있어서 '리선기후'는 철학적으로 성립하지 않는다. 만약 입론했다면 이는 마음의 작용을 중시하거나 아니면 리를 '가치'로 보아 가치가 더 중요하다는 도덕론적 시각을 존재론에 투영하여 입론한 것일 뿐이다.

그의 '리주기종설'은 심성론과 연관하여 나왔다. 그는 말하기를 "사람의 마음에 있어서는 리가 주가 되고 기가 따르는 경우가 있으니, 예컨대 '사단은 리의 발현이다'라는 것이 그것이다(근본에서 말한 것). 기가 주가 되고 리가 따르는 경우도 있으니, 예컨대 '칠정은 기의 발현이다'라는 것이 그것이다(발현처에서 말한 것). 그러나 근본을 배제하고

---

30 『퇴계전서』 권41, 20면, 「비리기위일물변증」. 이에 대한 상세한 설명은 이동희, 「퇴계 尊理說의 과정철학적 의미」, 이동희, 앞의 책 『조선조 주자학의 철학적 사유와 쟁점』, p.75 이하 참조.

정이 될 수 없으니, 칠정 역시 리의 발현이라고 말할 수 있다(「안자소호하학론顔子所好何學論」에서 '마음이 움직여 칠정이 나온다'라고 했다)."라고 하였다.[31] 여기서 이종기가 주장하고자 하는 바는 리가 주가 되고 기가 종이 된다는 것이며, '칠정도 리발'이라는 것은 그 논리의 귀결로 나온 것이다. 그러나 '칠정도 리발'이라는 것에서 리가 주가 되고 기가 종이 된다는 것을 연역할 수는 없다. 이것은 논리적 비약이라고 할 수밖에 없다. 왜냐하면 심·성·정 관계에서 '성발위정'이므로 정으로서의 칠정 역시 '성에서 발현되는 것'이라면 성이 리이므로 리발이 된다는 것인데, 이때 인간의 정의 발현 역시 리·기의 동시 작용이라고 보아야 한다. 그러므로 '리주기종'이라는 말이 어폐가 있는 것이다. '리주기종'은 리·기에 대해 가치 평가를 하고 있는 것인데, '성발위정'이라는 것은 심의 구조, 또는 인간 마음의 작용이라는 하나의 사실을 말하고 있는 것이므로 이것을 리·기로써 설명하는 데 있어서는 리·기의 우열을 논할 수 없는 것이다. 이것 역시 원래 주자학에서 가지고 있었던 문제, 즉 리기라는 존재론적 범주를 도덕론이라는 가치 영역에 원용함으로써 생기는 문제였다. 다시 말하면 가치론적 시각을 존재의 사실을 말하는 데 투영함으로써 사실을 사실로서 보지 못하게 하는 오류를 범하게 되었던 문제이다.

'리전기편'의 문제도 같은 논리의 연장선상에 있다. 그는 칠정이 리발이라고 할 수 있으나, 사단을 기발이라고 할 수 없는데, 그 이유는 리는 온전하나 기는 치우쳤으며, 리는 기를 거느릴 수 있으나(統氣) 기는 그렇지 못하기 때문인데, 비유하면 하늘과 땅의 관계와 같다고 하였다.[32] 주자에게 "사단도 부중절이 있다"는 말이 있고,[33] 퇴계는 이

---

31 『만구집』 권8, 23면, 「리기선후주종편전설」. ( ) 속의 말은 이종기의 보충 설명이다.
32 위의 책, 23-24면, 「리기선후주종편전설」.
33 『주자어류』, 북경: 중화서국, 1986, p.1285 ; p.1293.

것은 맹자의 뜻과는 다르므로 채택해서는 안 된다고 한 바 있다.[34] 이것을 보면 사단과 칠정을 비교하여 리·기의 편·전으로 나누어 말할 수는 있다. 이런 것은 이미 퇴계가 '사단리발-칠정기발'로 도식화하여 이미 말하였다. 이종기의 리·기에 대한 이러한 규정은 퇴계의 이 도식을 달리 표현한 것에 불과하다. 그런 면에서 그는 퇴계의 충실한 조술자라고 할 수 있다.

IV. 홍와 이두훈의 생애와 학설

이진상의 문인으로 고령지역에서 항일운동을 주도한 유학자로 홍와 弘窩 이두훈李斗勳이 있다. 그는 본관이 성산星山이고 홍와는 그의 호이다. 그는 내산서당乃山書堂을 설립하여 한말 김상덕·이방환·이기락과 같은 많은 인재를 양성하였다. 그는 유학자이면서도 성리학 이외의 학문을 이단시하는 위정척사론에 안주하지 않고 신교육과 신사상을 적극 권장했다. 애국지사 남형우의 보성전문학교 진학이나 김상덕의 일본 유학 등은 그의 영향이 컸다. 그리고 그의 아들 이완이 장개석 정부의 장군으로서 전생애를 항일투쟁에 바친 것도 우연이 아니었다. 또 향민이 추앙하는 지식인 이방환과 이기락 등도 그의 문도였다.

그의 아버지 인한寅漢의 명에 따라 어려서는 집에서 성재 김희진을 초빙하여 배우고, 자라서는 계당 유주목에게 나아가 그 문하가 되었고, 나중에는 한주 이진상에게 나아가 한계 이승희와 더불어 같이 배웠다. 1895년 을미사변이 일어나자 일제의 침략에 대하여 곽종석·이승희·윤주하 등과 의논하여 서울에 올라가 각국 공관에 그 부당함을

---

34 『퇴계전서』 권16, 32면, 「답기명언」(논사단칠정 제2서-改本).

장서長書로 지어 보내었다. 그러나 각국 공관에서 회답이 없자 분하게
여기고 고향으로 내려오고 말았다. 또 한번은 스승의 설에 대해 영남
유림들이 선현의 설과 다르다고 하면서 호남 유학자들과 연합하여 태
학(성균관)의 학생들에게 무고하고, 분쟁을 일으키므로 상경하여 태학
에 가서 스승의 설을 변호하기도 하였다. 그후 일제시대에는 대구에서
국채보상운동을 일으키므로 고령 지역에서 분회를 열어 이에 동조 협
력하기도 하였다.

아들 완은 회당 장석영의 딸과 결혼함으로써 회당과는 친구이면서
사돈을 맺었다. 그러나 완은 중국에 있었고, 일경의 감시를 받고 있어
아버지 임종을 하지 못하였다. 그에게는 『홍와문집』13권이 있다. 이
상의 그에 관한 기록은 『홍와문집』권13, 부록의 「가장家狀」등에 의
하였다.[35]

그의 성리학에 대한 견해를 살펴보면 다음과 같다. 그는 스승인 한
주와 경전에 대해 질의 토론한 바 있는데, 문집에는 한주의 대답도 함
께 실려 있다. 「소학문목」에서 그는 질문하기를 "『소학』의 「입교편」
해설에 『중용』의 '천명지위성' '솔성지위도' '수도지위교' 세 가지를
들어 설명했는데, 주자가 결론에 가서는 '천명을 본받고, 성법聖法을
준수한다'고만 말하고 '솔성'은 말하지 않았는데, 의미는 포함된 것입
니까?"라고 하였다.[36] 또 그가 질문하기를 "부인의 '칠거지악'에 있어
서 '무자無子'와 '악질惡疾'은 사실 명命인데, 내친다는 것이 의심스럽
습니다"라고 질문하자 한주선생은 대답하기를 "의義가 명命보다 중하
면 명이라 하여 의를 놓쳐서는 안된다. 자식이 없어 제사를 못지내고,

---

35 『홍와문집』(서울: 경인문화사, 1994), 제2책, 「가장」, 475-513쪽(영인본).
36 『홍와문집』권3, 1면(여기서 면은 한적 판심면이다. 이하 같음), 「上寒洲先生 소학문
   목 附 答說」.

악질이 있어 역시 제사를 받들지 못하면 의에 있어서는 내쳐야 하니, 어찌 명의 탓으로만 돌리겠는가?"라고 하였다.[37]

「대학경일장문목」에서는 "삼강령 중에 무엇이 삼자의 강령이 되느냐에 대해 노씨[38]는 말하기를 명명덕이 그것이라고 했는데, 확답이 아닌 것 같습니다. 대개 본말로 말하면 명명덕이 근본이고, 신민이 말이며, 체용으로 말하면 명명덕이 체이고 신민이 용이며, '지지선止至善'이 본말체용을 포괄하는 기준이 됩니다. 그러므로 명명덕이 신민의 강령이라고 하면 되지만, 삼자의 강령이라고 하면 치우친 견해입니다. 오히려 '지지선'이 거기에 해당합니다"라고 하여[39] 매우 예리한 질문을 하고 있음을 볼 수 있다. 또 "주자의 격물장구 해석에는 '사물의 이치를 궁리하여 그 극처에 이르지 않음이 없도록 해야 한다'라고 했는데, 이때 사물의 이치의 극처가 나의 앎에 오지 않음이 없다는 뜻입니까, 아니면 사물의 이치의 극처에 나의 앎이 도달하지 않음이 없다는 것입니까?"라고 물었다. 이 격물장구 역시 『대학』의 매우 중요한 부분인데, 의문점을 잘 지적하고 있다.

그밖에도 『대학』 전10장에 대한 질문이 있고(11면), 또한 '발문공대發問貢對'라고 하여 자문자답하는 형식으로 자기의 소견을 개진하여 한주 선생에게 올리고 있다. 그 끝에는 한주 선생의 비답도 첨부해놓았다.[40] 그는 한주 선생의 '심즉리설'에 대해 부연하여 말하기를 "심이라는 것은 성정의 통칭입니다. 만약 심즉리라고 하면 다만 이 성은 오히려 정의 경계를 포함하지 않습니다. 심에는 미발·이발이 있는데, 미

---

37 위의 책, 3면.

38 노씨는 『홍와문집』에 두 사람이 나오는데, 누구인지 알 수 없다. 「答盧翊中 應祜(신축)」(권5, 26면) ; 「答盧致八 相稷(무자)」(권6, 1면).

39 위의 책, 8면, 「상한주선생 대학경일장문목 附 答說」.

40 위의 책, 14면 이하, 「상한주선생 發問貢對 附 批辭」.

발은 리일 뿐이고, 이발은 바로 기가 아니겠습니까? 어찌 '겸리기兼理
氣'라 하지 않고 다만 그 미발을 가리켜 말하는 것입니까? 그 바탕은
비록 기발이 있지만 그중에서 '주재자'에 나아가면 항상 리이기 때문
입니다"라고 하였다.[41] 이는 심의 주재자, 심의 미발을 집중하여 말하
면 '심즉리'가 된다는 해석이다.

그는 회당 장석영과도 성리설에 대해 논하였는데, 그 논변에 대해
스승 한주에게 묻고 있다. 그는 말하기를 "사람의 일신은 심이 없으면
주체[所主]가 없어 마음이 번잡우울한 상태에까지 이르는데, 심 한 글
자는 결국 '주재하는 것'이고, 주재는 이 리입니다. '심즉리'의 묘는
결국 여기에 있지 않을까요? 일전에 장순화(장석영-필자)의 편지를
받았는데, 거기서 그가 한 말을 보면 '리는 발이 없고 발하는 것은 모
두 기이다'라고 하였는데, 이로 인하여 그는 퇴계의 호발설에 대해 의
심하고 율곡의 '발하는 것은 기'라는 설을 가지고 바꿀 수 없는 정설
이라 합니다. 이에 대해 제가 이렇게 변론했습니다. 주자가 말하기를
'주가 되어 발하는 것은 리이고, 바탕으로 하여[所資] 발하는 것은 기
이다'라고 하였으니, 이것이 어찌 발하는 것은 리이고 발하는 작용은
기[發者理也, 發之者氣也]라는 뜻이 아니겠습니까? 율곡설을 이 뜻과
비교해볼 때 맞지 않는 것이 있으니, 즉 '리선기후'의 순서를 잃은 것
입니다. 또 그대가 '리발기수'는 '주리', '기발리승'은 '주기'라고 하였
는데, 저는 그 '주기' 두 자는 틀린 것으로 봅니다. 대개 바탕은 비록
기발이 있으나, 그 중 주재자는 항상 이 리이니, 어찌 '기발'의 바탕
[地頭]을 가지고 '주기'라고 말하겠습니까?—왕복한 내용은 대략 이
러합니다. 가르침을 주시옵소서."[42]

'發者理也, 發之者氣也'라는 명제는 이진상이 새로 창안한 말인데,

---

41 위의 책, 24면, 「상한주선생」.
42 위의 책, 26면, 「상한주선생」.

주자와 율곡의 "발하는 것은 기이고, 발하는 까닭은 리이다〔發者 氣也, 所以發者 理也〕"라는 명제와는 정반대이다. 그러나 이두훈은 이 한주설을 철저하게 계승하고 있다. 그가 율곡설이 틀렸다는 것도 이런 입장에서 비판한 것이다.

심의 리를 강조하여 심즉리라고 하였다면 정명도程明道가 말한 '성즉기性卽氣, 기즉성氣卽性'이라는 명제와 상치되는데, 이에 대해 이두훈은 어떻게 생각하였을까? 그는 말하기를 "정자程子의 '성즉기性卽氣' 일장은 두훈이 읽은 이후로 아무리 깊이 잠심하여 읽어보아도 끝내 분명하게 알 수 없었다. 대개 본주本注를 가지고 연구한 즉 사람이 나면 반드시 형기形氣가 있고, 리는 형기에 있다. 바야흐로 성性이라고 하면 생生은 성이 아니고, 생의 리가 비로소 성이다. 본체를 가지고 말하면 성은 성이고 기는 기이지만, 그 낳은 바는 성이다. '성즉기, 기즉성'은 이것만 가지고 리라고 할 수 없다. 이제 주자의 뜻으로 미루어 보면 역시 성 그것을 말하는 것은 아닌 것 같고, 정자가 바로 '즉'자를 붙인 것은 이런 비유와 같을 것 같다. 즉 물과 흙이 있는데, 두 가지는 하나의 사물은 아니지만, 물이 흙에 섞이면 '수즉토水卽土' '토즉수土卽水'라고 하는 것과 같다"라고 하였다.[43] '수토水土'의 비유로 설명하는 것이 그럴 듯하다.

그 외에도 성리설에 대해 '발문공대' 형식으로 한주 선생에게 바친 이두훈의 글을 통하여 그의 사상의 면모를 살필 수 있다.[44] 또한 한주 선생에게 예에 대해 질문한 것도 한주의 답변과 함께 실려 있다.[45]

후산 허유는 그의 동문인데, 그와는 예에 대해 많이 질의 토론하였

43 위의 책, 권6, 3면, 「答鄭謙受 恩錫」(무술)」.
44 위의 책, 27-40면, 「상한주선생」, 〈별지 발문공대 부 비사〉.
45 위의 책, 40-46면, 「상한주선생 禮疑問目 附 答說 (신사)」; 「상한주선생 예의문목 부 답설 (임오)」.

다.[46] 그리고 동문 면우 곽종석과 주고받은 편지도 제법 있는데, 대개 시사 문제를 두고 의견을 나눈 것이다.[47] 또 교우 윤주하, 약천約泉 김 진호金鎭祜에게 보낸 편지도 있고,[48] 한계 이승희와도 편지를 통하여 당시 시사 문제를 논하였다.[49]

V. 성와 이인재의 생애와 사상

성와省窩 이인재李寅梓는 성산 이씨로 1870년(고종 7년)에 고령의 선비 집에서 태어났다. 「행장」에 의하면 어려서는 재종질이 되는 홍와 이두훈에게 배웠는데, 이두훈은 성와에게 조카뻘이었지만 나이도 많 고 학문도 앞서 있어서 이인재는 그로 인하여 계발되는 바가 많았다고 한다.[50] 이두훈은 일찍이 한주 이진상 문하에 들어간 사람으로 '주문 팔현洲門八賢'이라 불리운 중요 제자 중 한 사람이었다. 그후 20세 때 (1889) 면우 곽종석이 고령의 반룡사에 머물고 있을 때 이두훈의 주선 으로 이인재는 백씨 이인표李寅杓와 함께 배알하고 사제의 연을 맺었 다. 25세 때는 세상의 번잡을 피하여 내곡乃谷으로 거처를 옮겨 학문 에 정진하였다. 그는 이두훈과 면우의 영향으로 한주의 학문을 계승하 게 되었다.

그리하여 한주의 주리론을 진리로 믿었으며, 그의 학문적 주장의 근 거로 삼았다. 그의 「주재설主宰說」, 「심본체설心本體說」, 「허령지각설

---

46 위의 책, 권4, 4-18면. 「答許后山 六藝發問(무자)」에 집중적으로 실려 있다.
47 위의 책, 권5, 1-9면, 「답곽면우 종석 을유」 외.
48 위의 책, 권5, 9-12면, 「여윤교우 주하 무술」 외 ; 「답김약천 진호 을사」.
49 위의 책, 권5, 12-17면, 「답이대계 승희 정축」 외.
50 『省窩先生文集』(서울 : 경인문화사 영인, 1995) 권6, 「행장」,

虛靈知覺說」, 「태극동정설고증太極動靜說考證」 등에서 보이는 철저한 주리론적 사고 경향은 한주설의 영향이다. 특히 「심본체설」은 퇴계의 「심통성정도」 해석을 둘러싼 당시 심성 논쟁에서 한주의 '심즉리설'을 옹호하는 데 초점이 맞추어져 있었다. 또 그의 유명한 신학新學(서양학문)에 대한 저술인 『철학고변哲學攷辨』에서 보인 희랍철학에 대한 비판도 한주설을 기준으로 삼았다. 그 외에 예학과 역학에 대한 식견도 상당한 수준이었다.[51] 또한 동료와 시를 짓기도 하고 일상적으로 학자들이 짓는 서·기·발·만사 등을 짓기도 하였다. 이와 같이 36세 전까지는 그는 여느 유학자와 마찬가지 모습을 보였다. 당시 신학의 범람에 대해 걱정하고 전통적인 도학의 '위기지학爲己之學'을 강조하기도 하였다.[52]

그러나 1905년의 을사늑약과 1910년의 경술국치를 계기로 그의 관심은 구학에 머물지 않고 신학으로 확대되었다. 그는 본래 을사늑약을 계기로 한계 이승희와 함께 만주로 망명할 계획이었으나 무위로 끝나자 향리에 하산정사霞山精舍를 짓고 후진교육에 힘쓰는 한편 대한협회[53] 고령지부를 설치하는 등 사회활동에 투신하였다. 이러한 활동 중 그는 현실에 대한 인식과 기존 학문에 대한 반성이 일어나지 않을 수 없었다.

그는 서구 열강이 부강해진 데는 반드시 이유가 있을 것이라 생각하여 그 배경에 주목하였다. 처음에는 정치제도에 있는 것으로 보아 서구의 헌법·행정에 관한 책을 구해 읽었으나, 제도의 이면에는 사상,

---

51 위와 같음. 관련 자료는 「上俛宇先生 禮疑問目」(권2, 15-18면), 「답소학당발문」(권2, 46-48면), 「상면우곽선생 附易義問目」(권2, 1면 이하)가 있다.

52 위의 책, 권2, 45면, 「答鄭允守」.

53 1907년에 창립된 정치단체로 일제 통감부에 의해 강제 해산된 '대한자강회'를 재정비하여 국민을 계몽시키는 것을 목적으로 하여 조직하였다. 회장에 남궁억, 부회장에 오세창이었고, 평의원에 장지연도 참가하였다.

즉 철학이 뒷받침하고 있다는 것을 알고는 서양철학 연구에 착수하였다.[54] 그 결과로 나온 것이 『철학고변』이다.

그러나 이인재의 신학에 대한 관심은 서양철학에 한정되지 않고 서양 학문 다방면에 대해 걸쳐 있다. 문집에 보이는 자료는 「상면우선생-2」, 「상면우선생-3」, 「여조중근-2」, 「여조중근-3」, 「답김광진」, 「답남성민」, 「답정윤수」 등이 있고, 「사론史論」, 「만록漫錄」에는 시대인식과 역사의식이 나타나 있으며, 「철학사론哲學史論」, 「철학정의哲學定義」에는 서양철학에 관한 견해가 나타나 있다.[55] 또 「구경연의九經衍義」, 「학교경고문學校警告文」, 「자치민의회취지서自治民議會趣旨書」 등에는 신학에 바탕한 시무론이 피력되어 있다.[56] 그 외에도 현존하지는 않지만 서양의 정치제도를 논한 『태서신편泰西新編』이 있었다고 한다.[57]

이인재는 '주의主義'라는 말을 써서 학문을 하는 주체성을 강조하였는데, 그는 말하기를 "대저 학문은 그 문호가 많은 것이 문제가 아니고 주의가 없는 것이 문제이다. ……신학이니 구학이니 하는 것은 내용을 가지고 구획해서는 안된다. 그 주의가 확고하면 아관박대(전통의상)을 하더라도 심학을 하는 데 지장될 것이 없으며 주의가 없으면 서양 모자와 양복을 입더라도 진부함을 면치 못할 것이다"라고 하였다.[58] 신학·구학 가릴 것 없이 학문 종류가 문제가 아니라 연구자의 정신이나 목적이 분명해야 된다는 점을 강조하였다. 이 '주의'는 그의 말을 종합해보면 구체적으로는 결국 '구학을 회복하고 신학을 채택한다[復舊學, 採新法]'는 뜻이다. 즉 '동도서기'의 관점이다.

---

54 『省窩先生文集』, 권2, 20면, 「상면우선생-3」.
55 김종석, 「성와 이인재의 서구 수용론과 신학에의 관심」, 『한국학논집』 제26집, 계명대 한국학연구원, 1999 참조.
56 위와 같음.
57 『성와선생문집』, 권6, 〈부록〉, 8-9면, 「묘갈명」.
58 위의 책, 권2, 36면, 「答金光鎭」.

그가 어떻게 신학을 하게 되었는지 직접적인 계기나 전수 관계는 알 수 없다. 그러나 한주학파와 면우학파의 분위기와 관련이 있을 것으로 보인다. 이진상은 직접 벼슬을 하지는 않았으나, 시무에 대해 남다른 의식을 갖고 있었다. 그가 올리지는 않았지만, 당시 시무에 대한 소견을 밝힌『묘충록畝忠錄』을 저술한 것이 그런 정황을 잘 보여준다. 시무에 대한 큰 관심은 이인재로 하여금 시대의식을 갖게 했으리라 짐작된다. 그러나 이는 여느 학자들의 경우와 특별히 다르다고는 할 수 없다. 그러므로 곽종석의 신학에 대한 융통성이 그로 하여금 신학에 관심을 갖도록 분위기를 조성했을 것으로 보인다. 거기에 자신의 탐구욕과 강한 역사의식이나 애국심이 작용했을 것으로 보아도 무방하다.

곽종석은 신학에 대한 자기의 생각을 글로 남긴 적이 있다. 「서공법회통후書公法會通後」(1899) 등 앞에서 살펴본 대로 당시 국내에 들어와 있던 신학 관계 서적을 스스로 섭렵하였고, 이를 기초로 학자들의 신학에 대한 글을 읽고 발문을 쓰기도 했던 것이다. 그러므로 그의 문하에서 신학에 관심을 갖는 인재가 많이 나왔던 것이다.

물론 신학에 대한 관심은 전적으로 수용하는 입장이 아니고 오히려 비판적 입장을 취했기 때문에 그 관심 자체를 서구수용론이라 할 수는 없지만, 척사위정론의 서구문화를 야만으로 보던 관점과는 판이하게 다른 것이었다. 이런 분위기가 이인재로 하여금 신학에 관심을 갖게 만들었다고 보아 과히 틀리지 않는다. 또한 이인재가 서학에 관심을 갖게 만든 그 직접적 계기는 위암 장지연이라고 볼 수도 있다.[59] 장지연과 이인재는 1896년에 가야산을 유람한 적이 있고, 그때 남긴 시가 있다.[60] 또 이인재가 대한자강회 후신인 대한협회 고령지부를 설립한 것도 이와 무관하지 않다. 이인재가 신학을 논하면서 양계초의 용어를

59 김종석, 앞의 논문「성와 이인재의 서구수용론과 신학에의 관심」, pp.49-50.
60 『성와선생문집』권1, 〈시〉, 3면, 「和贈張進士舜詔 志淵」, 「與張舜詔遊伽倻山」.

자주 인용한 것에서 증명이 된다.[61]

이인재가 신학에, 특히 희랍철학에 관심을 갖게 된 또 하나의 자극은 장지연의 『애급근대사埃及近代史』(1905)이다. 장지연이 이 책을 번역 간행하게 된 취지는 애급(이집트)이 서구 문화의 원류이면서 현대에 와서 서구 열강의 노예(식민지)가 된 것을 애석하게 여긴 나머지 관심을 갖게 된 것인데, 이곳에서 서구 문화에서 차지하는 희랍 문화의 중요성이 부각되어 있다. 이인재 역시 다른 글에서도 애급에 관한 사례가 적지 않게 발견된다. 그러므로 이 『애급근대사』를 읽은 것이 이인재가 희랍철학을 연구하게 된 직접적 동기였다고 해도 무방하다.[62]

당시 사회적 상황은 이미 신학에 관한 서적이 국내에 상당히 보급되어 있어 개인적 친분을 통하여 구해 보는 일이 어렵지 않았다. 오로지 개인의 관심에 달려 있었다. 이인재 역시 개인 관계를 통하여 신학을 접하기도 하였는데, 당시 대구의 우현서루友弦書樓를 통한 김광진金光鎭과의 관계나 남형우南亨祐와의 관계를 들 수 있다. 이인재는 남형우에게 편지를 보내어 당시 보성학교에서 간행하고 있던 법률, 정치 교과서의 구매를 요청하기도 하였고,[63] 또 김광진에게 우현서루에 있던 서적을 열람할 수 있는 기회를 요청하기도 하였다.[64] 김광진은 이곳을 근거지로 신사상을 보급하던 사람이었다. 또 그의 사돈 김락헌도 신학에 관하여 글을 주고받고 하던 동반자였는데,[65] 그에게 도움을 주

---

61 양계초의 저술인 『이태리건국삼걸전』(1906)에 나오는 가부미(가보르)를 이태리 애국자의 상징으로 자주 거론하였는데, 이 저술은 신채호가 번역하고 장지연이 교열한 책이다. 또 이인재가 '잡저'에서 자주 인용한 자유 · 민권 · 진화 세 가지는 변법자강론을 전개한 양계초가 서양의 부국강병의 원인으로 보았던 항목이다. 김종석, 앞의 논문 「성와 이인재의 서구수용론과 신학에의 관심」, p.50 참조.

62 김종석, 앞의 논문 「성와 이인재의 서구수용론과 신학에의 관심」, p.51.

63 『성와선생문집』 권2, 34-35면, 「答南聖敏」.

64 위의 책, 36면, 「답김광진」.

65 위의 책, 권5, 54-55면, 「祭金肯雲洛憲文」.

었을 것으로 짐작된다. 그러므로 이인재가 『철학고변』을 쓰면서 참고
한 『철학요령』, 『희랍삼대철학가학설』, 『철학논강』 등은 이런 경로를
통하여 입수되었다고 볼 수 있다.[66]

이인재는 당시를 큰 변혁의 시대로 파악하여 제도를 때에 맞춰 바
꿔야 한다고 생각하였다. 소위 '유신維新'이 필요하다고 생각하였다.
유신해야 옛 것도 함께 쓸모가 있다고 보았다.[67] 이런 점은 당시 일반
유자와 다름 없었다. 그러나 그가 생각한 천하는 당시 고루한 학자들
처럼 중국과 중화문화 중심의 화이론적 세계관이 아니라 그야말로 천
하, 즉 오주五洲를 생각하였다.[68] 그러므로 그는 유교정신을 세계 속에
서 실현하고자 하였다. 그런 시각에서 그는 이집트나 태국과 같은 나
라도 과거에는 이적이라 했겠지만, 우리의 위급한 상황을 보면 그들
나라에서 배워야 하고, 고루한 유생들처럼 과거의 성인聖人만 찾고 있
을 수 없다고 하였다.[69] 이러한 그의 세계관은 서구 정치사상을 정리
한 『태서신편』을 엮는 과정에서 얻은 많은 지식을 바탕으로 하여 나온
것으로 볼 수 있다.[70]

이러한 시대 인식에서 그는 당시 시급한 과제는 보국保國, 보종保種,
보교保敎라고 하였다.[71] 보국을 위해서는 정신의 개화, 즉 인습적 유교
가 아닌 유교 본래의 정신을 회복하는 것이 중요하다고 하였다. 그는
개화파의 정책은 '겉모양의 개화'라고 비판하고, 반대로 초야의 선비
들이 '존왕양이'에만 매달리는 태도는 '허습虛習'이라 하여 비판하였
다.[72] 보교와 관련하여는 위정척사와 존왕양이에 매달리는 허습이 유

66 김종석, 앞의 논문 「성와 이인재의 서구수용론과 신학에의 관심」, p.52.
67 『성와선생문집』 권5, 19-20면, 「學校警告文」.
68 위의 책, 권5, 1-12면, 「九經衍義」.
69 위와 같음.
70 김종석, 전게 논문 「성와 이인재의 서구수용론과 신학에의 관심」, p.53.
71 『성와선생문집』 권5, 13-17면, 「漫錄」.

교를 더럽히고 화를 자초하는 원인이 되었으므로 동서양의 학문이 함께 발전하도록 하는 것이 보교의 방법이라고 하였다.[73]

이러한 사상은 중국의 변법론자變法論者 강유위康有爲의 영향을 받은 것이지만, 그의 시무관時務觀인 「구경연의九經衍義」와도 관련이 있다. 「구경연의」는 『중용』의 '구경론'(제20장)에 맞추어 자신의 시무관을 서술한 것인데, 그 중에서 핵심은 '수신', 내백공來百工, '유원인柔遠人'이다. 수신은 군주의 수신을 말하는데, 그 계책은 과거 정치의 이상으로 여겼던 '삼대의 정치' 같은 것을 생각하기보다 약소국의 사례에서 교훈을 얻어야 한다는 것이다.[74] 내백공은 과학기술에 관한 우수인재를 양성하는 것이며, 유원인은 외국에 대해 개방하고 그 문화를 수용하는 일이라고 하였다.[75]

이인재에게 있어 서구 수용론은 변법론[76]에 기초한 것으로 구학을 빌어 신학을 비교 인식하였다. 그 한 예로『주례』의 "만민에게 국사를 묻는다"고 한 것이나『맹자』의 "관리를 등용할 때나 죄인을 처형함에 있어서 백성과 대부의 의견을 듣는다"라고 한 것이 서구의 대의제도와 같은 것이라고 이해하였다.[77] 또한 이것을 그는 '리일분수理一分殊'라는 형이상학적 용어로써 비교 설명하였다. 즉 '리일'과 '분수'는 전체와 부분이 서로 융합되어 있다는 것으로 이해하여, 서구의 도와 중화의 도는 다 리일의 보편적인 도 안에 있어 서로 상통한다고 보았

---

72 위와 같음.
73 위와 같음.
74 위의 책, 권5, 1-12면, 「구경연의」.
75 위와 같음.
76 '변법'이란 근대 중국에서 사용한 말로 오늘날로 말하면 '제도개혁'이란 의미이다. 이인재는 '변법'이란 용어 대신에 '借法'이란 용어를 사용하였는데(『성와선생문집』 권5, 「구경연의」), 실제 내용을 보면 의미는 같다.
77 『성와선생문집』 권2, 21-22면, 「상면우선생」.

다.[78] 이와 같이 이인재에게 있어서 신학과 구학은 그 정신이 같다고 보았다. 또 그는 대한협회의 계몽운동도 형식은 다르나 과거의 향약과 다르지 않다고 보았다.[79] 그가 보기에 서양의 힘은 이러한 대의제도와 지방자치에 바탕을 둔 민권의식에서 나온 것으로 보았는데, 그것은 동양의 과거 성인들이 행했던 정치제도와 다르지 않다고 생각했다. 이와 같이 그의 개혁론은 '복구도復舊道, 채신법採新法'이었던 것이다.[80]

여기서 유의할 것은 그가 생각한 '구도'는 유학 전체는 아니고, 그 중에서도 조선조 선비의 학문이었던 주자학이었다. 이는 그가 양명학을 비판한 데서 알 수 있고, '리일분수' 명제가 주자학의 형이상학인 데서 증명이 된다. 그가 한주학을 계승하고 그 토대 위에서 서구문화를 수용하려 했던 이유도 이것으로 설명할 수 있다. 주자학의 보편성, 즉 '리일'과 서구문화의 보편성, 즉 '리일'은 상통한다고 생각하였던 것이다. 이 점에서 한말 서구 수용론의 한계를 볼 수 있지만, 그 속에 담긴 문화 이해력은 비록 주자학을 빌어서 했다 하더라도 높이 평가할 수 있다. 직접 서구를 견문한 것이 아닌 이상 기왕의 지식으로 비교 인식할 수밖에 없기 때문이다.

여기에서 그의 저술 중 특색이 있는 『철학고변』의 내용에 대해 간략히 언급하고자 한다. 이 책의 정식 명칭은 『고대희랍철학고변』으로 총125면에 이르고, 단순 발췌가 아닌, 나름대로 일관된 관점에서 정리하고 비판까지 곁들인 체계적 저술이다. 탈레스에서 스토아학파의 제논에 이르기까지 14명의 철학자를 소개하고 있다. 그는 철학의 개념과 범주, 서양철학사의 흐름, 희랍철학과 문화의 위치 등에 대해 비교적

---

78 위와 같음.
79 위의 책, 권2, 48-49면, 「답대한협회 성주지부」.
80 위의 책, 권5, 17-18면, 「자치민의회 취지서」.

분명하게 알고 있었다.

그의 희랍철학에 대한 비판은 형이상학 비판, 정신철학 비판, 윤리학 비판 세 가지로 나눌 수 있다.[81] 서구의 형이상학은 유학처럼 형이상학과 형이하학, 즉 초월적 가치와 일상적 삶(인간의 윤리성)과의 융합이 아니고, 별개로 떨어져 있어 공허하다고 보았다. 그 외 용어 문제에 있어서 '유有'를 '순리純理'라고 한다든지 희랍철학의 유신론적 '신神' 개념을 '기氣의 굴신'으로 성리학적으로 해석하는 등의 오류도 발견된다.[82] 그러나 대체적으로 그는 서양철학이 유학과 가깝고, 특히 아리스토텔레스의 학설은 통하는 점이 많다고 한 데[83]서 서구문화에 대한 적극적 관심을 읽을 수 있다. 그러나 그 목적은 서구 철학에 대한 정확한 이해에 있다기보다 서양철학과 대비되는 유학의 장점을 부각시키는 데 더 큰 목적이 있었다.[84]

이상 성와 이인재의 서구 사상과 문화에 대한 이해와 수용 모습을 고찰해보았다. 그의 이러한 자세는 척사위정이 주류를 이루던 당시에 특색이 있었지만, 여전히 주자학적 전통 학문을 중시하는 입장에서 서구를 비교 인식하는 태도였다. 역시 시대적 한계를 느끼지 않을 수 없다.

---

81 김종석, 한말 영남 유학계의 신학 수용 자세(Ⅰ)·(Ⅱ)」, 『퇴계학보』제 94집·95집, 퇴계학연구원, 1997, pp.327-330 참조.
82 김종석, 앞의 논문 「성와 이인재의 서구수용론과 신학에의 관심」, p.56.
83 『성와선생문집』권2, 20면, 「상면우선생-3」. 김종석, 앞의 논문 「성와 이인재의 서구수용론과 신학에의 관심」, p.65.
84 박원재, 「서구사조에 대한 면우학파의 인식과 대응」, 『국학연구』 제4호, 안동 : 한국국학진흥원, 2004, p.128.

VI. 결 어

고령지역의 근·현대 유학자로서는 한주 제자 홍와 이두훈과 면우 제자 성와 이인재, 그리고 독자적으로 일가를 이룬 만구 이종기가 대표하는데, 이종기가 제일 선배이다(한주보다 약 20년 후배). 이 지역이 경상우도와 좌도의 교차지점에 있어 남명학적 기풍도 겸하고 있었다는 점과, 또 경상 북부의 안동의 퇴계학파와 그 별파라고 할 성주의 한주학파를 겸하여 계승하는 독특한 양상을 보여주었다.

만구 이종기는 퇴계설을 충실히 계승하면서 한주의 '심즉리설'을 비판하였다. 그는 전형적인 성리학자로서 한주의 심즉리 주장은 율곡의 '심시기설'과 마찬가지로 병폐가 있다고 평하였다. 그에게는 제법 정돈된 전통 성리학설에 대한 이론이 있는데, 대체로 '주리론적' 입장에 서 있었다. 이 입장에서 율곡의 사칠설을 비판하고, 또 주리설을 옹호하기 위하여 리·기에 대하여 선·후, 주·종, 편·전과 같은 세 관점에서 설명하기도 하였다. 그의 전통 성리학자로서의 저술은 한말의 다른 성리학자들과 마찬가지로 주자학이나 성리학, 또 퇴계학을 둘러싼 성리학 논쟁을 동어반복한 점이 있지만, 고령지역의 전통 성리학자로서, 당시 한주설을 비판한 점에서 주목할 만하다.

홍와 이두훈은 한주의 성리설인 '심즉리설'을 충실히 계승하고, 그것을 수호하는 데 노력하였다. 그는 유학자이면서도 성리학 이외의 학문을 이단시하는 위정척사론에 안주하지 않고 주변 사람들에게 신교육과 신사상을 적극 권장했다. 그의 아들 이완이 장개석 정부의 장군으로서 전생애를 항일투쟁에 바친 것도 우연이 아니다. 그는 한주의 제자들인 '주문팔현'과 성리설을 가지고 학술적 토론을 전개하기도 하였다.

한주학파의 곽종석이 비교적 신학에 대해 온건한 태도를 취함으로써 그 제자들이 신학에 관심을 적극적으로 가지게 되었는데, 그 대표자가 이인재이다. 그에게는 위암 장지연의 영향, 그를 통하여 알게 된 청말 학자들의 변법론적 사유방식도 무시할 수 없으며, 그가 특히 서양철학에 대해 소개한 것은 이채로운 일이다.

　이상에서 본 바와 같이 근·현대 고령의 유학은 퇴계학의 전통과 그것을 계승하면서 특색 있게 전개한 한주학파의 학통 속에서 세 사람이 나와 각기 특색을 드러내었고, 그 연원은 역시 퇴계학풍에 있었다고 할 수 있다. 이들은 한말과 일제 강점기라는 어려운 시기를 살아간 선비였으므로 학술 사상면이지만 개인적 한계와 시대적 제약이 있었다는 점도 충분히 고려되어야 한다.

부록 조선조 성리학 연구의 현황

부록-1 퇴계 연구의 성과와 반성
– 철학 사상을 중심으로

Ⅰ. 서 언

우리나라 전통 사상으로 '퇴계 사상'은 이미 세계적으로 알려져 한국을 대표하는 문화 콘텐츠가 되어 있다. 처음 후손 한 사람이 뜻을 세워 한 가문의 위인을 선양하는 사업에서 시작된 것이 그동안 30여년을 지나오는 동안 전국 규모의 학술대회, 나아가 국제적 학술대회를 여러 번 개최하였고, 현재는 '국제퇴계학회'가 성립되어 있고, 한국은 그 지부가 되어 있다. 학회의 국제적 확대는 일본의 퇴계 존숭 전통이 일본학자들로 하여금 퇴계학회에 적극 참가하게 만든 것도 한몫 하였다. 그리고 학술잡지로 『퇴계학보』를 100호 넘게 간행하고 있다.

자연히 이러한 과정을 거치면서 수많은 퇴계 연구 논문이 쏟아져 나왔다. 그러나 내용이 중복되는 논문이 많은 것도 사실이다. 오늘날처럼 논문 심사가 이루어지지 않았던 시기의 논문은 발표원고 수준의 글도 많았다. 그럼에도 한 학자의 연구 저작물로 이 정도 업적이 쌓인 경우 중간 중간에 그 연구 성과에 대한 검토와 미래 전망을 내놓아야 하는 것이 당연한 일이다. 소위 '회고와 전망'의 중간 점검류의 논문도 이미 몇 편 나왔다. 이 논문도 이러한 연구사 일환의 하나로 집필된 것이다. 다만 기존의 연구사 논문과는 달리 '철학적 쟁점'에 대한 것과 연구 방법론, 즉 퇴계 사상 해석의 방법, 예를 들면 용어와 시각 등에 대한 것을 집중적으로 고찰하였다. 따라서 필자의 일정한 취향에 따라 논문을 선택하여 언급하였다. 물론 같은 주제의 경우 대표적인 것만 선정하였다. 그러므로 취급 여부가 반드시 어떤 우열의 척도를 말하는 것은 아니다.

퇴계 연구 성과물에 대한 서지학적 연구가 퇴계학연구원, 단국대 퇴계학연구소 등에서 「저작목록」을 간행하였고, 경북대 퇴계연구소에서는 『퇴계학연구논총』(전10권)을 간행하였고, 일반 출판사에서도 『유학사상연구논문선집』(불함문화사)의 이름으로 논문집이 나왔다. 여기서는 『퇴계학연구논총』의 논문을 주 대상으로 삼았고, 그중에서도 '철학 사상' 영역을 대상으로 하였다(따라서 시기적으로는 1960년대 이후의 것이 대부분이다). 그리고 해외 연구, 즉 일본, 중국, 서양의 연구 성과는 국내 논문과 중복되는 것도 많고, 또 지면 관계상 제외하였다. 또 『퇴계학연구논총』이 최근 1995년까지 자료를 모았으므로 그 이후 최근의 단행본이나 논문에 대한 분석은 여기서 지면 관계상 하지 못하고 따로 논하려고 한다.

II. 퇴계 연구의 서지학적 성과와 '회고와 전망'류

퇴계 연구의 서지학적 성과에는 다음과 같은 것이 있다.

* 『퇴계학연구논고제요』, 퇴계학연구원, 1981
* 「퇴계학연구논저목록」, 『퇴계학연구』 제3집 (단국대 퇴계학연구소, 1989)
* 『퇴계학연구논총』(전10책), 경북대학교 퇴계연구소, 1997

퇴계 연구의 소위 '회고와 전망'류의 논문에는 또 다음과 같은 것이 있다.

* 금장태, 퇴계학 연구의 회고와 전망—철학 영역, 『한국의 철학』제18호 (경북대 퇴계연구소, 1990)
* 김종석, 퇴계철학 연구 현황과 비판적 검토, 『한국의 철학』제23호 (경북대 퇴계연구소, 1995)
* 윤사순, 퇴계학 연구 – 한국학의 발전과 함께 한 발자취, 『오늘의 동양사상』제6호 (예문 동양사상연구원, 2002)

윤사순은 특히 경북대 퇴계연구소의 『퇴계학연구논총』간행을 두고 90년대 후반부터는 연구의 질을 재검토하는 단계에 들어섰음을 알리는 신호라고 높이 평가하였다. 또 그는 위의 글에서 80, 90년대의 국내외 주요 단행본에 대해 소개하고 있다.

이와 유사한 참고자료로 '방법론'을 논한 논문으로 윤천근의 「이황 철학 연구의 방법론적 모색」[1], 이상호의 「조선 성리학 연구방법론 시고」[2] 등이 있다.[3]

금장태(1990, 위의 논문)는 퇴계 연구사를 맹아기(1900-1945), 성장기(1946-1971), 발전기(1972-1990)로 나누었다. 1972년 '퇴계선생 400주기 기념사업회'가 결성되고 『퇴계학연구』가 간행된 해이므로 이 시점을 전환기로 삼았다. 한편 김종석은 연구사 시기 구분을, 계몽기(1900-1945), 기초연구기(1946-1969), 정체성 확인기(1970-1989), 연구 방법론 모색기(1990 이후)로 나누었다.[4] 김종석이 방법론 시기를 하나의 시기

1 『한국의 철학』제20호, 경북대 퇴계연구소, 1992.
2 『동양철학연구』제25집, 동양철학연구회, 2001.
3 그 외 이상은, 「퇴계학과 그 방법의 문제」, 『퇴계학보』창간호, 퇴계학연구원, 1973 ; 윤사순, 「퇴계학 연구상의 제문제」, 『퇴계학보』제35집, 퇴계학연구원, 1982 ; 김기현, 「퇴계철학 연구의 반성과 과제」, 『한국의 철학』제20호, 경북대 퇴계연구소, 1992 등이 있다.
4 「퇴계철학 연구 현황과 비판적 검토」, 『한국의 철학』제23호, 경북대 퇴계연구소, 1995.

로 잡은 것은 그 시기 퇴계 연구의 방법론에 대한 시론이 나오기 시작했고, 다른 유학자에는 없는 방법론 문제가 제기된 것은 퇴계학 연구가 그만큼 한국사상을 대변하고, 또 양적으로도 연구가 축적되어 시대문제와 연관하여 '현대적 의미'를 퇴계 연구에서 물었기 때문이라고 보았다. 필자가 한 마디 덧붙이면, 퇴계학연구원(1973 설립)이 그동안 국제학술대회를 통하여 퇴계사상을 그 원류인 주자학과 비교연구한 결과가 아닌가 한다. 또 방법론 문제는 퇴계철학 내지 한국 사상의 정체성이나 중국 사상과의 관계 및 보편철학적 의미 문제와도 연관이 있다.

연구 방법론에 대해 아직 이렇다할 성과가 있는 것은 아니고, 연구상의 과제나 문제점을 지적한 정도이다.[5] 그러나 신진 연구자가 제기한 '연구자세'에 대해서는 경청할 필요가 있다. 윤천근은 한국철학 연구 자세에 대해, 문헌해석학적 태도 지양, 애국주의적 보수주의 지양, 선현(선조) 경모주의 지양, 비판적 계승의 과학적, 객관적 연구 태도가 필요하다고 하였다.[6] 한편 이상호는 주제가 편중되고 유사 논문이 양산되는 문제, 전통사상을 객관적으로 보지 않고 하나의 진리처럼 보는 문제, 연구자의 학문적 객관적 입장이 없고 전통사상에 정감적으로 동화되는 문제, 자기 연구의 당위성에 지나치게 집착하여 하나의 신념체계화하는 문제 등의 문제점을 지적하고, 나아가 개념의 명료화, 유학 내지 주자학이라는 기반 학문에 대한 이해의 보편화, 성리학이 당시(동아시아 중세)의 종교 신념체계였다는 문화사적 이해, 성리학을 유학의 큰 틀 위에서 이해, 현대적 의미 전달을 위한 해석학적 연구 등이 필요한 과제라고 지적하였다.[7]

---

5 김종석의 위 논문에 연구 방법론에 대한 종합적 평가가 있다.
6 윤천근, 전게 논문 「이황철학 연구의 방법론적 모색」, 『한국의 철학』 제20호.
7 이상호, 전게 「조선 성리학 연구방법론 시고」, 『동양철학연구』 제25집.

1972년 이후 조선조 주자학사에서 '퇴계학'이라고 하는 하나의 독립된 위치와 명칭을 차지하게 된 것은 후손의 문중학으로서의 쏟은 열성도 컸지만, 결과적으로는 한국사상의 세계화에 기여한 셈이 되었다. 퇴계는 이 땅에 주자학이 도입된 이후 토착화시킨 시조의 위치에 있기 때문에 그런 대표자의 명성을 얻어도 좋을 것이다. 또한 퇴계학이 일본에 전해져 일본 중세 사상의 연원이 되었으므로 1972년 이후 일본인들이 퇴계학 국제대회에 다수 초청된 것이 발전의 원동력이 된 것이다. 이는 조선조 주자학자 여러 인물 중 퇴계가 차지한 행운이라고밖에 볼 수 없다.

논저는 단국대 「논저목록」에 자세하다. 학문 분야별로 분류하였는데, 오자가 많은 것이 흠이다. 경북대의 『연구논총』에는 중요한 논문을 선정하여 원문을 실은 논문집의 형태인데, 여기에도 결정적 한자 오류가 옥의 티처럼 보인다. 역시 학문 분야별로 분류하여 실었다. 단행본은 논문을 모아 간행한 경우가 많으므로 우선 중요 논문을 위주로 내용을 살펴보고자 한다.

III. 퇴계 연구의 개관

해방 이후 1971년까지의 논문 중 중요한 성과는 60년대 중반부터 나왔다.[8] 유명종의 「퇴계 이학관」[9], 박종홍의 「성학십도」[10], 김경탁의

---

8 금장태, 「퇴계학 연구의 회고와 전망-철학 영역」, 『퇴계학연구논총』 1(철학-상), 경북대학교 퇴계연구소, 1997. 원래 이 논문은 경북대 퇴계연구소 간행의 『한국의 철학』 18호, 1990에 게재된 것이다. 금장태는 이 논문에서 1960년대 이전 논문에 대해서도 언급하고 있다.
9 유명종, 「퇴계의 이학관과 그 영향」, 『고병간 화갑기념 논집』, 1960.
10 박종홍, 「이퇴계의 성학십도」, 『사상계』 136호, 1964.

「사칠논변」[11], 채무송의 「리기설」[12] 등의 논문은 어디까지나 퇴계의 학설을 소개하는 정도의 계몽적인 서술이었다. 이어서 윤사순의 「태극생양의관」[13], 「당위문제」[14], 「심성관」[15], 유정동의 「격물물격고」[16], 정순목의 「교육사상」[17] 등의 논문이 나왔다. 이중 윤사순, 정순목은 현대적 취향의 논문 격식을 가지고 연구하기 시작하였는데, 제목에서 보듯이 아직 신·구가 혼재된 용어를 사용, 다이나믹한 연구, 예를 들어 주자학과의 비교 연구 등은 70년대 중반 일본, 중국 학자의 참여를 기다려야 했다. 이 시기 퇴계사상을 주제로 석사학위도 나오고, 한편으로는 한국과 일본에서 퇴계사상이 일본 근세에 미친 영향에 대한 연구가 지속적으로 이루어지고 있었다.[18]

1970년은 퇴계 서거 400주 년이 되는 해였는데, 이를 계기로 학술대회가 개최되고, 그 결과물이 『퇴계학연구』로 1972년 '퇴계선생 4백주기 기념사업회'에서 간행되었다. 퇴계 후손의 헌신적인 노력으로 재정적인 뒷받침이 이루어져 이후 퇴계 연구는 '퇴계학'이라는 이름 아래 한국학의 (특히 철학 사상분야로서) 대표주자 역할을 하게 되었다. 1972년 퇴계학연구원이 창립되고, 이듬해부터 『퇴계학보』가 발간되자 이로부터 퇴계사상 연구는 장족의 발전을 이루게 되었다. 그후 경북대학교가 1973년에 퇴계연구소, 단국대에서 1987년에, 안동대에서 1989년에 퇴계학연구소를 설립하여 학술대회를 개최하며 논문집을

---

11 김경탁, 「퇴·고의 사칠논변」, 『아세아연구』 15호, 1965.

12 채무송, 「퇴·율의 리기설의 내용」, 『아세아연구』 35호, 1969.

13 윤사순, 「퇴계의 태극생양의관」, 『아세아연구』 35호, 1969.

14 윤사순, 「퇴계에 있어서 당위문제」, 『새교육 23-2』, 1971.

15 윤사순, 「퇴계의 심성관에 관한 연구」, 『아세아연구』 41호, 1971.

16 유정동, 「퇴계선생의 격물물격고」, 『상은조용욱박사 송수기념논총』, 1971.

17 정순목, 「퇴계 교육사상의 현대적 의의」, 『새교육 23-2』, 1971.

18 금장태, 「퇴계학 연구의 회고와 전망—철학 영역」, 『한국의 철학』 제18호, 경북대 퇴계연구소, 1990.

간행함으로써 분위기를 조성하였다. 70년대 들어와 정부는 주체사관 확립과 민족문화 앙양을 기치로 내세웠는데 그러한 환경도 한몫을 하였다.

이 시기의 연구 주제를 보면, 「퇴계와 기고봉」, 「경의 윤리적 고찰」, 「학문 방법」, 「존재론」, 「敬의 철학적 고찰」, 「가치관」 등을 들 수 있다.[19] 연구 주제와 방법은 60년대 중반의 흐름을 계승한 것이나 양적으로 논문 수가 많아졌다. 연구자는 별 변동이 없었다. 그러나 무엇보다 특기할 것은 이 시기에 퇴계사상을 연구한 단행본과 박사학위 논문이 나오기 시작했다는 것이다. 이는 당시 퇴계학 연구의 학계 관심과 사회적 분위기를 반영한 것이다.

1970년대에 단행본으로 나온 퇴계연구 결과로는 이상은의 『퇴계의 생애와 학문』(서문당, 1973), 유정동의 『퇴계의 생애와 사상』(박영사, 1974), 전두하의 『퇴계 사상 연구-퇴계의 관점에서 본 헤겔 철학』(일지사, 1974), 정순목의 『퇴계의 교학사상』(형설출판사, 1979), 한명수의 『퇴계의 교학사상』(경상북도, 1979) 등이 나왔다. 80년대에 와서는 윤사순의 『퇴계철학의 연구』(고려대출판부, 1980), 왕쑤의 『퇴계 詩學』(이장우 역, 퇴계학연구원, 1981), 채무송의 『퇴율 성리학 비교연구』(성대 출판부, 1982), 정순목의 『퇴계의 교육철학』(지식산업사, 1986), 윤천근, 『퇴계철학을 어떻게 볼 것인가』(온누리, 1987), 유명종의 『퇴계와 율곡의 철학』(동아대 출판부, 1987), 퇴계학연구원의 『퇴계가연표』 및 『퇴계학及其系譜的연구』(퇴계학연구원, 1989), 권오봉의 『퇴계의 연거와 사상형성』(포항공대, 1989) 등을 중요한 저술로 들 수 있다. 이중 전두하 및 권오봉의

---

19 이을호, 「퇴계선생과 기고봉」, 유정동, 「퇴계선생의 경에 관한 윤리적 고찰」, 이완재, 「퇴계선생의 학문적 방법」, 전두하, 「퇴계의 존재론」, 이동준, 「퇴계 경사상의 철학적 고찰」, 윤사순, 「퇴계의 가치관」, 이상 전부 『퇴계학연구』(퇴계선생 400주기 기념사업회, 1972)에 실림.

연구는 주제가 특이하여 퇴계 연구의 범위를 넓혔고, 윤사순의 것은 종합적으로 퇴계사상을 조감할 수 있는 논문집이다. 80년대의 중요한 연구 경향은 일본과 중국의 학자들이 다수 국제학술대회를 통하여 퇴계연구에 참여, 퇴계사상과 주자학 내지 중국사상과의 비교, 일본 속의 퇴계와의 비교 연구를 수행하거나, 아니면 철학 내지 사상사 연구의 보편 지평에서, 그리고 동아시아 근세 사상사 지평에서 퇴계를 연구함으로써 퇴계 연구 수준을 한 차원 높였다.

예를 들면, 단행본으로 다카하시(高橋進)의 『이퇴계와 경의 철학』(신구문화사, 1985 ; 안병주 외 역), 토모에다(友枝龍太郎)의 『이퇴계-그의 생애와 사상』(1985) 등이 있고, 논문은 『퇴계학연구논총』(전10권)에 '일본의 퇴계연구'(제7권) '중국의 퇴계연구'(제8권)에 선정되어 있는 것으로도 대략을 알 수 있다.

80년대에 퇴계 저술에 대한 역주도 많이 나왔다. 윤사순의 『퇴계선집』(현암사, 1982), 배종호의 『퇴계언행록』(삼성미술문화재단, 1983), 신화사(출판사)의 『한국명저선집 : 퇴계 이황』(신화사, 1983), 이가원의 『퇴계시』(정음사, 1987), 『성학십도聖學十圖』를 영역한 마이클 칼튼(Michael. C. Kalton)의 『To Become a Sage: Ten Diagrams on Sage Leaning』 (1988), 장리원(張立文)의 『퇴계서절요』(중국인민대학출판사, 1989) 등이 있다.[20]

90년대에 와서 퇴계에 대한 전문 연구는 계속되면서 교양 도서류도 출간되어 대중화에 일조하였다. 『퇴계철학입문』(이윤희 역, 퇴계학연구원, 1990), 권오봉의 『가을 하늘 밝은 달처럼-퇴계선생 일대기』(동인기획, 1994) 등은 교양이라면, 한덕웅, 『퇴계심리학-성격 및 사회심리학적 접근』(성대 출판부, 1994), 퇴계학연구원 편, 『근세유학사상과 퇴계학』(퇴

---

20 윤사순, 「퇴계학 연구-한국학의 발전과 함께 한 발자취」, 『오늘의 동양사상』 제6호, 예문 동양사상연구원, 2002.

계학연구원 출판부, 1994), 금장태, 『퇴계학파의 사상』(집문당, 1996), 아베 요시오, 『퇴계와 일본유학』(김석근 역, 전통과 현대, 1998) 등은 심화된 연구 결과물들이다. 그외 역주로는 찌아순시엔(賈順先)의 『퇴계전서금 주금석退溪全書今注今譯』(1991-96)이 있고, 영역본으로는 사단칠정논변 을 영역한 마이클 칼튼의 『The Four-Seven Debate』(1994) 등이 있다.[21]

Ⅳ. 퇴계 연구에 있어서 쟁점별, '해석 방법상'의 연구 성과

1. 존재론(리기론, 형이상학, 우주론) 영역

이완재는 「퇴계의 理 개념에 대하여」라는 논문(1985)[22]에서 주자의 리 개념이 '절대적 의미'와 '상대적 의미'를 동시에 갖고 있는데, 후세 주자 리기론을 잘못 해석하여 혼란을 빚었으나, 퇴계에 와서 분명해졌 다 하였다. 퇴계가 리를 강조한 것도 이러한 절대적 리를 강조한 측면 으로 이해해야 한다 보고, 특히 '태극太極이 움직여 음양을 낳았다'는 해석에 있어서도 퇴계는 리의 작용성을 인정하였다고 하였다. 이러한 '리의 능동성能動性' 주장('리동설理動說')은 격물설에서 '리자도설理自 到說'과 맥락을 같이하고 있다고 보았다. 그리고 이 능동성은 '형이상 학적 작용성'이지 '현상적 작용'으로서의 움직임 같은 것으로 보아서 는 안 된다고 하였다. 물론 퇴계가 이를 보완하기 위하여 리의 '체용론 體用論'을 들고 나온 것도 소개하였다. 뿐만 아니라 이러한 존재론적 절대적, 능동적 리의 강조는 윤리 영역에서는 '리-기의 구분'으로 표 현되었다고 보았다.

---

21 윤사순, 위의 논문 「퇴계학 연구—한국학의 발전과 함께 한 발자취」 참조.
22 『퇴계학연구논총』 1(철학-상). 본문의 ( ) 속의 연도 표시는 원 논문 처음 발표 당시 의 연도임. 이하 같음.

이보다 앞서 발표된 윤사순의 「퇴계의 우주생성관」(1983)[23]에서도 역시 '태극이 홀로 동한다'는 것이 문제라고 하였다. 즉 리는 기의 원인(원리)이면서 리가 기를 낳는다고 하면 모순이라는 것이다. 퇴계가 리의 체용론을 들고 나온 것이 그 증거라고 하였다. 이러한 존재론적 리 선재론은 가치론적으로 리를 우위로 보는 관점이 투영된 것이며, 이러한 사고의 근본은 성리학의 우주론(『주역』도 마찬가지)이 유기체론이고, 따라서 우주와 인간의 관계가 天人合一이기 때문이라고 하였다.

황의동도 「퇴계철학의 리에 관한 고찰」(1987)[24]에서 리를 '상대적인 리', '절대적인 리'로 나누고, '통체태극統體太極'을 후자에, '각구태극各具太極'을 전자에 해당시켜 이해하였다. 그리하여 퇴계의 "공자와 주자가 음양은 태극이 낳은 것이라고 했는데, 리와 기가 본래 하나라고 한다면 태극이 곧 양의兩儀이니 어찌 태극이 음양을 낳는다고 할 수 있는가?"라고 한 말[25]을 인용하였다. 물론 '리자도설'이나 '리발설理發說'도 언급하면서 리발을 인성론에서는 이해할 수 있으나, 존재론적으로는 문제가 된다고 하였다. 그리하여 퇴계 리동설은 리발설의 반영인데, 리발설의 의미는 '리귀기천理貴氣賤'의 사고방식 및 절대리의 신성성과 인간 본연의 순수성 확보 의도에서 나왔다고 해석하였다.

이상에서 살펴본 바와 같이 퇴계의 존재론에 있어서의 소위 '리동설'은 문제가 있다고 지적되었고, 그 해석에 있어서 '형이상학적 능동성', '리의 순수성 강조' 등으로 퇴계의 언표의 잘못을 감안하면서 철학적 의미를 드러내려고 하였다. 그러나 해석상 아직 소박한 수준에 머물고 있다고 할 수 있다. 근본 철학으로서의 주자학이나 서양철학 등과의 비교를 통하여 좀더 다각도로 해석할 필요가 있다.

---

23 위와 같음.
24 위와 같음.
25 『퇴계전서』 권41, 「非理氣爲一物辨證」.

한편 김영식은 「이황의 리기관과 신유학 전통상의 그 위치」(1994)[26] 라는 최근의 논문에서 퇴계 리동설의 근거로 제자 이공호李公浩의 질문을 인용하였다.[27] 또 퇴계가 자기의 리동설을 뒷받침하기 위해 인용한 주자의 "理有動靜, 故氣有動靜, 若理無動靜, 則氣何自有動靜乎"를 인용하였지만(사칠론四七論에서는 '四端은 理의 發, 七情은 氣의 發' 인용), 주자의 이런 언표들이 반드시 퇴계가 해석한 식으로만 해석될 수 있는 것이 아니라고 지적하였다. 동시에 주자의 언표가 모호한 측면도 있다고 하였다. 또한 인용한 주자 리기 언표의 모호함에 해석자, 즉 퇴계 자신의 믿음과 기대도 투영되기 때문이라고 지적하였다.

또한 주자의 리는 '사물 존재의 조건'이라는 평범한 의미도 있고, 주자 리기 관계는 반대되는 언표를 병행하지만, 여전히 그 관계가 애매한 것이 특징이라고 한 다음, 퇴계의 경우는 주자의 리기론을 제대로 이해하지 못한 것 같다고 논평하였다. 그리하여 퇴계 존재론에 있어서의 퇴계의 리의 해석(리동설)은 '리의 실재화實在化'라고 할 수 있다고 보았다. 여기서의 '실재화'란 이데아로서의 리가 아니고, 어떤 '실체'로 본다는 의미인 것 같다. 김영식은 이러한 퇴계의 '리의 실재화'는 '윤리적, 가치지향적 입장'과 부합되기 때문에 그러하였다고 하며 윤사순 등 선행 연구를 인용하였다. 또 김영식은 오히려 기고봉이나 율곡이 주자 리기론을 더 잘 해석한 것 같다고 하였으며, 퇴계에 대한 객관적, 비판적 연구를 촉구하였다.

김영식이 주자의 리를 퇴계보다 기고봉이나 율곡이 더 잘 해석한 것 같다고 한 것은 리와 기의 형이상학적 관계를 말한 것이다.[28] 또 퇴

---

26 『퇴계학연구논총』 1(철학-상).
27 『퇴계전서』 권 39, 「答李公浩問目」.
28 여기에 대해서는 이동희, 『한국의 철학적 사유의 전통』, 계명대 출판부, 1999 제1장 〈주자학과 과정철학〉 참조.

계의 '리의 실재화'는 '윤리적, 가치지향적 입장'과 부합된다고 본 것은 퇴계 존재론의 리동설과는 별도로 그의 사칠론의 리발설은 그와 같이 입론한 의미가 따로 있다는 뜻인데, 같은 리이지만 도덕론에서의 퇴계의 리 사용의 뉘앙스는 다르다는 의미이다.[29]

이와 같은 김영식의 연구는 앞선 선행 연구에서도 '퇴계 언표言表의 모순'으로 언급된 것인데, 결국 퇴계 존재론의 해석에 있어서 그의 언표의 잘못을 객관적으로 분석하면서 그러한 언표가 나타내는 퇴계 사상의 의미를 해명해야 된다는 것인데, 여기에 좀더 세련된 '해석 방법'이 동원되어야 할 것이다. 특히 화이트헤드의 형이상학 이론이나 현대 분석윤리학(메타 윤리학)의 방법론도 그중의 하나가 될 것이다.

2. 도덕론(윤리설, 인간론, 심성론) 영역

퇴계의 도덕론 영역은 주로 「천명도설天命圖說」과 「성학십도」에 담긴 그의 인간론, 즉 천인합일론과 인간의 도덕적 주체론과 사단칠정설이 주 관심대상으로 다루어졌다. 여기서는 그의 도덕론의 핵심이라 할 수 있는 '사단칠정설四端七情說'을 어떻게 해석할 것인가에 초점을 맞추어 검토하려 한다. 유명종은 「퇴·고 사칠논변과 고봉의 근거」(1976)[30]에서 고봉의 학설은 명의 정암 나흠순의 영향을 많이 받았는데,[31] 이 외에도 호남의 선배학자 하서 김인후, 일재 이항의 영향도 받지 않았는가 추측하였다. 고봉이 두 사람을 만났고, 일재와는 토론도

---

29 이에 대해서는 이동희, 「퇴·고 사칠논쟁에 대한 윤리학적 고찰」, 『조선조 주자학의 철학적 사유와 쟁점』, 성균관대 유교문화연구소, 2006 및 전게 『한국의 철학적 사유의 전통』 참조.

30 『퇴계학연구논총』 2(철학-중).

31 본인은 『곤지기』를 비판하였지만, 퇴계와의 사단칠정 논변에 보이는 리기의 밀접한 관련성을 강조한 것을 보면 영향을 받았다고 할 수 있다. 『고봉집』 권2, 「논곤지기」 1편의 논문이 있다.

한 바 있으므로 그렇게 추측하였는데, 다만 하서의 영향에 대해서는 남은 자료가 없어 속단할 수 없다. 앞으로 좀더 연구할 부분이다. 『곤지기』는 나정암의 나이 64세 되던 해 첫편이 간행된 후 계속 속편이 간행되어 네 번째 속편이 1546년에 간행되었고, 우리나라에서 퇴계가 1554년에 비판하기 시작하였으므로 정암 사후 7년 만이요, 또 우리나라에서 간행된 것이 1560년이므로 네 번째 속편 간행(완간) 후 13년 만이다. 이 책은 일재 이항 및 소재 노수신을 비롯하여 기고봉에게 영향을 주었고, 얼마 뒤 율곡에게도 큰 영향을 주었다.[32] 유명종은 기고봉이 『곤지기』를 본 것이 그의 나이 29세, 혹은 30세 경이라고 보았다. 퇴계와 기고봉의 사칠논변의 철학적 분석에 앞서 이러한 시대사조의 연구도 매우 중요하다고 본다.

전두하는 서양철학적 지식을 바탕으로 퇴계를 연구하여 참조할 만한 성과를 거두었다. 「理發而氣隨之에 관한 논의」(상, 중, 하 3편)[33]에서 퇴계 사상의 특징을 '리발설'로 보고, 이에 대한 역사적 비판 내역을 소개하면서 퇴계설의 의미를 고찰하려 하였다.

그리하여 그는 퇴·율의 차이의 핵심은 사단의 선과 칠정의 선이 다르다고 보느냐(퇴계), 아니면 같다고 보느냐(율곡)에 있다고 보고, 전자의 절대적 선은 '公的인 선', 후자의 상대적 선은 '私的인 선'이라고

---

32 율곡이 나정암의 영향을 받았다는 것은 그가 성우계에게 보낸 편지에서 화담, 퇴계, 정암 3인을 비교한 것이라든가, 정암의 인심도심체용설과 율곡의 인심도심종시설을 비교해 보면 확신할 수 있다. 나정암의 영향은 조선 후기 소위 유기론자로 불리는 녹문 임성주에게까지 내려간다. 이에 대해서는 유명종이 자세히 논한 바 있다. 유명종, 『퇴계와 율곡의 철학』, 동아대 출판부, 1987 참조. 같은 주자학이지만, 양명학으로 가지 않고 새로운 주자 해석을 시도한 나정암의 학설이 조선조에 있어서 새로운 경향을 바라던 주자학자들에게는 참신한 반항을 일으킨 것이라고 할 수 있다.
33 『퇴계학연구논총』 2(철학-중). 원 논문은 『퇴계학보』, 11호(1976), 12호(1976), 13호(1977)에 각각 실렸다.

명명하였다. 물론 퇴계가 고봉과의 논의에서 사단에도 기가 없을 수 없고, 칠정에도 리가 없을 수 없다고 하여 사단과 칠정의 성격 규명에 애매한 점이 있지만,[34] 퇴계가 논쟁 중에 자기 설을 보완하면서도 리·기로 나누어 사단과 칠정을 보려는 관점은 변함 없었다고 보았다. 이것은 사단의 절대적 선을 칠정의 상대적 선과 구별하려 하는 것이라고 하였다. 전두하는 이 점에 퇴계설의 특징이 있다고 하였다.

그러나 그 후 퇴계 비판론자들은 형이상학적 원리인 리가 어떻게 작용이 있느냐 하는 데 모아졌다. 그런데 문제는 퇴계가 '리발'이라 하면서 쓴 용어는 형이상학적 의미가 아니라는 데 있다. 여기에 논쟁의 여지가 생긴 것인데, 상호 상대방이 사용하는 용어의 개념에 대한 분석이 이루어지지 않았다. 이는 당시의 지적 수준이라고 할 수 있다.

그리고 전두하는 율곡의 인심도심설人心道心說에 있어서의 인심·도심 두 개념의 애매성을 지적하면서 그의 '인심-도심'의 관계는 퇴계의 '사단-칠정'의 관계와 흡사하다고 지적하였다. 애매성이란 율곡이 "사단은 칠정의 선한 부분을 척출한 것이다"하면서 다른 한편으로 "사단은 도심과 인심의 선한 부분이다" 하고, 또 "사단은 도심, 칠정은 인심·도심을 합한 것이다" 등으로 말했기 때문이다. '인심-도심'의 관계 운운한 것은 율곡이 "이미 인심이라 하면 도심이 아니며, 이미 도심이라 하면 인심이 아니다"라고 했기 때문이다. 퇴계의 사칠설도 대립시켜 말한 것이므로 율곡의 인심도심 대립설과 흡사하다는 것이다. 다만 퇴계 비판자들이 리가 형이상학 원리인데, 어떻게 발하느냐 하는 데 있는 것이고, 퇴계는 그것을 잘 안다고 하면서도 자기 설을 고집하였으므로 연구자들이 혼란을 느끼게 되는 것은 당연하다. 그러므로 조선 후기 절충론자 농암 김창협 같은 이는 퇴계의 의도는 알겠

---

34 『퇴계전서』 권16, 28-29면, 「답기명언-논사단칠정 제2서」.

는데, 그는 말이 정확하지 못해서 그렇게 되었다고 논평한 바 있다.[35]

또 흥미로운 것은, 전두하의 지적에 의하면, 율곡이 '기발리승일도설氣發理乘一途說' 전제하에 인심도심을 논하면서 '기발'도 리에 따르는 것은 '중점이 리에 있으므로 주리로써 말하고', 기가 리의 명령을 듣지 않는 것은 '중점이 기에 있으므로 주기로써 말한다'라고 한 바 있으니, 이를 보면, 퇴계를 비판한 율곡의 언표에도 퇴계식의 언표가 있다는 것을 확인할 수 있다. 그러므로 사칠리기설 분석은 '선-악' 상대의 '평가언표'라는 윤리학적 방법론을 동원한다면 분석에 많은 도움이 되리라 본다.[36]

전두하는 퇴계가 존재론에서 '리동설'을 주장한 것도 호발설과 같은 맥락(사고 논리)이라 보고, 그때의 '리동'의 의미는 기의 작용에 대한 '리의 규제력'이라 풀이하였다. 그리하여 사단과 칠정에 있어서 리의 규제력의 강도에 있어 차이가 있고, 퇴계의 사칠호발설의 뜻도 사단은 기가 전연 작용하지 않은 순수한 상태로 발휘하고, 칠정의 경우도 최대한 리의 규제력이 강하도록 발휘해야 한다고 주장한 데 있다고 보았다. 이는 퇴계의 언표의 잘잘못을 떠나 퇴계 의도를 정확히 해석한 것이라 할 수 있다. 그러나 전두하는 농암의 퇴계 해석을 소개하면서 농암도 율곡의 '기발리승일도' 범위 안에서 퇴계설을 해석했으므로 퇴계의 '사단의 선'과 같은 순수 선을 간과하였다고 보았다.[37] 그러나

---

35 농암은 퇴·율의 차이점은 '사단純理, 칠정兼氣'에서 '칠정 겸기'를 어떻게 보느냐에 있다고 보고, '칠정 겸기'이므로 리에 따르는 선도 있고, 기의 방해에 의한 악도 있으나, 그러나 '겸기'라고 하더라도 '순리'에 비교해보면 가치상 차이가 있으므로 '主氣'라고 해도 상관 없다고 해석하였다. 이 미묘한 점에 퇴계는 말하기 어려워 그만 '리기호발'로 말해버렸다 하고, 이것이 선입견이 되어 퇴계는 뒤에 '氣隨' '理乘'까지 덧붙이게 되었다고 하였다. 농암은 이를 '名言之差', 즉 '입론의 실수'라고 하였다. 『농암속집』 권하, 「사단칠정설」.
36 이동희, 앞의 논문 「퇴·고 사칠논변에 관한 윤리학적 일고찰」 및 앞의 책 『한국의 철학적 사유의 전통』 참조.

절충파의 시각은 그런 것은 아니고, 율곡의 자연－우주 통합적 리기론으로는 퇴계류의 도덕론적 입론의 장점을 수용할 수 없기 때문에 '사단＝주리 / 칠정＝주기' 식으로 즉 '선－악 대립'의 형식으로 파악해야 된다는 것이었다.[38]

퇴계 사칠설을 연구함에 있어 고봉의 학설과 그 주변의 영향에 대해서 논할 필요가 있다는 것은 앞서 말하였다. 동시에 고봉의 학설을 이어받아 율곡과 우계牛溪 성혼成渾이 사칠논쟁을 재연할 때의 전후 배경에 대한 논의도 함께 보아야 함은 물론이다. 우·율 논쟁은 우계가 퇴계의 학설이 옳은 것 같다고 율곡에게 말한 데서 사실은 시작되었다. 율곡의 답변 가운데서 고봉의 설이 옳다고 보았다든지, 퇴계설이 잘못되었다든지 하는 율곡 자신의 여러 의견이 표명된 것이다. 그렇다면 우계가 퇴계 학설에 공감하는 이유, 또 두 사람의 생각의 차이 같은 것을 면밀히 살펴보는 것은 퇴계 사상 이해에 도움이 된다.[39] 성교진은 「퇴계와 우계의 성리사상 비교론」(1992)[40]에서 그 점을 논하였다.

성우계는 "인간 감정이 나오기 전에는 리·기 두 싹이 마음에 있는 것이 아니나, 감정이 막 나올 때 '주리－주기'의 구분이 있다고 할 수 있다. 각각 리·기에서 나오는 것이 아니라 나오는 방식은 한 가지인데, 그 특성을 가지고 말하면 그렇다는 것이다. 이것이 퇴계 호발설의 뜻이다"라고 한 바가 있다. 우계가 퇴계설을 지지하는 관점이 잘 나타나 있는데, 사실 퇴계설과 거의 같은 의견이지만, 표현에 미묘한 차이가 있는 부분이다. 그러나 이러한 학설도 퇴계설 이해에 도움이 된다.

---

37 전두하, 「理發而氣隨之에 관한 논의(중)」, 『퇴계학연구논총』 2(철학-중).

38 이동희, 앞의 책 『한국의 철학적 사유의 전통』, 제4장 〈율곡 이후 기호학파의 주자학 전개〉 중 '농암학파의 절충적 견해'(pp.220 이하) 참조.

39 사실은 그뿐만이 아니라 조선 후기 절충파, 특히 소론계의 학설에 우계의 설이 계승되었기 때문에 그 점에서도 연구가 필요하다.

40 『퇴계학연구논총』 2(철학-중).

결국 퇴계설의 현대적 해석에 '리-기'라는 존재론적 개념이 도덕론인 사칠론에서 '전용'될 때에는 '선-악'이라는 '윤리학적 평가어'(가치 판단 언어)로 사용된다는 점에 유의할 필요가 있다. 우계가 퇴계설 지지 이유에 '리발'이라든가 '리동'이라는 관점과 관계 없이 감정으로 나올 즈음에 그 중요성(특성)에 따라 '그렇게 나누어 말할 수 있다'는 주장은 매우 단순하면서도 퇴계의 의도를 읽을 수 있는 또 하나의 관점을 제시하고 있는 것이다. 이런 시각에서 사칠논쟁을 풀이할 필요가 있다.[41]

3. 수양론과 심학 문제

퇴계의 수양 방법은 '敬'을 강조하고 있고, 경은 일신의 주재인 마음을 다잡는 방법이므로 그의 수양론을 비롯 학문 전체의 성격을 '심학心學'으로 부르기도 한다. 원래 주자학 속에 사물의 이치와 마음의 이치를 일치시켜 보는 범신론적 사유가 들어 있으므로 사물의 이치 탐구가 자연히 마음의 이치 탐구로 옮겨 가지 않을 수 없는데, 이때 마음의 이치 탐구가 바로 마음의 수양이다. 왕양명의 심학도 주자의 이러한 내면주의적인 경향을 사물의 이치 탐구라는 객관적인 면을 배제하고 더욱 유심론적 경향으로 철저화시킨 결과 나온 것이다. 퇴계 심학도 그 연장선상에 있는데, 다만 왕양명과 다른 것은 심, 성, 정을 구분하고, 심을 일반인의 선악 겸유의 현실적 심으로 국한해서 보는 주자의 전통을 따르느냐, 양명처럼 심, 즉 양지를 우주의 본질로 초월화시켜 보느냐 하는 차이가 있을 뿐이다. 원래 주자학 속에 사물의 이치 탐구와 마음의 이치 탐구 두 가지 공부(수양)가 다 있지만, 어느 것을

---

41 이에 대해서는 이동희의 「우계 성리설의 특징과 사상사적 의의」, 『한국학논집』 24 집(계명대 한국학연구소, 1997)에 자세히 분석되어 있다.

더 강조하느냐에 따라 학문 경향이 달라진 것이다. 심학의 근거는 결론적으로 말하여 주자학 속의 사물의 이치가 내 마음의 이치와 다름없다는 명제를 더 강조한 데 있고, 그 목표로 가는 길에 양명식이 있고, 퇴계식(=주자식)이 있다는 것이다.

안병주는 「유교의 憂患의식과 퇴계의 '敬'」이라는 논문(1980)[42]에서 퇴계 경의 심학을 유학의 '우환의식'과 연관시켜 유학의 자기 수양이 불교적 수양과는 다르다는 것을 논하였다. 퇴계의 '거경居敬'의 수양론은 그의 대표적 편저인 『성학십도』에 잘 나타나 있는데, 특히 그중에서도 「경재잠도敬齋箴圖」가 '거경'의 구체적 윤곽을 잘 그리고 있는 작품이다. 그러므로 금장태는 「경재잠도와 퇴계의 거경수양론」(1990)[43]에서 '지경持敬의 원리와 구조' '경의 실천' '불경不敬의 병상과 치료'의 순서로 자세히 경의 실천 모습에 대해 논하였다.

퇴계의 '심학'은 '거경의 수양론'의 다른 이름에 불과하다. 성리학의 거경의 수양론은 도덕 실천을 위한 심리적 각성 상태를 유지하는 것, 나아가 근본적으로 항상 양심이 발휘되도록 준비하고 있는 것이다. 유학의 실천 덕목이 천부적인 착한 본성이고, 이것은 하늘로부터 온 것이므로 매우 신성한 것이며, 인간다움의 근거이며, 동시에 도덕 실천의 원동력이 되는 것이다. 실천할 도덕의 내용은 물론 '오륜五倫'이다. 이는 초월신을 상정하지 않는 유학의 종교적 수행과 같은 것이며, '오륜'은 신학神學 이론과 같은 종교적 교리라 할 수 있다. 따라서 '거경'은 윤리적 의미와 동시에 종교적 의미도 갖고 있다. 이는 초월신의 권능에 경배하는 것이 아니라 인간 양심의 '수시응대隨時應對'하는 창조적 변용을 주목하는 것이다. 성리학에서 심학이 운위되는 근거가 여기에 있다.[44]

---

42 『퇴계학연구논총』 3(철학-하).
43 위와 같음.

퇴계는『심경부주心經附注』를 좋아하여 중년 이후에는 매일 새벽 한
차례 암송하였다고 한다. 신귀현은 「퇴계 이황의『심경부주』연구와
그의 심학의 특징」이라는 논문(1987)[45]에서『심경』과『심경부주』의 내
용과 퇴계의 이것에 대한 연구, 그리고 그의 심학(거경의 실천)과의 관
계에 대해서 광범위하게 논하였다. 한편 김종석은 「『심경부주』와 퇴계
심학」(1993)[46]에서 그간의 연구를 비판 검토하면서 좀더 자세히『심경
부주』와 퇴계의 심학에 대해 논하였다. 이동희는 「퇴계학의 심학적 특
성과 리의 의미」(1993)[47]에서는 퇴계 심학과 퇴계 사상의 특징인 '리동
설'(존재론), '리발설'(도덕론), 그리고 '리도설理到說'(지식론=인식론) 세
가지 학설과의 연관성을 논하고, 또한 이러한 그의 학설의 핵심이 결
국 '리'('절대적 리')에 대한 퇴계의 시각에 있는데, 이것이 바로 그의
심학적 경향과 연관이 있음을 논하였다. 아울러 퇴계 심학은 양명 심학
과 달리 '거경居敬의 심학'이며, '주자학적 심학'임도 논하였다. 김종석
은 더 나아가 「마음의 철학」(1994)[48]에서 퇴계가 말하는 '마음'의 구체
적 내용에 대해서 논함으로써 좀더 심학을 구체적으로 이해하는 데 도
움을 주고 있다.[49] 그러나 아직 현대적 연구라 할 수 있는 오늘날의 심

---

44 주자는『대학』주석에서 "마음은 虛靈不昧한데, 온갖 이치를 갖추고 있으면서 만가
지 사태에 응대하는 것이다"라고 하였다. 성리학에서 심과 심의 수양에 관한 것은
너무 강조되어 성리학 전체 이론과 저술이 온통 이것으로 가득 찼다고 할 정도인데,
그 이유는 기독교와 같은 초월신 신학체계를 갖추고 있지 않은 유학에 있어서 마음
의 '본질'과 그 '응대력'의 신통함은 신의 위상과 같기 때문이다. 그러므로 마음에
대한 이론은 종교적 의미로 해석하지 않으면 그 진정한 의미를 알 수 없다.

45 『퇴계학연구논총』 3(철학-하).

46 위와 같음.

47 위와 같음.

48 위와 같음.

49 김종석은 이러한 이해를 모아 단행본『퇴계학의 이해』(대구 : 일송정, 2001)를 출간
하였다. 또『심경부주』도 번역(공역) 출판 한 바 있다-『완역 심경부주』, 서울 : 이
문출판사, 1991.

리학적 비교 연구는 숙제로 남아 있다. 퇴계 사상 연구에 있어서 심학이라는 시각에서 접근하는 것은 매우 효과적이고 어느 정도 기초는 마련되었다고 볼 수 있다. 남은 문제는 현대적 연구라든가, 주자학의 근본 특징, 즉 '사물의 이치=마음의 이치'라는 점에 대한 철학적 연구가 선행되어야 할 것이다.

4. 퇴계 사상 연구에 있어서의 문헌학적 연구 및 '주변' 연구

퇴계 사상 연구에 있어서 중요한 자료는 그의 시문집이 먼저 대상이 될 것이지만, 단행본 별저로서 중요한 자료도 많다. 그중에서 연구 분석 대상이 된 것은 『천명도설』과 『성학집도』이다. 『천명도설』은 중년 이후(53세)의 저작으로 주자학 이해가 점점 깊어갈 때의 저작이라면, 『성학십도』는 만년의 저작으로 비록 편저이지만 그의 사상의 완숙기에 나온 저작으로 중요하게 취급된다. 그러나 어디까지나 둘 다 편저라는 한계가 있는 점을 유념할 필요가 있다. 그의 심학이라든가 거경의 수양론 등이 모두 이 『천명도설』과 『성학십도』를 대상으로 연구되고 있다.

특히 금장태는 「『성학십도』 주석과 조선 후기 퇴계학의 전개」라는 논문(1985)[50]에서 퇴계의 이 『성학십도』에 대한 그 후의 주석에 대해 소개함으로써 퇴계학의 전개 양상을 잘 보여주고 있다. 특히 성호학파의 권철신權哲身, 정약전丁若銓, 이승훈李承薰 등이 1777(또는 1779)년 천진암天眞庵·주어사走魚寺에서 열었던 강학회에서 새벽에 일어나서 「숙흥야매잠」을 외우고, 일출 때는 「경재잠」을, 정오에는 「사물잠四勿箴」을, 일몰 때는 「서명西銘」을 외우는 수양이 실천되었다[51]고 설명한

---

50 『퇴계학연구논총』 3(철학-하).
51 『여유당전서』 1집, 권15, 38장.

것은 이 저술의 성격과 응용의 의미가 어떠한 것이었는지를 엿보게 하기에 충분하다.

권오봉은 『성학십도』가 중국에 언제 전해졌는지에 대해 연구하였다. 「성학십도의 중국 頒傳」(1989)[52]에서 권오봉은 이 책은 서애 유성룡에 의해 그가 28세 때 서장관으로 중국에 갈 때 오경(자 仲周)을 만나 준 것이 아닌가 추측하였다. 일반적으로 알고 있기로는 청 말(1920년경)에 중국 상덕여대尚德女大에서 기금 조성을 위해 양계초의 찬양의 시를 첨부하여 간행한 것이 「성학십도」의 중국 전파로 알고 있다. 그러므로 권오봉의 이러한 연구는 퇴계 '주변' 연구로 좋은 착상이라 할 수 있다.

이남영은 「성호 이익의 퇴계관과 그의 실학론」이라는 논문(1982)[53]에서 실학자로서 더 잘 알려진 성호 이익이 퇴계를 사숙한 내역과 '퇴·고 사칠논변'에 대한 성호 자신의 견해를 소개하고, 퇴계의 시무時務에 대한 성호의 평론도 언급하였다. 성호의 사칠론은 물론 퇴계의 설을 지지하는 '주리론적主理論的' 견해이다. 즉 성호는 퇴계의 '리발기수'의 기와 '기발리승'의 기는 서로 다르다고 하면서, 전자는 '마음의 기', 후자는 '육체의 기'라고 구분하였다. 그리하여 성호는 사단의 도심이 발하는 데는 형기가 전연 상관 없으므로 리발이 옳다고 보았다. 즉 퇴계의 주리적 도덕론을 적극 지지한 것이다.

한편 이광호는 「이퇴계의 철학사상이 정다산의 경학사상에 미친 영향」(1996)[54]에 대해 논하였다. 이 역시 성호의 퇴계관 연구와 함께 퇴계 연구의 지평을 넓힐 수 있는 좋은 '주변' 연구라고 할 수 있다. 다산이 퇴계의 어떤 학설을 받아들였는지, 특히 다산의 '천명사상'이라

---

52 『퇴계학연구논총』 3(철학-하).
53 위와 같음.
54 위와 같음.

는 종교적 성향과 퇴계의 '주리설'과의 관계에 주목하였다. 다산은 34세 되던 1795년에 퇴계 문집을 읽으며 「도산사숙록陶山私淑錄」을 지었으며, 1815년에는 『심경밀험』을 지었다. 퇴계의 심학은 종교적 성격이 다분히 있으므로 다산의 천명 사상과 퇴계의 주리론, 거경론, 심학은 다 밀접한 관련이 있다고 할 수 있다. 그리하여 이광호는 다산의 『중용강의』, 『중용강의보』, 『중용자잠』, 『심경밀험』 등을 분석하여 다산의 천명 사상과 퇴계의 천명 사상의 유사성을 논하였다. 이광호는 다산은 이벽이 죽기 전(다산 25세)까지 그의 영향을 받았는데, 이벽은 퇴계의 리발설을 『천주실의』와 비교하여 이해함으로써 '마음이 성령性靈에서 발한 것'이라는 종교적 의미로 받아들이고 있다 하였다. 그리하여 이것이 다산의 경학 사상, 즉 영명한 상제의 천명을 받은 영명한 심성 위에 경학을 재정립하고자 했던 다산의 경학 사상의 기초가 되었다고 보았다. 그리고 다산은 처음에는 『천주실의』의 리기론을 받아들여 율곡설이 옳고 퇴계설이 그르다고 생각했으나 34세 이후 퇴계·율곡의 설이 주장하는 바가 다르므로 어느 것이 옳다고 할 수 없다 하면서 퇴계설의 의미를 이해하고 있음을 지적하였다. 이는 퇴계설을 이해하는 데 매우 도움이 되는 '주변' 연구의 성과라고 할 만한 것이다.[55]

또 배종호는 「한국사상사에 있어서의 퇴계학의 전개」라는 논문(1985)[56]에서 퇴계 이후 소위 영남학파에서 퇴계의 리발설, 주리론을 어떻게 해석하고 강조하였는가를 역사적으로 일람하였다. 갈암 이현일, 도암 이재, 대산 이상정 등이 나와 주기파(기호학파)에 대항하여 스

---

55 이에 대해 김기현의 『조선조를 뒤흔든 논쟁―사단칠정설은 무엇을 남겼나?』(하)(길, 2000)의 후반 부분에 다산이 퇴계·율곡설을 동시에 수용하는 내역을 자세히 소개하고 있다.

56 『퇴계학연구논총』 3(철학―하).

승을 변호하며 논쟁하였고, 정재 유치명에 이르러서는 '리활물理活物' 사상으로 발전하였고, 한말의 한주 이진상에 이르러서는 '리주기자理主氣資', '심즉리心卽理'로 절정에 이르렀음을 논하였다. 이러한 연구 역시 퇴계 이해에 많은 도움을 줄 수 있다. 그 외 주변 연구로는 퇴계의 일본관(안병주), 예학 사상(배상현), 이단 배척론(이운구) 등도 참고가 된다. 한편 이가원은 「퇴계학의 계보적 연구」라는 논문(1983)[57]으로 퇴계학파의 계보를 자세히 서술하여 학파 연구에 안내 역할을 하고 있다. 또 퇴계 주변 연구 성과에 권오봉의 『이퇴계 家書의 총합적 연구』(京都 : 中文出版社, 1991)를 빼놓을 수 없다. 중요한 전기 자료라고 할 수 있다.

V. 결어

퇴계에 대한 논문은 매우 많지만, 중복되는 것이 많아 옥석을 구분할 필요가 있다(이 논문에서 완벽하게 옥석을 구분했다고는 볼 수 없으나 철학적 문제를 제기했거나 해석 방법이 참신한 것을 선정하려 하였다). 경북대학교 퇴계연구소에서 편찬한 『퇴계학연구논총』의 7, 8권에 실려 있는 일본과 중국의 연구는 그간의 퇴계학 국제학술대회의 성과물인데, 국내 논문과 중복되는 것이 역시 많다. 다만 그들이 주자학이나 서양 철학에 소양을 갖고 있는 자가 많아 비교 연구를 통하여 퇴계 사상을 설명하고 있는 점이 국내 연구에 자극제 역할을 하였다고 할 수 있다.

이제 퇴계 자신의 학설이나 그것을 담고 있는 자료의 분석(문헌학적 연구 포함)은 어느 정도 성취되었다고 볼 수 있다. 앞으로는 '해석'을

---

57 위와 같음.

어떻게 하느냐(물론 현대적 해석도 포함하여) 하는 문제와 퇴계 사상을 더 잘 이해할 수 있는 '주변 연구'의 확대가 필요하다. 전자를 위해서는 중국 사상이나 서양철학과의 비교 연구 등이 이루어져야 할 것이다.

퇴계 연구의 역사적 과정을 보면, 제1세대(60년대 연구자)는 문헌해설적 연구에 치우쳤으므로 아직 보편 철학의 철학적 시각이나 방법론을 잘 구사하지 못했다. 그리하여 용어를 붙이는 데 어색한 것이 자주 눈에 띄었다. 그 후 젊은 다음 세대들의 연구에서는 차츰 용어나 방법론이 세련되어 갔음을 볼 수 있다.

그간에 간혹 서양철학과의 비교 연구도 없었던 것은 아니나 비교 연구 방법론이 미숙하거나 논증이 너무 번쇄하여 요령을 얻을 수가 없었다.

무엇보다 남의 논문을 읽지 않고 반복해서 논술하는 번잡한 중복 논문의 산출은 버려야 할 폐습이다. 결론적으로 연구 영역의 확대와 창의적인 문제제기가 앞으로의 바람직한 발전 방향이라 할 수 있다.

이 논문에서 최근의 논저, 특히 1995년 이후분에 대해서는 지면 관계상 목록만 개괄적으로 소개하고 내용은 충분히 분석하지 못했다. 따로 한 편을 준비하려고 한다.

부록-2 조선 전기 성리학자 및 퇴계학파 연구의 현황과 과제

I. 서 언

이 논고가 다루어야 할 범위는 조선조 성리학자들이다. 그중에서도 조선조 중기 이후의 인물은 '퇴계학파'에 한정된다. 먼저 '성리학자'의 범위를 정확하게 하기 위해서 유학자와 성리학자의 구분이 있어야 한다. 특히 조선 전기 성리학의 토착화(본격적 이해) 이전의 유학자들 경우에 누구를 성리학자라고 할 것인가 하는 문제가 있다. 가령 冶隱 吉再(1353-1419), 佔畢齋 金宗直(1431-1492)을 문학유로 본다면 三峰 鄭道傳(1342-1398), 陽村 權近(1352-1409), 寒暄堂 金宏弼(1454-1504), 一蠹 鄭汝昌(1450-1504), 靜庵 趙光祖(1482-1519) 등은 성리학자로 볼 수 있다.

그렇다면 梅月堂 金時習(1435-1493)의 경우는 어떻게 다루어야 할 것인가? 성리학에 관한 저술이 있지만 역시 문학가 내지 기인으로 보아야 할 것이다. 또 성리학과 주자학의 관계가 있는데, 이것은 대체로 같은 범위로 보는 것이 좋을 것이다.

대략 이러한 기준을 가지고 이 논고는 조선조 전기 성리학자 및 중기 이후의 퇴계학파 성리학자들에 대한 인물 연구사를 서술하고자 한다. 그러므로 여기서 거론하는 인물들은 성리학자, 또는 성리학적 저술을 남기고 四端七情論이나 人心道心論 같은 退·栗(퇴계와 율곡) 이

후의 논제에 대해 언급한 인물로 한정하였다.[1] 이 논문의 목적이 인물
연구사이지만 각 인물의 사상의 특징에 대해 간략한 소개를 먼저 하였
다. 그것을 기준으로 연구성과와 연구상 쟁점을 분석하였는데, 어느
정도 집필자의 주관적 의도가 들어 있다고 할 수 있다.

이러한 범위로 인물을 선정한 참고서는 배종호의『한국유학사』(연세
대 출판부, 1974), 유명종의『조선후기 성리학』(이문출판사, 1985), 최영
성의『한국유학사상사 I - V』(아세아문화사, 1994-1997) 이후의 자료부
터인데, 이런 자료들이 매우 유효하였다. 왜냐하면 이런 것이 처음으
로 소위 동양철학 전공자에 의해 쓰여졌기 때문이다.

여기서는 오늘날 쉽게 찾아볼 수 있는 연구 논저[2] 전부를 번거롭게
목록화하여 소개하지 않고, 이제까지의 연구의 특징과 앞으로의 과제
를 염두에 두고 중요 논저만 거론하였다. 문중 사업으로 그 인물에 대
한 연구 논문을 모아 편찬하는 일이 있어 자료로 접하기에 편리한 경
우도 더러 있다는 점을 부기해 둔다.

그리고 민족문화추진회에서 중요 사상가의 문집을 발췌 번역하여
왔는데, 이것도 연구자료로 유용하게 활용할 수 있고, 최근에는 그곳
에서 원문을 교감 정리하여『한국문집총간』으로 간행하고 있으므로
원문은 이것을 참고하는 것이 좋다.

---

1 인물이 처음 나올 때 호와 생몰연대를 명기하였고, 서술 중에는 이름으로 통일하여
  사용하였다. 그러나 '퇴계학(파)', '주자(학)', '양명(학)' 등은 예외로 하였다.
2 오늘날 연구논저 목록은 인터넷으로 쉽게 찾을 수 있다. '한국전자도서관'이나 '한국
  학술정보(KISS)', '누리미디어(DBpia)', '교보문고 스콜라' 등으로 들어가면 논저 목
  록을 찾을 수 있다. 또 각 대학의 도서관도 이제 거의 '통합색인'을 통하여 논·저를
  함께 쉽게 찾을 수 있도록 해놓았고, 또한 위의 관련 사이트로도 바로 연결시켜 놓았
  다(전자자료검색/학술DB).

II. 조선 전기 성리학자

1. 여말선초 성리학자

조선 초기의 성리학자로는 정도전과 권근을 우선 들 수 있다. 정도전의 경우 건국 초기 전장문물제도 정비에 정치적 역량을 발휘한 외에 통치 이념 확립을 위하여 저술한 '斥佛論' 관계 저술이 또 있는데, 이 부분은 성리학적 업적이라 할 수 있다. 척불론에는 『佛氏雜辨』, 『心氣理篇』, 『心問天答』 3편이 있다.

그의 사상 연구에는 이 부분의 연구가 주조를 이룬다. 대체적으로 문헌 분석을 통한 연구는 많이 이루어졌다. 다만 그가 참고한 이론이 송대 성리학자들의 척불 이론이므로 이것과의 실증적 비교 연구가 남아 있다. 전근대에 있어서 圃隱 鄭夢周(1337-1392)와 비교하여 그를 고려시대 사람으로서 조선조에 벼슬했다고 하여 폄하하였으나, 이는 오늘날은 언급조차 할 필요가 없는 사항이다. 그에 관한 종합적 연구 저술로는 한영우의 『정도전 사상의 연구』(서울대 한국문화연구소, 1983 / 1997), 한국공자학회 편, 『삼봉 정도전 사상연구』(한국공자학회, 1993)가 있다.

권근은 정도전의 제자로서 척불을 통한 이념 정립과 성리학의 계몽에 힘을 쏟았다. 뿐만 아니라 불교에서 유교(성리학)로 학풍 전환에 맞춰 가교적인 역할도 하였다. 그의 주저는 『入學圖說』이다. 이는 성리학 입문서에 해당된다. 그의 척불 활동은 정도전의 『불씨잡변』 등 3편의 저술에 서문을 붙인 것으로도 알 수 있다. 또 그는 『五經淺見錄』을 쓰기도 했는데, 『禮記淺見錄』이 주저로서 분량도 많으며, 특히 『周易淺見錄』은 나름의 특색을 가지고 있다.[3] 여기에서 그는 『주역』과 불교의

---

3 『오경천견록』과 『주역천견록』에 대한 연구 논문이 있다. 참고 바람.

『화엄경』을 비교하여 설명함으로써 불교에 익숙한 당시 지식인에게 성
리학을 계몽하였다. 그의 사상에 관한 연구 논저는 부족할 정도는 아니
고, 『입학도설』 번역본(권덕주 역, 을유문화사, 1974)도 나와 있다.

조선 초기(세종 1년 ; 1419) 중국으로부터 『性理大全』이 수입되어 당
시 세종대왕 이하 여러 신하들이 성리학에 대해 연구하기 시작하였
다.[4] 또 국가에서 집현전을 두어 학자들을 양성하였으므로 이들을 중
심으로 학자들 사이에 이 책은 기본서로 취급되어 자연히 성리학에 대
한 교양적 지식이 전파되었다. 그러나 성리학에 대한 체계적 이해, 개
념에 대한 철학적 이해에는 아직 도달하지 못했다. 따라서 이 시기의
인물들을 성리학자로 보기는 어렵다.

조선 성종대에서 연산군대, 즉 초기 사화기에 이르러 비로소 성리학
에 대한 이해와 저술이 나오기 시작했다. 김굉필, 정여창이 대표이다.
이들은 여말 선초의 은둔 학자 길재의 재전 제자로서 길재-김종직-
김굉필 / 정여창으로 이어지고, 김굉필에서 다시 조광조로 이어진다.
조선 초기 세조·성종 연간의 학자들을 훈구파·절의파·사림파·청담
파로 나누는데, 이것이 당시 학계 동향을 잘 말해주고 있다. 이중 길재
이하의 계열이 물론 사림파이다. 김굉필은 성리학적 수양론으로 『小
學』 공부에 치중했고, 아직 성리학이나 주자학의 이론적 탐구는 본격
적으로 수행되지 못했다. 당시 중국 명 초기의 실천 주자학풍, 더 거슬
러 올라가면 원대 『소학』 중심의 魯齋 許衡(1209-1281)의 주자학 실천
주의와 비견될 수 있다.

그의 제자에 慕齋 金安國(1478-1543)과 思齋 金正國(1485-1541) 형
제가 있는데, 이들은 조광조의 급진주의에 반대하고 시골에 은거하면
서 향촌교화와 문도교육에 힘썼다. 김정국의 제자에 秋巒 鄭之雲(1509-

4 문철영, 「조선초기의 성리학 도입과 그 성격」, 『한국학보』 36호, 1984.

1561)이 있고, 그가『天命圖說』을 지어 退溪 李滉(1501-1570)에게 질의
한 결과 이황이 문구를 고친 일이 있고, 그로부터 이황과 高峯 奇大升
(1527-1572) 사이에 '四七理氣論辨'이 전개되었다. 그런데 당시에는 성
리학 이론을 탐구하는 정도에 그치고 있어 본격적 저술이나 토론, 그로
인한 정확한 이해 등은 나올 단계가 아니었다. 뿐만 아니라 그들의 성
리학 저술이 사화로 인멸되어 유감스럽게도 그들의 성리학 내용을 말
할 수 없다.

　정암 조광조 역시 '己卯名賢'으로 일찍 죽음으로써 이론적 성리학
자료를 남기지 못하였다. 그러나 그의 경세에 대한 자료는 좀 남아 있
다. 그런데 조광조에 대해서는 철학적으로 탐구하기에는 역시 자료가
부족하다. 또한 그의 생애가 정치적 실천에 치중하였기 때문에 오늘날
도 성리학자로서보다 정치가로 탐구하기에 적당하다. '至治主義'라든
가 '道學정치'라든가 '義理의 주창'이라든가 하는 것이 유교적 정치실
현과 관계가 깊다. 그에 관한 이러한 측면의 연구는 대단히 많다.

　眞一齋 柳崇祖(1452-1512)는 만년에『大學箴』과『性理淵源撮要』를
중종에게 올린 바 있는데,『성리연원촬요』는 적은 분량이지만, 성리학
에 대한 요점을 간추려놓은 것으로 그중의 "四端은 理의 發이요, 七
情은 氣의 發이다"라는 말은 후일 이황 등 여러 학자들의 성리논쟁의
근원이 되었다.

2. 화담 서경덕과 회재 이언적

　조선조의 성리학을 말한다면 사실은 花潭 徐敬德(1489-1546)과 晦
齋 李彦迪(1491-1553)으로부터 시작된다. 서경덕은 중국의 橫渠 張載
(1020-1077)의 氣의 우주론을 수용하여 자연현상에 대한 연구를 하였
다. 오늘날로 말하면 그는 자연과학적 탐구욕이 많았다. 중국 전통의
자연철학은 氣로써 물질적 현상을 설명하였다. 기의 속성을 말하는 데
는 기의 운동성의 본유성, 기에 의한 사물의 생성(탄생), 기의 음양의

작용(적극적 작용과 소극적 작용), 오행의 상생상극 작용, 그리고 기의 편차(淸·濁·粹·駁)에 의한 사물의 다양성, 그리고 기의 본유적 운동에 의한 우주의 끊임없는 변화 등을 말한다. 근대 자연과학 이전의 우주 설명은 이러한 방법밖에 없었다. 서경덕은 이러한 장재의 기론으로써 우주(자연) 현상을 설명하였다.

그가 理도 말하지만, 그것은 자연의 법칙 정도의 의미를 가지고 있고, 주자의 리기론과 같은 형이상학적 개념은 아니었다. 조선 후기 鹿門 任聖周(1711-1788)와 같은 唯氣論者도 있지만, 서경덕의 기론은 임성주의 형이상학적 유기론과는 다른 '기의 자연학'이었다. 장재의 유물론적인 기론이 주자에 의해 수용되어 주자학의 형이상학 체계와 더불어 자연학의 기본 이론을 이루었던 것같이 그의 기론도 성리학의 체계에 속한다. 그러나 그후 주자학의 윤리명분론에 가리워 그를 계승한 학자가 나타나지 않았고, 그의 기론은 물론, 주자학의 자연학 체계는 조선조에서 잘 계승되지 못했다.

서경덕 사상의 특이성 때문에 그에 대한 연구는 많이 있다. 그러나 중국 기론과의 비교연구나 기의 자연학이 주자학 체계에서 왜 중요한 사상의 근간이 되었는지 등에 대한 비교연구는 아직 부족하다. 뿐만 아니라 주자학 우주론에서 '기의 자연학'과 리기론이 양대 중심사상체계로서 병존하는 이유, 그리고 도교나 도가사상의 영향 등에 대한 비교 연구가 아직 이루어지지 않고 있다.

그의 철학사적 위치를 논하면서 '주기론의 선구'라고 하기도 하는데, 이는 정확한 표현이 아니다. 그는 자연철학자 중 주자처럼 리기론이라는 형이상학적 체계를 세운 사람이 아니고 기를 가지고 우주(자연)를 논한 '기의 우주론자', 또는 '기의 자연학자'(오늘날 자연과학에 유사한 방법으로 자연 관찰)로 보는 것이 옳다. 주리−주기는 李滉과 李珥(1536-1584) 이후의 도덕론적 관점의 분화 이후로 생긴 '도덕론적 시각의 차이'에 국한해서 써야 할 용어이다.[5]

서경덕과 대조되는 성리학자로 이언적이 있다. 성리학자로서 그의 특징은 젊은 시절(28세) 중국의 濂溪 周敦頤(1017-1073)가『太極圖說』에서 말한 '無極而太極'에 대한 문구(＝논제)를 두고 고향의 학자 忘機堂 曺漢輔(생몰연대 미상)와 편지로 논쟁한 것이다. 이것을 성리학에서는 주자 당시부터 소위 '무극태극논변'이라고 한다. 주돈이의 '무극이태극' 문구의 해석은 그 자체가 성리학의 핵심 내용으로서 그 해석의 방향에 따라 유교냐, 아니면 도가(혹은 도교)냐로 갈라지는 중요한 철학적 문제점을 가지고 있는 주제인데, 이언적은 성리학 정통의 주자적 해석을 정확히 이해하고 있었다는 것이 그의 사상사적 위치이다.

처음 논변의 발단은 그의 외숙 忘齋 孫叔暾(愚齋 孫仲暾 : 1463-1529의 弟)과 조한보와의 무극태극에 대한 논쟁을 보고 논평한 것이 시발이 되었다(「書忘機堂無極太極說後」). 외숙의 논조는 주자 당시 주자와 무극태극을 두고 논변을 벌였던 象山 陸九淵(1139-1192)의 논조를 그대로 가져온 것이었다. 이 논변은 이미 잘 알려져 있었으므로 이언적은 외숙에 대한 비판보다도 조한보의 설에 대해 집중 논변하였다. 조한보는 노장과 불교의 시각에서 무극태극을 논하였는데, 이언적은 성리학의 정통설, 즉 주자의『태극도설해』에 입각하여 이를 논박하였다.

또 그 해석의 깊이에 따라 성리학 이해의 정도를 가름할 수도 있는데, 그의 해석을 보면 이미 일찍부터 주자학에 대해 수준 높은 이해를 갖고 있었음을 알 수 있다. 성리학에서 '태극'은 서양철학 내지 신학에서 말하는 神과 같은 위상의 관념으로 무신론의 유학 체계(특히 성리학에 와서)에서는 태극이 형이상학적 궁극자의 의미를 나타내고 있다. 성리학은 유교의 도덕론을 근거 지우기 위하여 우주론을 전개하였는데,

---

5 그를 주기론의 선구라고 하면 율곡 이이는 주기론자이고, 그의 영향을 받았다는 엉뚱한 결론에 도달한다.

중세에는 이 우주론에 근거하여 형이상학이 세워졌다. 그러한 형이상학 체계가 '理氣論'이며, 理 중의 리로서 궁극자가 태극이다. 유교의 도덕의 자연법적 근거는 바로 이 우주의 법칙, 우주의 궁극적 원인자에 의해 정초된 것이다. 그런데 이 태극의 성격을 규정 지우는 것이 바로 '無極'이라는 말이다. 이 말은 태극이 하나의 사물이 아니고('실체적' 존재가 아니고) 형이상학적 원리임을 나타내고자 붙인 형용어이다. 그러므로 성리학 이해에 있어서 이 '무극태극'에 대한 이해가 통과해야 할 중요한 관문이라고 하는 것이다.

이언적이 젊은 나이에 성리학의 핵심에 대해 주자를 정확하게 이해하고 있었다는 것은 조선조 성리학사에서 중요한 업적이 된다. 조한보와의 논쟁에서 이 무극태극 주제 외에 성리학적(유교적) 수양법에 대한 논변도 벌였는데, 조한보는 역시 노장, 불교적 용어를 쓴 반면에 이언적은 유교적 '下學上達'의 방법이 중요하다고 말하였다. 이러한 점에서 그를 '주리론의 선구'라고 말하기도 하는데, 그러나 이것은 적절한 표현이 아니다. 그의 성리학에 대한 이해만 정확히 기술하면 되는 것이지 불필요하게 이황·이이 이전까지 거슬러 올라가 '주리론'이니 '주기론'이니 말할 필요는 없다. 주리-주기는 이황·이이 이후 '사단칠정논쟁'이란 '도덕론적 논쟁' 이후에 나타난 '도덕론적 시각'의 차이를 말함으로써 비로소 등장한 용어이기 때문이다.

그외 그의 성리학 사상에 관한 것으로는 『大學章句補遺』라는 책이 있는데, 주자의 『대학장구』(즉 주자 주해의 『대학』)에 대해 보충한다는 의미이지만, 자기 주견을 가지고 연구한 개성 있는 저술이다. 이와 쌍벽을 이룬 책으로 『續大學或問』도 있다. 그 외 경세에 관한 여러 저술이 있다. 그에 대한 연구는 성리학뿐만 아니라 전반적으로 충분히 잘 이루어져 있다. 문중에서 원전 번역이라든가, 논문집 등을 잘 정리하여 오래전부터 출판하였다.[6] 그는 중년 이후에는 상경하여 벼슬살이를 하였고, 생애 중간(40세 이후)에 약 7년 정도 경주 고향에 낙향하여 쉬는 기간이 있었지만 제자를 양성하지 못해 잘 알려지지 않았으나, 사후 퇴계에 의해 그의 학문적 업적이 인정되어 선양되었다.

Ⅲ. 퇴계학파

1. 퇴계학파의 범위

영남 퇴계학파의 성리학은 退溪 李滉이 주자학을 깊이 있게 연구하여 제자들에게 전수함으로써 시작되었다. 특히 만년에 高峯 奇大升과의 '四七論辨'을 통하여 자기의 설이 확립되었는데, 그 뒤 栗谷 李珥와 牛溪 成渾(1535-1598)이 그 논변을 다시 전개함으로써 이황의 '互發說'이 사상사적으로 일정한 토론 주제로 자리잡게 되고, 또 그로 인하여 영남학파(퇴계학파), 기호학파(율곡학파) 양대 학파가 형성되었다.

이황의 문하에는 西厓 柳成龍(1542-1607), 鶴峯 金誠一(1538-1593), 寒岡 鄭逑(1543-1620) 등의 석학이 출현하였고, 그 뒤를 이어 愚伏 鄭經世(1563-1633, 유성룡의 문인), 葛庵 李玄逸(1627-1704, 김성일의 문인), 旅軒 張顯光(1554-1637) 등이 나와 영남 퇴계학파가 형성되었다. 그리고 한강의 문인 眉叟 許穆(1595-1682)을 통하여는 星湖 李瀷(1681-1763)에게 전해져 성호 이후 '근기 퇴계학파'가 형성되었다.

조선 후기 영남 퇴계학파를 지역적으로 보면 안동권, 상주권, 영남 중부권으로 나눌 수 있는데,[7] 안동권에서는 학봉 김성일-敬堂 張興孝

---

6 최근의 논문집 모음으로는 묵민기념사업회, 『회재 이언적의 철학과 정치사상』(서울 : 박영사, 2000)가 있다. 원전 번역으로는 묵민기념사업회에서 편찬, 간행한 『국역 회재전서』(1974)가 있다. 여기에 중요 논문도 부록으로 첨부되어 있고, 그중에 이우성의 『이회재 선생의 역사적 위치와 그 경세사상』이 이언적과 그 시대를 이해하는 데 도움이 많이 된다.

7 금장태, 『퇴계학파의 사상Ⅰ』, 서울 : 집문당, 1996, pp.20-23.

(1564-1633)-갈암 이현일-密庵 李栽(1657-1730)-大山 李象靖(1711-1781)-損齋 南漢朝(1744-1810)-定齋 柳致明(1777-1861)으로 학맥이 전해졌고, 상주권에서는 서애 유성룡-우복 정경세-修庵 柳袗(1582-1635, 유성룡의 자)-拙齋 柳元之(1598-1674, 유진의 자) 등으로 계승되었고, 그후 이현일과 愚潭 丁時翰(1625-1707)[8]의 문하에서 배운 息山 李萬敷(1664-1732), 淸臺 權相一(1679-1760),[9] 우복 문하이며 대산의 문인인 立齋 鄭宗魯(1738-1816, 정경세의 6대손) 등이 출현하였다. 물론 이들은 안동권과 상주권 양쪽으로 연관을 맺고 있었다. 안동권은 이상정 이후 이황 사상을 이론적으로 정립함으로써 영남 퇴계학파의 중심을 이루었다.

영남 중부지역에서는 仁洞(칠곡)의 여헌 장현광 계열과 星州의 한강 정구의 계열이 있다. 이들의 특징은 퇴계 학통의 순수성 유지에 집착하지 않고 이론적 변화 혹은 발전적 전개를 이룬 점이다. 장현광은 독자의 성리설을 주장했고, 정구는 근기 지방에 퇴계학을 전하기도 하고 예학자이면서 현실문제에도 관심 갖는 실학풍의 경향도 있었다.

한말을 전후하여 퇴계 영남학파는 크게 다섯 학맥으로 나눌 수 있다. (1) 정재 유치명을 이은 안동의 西山 金興洛(1827-1899, 김성일의 후예), 西坡 柳必永(1841-1924), 拓庵 金道和(1825-1912) 등의 학맥 (2) 星州의 寒洲 李震相(1818-1886)에서 山淸의 俛宇 郭鍾錫(1846-1919)으로 이어지는 학맥 (3) 칠곡의 四未軒 張福樞(1815-1900, 장현광의 8대손)를 중심으로 하는 학맥 (4) 昌寧의 深齋 曺兢燮(1873-1933)을 중심으로

---

8 정시한이나 권상일이나 다 일정한 사승 없이 공부한 자들인데, 그 윗대 조상들이 이황 문인이었던 인연으로 안동에 자주 드나들면서 안동 유림들과 교류하는 과정에서 이황 사상을 좋아한 것 같다. 정시한은 이현일과 사귀면서 서신왕복으로 성리설을 논하였는데, 그의 이론이 이현일과 거의 같다.

9 권상일은 이황의 초년설(기대승과의 논변으로 수정하기 전의 사칠설)을 지지하였으므로 그의 이론은 전적으로 이황의 설을 추종한 것이라고 할 수 있다.

하는 학맥 (5) 金海의 性齋 許傳(1797-1886)을 중심으로 하는 학맥.[10] 이중에서 특기할 만한 것은 성주의 한주학맥이다. 한주학맥은 대산 이상정－損齋 南漢朝－定齋 柳致明－凝窩 李源祚(1792-1871, 어진상의 숙부)－寒洲 李震相－俛宇 郭鐘錫으로 이어져 내려왔다. 이진상은 이황 철학사상을 한층 더 이론적으로 전개하여 '心卽理說'을 제창하였다. 그리하여 안동권에서는 한때 그를 매도하기도 했다.

2. 이황 연구 현황－서지학적 연구와 '회고와 전망류'

이황 연구는 공교롭게도 한국철학사상(한국유학 ; 한국성리학) 분야 연구의 중심을 이루고 또 대표하고 있어 마치 한국의 전통학문, 즉 '한국학'의 대표 브랜드 역할을 하고 있다. 율곡 이이도 훌륭하지만, 이황이 선배라는 점, 임란 때 이황의 문집이 일본에 전해져 일본학계가 오늘날도 숭배하는 나머지 국제학회에 대거 참석하여 이황 연구가 국제화된 점, 안동에 그의 유적이 남아 있는 점, 후손이 적극적으로 선양활동을 한 점 등에서 단연 이이보다 유리한 조건을 형성하였기 때문이다. 또한 일찍이 문중에서 퇴계학연구원을 설립하여 『퇴계학보』를 발간한 점도 연구의 활성화를 가져온 데 일조하였다.

이러한 활발한 이황 연구는 양적으로 단행본을 비롯하여 논문, 역서 등 많이 출판되었고, 심지어는 영어와 중국어로 번역까지 되어 점차 국제화의 단서를 열고 있다. 많은 양의 연구 축적은 또한 중간 연구 점검을 위하여 소위 '회고와 전망류'의 논문도 몇 편 발표되었다. 그러나 논문의 경우는 많은 양에도 불구하고 중복되는 논문이 많고, 또 학회 발표요지(프로시딩) 수준의 논문도 양산되었다. 그러므로 앞으로 연구방향을 새롭게 설정해야 할 것이며, 연구방법도 개발해야 할 필요가

---

10 금장태, 앞의 책 『퇴계학파의 사상 I』, pp.23-25.

있다.

먼저 이황 연구에 있어서 '서지학적 성과'와 연구에 대한 평론인 '회고와 전망류'를 살펴보면 다음과 같다.

서지학적 성과에는 다음과 같은 것이 있다.

＊『퇴계학연구논고제요』, 퇴계학연구원, 1981

＊「퇴계학연구논저목록」, 『퇴계학연구』 제3집 (단국대 퇴계학연구소, 1989)

＊『퇴계학연구논총』(전10책), 경북대학교 퇴계연구소, 1997

소위 '회고와 전망류'의 논문에는 또 다음과 같은 것이 있다.

＊ 금장태, 퇴계학 연구의 회고와 전망－철학 영역, 『한국의 철학』 제18 호 (경북대 퇴계연구소, 1990)

＊ 김종석, 퇴계철학 연구 현황과 비판적 검토, 『한국의 철학』 제23호 (경북대 퇴계연구소, 1995)

＊ 윤사순, 퇴계학 연구－한국학의 발전과 함께 한 발자취, 『오늘의 동양 사상』 제6호 (예문 동양사상연구원, 2002)

이황 연구 논문을 찾아보는 데는 위의 목록류를 참고하면 되지만, 일반출판사인 불함문화사에서 편집 영인한 『한국유학사상논문선집』 (퇴계부분)에는 그 논문이 영인되어 실려 있어 활용하기 용이하다. 이러한 논문을 엄선한 것이 경북대학 퇴계연구소에서 간행한 『퇴계학연구총서』(10책)인데, 이것은 그의 철학사상뿐 아니라 정치사회(경세), 교육, 문학 등을 망라하여 편집하였고, 또 중국, 일본, 영어권 학자들의 논문도 각 1권씩 선정하여 실었다. 분야 중 철학사상 분야가 3권으로 제일 많은데, 이것도 존재론, 도덕론, 기타 등 내용별로 분류하였다. 앞으로 그와 연관된 연구(비교연구 등), 그의 '주변 연구', 아니면 미시적 고증적 연구 등이 바람직하다.

이황 연구는 60년대 중반부터 나왔다. 박종홍, 유명종, 김경탁 등 소위 근대적 논문의 제1세대들의 논문이 나왔는데, 계몽적인 역할을 하였다. 그 다음 세대에 유정동, 이완재, 윤사순, 이동준, 정순목, 전두하, 채무송(중국인) 등이 학위논문을 통해 또는 학술대회 논문을 통해 그 뒤를 이었다. 그러나 본격적인 연구는 70년대 중반 국제학술대회를 통하여 한·중·일 삼국의 학자들이 교류하면서 연구의 폭이 넓어지고 방법론도 개발되었다.

1970년은 이황 서거 400주 년이 되는 해였는데, 이를 계기로 학술대회가 개최되고, 그 결과물이『퇴계학연구』로 1972년 '퇴계선생 4백주기 기념사업회'에서 간행되었다. 그의 후손의 헌신적인 노력으로 재정적인 뒷받침이 이루어지고, 그 이후 그에 대한 연구는 '퇴계학'이라는 이름 아래 한국학의 (특히 철학사상 분야로서) 대표주자 역할을 하게 되었다. 1972년 퇴계학연구원이 창립되고, 이듬해『퇴계학보』가 발간되자 이로부터 그에 대한 연구는 장족의 발전을 하게 되었다.

그후 경북대학교가 1973년에 퇴계연구소, 단국대에서 1987년에, 안동대에서 1989년에 퇴계학연구소를 설립하여 학술대회를 개최하며 논문집을 간행함으로써 분위기를 조성하였다. 70년대 들어와 정부는 주체사관 확립과 민족문화 앙양을 기치로 내세웠다. 그러한 환경도 한 몫을 하였다. 그러나 여러 곳에서 '퇴계'라는 이름을 선호하는 것은 혼란스럽기 그지없다.[11]

이 시기의 연구 주제를 보면,「퇴계와 기고봉」,「敬의 윤리적 고찰」,「학문 방법」,「존재론」,「敬의 철학적 고찰」,「가치관」 등을 들 수 있다.[12] 연구 주제와 방법은 60년대 중반의 흐름을 계승한 것이나 양적

---

11 최근에는 강의실 이름도 '퇴계'나 '다산'을 넣고 있는데, 이는 선현을 숭배하는 것이 아니라 회화하는 것에 불과하다.

으로 논문 수가 많아졌다. 연구자는 별 변동이 없었다. 그러나 무엇보다 특기할 것은 이 시기에 이황 사상을 연구한 단행본과 박사학위 논문이 나오기 시작했다는 것이다. 이는 당시 퇴계학 연구의 학계 관심과 사회적 분위기를 반영한 것이다.

1970년대에 단행본으로 나온 그에 대한 연구 결과로는 이상은의 『퇴계의 생애와 학문』(서문당, 1973), 유정동의 『퇴계의 생애와 사상』(박영사, 1974), 전두하의 『퇴계 사상 연구-퇴계의 관점에서 본 헤겔 철학』(일지사, 1974), 정순목의 『퇴계의 교학사상』(형설출판사, 1979), 한명수의 『퇴계의 교학사상』(경상북도, 1979) 등이 나왔다.

80년대에 와서는 윤사순의 『퇴계철학의 연구』(고려대출판부, 1980), 왕쑤의 『퇴계 詩學』(이장우 역, 퇴계학연구원, 1981), 채무송의 『퇴율 성리학 비교연구』(성대 출판부, 1982), 정순목의 『퇴계의 교육철학』(지식산업사, 1986), 윤천근, 『퇴계철학을 어떻게 볼 것인가』(온누리, 1987), 유명종의 『퇴계와 율곡의 철학』(동아대 출판부, 1987), 퇴계학연구원의 『퇴계가연표』 및 『퇴계학及其系譜的연구』(퇴계학연구원, 1989), 권오봉의 『퇴계의 燕居와 사상형성』(포항공대, 1989) 등을 중요한 저술로 들 수 있다.

이중 전두하 및 권오봉의 연구는 주제가 특이하여 이황 연구의 범위를 넓혔고, 윤사순의 것은 종합적으로 그의 사상을 조감할 수 있는 논문집이다. 80년대의 중요한 연구 경향은 일본과 중국의 학자들이 다수 국제학술대회를 통하여 이황 연구에 참여, 그의 사상과 주자학 내지 중국사상과의 비교, 일본 속의 이황과의 비교 연구를 수행하거나, 아니면 철학 내지 사상사 연구의 보편 지평에서, 그리고 동아시아 근

---

12 이을호, 「퇴계선생과 기고봉」, 유정동, 「퇴계선생의 경에 관한 윤리적 고찰」, 이완재, 「퇴계선생의 학문적 방법」, 전두하, 「퇴계의 존재론」, 이동준, 「퇴계 경사상의 철학적 고찰」, 윤사순, 「퇴계의 가치관」, 이상 전부 『퇴계학연구』(퇴계선생 400주기 기념사업회, 1972)에 실림.

세 사상사 지평에서 이황을 연구함으로써 연구 수준을 한 차원 높인
것이다.

예를 들면, 단행본으로 다카하시(高橋進)의 『이퇴계와 경의 철학』(신
구문화사, 1985 ; 안병주 외 역), 토모에다(友枝龍太郎)의 『이퇴계-그의
생애와 사상』(1985) 등이 있고, 논문은 『퇴계학연구논총』(전10권)에
'일본의 퇴계연구'(제7권) '중국의 퇴계연구'(제8권)에 선정되어 있는
것으로도 대략을 알 수 있다.

80년대에 이황의 저술에 대한 역주도 많이 나왔다. 윤사순의 『퇴계선
집』(현암사, 1982), 배종호의 『퇴계언행록』(삼성미술문화재단, 1983), 신화
사(출판사)의 『한국명저선집 : 퇴계 이황』(신화사, 1983), 이가원의 『퇴계
시』(정음사, 1987), 『聖學十圖』를 영역한 마이클 칼튼(Michael. C. Kalton)
의 『To Become a Sage: Ten Diagrams on Sage Leaning』(1988), 장리원(張
立文)의 『퇴계서절요』(중국인민대학출판사, 1989) 등이 있다.[13]

90년대에 와서 그에 대한 전문 연구는 계속되면서 교양 도서류도
출간되어 대중화에 일조하였다. 『퇴계철학입문』(이윤희 역, 퇴계학연구
원, 1990), 권오봉의 『가을 하늘 밝은 달처럼-퇴계선생 일대기』(동인기
획, 1994) 등은 교양이라면, 한덕웅, 『퇴계심리학-성격 및 사회심리학
적 접근』(성대 출판부, 1994), 퇴계학연구원 편, 『근세유학사상과 퇴계
학』(퇴계학연구원 출판부, 1994), 금장태, 『퇴계학파의 사상 I 』(집문당,
1996), 아베 요시오, 『퇴계와 일본유학』(김석근 역, 전통과 현대, 1998)
등은 심화된 연구 결과물들이다. 그외 역주로는 찌아순시엔(賈順先)의
『退溪全書今注今譯』(1991-96)이 있고, 영역본으로는 사단칠정논변을
영역한 마이클 칼튼의 『The Four-Seven Debate』(1994) 등이 있다.[14]

---

13 윤사순, 「퇴계학 연구-한국학의 발전과 함께 한 발자취」, 『오늘의 동양사상』 제6
호, 서울 : 예문 동양사상연구원, 2002.
14 윤사순, 위의 논문 참조.

3. 이황 연구의 문제의식과 쟁점

이황의 철학, 즉 존재론에 대한 연구 중 핵심적인 문제는 그의 '理動說' 문제이다. 그의 철학사상은 기고봉과의 사칠리기논변에서 종합적으로 들어났는데, 이 속에는 그의 존재론적 시각도 있고, 도덕론적 시각도 함께 있다. 왜냐하면 원래 존재론적 개념인 리기 개념으로 사단과 칠정을 논했고, 또한 당시는 특별히 존재론, 도덕론을 구분하지 않았기 때문이다. 그리고 모든 논의의 귀결이 도덕론에 있었고, 사칠리기론도 결국은 도덕론의 문제였다. 그러므로 그가 특별히 존재론을 따로 논한 것은 아니다.

그의 존재론적 시각은 '太極生兩儀'의 성리학 주제에 대해 그가 언급한 말에서 특별히 그의 존재론적 시각을 보는 것이다. 뿐만 아니라 그의 이 존재론적 시각이 사칠론에도 연장되어 나타나기 때문에 중시하는 것이다. 태극은 성리학에서 형이상학 원리인 것이다. 그러므로 이것이 양의(음양)를 낳았다는 것은 '물리적 인과관계'와는 물론 다른 것이다. 그러나 이황은 '生'(낳다)자를 글자 그대로 해석함으로써 태극과 양의의 관계를 잘 설명하지 못했다. 여기에서 이황이 존재론적 '리'에 대해서(즉 리기론에 대해서) 익히 알고 있었는지 의문이 일어날 수 있다. 만약 알고 있었다면 '생'의 해석은 그의 언표의 잘못으로 돌아가고 만다. 다시 말하면 오해의 소지를 만들었다는 것이다.

그의 사칠론, 즉 도덕론에 있어서는 기대승과의 논변 자료가 많아 그동안 많은 연구가 이루어졌다. 특히 '理發說'의 '리동설'과의 관계, 리발설을 도덕론적으로 어떻게 해석할 것인가 하는 문제에 대해 많이 연구하였다. 그러나 여기서 유의할 것은 그의 '理發氣隨-氣發理乘'의 표현이 함축하고 있는 의미에 대한 해석 방법이다.[15] 이것을 해석

---

15 이황의 이러한 표현에 대해서 조선후기 소위 '절충파' 학자들이 그 결함(부적절합)을 지적한 적이 있다. 이동희, 「조선후기 '절충파'의 성리학설에 대한 연구」, 『동양

하는 데 있어서는 존재론의 리와 매번 연관시킬 것이 아니라 도덕론의 명제로서 이를 취급하여 도덕적 명제의 특성이라는 메타언어적 분석이 필요한 것이다. 리-기 용어를 존재론, 도덕론을 구분하지 않고 사용함으로써 혼란스러운 것은 이황만의 잘못이 아니고, 전근대 사유의 한계라고 할 수 있다. 그러므로 오늘날 연구 시각에서 존재론, 도덕론으로 일단 영역을 구분하고 각 영역에서 또 형이상학과 윤리학이라는 현대적 학문의 이론을 원용하여 해석하고 의미 부여하여야 그 의미가 드러나는 것이다.

존재론과 도덕론 막론하고 이황 해석에 있어서 또 다른 중요한 점 하나는 성리학에서 태극과 개별리(개별 존재의 理)와의 관계이다. 태극은 형이상학적으로 말하면 최고의 궁극자(원인자)요, 서양 신학을 빌려 말하면 신과 같은 절대자인데, 성리학은 이것도 그냥 리라고 하여 개별리와 구분을 특별히 하고 있지 않다. 물론 理一分殊 논리에 의하면 統體太極이 各具太極이 되므로 태극도 리라고 규정하여 잘못이 없다. 그러나 같은 용어로 리를 말할 때 각자 다른 의미로 쓸 수 있는 여지가 있으므로 논쟁이 일어나게 된다. 이황이 리를 높일 때는 그것은 태극의 리를 생각한 것이고(태극은 가치에 있어서도 최고의 기준을 의미한다), 이이가 理氣之妙에서 생각한 것은 개별 존재의 리를 말한 것이다. 이는 현대 과정철학자 화이트헤드의 형이상학에서 신과 '영원적 객체'를 범주를 달리하여 설명하는 것과 비교해보면 많은 힌트를 얻을 수 있다.[16] 이러한 비교 고찰에서 볼 때 '태극이 리이다'라는 성리학 명제도 퇴계의 언표를 어렵게 만든 하나의 요인이 되었다고 볼 수 있다.

이황 사상 연구에 있어서 그의 심학적 경향과 '敬'의 수양론 문제는

철학연구』 제26집, 동양철학연구회, 2001 참조.
16 이에 대해서는 이동희, 「주자학과 과정철학」, 『한국의 철학적 사유의 전통』, 대구 : 계명대 출판부, 1999 참조.

매우 중요하게 다루어져 많이 연구되었다. 물론 주자학에 다 있는 내용이고, 또 명대 초기 실천주자학의 영향도 없는 것은 아니지만, 이황이 특별히 강조하였고, 또 그의 도덕론의 '理發說'과 연관되어 나온 관계로 그의 사상의 특색으로 간주하게 되었다. 원래 성리학을 거시적으로 보면 주자학 속에 陽明心學으로 전개될 요소가 있었기 때문에 주자학에서 퇴계학의 위상은 명대에서의 陽明學의 흥기와 비견된다.[17] 그런 면에서 보면 우리는 퇴계학의 心學의 성격을 잘 알 수 있다. 심학, 즉 성리학의 '내면주의'란 점에서는 양명학과 같지만, 학적 체계에서는 경의 심학, 즉 주자학적 심학이라고 해야 한다.[18]

그러나 경의 수양론은 오늘날 퇴계의 의미를 물을 때 반드시 거론해야 할 중요한 특성으로 퇴계 도덕론의 핵심이라 할 수 있다. 여기에 대해서는 '경'의 의미 탐구[19]는 어느 정도 이루어졌으므로 '경'의 실천적 의미를 탐구하기 위해서는 종교적 수행이라는 '종교학적 연구'가 좀더 필요하다. 유교를 하나의 종교라 한다면 '경'을 단순히 윤리적 차원에서만 보면 안 된다.

또 하나 언급할 것은 앞으로 이황 연구에 있어서 그 이후의 계승자,

---

17 이에 대해서는 이동희, 「왕양명과 이퇴계」, 『동양철학연구』 제9집, 동양철학연구회, 1988 참조. 여기에서 丸山, 友枝, 島田, 윤남한 등의 여러 학자의 설을 인용하여 종합하였다.

18 여기에는 그 배경으로 元代 朱陸折衷主義的 주자학을 고려말에 수용한 점, 원대 실용학이 발달하여 주자의 격물학이 많이 필요없게 된 점, 퇴계학에서 주자적 주지주의가 많이 약화된 점 등을 생각해야 한다. 이것은 이황의 리기론을 보면 잘 알수 있는데, 이황의 경우는 그의 도덕론적 시각이 존재론에 투영되어 나타남으로써 '리발설-리동설'이 나온 것이다. 그의 이러한 도덕론 편중 시각은 자연히 '심학적' 면을 강하게 나타낸다.

19 김성태, 『敬과 注意』(서울 : 고려대 출판부, 1982)는 현대 심리학적으로 경을 연구한 것이고, 최근의 연구로는 한덕웅의 『퇴계심리학』(서울 : 성균관대 출판부, 1994)이 있다. 그러나 내용이 쉽게 이해되지 않는 점이 많다. 동양철학자의 현대적 연구로는 다카하시(高橋進)의 『이퇴계와 경의 철학』(안병주 외 역, 서울 : 신구문화사, 1985)이 있다.

즉 퇴계학파의 이황 해석, 그리고 반대편 기호학파의 이황 비판 등을 함께 연구하여야 이황 학설을 잘 이해할 수 있다는 점이다. 물론 퇴계학이 주자학이므로 주자와의 비교도 중요하다. 또 명대 사조와의 비교도 도움이 된다. 이황 연구에 있어서 이러한 '비교 연구'가 더 많이 이루어져야 연구는 한 걸음 더 발전할 수 있다.

4. 퇴계학파에 대한 연구─이황의 문인

이황의 문인과 후학들의 범위와 인물 선정을 어떻게 할 것인가 하는 것이 문제이다. 퇴계학파에 대한 체계적 '인물 연구'는 금장태가 가장 많이 하였다. 그 연구 논문은 『퇴계학파의 사상Ⅰ』(집문당, 1999)로 먼저 출판되어 나왔다. 여기서 다루고 있는 인물은 月川 趙穆(1524-1606), 학봉 김성일, 艮齋 李德弘(1541-1596), 서애 유성룡, 한강 정구, 芝山 曺好益(1545-1609)─이상 이황의 문인, 우복 정경세, 여헌 장현광, 미수 허목, 우담 정시한, 갈암 이현일, 청대 권상일─이상 이황의 후학, 도합 12인이다. 한말 유학자(금장태는 도학자라고 하였다)에 대한 연구는 금장태·고광직, 『유학근백년』(박영사, 1984) 및 『속 유학근백년』(여강출판사, 1989)을 참조하면 좋다.

그리고 최영성의 『한국유학사상사Ⅳ』도 유용한 자료가 된다. 여기서 다루고 있는 인물은 갈암 이현일, 우담 정시한, 밀암 이재, 청대 권상일, 대산 이상정, 입재 정종로, 정재 유치명, 한주 이진상, 서산 김흥락 등 9인이다. 서애 유성룡, 학봉 김성일, 여헌 장현광, 東岡 金宇顒(1540-1603), 월천 조목 등은 퇴·율 전후의 名儒 부분에서 다루고 있다. 또 한강 정구, 우복 정경세는 禮學 부분에 넣고 있고, 면우 곽종석은 근·현대 유학 부분에 넣고 있다.

이황의 3인의 수제자들은 대체로 그와 기대승이 논한 사칠설에는 별로 관심이 없었다. 이러한 경향은 갈암 이현일에 오기까지 이황의 문인들의 공통적 경향이었는데, 이들은 성리논쟁은 스승에 의해 거의 완성된 것으로 여겼다. 서애 유성룡의 경우도 마찬가지였으며, 특히 그는 관직에 나아가 경세에 많은 시간을 보낸 관계로 성리학의 이론적 천착에 시간적 여유가 없었다. 그러나 그가 간간이 당시 학자들과의 서신왕래에 언급한 리기설은 이황의 설을 그대로 지키는 '주리설'의 입장을 취하였다. 또 그의 사상 연구에 유의할 점 한가지는 양명학에 대한 그의 비판이다. 그는 일찍이 양명학에 접하였고, 나중에 그것에 대해 비판한 것으로 본인이 말하고 있지만,[20] 당시 학계의 풍토를 감안할 때 비판하면서 일정한 영향을 받은 것을 짐작할 수 있다.

학봉 김성일의 경우도 그의 저술 속에 성리학 이론에 관한 본격적인 토론은 없다. 김성일에 대한 종합적 연구는 학봉선생 기념사업회에서 편찬한 『학봉의 학문과 구국활동』(여강출판사, 1993)이 있는데, 중요 논문을 모아 놓았다.

한강 정구는 13세 때 성주향교 교수로 와 있던 德溪 吳楗(1521-1574)에게 배웠으므로 南冥 曺植(1501-1572)의 학통과도 연관이 있다. 21세 때 이황을 배알하고 지도를 받았으므로 그는 조식과 이황의 양 학풍을 겸하고 있다. 그는 성리학 부분은 남겨두고 주로 예학에 힘을 쏟아 17세기 예학파의 종장의 위치를 점하고 있다. 그의 예학은 문인 許穆을 비롯한 남인 예학자들에게 큰 영향을 끼쳤다. 예학과 더불어 그는 이황의 심학을 계승하여 수양론에서도 일가를 이루었다.[21] 그는 예설뿐만 아니라 경세론에 있어서도 많은 저술을 남겨 문인 허목을 통하여 근기 학파에 전해져 성호 이익 이후 실학파의 경세론에 큰 영향을 주었다.[22]

---

20 『서애전서』 권1, p. 296(영인본) ; 금장태, 전게 『퇴계학파의 사상 I』, p.103에서 재인용. 유성룡은 거상 중에 佛經과 大慧語錄도 읽었다고 한다.

21 최영성, 전게 『한국유학사상사Ⅲ』(서울 : 아세아문화사, 1995), p.159 참조. 남계 박세채는 "예학은 한강이 으뜸이고 심학에서도 퇴계 이후 가장 뛰어났다"라고 평하였다(『한강선생문집』 부록 권1, 5면).

22 최영성, 위의 책, p.161.

서애 유성룡의 제자에 우복 정경세가 있는데, 그에게는 약간의 성리
설에 대한 논의가 있다. 물론 그는 이황의 학설을 이어 주리론을 전개
하였다. 즉 그는 사단과 칠정은 전연 다른 것이며, 성인의 경우를 보면
칠정도 天理의 發 아님이 없다고 하였으며, 이러한 칠정을 다시 性命
과 形氣에서 나오는 두 가지가 있다고 하였다.[23] 또한 그는 이이의 문
인 沙溪 金長生(1548-1631)과 학문적 교류를 하면서 이황과 이이의 학
설에 대한 비교도 하였다. 그러나 그의 학문의 핵심은 성리학보다 예
학에 있었으므로 일반적으로 예학자로 보고 있다.[24] 그는 대인관계가
원만하여 기호지방의 서인 학자들과도 폭넓게 교유하였으며, 나중에
서인의 지도적 인물이 된 同春堂 宋浚吉(1606-1672)을 사위로 맞이하
기도 하였다. 그에 관한 연구 자료로는 우복선생 기념사업회에서 편찬
한 『우복 정경세선생 연구』(태학사, 1996)가 있다.

그외 이황의 제자로 월천 조목, 간재 이덕홍, 지산 조호익을 보통
거론하고, 이들에 대한 연구 논문도 몇 편씩 있다. 이들은 이황의 설
을 이해하고 계승하는 데 노력했던 만큼 특별히 이론적 특성을 찾기
는 어렵다.

5. 퇴계학파에 대한 연구 — 퇴계학의 계승

(1) 여헌 장현광

여헌 장현광은 이황의 성리설과 다른 설을 주장하였으나, 그의 이황
에 대한 존경이 지극하였던 만큼,[25] 또 정구로부터 예학의 학풍을 계

---

23 금장태, 앞의 책 『퇴계학파의 사상 I』, p.180 참조. 이러한 학설은 입재 정종로도
유사한 주장을 펴고 있다(최영성, 앞의 책 『한국유학사상사III』, p.296-297).

24 금장태, 위의 책, p.180-183 ; 최영성은 그를 예학파로 넣고 있다(위의 책) ; 배종호는
그의 『한국유학사자료집(상)』(서울 : 연세대학교 출판부, 1980)에서 그의 사상 관계
자료를 뽑아 놓았다.

25 금장태, 위의 책, p.201 참조.

승하고 있는 점을 볼 때 인맥상 그를 퇴계학파로 보아도 별 무리는 없다. 또 그는 한강의 姪壻였으므로 인척 관계에서도 한강을 매개로 퇴계학과 자연히 연결을 맺고 있다. 그러나 그의 학설에서는 그렇게 볼 수 없는 면이 많다. 더 나아가 정통 성리학 내지 주자학적 리기론의 논리체계와는 다른 설을 개진한 점에서 독특한 사상가라고 할 수 있다. 그의 독특한 사고방식은 학문도 자득으로 이루게 하였다.

15~16세 때 『성리대전』의 「황극경세서」를 읽고 본격적으로 성리학에 입문하였다는 점에서 볼 때 그의 취향은 성리학 중에서도 우주설에 관심이 더 많았던 것 같다. 그리하여 그는 18세시에 『宇宙要括帖』을 지었다. 이것은 그가 형이상학 또는 도덕형이상학적 체계로서의 리기설보다 우주설에 더 관심이 있었고, 그후의 리기론 전개도 이 우주론적 관점에서 하고 있다는 것을 말한다.[26]

그의 성리설의 특징은 리기를 경위로 보는 '理氣經緯說'이다. 이는 리기 관계를 날줄과 씨줄로 보는 관점인데, 이는 그의 말에 따르면 '體用' 관계로 말하는 것이어서 성리학(주자학)의 리기의 형이상학적 관계와는 다른 것이다.[27] 그는 리기를 '道의 理氣'라고 하여 도의 두 속성(체용)으로 리·기를 보고 있다. 이는 리기를 존재론 내지 우주론적 관점에서 보는 것으로 원리(아리스토텔레스적 의미의 '형상')와 질료로서 보는 형이상학적 체계와는 다소 다른 관점이다. 그러므로 그의 리기론을 '道一元論' 혹은 '理氣一本說'이라 부르기도 한다.[28]

---

26 장회익의 「조선후기초 지식계층의 자연관─장현광의 '우주설'을 중심으로」(『한국문화』 제11집, 서울대, 1990)은 자연과학자의 연구이므로 참조할 필요가 있다.

27 체용 관계는 한 사물을 양면으로 설명하는 방법이다. 그러나 리기는 성리학이라는 형이상학 체계에서 아리스토텔레스적 의미의 형상과 질료의 관계, 또는 화이트헤드 과정철학적 맥락에서 말하면 '영원적 객체'와 '현실적 존재'에 해당되므로 형이상학적 실재이다.

28 최영성, 앞의 책 『한국유학사상사 II』(아세아문화사, 1995), p.434, 443 ; 금장태, 앞의 책 『퇴계학파의 사상 I』, p.206.

장현광의 성리설을 연구한 사람들이 그의 성리설, 특히 리기설이 독창적이라고 하는 것도 이러한 점을 말하는 것인데, 그 내용을 좀더 자세히 고찰해보아야 한다. 즉 주자학과 어떻게 다른지, 또 이황과 이이의 주리론—주기론과 어떻게 다른지, 그리하여 그를 '주리론적'이라 해도 되는지 등을 살펴보아야 한다.[29] 그는 이황의 사칠호발설을 취하지 않고 '性發爲情'의 심의 구조론을 논리로 하여 칠정도 리발이라고 보았다. 그리하여 이이처럼 사단과 칠정을 서로 배속시켰다. 그는 리를 독특하게 보았다. 그는 리가 발한 것이 기라고 하고, 같은 논리로 性이 발하여 情이 된다고 하였다. 이는 리를 '시원적인 운동인'으로 보는 것이다.[30] 분명 이는 주자학의 리기론의 형이상학과는 다른 특징이다. 그는 칠정은 '性의 用'이기 때문에 기발이라 할 수 없다는 것이다. 다만 사단은 私意가 개재되지 않은 것, 칠정은 私意가 개재된 것으로 구분할 뿐이다. 또 인심 도심도 公·私로써 구분할 뿐이다. 이는 도일원론과는 다른 이분법적 가치입론이다.

그의 리기론(존재론)이나 심성론(도덕론)의 기본적인 논리는 '道의 체용론'이므로 그가 말하는 리기경위론은 주자의 형이상학적 체계가 아니고, 도일원론이라는 일종의 존재(우주)의 원리를 말하려는 '원리주의'라고 할 수 있다. 그러므로 그가 간혹 리기, 경위, 체용을 말하면서 선후를 말하여 '主理的'인 발언을 한다고 하여 이황의 설을 계승했다고 하기는 어려울 것 같다. 그가 말하는 것은 이황의 도덕론에서의 '가치평가'로서의 리발·기발의 구분과는 다른 논리이기 때문이다. 그렇다고 사칠론에서의 '四七配屬說'을 보고 이이의 학설을 계승했다고

29 최영성은 "그의 성리학은 정주학의 체계를 넘어서서 자주적인 입장 아래 독창적인 경지를 개척한 것이다"라고 하고(최영성, 위의 책, p.434), 또 그를 철저한 주리론자라고 하였다(위의 책, p.443).
30 최영성, 위의 책, p.438.

보기도 어렵다. 기본 논리가 다르기 때문이다.

그렇다고 리기일원적 논리를 보고 整庵 羅欽順(1465-1547)의 氣論의 영향을 받았다고 보기도 어렵다. 나흠순이 우주의 기를 중시하여 '理氣渾一論'을 주장한 것과는 달리 그의 리기일원론은 도의 리기일원론 내지 도의 체용론이기 때문이다. 그가 우주에 일찍 관심을 가지고 易(經)을 깊이 연구한 것과 연관시켜보면 그의 도의 리기론은 우주론적 사고방식임이 분명하다. 성리학 리기론의 본래의 의미인 형이상학 혹은 도덕형이상학과는 다른 것을 알 수 있다. 그러므로 이황·이이 이후 나타난 주리·주기의 도덕론적 견해와도 거리가 있다고 할 수 있다. 이와 같이 그의 성리학에 대해서는 아직 연구의 여지가 많이 남아 있다. 퇴계학파의 정통파에서 그를 비판한 내용도 물론 자세히 분석할 필요가 있다.[31]

그에 관한 단행본에는 금오공대 善州문화연구소에서 간행한 『여헌 장현광의 학문과 사상』(1994)이 있다. 여기에 그동안 나온 논문을 모아놓았고, 뒤에 부록으로 「여헌성리설」, 「易學圖說」, 「龍蛇日記」 원문을 영인 첨부하였다.

(2) 갈암 이현일과 우담 정시한

퇴계학파에서 학파적 의식을 가지고 이이 학설을 공격한 것은 갈암 이현일이 최초이다.[32] 기호학파에서 우암 송시열 등이 이황의 사칠리기호발설을 비판하자 이에 대해 이황 학설을 옹호할 필요가 생긴 것이다. 이현일이 이이의 설을 비판한 내용의 핵심은 이이의 리기론, 즉

---

31 갈암 이현일 등 퇴계 후학들로부터 많은 비판을 받았다.
32 갈암 이현일을 비롯하여 퇴계학파 전개의 개괄적 연구에 대해서는 이동희, 「영남 성리학의 형성과 전개」, 『동양철학』 제8집, 1997 참조. 여기서는 갈암 이현일, 밀암 이재, 대산 이상정, 정재 유치명, 한주 이진상 등을 다루었다.

'理氣之妙論'에서 리의 작용성이 약하다는 데 있었고, 심성론에서는 칠정 이외에 사단이 없다, 즉 '七包四'의 논리에서 나온 이이의 '四七配屬說'에 대한 비판이다. 이이의 리기론은 주자학의 리기 형이상학의 기본 논리 그대로 계승한 것이므로 리는 원리(형상 ; 이데아), 기는 질료, 그 둘의 관계는 '리기지묘'라는 데 있었으므로 결코 리의 후퇴라든가 리의 無用(작용 없음)을 말하는 것이 아니다.

퇴계학파는 이황의 '리동설'(리의 동정론), 내지 사칠설에서의 '리발설'을 기본 논리로 하였으므로 이 관점에서 이이의 존재론을 이와 같이 비판한 것인데, 이는 오해라고 할 수 있다. 전근대에 있어서는 존재론과 도덕론의 구분이라든가, 존재론적 개념인 리기 개념의 도덕론에의 전용에서 생기는 상징개념의 의미 전환 등에 대해 명확한 의식이 없었던 관계로 '도덕론적 주리론'에서 존재론의 리기지묘론을 이와 같이 비판하였던 것이다. 이현일은 이황의 리동설이 가지고 있었던 존재론적 언표('태극생양의'에 대한 해석)로서의 부적절함을 알지 못하였던 것이다.

그러나 그가 이이의 도덕론, 즉 사칠설에서의 사칠배속설을 비판한 것은 정당하다고 볼 수 있다. 이를 통하여 이황이 강조하고자 했던 사단의 도덕적 가치의 우위를 주장할 수 있게 된 것이고, 이는 이황의 주리론을 계승한 것이다. 이이의 사칠배속설은 그의 '七包四'의 논리의 연장선상에 있는 것으로 근본적으로 이이의 이러한 논리는 자연-인간 통합적 시각, 즉 존재론의 도덕론에의 투영 아래 나온 시각인 것이다. 이 관점은 우주론적 관점이긴 하나 인간의 도덕을 논함에 있어서는 가치를 비교 평가하는 언표로서는 부적당한 것이다. 다시 말하면 도덕적 가치 평가는 항상 이분법적인 '대립입론'이 필요하기 때문에 이황 방식의 사단 對 칠정, 본연지성 對 기질지성 등으로 입론하지 않을 수 없는 것이다. 이 점에서 그가 이이를 비판하고 이황의 '도덕론적 주리설'의 우위를 강조하고 기호학파를 공격한 것은 일리가 있다고 할 수 있다.

이러한 이현일의 성리학적 논쟁은 다소 당파적 의식에서 나왔다 하더라도 한국유학사에서 볼 때 의미 있는 철학적 사유라고 할 수 있다. 앞으로 이러한 것을 철학적으로 어떻게 해석하느냐 하는 문제가 남아 있다. 이와 같이 그의 성리학사상 위치가 중요함에도 그에 대한 연구는 비교적 적다.

이현일과 함께 토론하면서 이황의 학풍을 이어간 학자로 우담 정시한이 있다. 그의 주리적 학풍은 남인 계열의 실학자들에게 많은 영향을 끼쳤다. 특히 근기학파의 실학풍은 미수 허목과 우담 정시한에서 연원한다고 할 수 있다. 그의 학풍은 제자 畏庵 李栻(생몰연대 미상)을 거쳐 성호 이익에게 전해졌고, 또 영남의 息山 李萬敷도 그의 학풍을 계승했다.[33] 그는 만년에 이현일과 논변하면서 저술한 「사칠변증」에서 사칠론에 대해 자세히 논리를 전개하였는데, 대체로 이현일과 논리가 같다. 그 역시 이이의 리기론이 '理氣不相離' 면에 치중하였다고 비판하고 '理主氣輔說'로 리의 주재성을 강조하였다. 이 논리로 그는 이황의 리동설과 호발설(리발설)을 옹호하며, 이이의 '機自爾說'(氣는 그 機制가 원래 있다는 설)을 비판하였다. 더 나아가 그는 이이의 '理通氣局說'을 또 비판하였는데, 人性과 物性의 다름, 物性 중에 각 사물의 차이를 '理局'이라 보았다. 그의 '리주기보설'은 나중에 대산 이상정의 '理主氣資說'에 영향을 주었고, '리국설'은 기호학파의 '人物性同異論'의 선구가 된다.[34]

원래 성리학에서 '리일분수'로써 만물 존재의 원리상 보편성과 특수성을 형이상학적으로 규정하고 있다. 그런데 이것은 어디까지나 만물의 보편성을 강조하려는 데 있다. 이이의 리통기국설도 이것의 부연

---

33 최영성, 앞의 책 『한국유학사상사Ⅳ』, 아세아문화사, 1995, p.274.
34 최영성, 위의 책, p.280.

이다. 만물의 各異性은 하부로 내려갈수록 더욱 분화되어 다양성을 드러낸다. 리일분수나 리통기국에 이것은 이미 전제되어 있다. 성리학은 이 각개성을 탐구하는 것이 목적이 아니다. 만일 이 각개성을 탐구한다면 자연과학으로 나아가게 된다. 그러므로 성리학은 일종의 자연철학이며, 고대 우주론적 형이상학이며, 또한 중세적 종교철학(신학)이라고 하는 것이다. 그러므로 정시한의 이러한 논리 전개는 성리학에서 얼마든지 나올 수 있는 것이므로 그의 이러한 주장에 대해 철학적 해석과 평가가 남아 있다. 이 점에서 다른 성리학자들과 비교 등 좀더 연구할 필요가 있다.[35]

(3) 밀암 이재, 청대 권상일, 대산 이상정

밀암 이재는 갈암 이현일의 아들인데, 그의 부친의 설을 계승하여 '리의 동정설'을 주장하였다. 이 연장선상에서 도덕론에서는 이황의 '리발설'(호발설)을 계승하였다. 이러한 관점에서 그는 장현광이 사단과 칠정이 다 리발이라고 한 것에 대해 비판하기를, 그렇게 말한다면 이는 율곡 이이 방식의 '발하는 것은 다 기이다'라고 하는 것과 같이 기를 보고 리로 여기고, 人欲을 보고 天理로 여기는 병폐에 빠지게 된다고 하였다. 이재에 대한 연구는 영남대학교 민족문화연구소에서 편찬한 『密庵 李栽 연구』(영남대학교 출판부, 2001)가 있는데, 여러 논문을 합집하여 놓아 이용하기 편리하고 이재에 관한 참고문헌도 수록하여 놓았다.

상주에서 태어나 活齋 李榘(1613-1654)를 사숙하여 이황 학설을 충

---

[35] 최영성은 정시한의 '리에도 通局이 있고, 기에도 통국이 있다'고 한 것은 독창적인 것으로 리일분수설과 기일분수설을 종합할 수 있는 것으로 녹문 임성주의 '기일분수설'의 선구가 된다고 하였는데, 이러한 점에 대해 좀더 연구할 필요가 있다(최영성, 위의 책, pp.278-279). 그에 대한 연구가 비교적 적다.

실히 조술한 사람으로 청대 권상일이 있다. 그는 특히 이황의 수정전 사칠설[36]을 자기 학설의 근거로 삼아 항상 '主氣'의 폐단을 경계하고 氣學을 이단으로 배격하였다. 그는 이상정의 '리주기자설'에서 한 걸음 더 나아가 '理生氣說'과 '理先氣後說'을 주장하여 이상정과 논쟁하였다. 그리하여 그는 리기의 구별을 강조하고 '리기혼륜설'이나 '리기일물설'(둘 다 같은 발상이다)을 크게 배척하였다. 그는 인간의 심성뿐만 아니라 우주의 조화도 '理의 妙用'이라 하여 리를 우주의 실체, 活物, 주재자로 생각하였다. 그는 기는 동정하는 것, 리는 동정의 所以(所以然之故)라고 하는 경우도 리를 하나의 사물로 여기는 것이 된다 하여 반대하였다. 나아가 그는 본연지성과 기질지성은 전연 다른 각자의 기전에 의해 각각 발동하여 사단과 칠정의 정이 된다고 하면서 이황의 理發說(理動說)을 한층 강하게 부각시켰다.

이와 같이 이현일보다 더 강하게 이황의 주리론을 전개하여 존재론적으로 리의 작용성을 강조한 점은 좀 더 철학적으로 분석해보아야 하는데, 의외로 그에 대한 연구가 매우 적다.[37] 다카하시 도오루는 조선이나 중국의 주자학자 가운데 청대 권상일처럼 리 자체가 발동하여 정이 된다고 한 사람은 처음이라고 하면서 그의 학설의 특성을 말하였고,[38] 금장태는 그의 사상사적 위치에 대하여 퇴계 성리학의 정통성을

---

36 이황은 처음에 정지운의 『천명도설』을 고치면서 "사단은 리에서 발하고, 칠정은 기에서 발한다"라는 문구를 "사단은 리의 발, 칠정은 기의 발"이라고 고쳤다(퇴계의 『천명신도』).이것을 본 기대승의 비판적 질문을 받고 "사단의 발은 순수한 리이므로 선하지 않음이 없고, 칠정의 발은 기를 겸하였으므로 선·악이 함께 있다"라고 고쳤다. 그후 다시 기대승과 논변하는 과정에서 다시 "사단은 리가 발하는데 기가 따르는 것이요, 칠정은 기가 발하는데 리가 타는 것이다"라고 고쳤다.

37 권상일에 대한 연구는 다음 2편이 있다. 高橋亨, 「最も忠實なる退溪祖述者權淸臺の學說」, 『小田先生頌壽記念朝鮮論集』, 1934 ; 금장태, 「퇴계학파의 학문〈10〉-淸臺 權相一의 생애와 사상」, 『퇴계학보』 제83집, 퇴계학연구원, 1994.

38 高橋亨, 위의 논문 ; 최영성, 앞의 책 『한국유학사상사Ⅳ』, p.287 참조.

확인하여 당시 퇴계학파의 이념적 단합을 도모하고, 한주 이진상이 나와 영남학풍이 분열될 때까지 약 150여 년간 퇴계 성리설의 권위를 영남에서 지켜갈 수 있게 했다고 보았다.[39] 그러나 이는 조선조 성리학사 내에서의 평가이고, 오늘날 보편철학의 관점에서는 다시 검토해 보지 않을 수 없다.

대산 이상정은 밀암 이재의 외손으로 '소퇴계'라고 할 정도로 이황학설을 계승하여 주리파의 형성에 크게 기여하였다. 그 역시 리의 동정을 강조하여 리를 '活物'로 보기도 하였다. 그는 리기 관계를 '主宰之妙'(리)—'動靜資具'(기)로 보았는데, 요약하면 '理主氣資'라고 할 수 있다. 이는 이이의 '所以'(원리)로서의 리에 만족하지 않고 주리설의 입장에서 리의 작용성을 강조하고자 하는 의도가 있는 것이다. 그러나 그는 리기를 비교적 균형 있게 보려고 하였다.[40] 사단칠정설에 있어서도 渾淪과 分開로써 설명하면서 어느 한편에 치우쳐서는 안 된다고 하였다. 그는 이 두 관점이 도덕론을 해석하는 데 필요함을 역설하고 동시에 이황의 분개설의 의미를 정확하게 해석해냈다. 물론 그가 가치론적 입론에서의 리기분개설과 존재론적 설명에서의 리기혼륜설의 특성을 오늘날 철학에서와 같이 깊이 인식하고 있었다고 보기는 어렵지만, 혼륜·분개의 두 관점은 분명 이황의 호발설을 해석하는 중요한 무기가 된 것은 틀림없다. 이 점에서 이상정은 이황의 뛰어난 계승자라 할 만하다. 그에 대한 연구 논문은 몇 편 나와 있다. 대산 역시 이황의 주리설을 계승하였으므로 그의 '리주기자설'에 대한 일정한 철학적 해석이 필요하다.

---

39 금장태, 앞의 책 『퇴계학파의 사상 I』, pp.302-303.
40 그는 리의 작용성, 주재성을 강조한 청대 권상일과 논변하였는데, 이 논변은 그의 리기를 균형 있게 보려는 시각을 잘 나타내고 있다. 이동희, 앞의 논문 「영남 성리학의 형성과 전개」, 『동양철학』 제8집, p.54 참조.

(4) 입재 정종로와 정재 유치명

대산 이상정의 제자이며 우복 정경세의 6대손에 입재 정종로가 있는데, 그는 가학을 계승하였다. 그의 문하에 응와 이원조가 있는데, 정경세가 유성룡의 문인이므로 결국 屛派(서애학파)의 학통은 그와 응와 이원조를 통하여 한주 이진상으로 이어졌다. 정종로 역시 이황 학풍의 주리론을 계승하였다. 그는 '리기불상리'만 주장하는 경우는 리가 死物이 되어버린다 하여 리를 강조하고, '리선기후'를 주장하며, 나아가 '理强氣弱'을 주장하였다. 이는 주자가 리와 기가 함께 만물을 만들지만 만물이 생겨나고 나서는, 즉 현상계에서는 오히려 기가 강하고 리가 약하다고 비유한 '理弱氣强說'을 부정하고 그 반대로 말한 것이다. 이와 같이 자기설을 주장하기 위하여 주자설을 빌려와 그 반대로 입론하는 것이 어떻게 가능한지 해석할 필요가 있다. 이는 정종로만이 아니라 이진상의 리기론에도 그러한 문제가 있고, 鹿門 任聖周의 唯氣論이나 蘆沙 奇正鎭(1798-1879)의 唯理論의 발상법도 마찬가지이다. 이는 철학적 문제로서 고찰이 필요하다.

그는 또 심성론에 있어서도 심의 작용은 神靈하므로 기질의 기와 구별되며, 주자가 심을 '氣의 精爽'이라 한 것을 논거로 이이처럼 심을 기라 말하는 것은 잘못이며, 심은 그 신령함으로 보아 리가 주가 되는 것에 주자의 말이 전연 방해되지 않는다고 하였다. 또 사칠론에 있어서도 칠정 역시 리발이 가능하다고 하였다. 이는 기본적으로 칠정 역시 본연지성에서 발하기 때문에 리발이라 할 수 있고, 이 칠정 중에서 다시 구분하면 본성의 칠정과 감각과 욕망에서 발하는 칠정, 즉 기의 발을 구분할 수 있다고 하였다. 이와 같이 그는 리기론과 사칠론에서 주리론을 전개하면서 이황의 설을 계승하였다. 아직 입재 정종로에 대한 볼만한 연구 논문은 없다.

정재 유치명은 대산 이상정을 계승하여 리를 '活物'이라 규정하고 리 자체에 동정의 작용성이 있다고 하였다. 심성론에 있어서도 리발을 주장하여 퇴계설을 계승하였다. 그는 존재론에 있어서 리에 동정이 없다면 그것은 죽은 재와 같아서 아무 작용이 없고, 그리하여 기는 근원이 없는 것이 된다는 식으로 말하고, 이 관점을 사칠론에도 그대로 적용하여 리의 自發을 주장하였다. 유치명은 이상정을 계승했다고 하지만, 한편으로 치우친 감이 있다. 이것은 말하자면 '理本主義(deism)'라고 할 만하다. 그에 대한 연구 논문은 극히 적다.[41]

퇴계학파에서 이황의 호발설, 주리론적 발상이 이와 같이 전개된 데에는 다음과 같은 이유를 들 수 있다. 첫째, 이황의 호발설의 도덕적 입론의 의미를 잘 이해하지 못하고 존재론적 발상에서 리기를 보는 율곡학을 계승한 율곡학파에서 이황을 공격하자 퇴계학파에서 존재론과 도덕론 구분 없이 이황의 '理自發', 또는 '能發能生'을 옹호할 필요가 있었다. 둘째, 율곡 이이의 리기 형이상학에서 리의 원리성, 즉 '所以然之故'로서의 리의 성격에 대해 도덕론 우위의 주리론에서는 리의 주재성이나 작용성이 없는 것 같이 혹은 약화되는 것 같이 느껴졌다. 셋째, 성리학에서 형이상학적 궁극자인 태극도 리이고 개별 사물의 원리도 리라고 하여 구분이 없으므로 다같이 리를 말하더라도 리기관계에서 말하는지, 태극을 두고 리라고 생각한 것인지 구분이 안 되는 경우가 많아 서로 개념 사용에 차이가 있었다.

정재 유치명의 이러한 리본주의적 사고는 그의 '明德說'에도 나타났는데, 그는 명덕이 '理氣의 合'이지만, 특히 리를 주로 하여 말한 것이라 하여 심을 리에 치중하여 규정하려 하였다. 이것이 나중에 이진상의 '心卽理說' 형성에 영향을 주었을 것이다.

---

41 금장태, 「퇴계학파의 학문〈17〉−定齋 柳致明의 道學사상」, 『퇴계학보』 제97·98집, 퇴계학연구원, 1998 참조.

(5) 한주 이진상과 면우 곽종석, 그리고 한말의 영남 유학자

한주 이진상은 숙부 凝窩 李源祚에게 배웠으나, 거의 독학으로 학문을 성취하였다. 20세 때 도산서원을 참배하고 이황을 사숙할 것을 결심했다고 한다. 그는 이황의 호발설을 인정하면서도 사칠 모두 '理發一路'라고 보았다. 그는 성리학을 연구하되 주자 및 이황의 초년설, 만년설을 구분하여 만년설만 취하고, 또 객관적인 관점에서 성리설을 연구하였다. 그리하여 그는 竪看, 橫看, 倒看이라는 세 가지 인식 방법과 逆推, 順推라는 두 가지 논리를 창안하였다. 이러한 방법론의 연구는 성리학 연구가 더욱 정밀해졌음을 의미하며, 이진상이야말로 오늘날로 말하면 철학적, 논리적 사유가 뛰어난 인물이라고 할 수 있다.

그는 우리나라의 화담 서경덕, 율곡 이이, 南塘 韓元震(1682-1751), 巍庵 李柬(1677-1727), 滄溪 林泳(1649-1696), 녹문 임성주 등의 학설을 주기적이라 하여 배척하였다. 그는 주자와 이황의 학설을 충실히 계승하여 리기론에 있어서는 '리생기', '리선기후', '理主氣資'를 주장하였고, 심성론에 있어서는 '心合理氣'를 '心卽理'로 바꾸어 주장하였다. 이진상은 이황처럼 리의 작용을 체용으로 설명하였다. 그리하여 리선기후는 논리상으로 그렇다는 것이지 실제 사물상 그렇다는 것은 아니라고 하였다. 이는 유신론적 신의 창조설이 없는 동양의 전통에서 우주론에서 태극의 리의 신묘한 작용을 통하여 신의 창조성을 말하고자 하는 것과 유사한 발상임을 알 수 있다.[42]

그의 이러한 태극론, 리기론은 심성론에도 그대로 반영되어 이황의 호발설을 지지하면서 더 나아가 호발도 결국은 '理乘氣而發'이 된다고 보았다. 이는 사단과 칠정 모두 리발이라는 것으로 다른 말로 표현

---

42 이황의 리의 중시, 리를 높히려는 발상, 즉 '理의 極尊無對說'에서 이미 그러한 경향을 볼 수 있다. 이동희, 앞의 논문 「영남 성리학의 형성과 전개」, 『동양철학』 제8집, pp.42-43 참조.

하면 '理發一途說'인데, '性發爲情'의 심의 구조론과 맹자의 성선설에 근거하고 있다. 이러한 설의 연장선상에 그의 사상의 중요한 특징인 '心卽理說'이 있다. 그는 만일 심을 기라고 하면 근본의 도가 기로 돌아가 리는 죽은 것이 되고, 성현의 의리는 헛일이 되고 세상은 혼란하게 된다고 하였다. 이는 이황이 사칠론에서 호발설을 주장하면서 리기를 구분하지 않으면 기의 욕망의 세계에 떨어지게 된다고 한 논리와 같다.[43]

이황의 학설은 이진상에 와서 더욱 철저히 된 감이 있는데, 그는 더 나아가 종전의 성리학 명제인 '발하는 것은 기이고, 발하게 하는 소이는 리이다'〔發者氣也, 所以發者理也〕라는 것을 뒤집어 오히려 '발하는 것은 리이며, 발하는 작용은 기이다'〔發者理也, 發之者氣也〕라고 하였다. 이것 역시 '리주기자'와 '성발위정'의 논리에서 부연된 것이다. 그의 주리론은 이황 도덕론의 정신을 계승하는 과정에서 리의 주재성의 강조와 리의 '流行發現'이라는 작용을 강조하고자 한 것이다.

이황의 사칠론이라는 도덕론이 처음 호발론에서 시작하여 존재론에서는 理生氣, 리주기자 등의 명제로 표현되었고, 심성론에서는 주리적인 부연 설명을 통하여 계승되어갔고, 급기야 이진상에 와서는 심즉리로 낙착되었다. 그런데 이러한 논리 전개가 가능한 이유는 어디에 있는가를 근본적으로 따져볼 필요가 있다. 만일 이러한 주리설이 가능하다면 이와 반대로 '극단적 주기설'도 가능하지 않겠는가 하는 의문이 나올 수 있다. 더 근본적인 문제는 도덕론에서는 주리-주기 두 사고방식을 설정할 수 있지만, 존재론에서는 그것이 불가능하다는 것이

---

43 이황은 "기에 리가 타는 바가 없으면 利欲에 떨어져 금수가 된다"라고 하고(『퇴계전서』 권36, 2면, 「답이굉중문목」), 또 "사람의 一身은 리·기가 겸비하였는데, 리는 귀하고 기는 천하다. 그런데, 리는 無爲하고 기는 有欲하다"라고 하였다(『퇴계전서』 권12, 24면, 「與朴澤之」).

고, 또 리기 개념이 원래 존재론적 개념인데, 이것이 사칠론이라는 도덕론에 원용되었을 때 왜 호발론이 나오는지 등에 대한 철학적 고찰이 필요하다. 그러므로 이황 학설과 그 이후 후계자들의 계승 내역을 단순히 서술해서는 그 철학적 의미를 잘 알 수가 없다. 이러한 측면에 대한 연구가 앞으로 더 필요하다.

이진상에 대한 연구는 유명종, 금장태, 김동혁, 이형성의 연구가 있고,[44] 특히 송찬식은 한주의 수간, 횡간, 도간 등을 '주리파의 인식논리'라고 하여 현대적으로 해석해내었다.[45] 또 일본학자 山內弘一은 그의 심즉리설이 몰고온 영남학파 내의 시비에 대해서 설명하였다.[46] 그리고 그에게는 문집 외에도 별저로 『理學宗要』, 『辨志錄』 등의 철학적 저술이 있는데, 모두 그의 주리설을 증명하기 위한 노력이었다.

이진상의 고제에 면우 곽종석이 있다. 그는 한말의 풍운의 시대를 산 사람으로 과거를 단념하고 성리학을 연구하였으며, 25세 때 后山 許愈(1833-1904)를 통하여 이진상의 학풍을 알고 그 제자가 되었으며, 그후 이진상의 영윤 韓溪 李承熙(1847-1916)를 비롯하여 허유와 이진상의 제자들과 교유하였다. 그는 「四端十情說」을 지어 종래의 사단칠정에 대해 '사단십정'을 주장하였다. 십정(열가지 정)이란 칠정(喜·怒·哀·懼·愛·惡·欲)에 '樂·憂·忿' 세 가지를 합한 것이다. 그는 평생 '主理'를 선양하고 '主氣'를 배척하는 것을 임무로 여겼다. 그는 시대

---

44 유명종, 앞의 책 『조선후기 성리학』; 금장태, 「퇴계학파의 학문〈21〉-한주 이진상의 성리학과 心卽理說」, 『퇴계학보』 제102집, 퇴계학연구원, 1999 ; 김동혁, 「心卽理의 陽明說과 寒洲說 비교연구」, 『혜전전문대논문집』 제8집, 1990 ; 이형성, 「이진상의 성리설에 있어서 주재성에 관한 일고찰」, 『동양철학연구』 제19집, 동양철학연구회, 1998.

45 송찬식, 「조선조말 主理派의 인식논리-寒洲 李震相의 사상을 중심으로」, 『동방학지』 제18집, 연세대, 1976 ; 『한국학보』 제9호, 일지사, 1977에 재수록.

46 山內弘一, 「李震相의 心卽理說과 영남학파」, 『碧史 이우성 교수 정년 기념논총 : 민족사의 전개와 그 문화』 상권, 서울 : 창작과 비평사, 1990.

가 시대인 만큼 서양 학문과 종교에 대해서도 관심을 보였다.

그러나 그는 유학에 대한 신념이 강해서 서양에서도 언젠가는 유학이 발흥할 때가 올 것이라고 보는 등 서양 문화에 대한 태도도 어디까지나 유학의 기반 아래 수용하려는 태도를 보였다. 당시 서양의 문물과 군사적 침략이 가시화되자 대부분의 주자학자들은 척사위정의 대외관을 보인 데 대하여 그는 서양의 실체를 인정하고 각국 공사관에 열강의 각축과 일본의 침략을 규탄하는 글을 발송하여 만국공법에 호소하고, 또 파리장서 사건(1919)을 대표하였던 점을 보면 일반 유학자에 비해 상당히 개명적인 모습을 보였다고 할 수 있다.

그러나 그는 勉庵 崔益鉉(1833-1906)이 1906년 함께 거의할 것을 제의 받았을 때 그는 때가 아니라고 하며 거절하였고, 또 1912년 안동의 金世東이 고종으로부터 밀지를 받고 그에게 의병을 일으키자고 했을 때 그는 나라는 망하여도 도는 망하지 않으며, 군주는 굴복하더라도 도는 굴복하지 않는다 하여[47] 비현실적인 태도를 취하였다. 그리하여 당시 그를 '懦儒'라 하는 비난이 있기도 하였다.[48]

곽종석은 스승 이진상의 '심즉리설'을 논리적으로 부연 설명하여 당시 스승의 설에 대해 회의적 태도를 보였던 학자들을 설득하였는데, 그의 논리는, 양명의 심즉리설은 실질적으로는 심의 기를 말하는 것이어서 이진상의 학설과는 다르다고 하였다. 그가 심즉리설을 강조하고 부연한 것은 이것으로 성즉리의 기초 위에서 다시 심의 주재성을 강조하고, 다시 이황의 '리발'의 논리를 강화하려는 것이었다. 이 논리의 연장선상에서 그는 사단과 십정 모두 리가 기를 타는 것이 되어 '理發

47 劉秉憲, 『晩松遺稿』, 부록, 「곽종석소」 ; 최영성, 전게 『한국유학사상사V』, p.163에서 재인용.

48 최영성, 위의 책, p.162. 만송 유병헌(1841-1918)은 특히 신랄하게 비판하였다.『만송유고』권1, 「답곽면우」.

一途'라고 보고, 그 가운데서 사단을 經氣로, 칠정을 緯氣로 구분해 볼 수 있다고 하였다.

그의 이러한 심즉리설의 고수는 결국 心性不分의 시각으로 보이게 되어 '性師心弟 · 性尊心卑 · 性父心子'를 주장한 艮齋 田愚(1841-1922)의 비판을 받았던 것이다. 그는 이에 대해 전우의 성은 자기가 말하는 심이며, 전우의 심은 자기가 말하는 기라고 하면서 '性尊心卑'는 사실상 '心尊氣卑'라고 반박하였다. 곽종석에 관한 연구는 금장태의 논문을 비롯하여 몇 편 있는데, 아직 좀더 연구할 필요가 있다. 문제는 한말 유학자의 경우는 단순히 그에 대한 서술에 그쳐서는 안 되고 원류인 이황 사상과 그후의 사상적 추이, 사유의 변화 과정에 대한 고찰과 연관해서 연구해야 된다는 것이다.

그의 제자에 『東儒學案』을 지은 晦峯 河謙鎭(1870-1946), 서양고대 철학을 소개한 省窩 李寅梓(1870-1929), 孔子敎 운동을 한 眞庵 李炳憲(1870-1940), 최근까지 영남의 마지막 유학자로 추존을 받은 重齋 金榥(1896-1978) 같은 이들이 있다. 김황의 문집은 2백 권에 가까운 거질을 남겼는데, 우암 송시열 이후 분량으로는 최대를 기록하고 있다.

곽종석의 경우도 성리학에서 이황 호발설 이후 이진상의 심즉리설까지 퇴계학파의 주리론적 도덕론을 계승하였지만, 이론 면에서 더 나아간 것으로는 보이지 않는다. 이는 성리학이라는 형이상학적 도덕론이 거의 원론적이어서 그것을 벗어나지 않고는 철학적 사유가 더 나아갈 만한 여지가 없었던 것 같다. 시대도 변하여 성리학으로 세상을 보기에는 세계가 너무 변하였고, 또한 그 논리에 들어오지 않는 일이 계속 벌어지고 있는 상황에서 그 상황을 파악할 수단이 없었기 때문에 성리학 이론이 생기를 잃어버린 느낌이 있다. 다만 그의 제자들은 시대의 변화에 따라 다양하게 활동을 하였지만, 역시 학자(선비)의 범위를 벗어나지 못하였다.

한말 면우 이후의 영남의 유학자는 직접 이황의 성리설을 주요 논제로 하지는 않았다 하더라도 넓은 의미의 영남의 漢學 전통을 유지하여 오늘날 한국학의 원류를 형성하고 있다는 점에서 살펴볼 필요가 있다. 금장태의 현지 조사를 겸한 탐구에 의하면 性齋 許傳(1797-1886), 溪堂 柳疇睦(1813-1872), 拓庵 金道和(1825-1912), 后山 許愈(1833-1904), 秀山 金秉宗(1871-1931), 重齋 金榥 등을 들 수 있다.[49] 이미 이 시대는 성리학이 철학적 사유에 적합하지 못하였으므로 성리학자로서의 자세한 서술은 생략한다.

IV. 결 어

조선 전기 성리학자를 말한다면 정도전과 권근을 대표로 들 수 있다. 그후 세종조의 『성리대전』 간행을 계기로 관학 쪽에서는 성리학에 대한 이해가 깊어졌으나, 세조기의 정치적 동요로 발전하지 못했다. 성종기에 와서 약간의 정치적 안정을 가져오자 조선초의 은자 길재 문하의 재야 사림들이 점차 성리학 이론과 주자학적 실천에 관심을 가짐으로써 비로소 성리학의 심화를 가져오게 되었다. 그러나 사림파의 중앙 정계 진출에 따라 훈구파와 정치적 갈등을 빚음으로써 사화가 연이어 일어나고, 그로 인하여 사림의 성리학 연구 역량이 위축되고 말았다. 더구나 그들이 남긴 성리문자들이 사화로 인멸되어 잘 알 수가 없다. 다만 명초의 성리학 실천주의(수양주의)의 영향으로 『소학』 실천 기풍이 있었고, 성리학 이념을 정치적으로 실천하려는 시도, 즉 至治主義 운동이 있었다는 정도를 말할 수 있을 뿐이다. 그러므로 이 시대

---

49 금장태, 앞의 책 『속 유학근백년』.

인물 연구는 정도전과 권근이 대종을 이룬다.

본격적인 성리학 연구는 중기에 접어들어 서경덕과 이언적에 와서 제대로 이루어졌다. 서경덕은 중국의 張載의 氣論을 한국적으로 전개한 것이 특징이고, 이언적은 주자학의 중요 사상인 태극에 대한 정확한 이해를 보여주었다. 따라서 그들의 사상적 특징은 분명하고, 따라서 그들에 대한 연구도 전체적으로 잘 이루어져 있다.

우리나라에서 성리학의 역사는 성리학의 이론과 실천 양면에서 토착화시킨 이황에서 시작하고, 특히 그의 기대승과의 사상적 논쟁은 성리학 이해를 한 단계 더 높였다. 또한 그 이후 이이와 성혼이 다시 그 주제를 받아 논쟁함으로써 성리학 연구를 심화시켰다. 그 주제는 사단칠정론과 인심도심론 및 리기론이다. 그후 그들의 문인들에 의해 학파적 의식을 가지고 이론적 논쟁을 계승함으로써 성리학 연구의 저변이 확대되었다. 그러므로 이황의 사상사적 위치는 매우 중요하고, 그에 대한 연구 또한 많다.

후손의 문중 사업으로 그를 현창한 데서 연구가 촉진되었지만, 70년대 정부의 문화 진흥책과 그후의 정부의 지속적 지원으로 국제학술대회가 자주 열림으로써 연구가 활성화되고, 점차 한국학의 대표 브랜드가 되었다. 임진왜란 때 퇴계문집을 약탈해간 일본에서 퇴계 연구가 활발하였고, 그 전통을 이은 현재 일본 학자들이 퇴계학 국제학술대회에 적극 참석하여 연구를 한층 촉진시켰다. 그러므로 그에 대한 논문은 상당히 많이 나왔다. 따라서 연구자는 옥석을 잘 구분하지 않으면 안된다. 많은 논문에도 불구하고 아직 여러 가지 비교 연구의 여지는 남아 있다.

퇴계학파의 인물에 대한 연구는 이황 연구에 비해 좀 부족한 편이다. 스승의 설을 고수하려는 학파적 의식, 성리학이라는 형이상학적 체계의 난해성과 관념성, 조선조 문화의 주변성이라는 특성, 한자라는 특이한 사고의 방법(도구) 등으로 인하여 조선조의 사유 문화는 대체로 단조롭게 진행되었다. 그러나 그 가운데서도 소위 철학적 사변에 뛰어난 학자들이 몇몇 나와 성리학이나 주자학이 안고 있는 중세 신학 내지 종교철학으로서의 한계점에 대해서 이리저리 의문을 제기하고 나름대로 체계적으로 해석하려고 노력하였다. 오늘날 남은 과제는 그들의 성리학 이론(해석)이 동아시아 주자학사에서 어떤 의미를 갖는가 하는 데 초점을 맞추어 연구해야 하는 일인데, 여기에는 漢學的 연구도 하지만 현대 '보편철학의 지평' 위에서 연구하는 것이 중요하다.

  중세 학문이란 것이 이론과 실천, 즉 성리학 연구와 정치참여가 동전의 양면과 같이 병행되었으므로 철학 분야 연구라도 다른 분야 연구를 참조해야 한다. 여기에 인물 연구의 종합성이 필요하다. 특히 철학자로서의 성리학자 연구에는 '정치사회적 연구'도 병행해야 한다. 그러나 이 점은 여기에서 다룰 범위가 아니므로 다루지 않았다. 이 문제는 개별 인물사의 종합성, 즉 '전기 연구'로 넘어가야 할 것이다.

부록-3 율곡 연구의 성과와 반성
- 철학 사상을 중심으로

I. 서 언

이 논문은 졸고 「퇴계 연구의 성과와 반성」(『동양철학연구』 제30집, 동양철학연구회, 2002)의 자매편이다. 栗谷(李珥) 연구는 퇴계설과의 연관 아래 비교되는 것이 불가피하므로 연구사 정리도 함께 하지 않을 수 없다. 율곡 연구는 퇴계 연구에 비해 수적으로 열세이지만, 그 사상의 비중은 매우 중요함은 두말할 필요가 없다. 특히 율곡은 교육과 정치 방면에 별도의 저서를 남겨 퇴계에 비해 그 방면의 연구가 오히려 활발하다.

율곡 연구 성과를 정리한 것으로는 율곡학회에서 낸 논문집 『율곡사상연구』 제1집(1994)과 황의동의 「해제 : 율곡학 연구의 어제와 오늘」(『율곡 이이』, 예문서원, 2002)가 있다. 오늘날 논문 검색과 복사는 인터넷사이트(각 대학 도서관 및 교육문화정보 사이트 등)를 활용해도 가능하다. 황의동의 해제는 비교적 자세하다. 다만 이러한 논문집 집성은 성과를 모아놓은 것이므로 옥석이 구분되지 않고 또 비슷한 논문이 많아 초보 연구자에게 길잡이 역할을 하기에는 부족한 점이 있다. 그러므로 이를 토대로 문제의식과 쟁점을 중심으로 이러한 많은 논문을 논평하면서 정리하는 소위 '연구사적 정리 작업'이 뒤따라야 한다.

여기서는 먼저 율곡 연구의 전체적 조감을 황의동의 해제를 참고하여 살펴보고, 쟁점별 주제별 논문 검토를 해보았다. 다만 전 분야에 걸쳐 하기에는 역부족이어서 필자의 전공에 맞추어 '철학 사상'에 한정하여 하였고, 논문 주제의 분야 구분은 현대적으로 '존재론', '도덕론'으로 크게 나누었다. 리기론이 양쪽에 다 중요한 논리로 이용되고 있으므로 율곡 사상의 정확한 분석을 위해서는 이러한 현대적 구분을 먼저 해두는 것이 필요하다. 동양적인 특색으로 '수양론'을 하나 더 넣을 수 있겠으나, 지면 관계상 생략하였다.

율곡은 처음부터 철학적 소질을 발휘하여 성리학 문제를 탐구하였고, 또 일찍부터 도가 사상이나 불교에도 접하여 사유의 폭을 넓혔으며, 또한 명대 중기 사조인 나정암 사상이나 양명학에 대해서도 잘 알고 있었으므로 그의 철학적 소양은 타의 추종을 불허했을 정도였다. 그러므로 그의 사단칠정설이나 인심도심설은 그의 이러한 철학적 온축이 유감없이 발휘된 사상의 정화라고 할 수 있다. 그러나 그가 성리학 내지 주자학 테두리 내에서 논의를 했기 때문에 창조성이 충분히 발휘되지 못하고, 성리학 내지 주자학의 철학적 아포리아를 답습하는 결과가 되었다. 그러나 그 가운데서도 그가 남긴 퇴계설 비판이나 牛溪(성혼)와의 논쟁은 이러한 아포리아를 잘 알 수 있게 드러내주었으며, 동시에 거기 나타난 그의 독특한 시각이나 논리를 통하여 그의 철학적 특성을 우리가 잘 알 수 있게 해주었다. 율곡의 이러한 철학 사상은 그의 교육론이나 정치론 등에도 그대로 반영되어 있다. 그러므로 그의 철학 사상 연구가 매우 중요하다.

율곡 존재론의 중요한 특색은 주자 리기론의 형이상학적 체계에 대한 정확한 이해이다. 그 결과가 '太極生兩儀'에 대한 창의적 해석과 '理氣之妙說' 및 '理通氣局說'의 주장이다. 그리하여 이 리통기국설로써 서화담(및 제자 思庵 朴淳)의 기론에 대해 비판하였으며, 리기지묘설의 입장에서 나정암의 '理氣渾一說'을 비판하였다. 이런 비판을 통해 나타난 율곡의 철학이 어떤 의미가 있는지 좀더 비교 연구를 통하여 드러낼 필요가 있다. 비교 연구에 있어서는 주자 리기론 자체가 형이상학 체계이므로 형이상학과의 비교 연구도 물론 필요하다.

율곡 도덕론에 있어서의 중요한 특성은 그가 인간-자연 통합적 입장에서 '氣發理乘一途說'을 내세우고, 이 시각에서 퇴계의 理氣互發說을 비판하고, 그러면서도 자신은 가치적 대립입론이 필요할 때는 '人心-道心'의 구도를 빌어 표현한 것이다. 또한 그는 인심-도심 대립에서 인심을 또한 전적으로 악으로 보지 않고 인심도심은 상호 전환될 수 있다는 '인심도심종시설'을 주창하였다. 이에 대한 현대철학적 해석이 좀더 필요하다.

비교 연구는 서양 철학과의 비교뿐만 아니라 중국 성리학이나 주자학과의 비교 연구, 조선조 성리학사 내에서의 학자들간의 비교 연구 등도 바람직하다. 비교 연구가 아니더라도 현대 철학적 문제 제기나 논리 전개도 필요한데, 이것은 동시에 한국 철학의 세계화를 위한 기초 작업이기도 하다.

여기에 선택한 논문은 필자의 문제의식과 전적으로 연관되어 있는 논문이지, 객관적 기준으로 우열을 논하여 선택한 것은 아니다. 그리고 비슷한 주제의 논문은 같이 취급하고, 지면 관계상 일일이 다 언급하지 못하였다. 유사한 것에 대한 일람은 황의동의 짧은 해제를 보기 바란다. 본고가 문제의식과 쟁점을 부각시키는 데 주력하였으나, 매우 포괄적인 소묘에 그쳤으므로 주제를 더 세분하여 쟁점을 논하는 작업은 앞으로 계속하려고 한다.

II. 율곡 연구 정리작업

율곡 연구는 퇴계 연구에 비해 우선 양적으로 적고, 연구논저 목록 혹은 '성과와 전망류'의 연구 성과 정리작업도 다소 부족하다. 율곡에

대한 연구는 황의동이 가장 활발하여 양적으로 가장 많아 그 분야의
대표자라 할 수 있다. 그는 최근의 예문서원에서 기획한 '한국의 사상
가 10인'의 '율곡 이이'에 대한 편자로서 율곡 연구 관련 각종 문헌의
정리와 해제를 하였다.

  * 황의동, 해제 : 율곡학 연구의 어제와 오늘, 『율곡 이이』, 예문서원,
    2002.

이에 앞서 그는 「율곡 사상 연구의 어제와 오늘」(『율곡사상연구』 제1
집, 1994)을 집필하여 당시까지의 연구 성과를 시기별, 연구 분야별, 논
저자별로 통계 처리를 하여 일목요연하게 보여주었다. 논저도 저서,
역서, 학위논문, 일반논문별로 구분하여 자세히 설명하였고, 북한에서
의 연구, 외국인의 논문도 분야별, 나라별로 분류하여 놓았다.
  그는 논저의 해설에 있어서는 적은 분량이지만, 논저별로 특징을 간
략하게 소개하였다. 그리고 마지막에는 앞으로의 연구 과제에 대해 여
섯 가지를 언급해놓았다. 이를 토대로 하여 예문서원의 『율곡 이이』의
「해제 : 율곡학 연구의 어제와 오늘」에서는 크게 보완하여 내놓았다.
『율곡 이이』에 선정한 논문의 간략한 해제와 그외 선정되지 못한 논문
에 대해서도 특징을 간략하게 언급하여 연구자의 편의를 도왔다.
  먼저 통계를 보면(통계를 잡은 기간은 1920년대부터 1999년까지이다),
저서 40권(이중 90년대 23권-이하 괄호는 90년대분), 역서 및 편저 24권
(11권), 박사학위 29편(18편), 석사학위 177편(80편), 일반논문 551편
(237편)으로 되어 있다. 논저의 총량을 시대별로 보면, 전체 757권 / 편
에서 20-60년대까지 누계 37권 / 편인 반면, 70년대 106권 / 편, 80년
대 279권 / 편, 90년대(1999년까지) 335권 / 편으로서 율곡 연구도 퇴계
연구 및 국학 연구와 마찬가지로 70년대부터 활발해졌고, 80년대부터
수적으로 많이 늘어난 것을 알 수 있다. 이는 70년대 박정희 정권 시

절 민족 주체성 확립 정책에 따라 국학을 진흥한 영향이라고 볼 수 있고(그 결과는 물론 80년도에 나타났을 것이다), 80년대는 대학 / 대학원 정원이 점차 늘어남에 따라 연구자 수가 증가한 것이 중요 원인이라고 볼 수 있다(그 연구 결과도 역시 90년대에 나타났을 것이다). 퇴계에 비해서는 연구 논저가 적지만, 그러나 다른 인물에 비해서는 훨씬 많은 것이다. 이는 그만큼 율곡의 생애가 다이나믹하고 그가 남긴 저술이 다방면이기 때문일 것이다. 퇴계처럼 연구 후원을 받는다면 많은 결과물이 나올 것이고, 연구 테마도 확대될 것이다.

다만 여기에서 통계 분류목의 명칭이 조금 체계가 없어 보인다. 통계 분류목의 명칭은 오늘날 학문 분과의 명칭을 원용하지 않을 수 없는데, 이것이 물론 전통사상을 분류하는 데 가장 적절한 것은 아니나 좀더 연구할 필요가 있다고 보인다.

편저자가 ('한국의 사상가 10인' 간행위원회의 심의를 거쳐) 선정한 논문을 보면, 약간의 문제점이 있는 것을 알 수 있다. 이러한 선정은 사실 매우 어렵지만, 같은 주제의 논문이 중복하여 실려 있고, 어떤 논문은 분량이 너무 많아 균형 있는 선정을 방해한 것을 알 수 있다. 또 비교 논문 중 어떤 것은 시론적인 성격이 강한 데 들어갔고, 율곡사상 형성에 가장 큰 영향을 준 정암 나흠순과의 비교 연구를 넣지 않은 것은 천려일실이라 하지 않을 수 없다(물론 다른 논문에 약간은 언급되어 있다).

그러나 각종 통계는 양적인 것으로 연구 경향을 살피는 데 참고가 될 뿐이며, 구체적 연구의 문제의식이나 쟁점은 그것으로 알 수 없다. 그러므로 이제 이를 보완할 수 있는 방법은 선정되지 못한 여타 논문까지 포함하여 율곡 사상 연구에 있어서 '문제의식과 쟁점'에 초점을 맞추어 논문을 선정하고 평론하여 '연구사의 흐름'을 조감하고 앞으로의 방향을 제시하는 일이 남아 있다.

III. 율곡 연구의 개관

율곡에 대해 계몽적인 저술이지만 구색을 갖추어 한 권의 책으로 나
온 것은 유자후의 『율곡선생전』(동방문화사, 1947 ; 성진문화사, 1954)이
다. 필자도 이 글을 읽고 동양사상의 색다른 분위기를 접한 기억이 있
다. 이것은 학술적인 연구서는 아니고, 율곡을 존경할 만한 선현으로
생각하여 생애와 인품을 소개하고 일화를 곁들였다. 최초의 학술서 면
모를 갖춘 것은 김경탁의 『율곡의 연구』(한국연구원, 1960)이다. 60년대
는 아직 경제적 빈곤에서 벗어나지 못한 시기여서 전통사상에 대한 보
편적 이해가 부족하였다. 이런 가운데서 이런 책이 나온 것은 순전히
전공 학자 개인의 교육적 열성이라고 볼 수 있다. 당시 김경탁은 고려
대학교에 몸 담고 있었다. 그 후 몇 권의 전기류가 더 나왔고, 1967년
에 전두하는 『존재와 리기—하이데거와 율곡의 비교』(선명문화사)를 출
판하였다. 이는 그가 율곡 사상과 하이데거의 사상을 비교 연구한 결과
를 모은 것이다.

참고가 될 만한 학술적 정리는 이병도에 의해 처음으로 이루어졌다.
그는 『율곡의 생애와 사상』(서문당, 1973)을 펴내어 적은 부피이지만,
생애와 사상을 간결하게 소개하였다. 이 책은 퇴계를 소개한 이상은의
『퇴계의 생애와 사상』(서문당, 1978)과 쌍벽을 이루었다. 또 교육학 전
공의 손인수는 교육적 측면에서 율곡사상을 정리하여 『율곡의 교육사
상』(박영사, 1976)을 펴내었다.

그후 70년대 국학 진흥의 열기를 타고 동양사상에 대해 신세대가
관심을 가진 결과 송석구의 『율곡의 철학사상』(중앙일보사, 1984;『율곡
의 철학사상연구』로 형설출판사에서 1987 보완 출판), 황의동의 『율곡철학
연구』(경문사, 1987), 황준연의 『이이 철학 연구』(전남대 출판부, 1989)가
연이어 나왔다. 이들은 각각 1980년 동국대 대학원(송석구), 1987년 충
남대 대학원(황의동), 동년 성균관대 대학원(황준연)에서 박사학위를 받

은 신진 연구자들이었다. 이보다 먼저 채무송(대만인)은 유학생으로서 한국인보다 먼저 퇴·율 사상을 연구하여 1972년에 성균관대학교에서 박사학위를 받았고, 이를 수정 보완하여 『퇴계 율곡 철학의 비교 연구』 (성균관대 출판부, 1985)로 출판하였다. 그 다음 세대로 장숙필은 최근에 『율곡 이이의 성학 연구』(고려대 민족문화연구소, 1992)를 펴내었는데, 이는 저자의 고려대학교 박사학위논문이다.

  이러한 저서들은 율곡 성리학을 중심으로 논술한 것인데, 그 외 교육사상에서는 앞서 말한 손인수가 다수의 저작을 내었고, 율곡의 문학 연구로는 정항교의 『율곡선생의 시문학』(이화문화출판사, 1992)이 있다. 한편 유명종은 율곡과 나흠순과의 연계성을 처음으로 천착하여 율곡 사상 연구의 지평을 넓혔는데, 그러한 논문들이 『퇴계와 율곡의 철학』 (동아대출판부, 1987) 속에 실려 있다.

  율곡 원전 자료의 번역도 율곡 연구와 밀접한 관련이 있는데, 최초로 율곡선생기념사업회에서 이병도를 편집 대표로 하여 논문과 함께 원전 일부가 번역되어 『국역 율곡전서 정선』이라는 책명으로 1950년에 출판되었다. 그후 1961년에 고려대학교에서 『국역 율곡 성리학 전서』(고려대 출판부)가 나왔는데, 율곡사상 설명에 다소 미진한 부분이 있었다. 얼마 뒤 민족문화추진회에서 『국역 율곡집』 2책이 1966-68에 걸쳐 간행되었는데, 여기에는 앞의 두 책에 비해 율곡 원전 자료를 많이 선정하였다. 이것은 국학 원전을 본격적으로 번역하는 것이었지만, 처음하는 작업이고, 또 원로 한학자에 의해 번역한 관계로 현대적인 어감이 좀 부족하였다. 그러나 이것이 율곡 연구에 큰 견인차 역할을 한 것은 사실이다. 80년대에 와서 한국정신문화연구원에서 율곡 원전을 『국역율곡전서』 전7책(1984-1988)으로 완간해냄으로써 90년대의 율곡 연구를 촉진하였다. 근자에는 율곡의 저술이라 생각되는 『醇言』의 번역을 비롯하여 연보, 시문, 『석담일기』, 『율곡어록』 등 분류하여 번역본을 간행하기도 하였다.

　박사학위 논문은 여러 분야에서 접근하였음을 황의동의 통계 분류목에서 살펴볼 수 있다.[1] 그러나 학위를 위하여 여러 이름으로 붙인 이름들이 많다고 할 수 있고, 역시 전통사상은 근본이 존재론(우주론)과 도덕론(심성론), 그리고 수양론(개인 실천)과 경세론(사회적 실천)이 근본이고, 정치적 행위는 생애에 포함시켜 논해야 할 것이다. 율곡의 경우는 퇴계에 비해 경세(정치)와 교육 방면의 연구가 많은 것이 특징인데, 이는 그가 교육 및 경세 방면에 단행본의 저술을 남겼기 때문이다.[2]

　퇴계사상 연구는 퇴계학연구원이 설립되고, 국제학술대회를 정기적으로 개최함에 따라 촉진되었는데, 율곡사상 연구에 있어서는 그러한 계기가 없었다. 그 가운데서도 특기할 만한 것은 율곡사상연구원의 노력이다. 이 연구원은 1976년에 사단법인으로 출발하여, 1980년에 『한국사상의 본질과 율곡학』, 1986년에 『율곡철학과 한국의 성리학』을 간행하였다. 모두 논문 모음집이다. 또 이 연구원에서는 일종의 학회지를 겨냥하여(그러나 체제를 아직 갖추지 못했다) 『율곡학』을 1988년부터 간행하여 9집까지 간행하였다. 제1집은 서울올림픽기념 율곡학 국제학술대회 특집호로 꾸며 단행본처럼 출간하였다. 또 1997년에는 『율곡의 개혁사상』 상하 2권을 출간하였고, 1999년에는 국고 보조로 『동국 18현』을 간행하였다. 한편 1991년 율곡학회가 창립되어 3차의 학술대회를 개최하고 2권의 논문집을 간행하였다. 『율곡사상연구』 제1집은 1994년에, 제2집은 1995년에 출간되었으나, 그후 학회의 활동이 미미한 상태였다가 2000년 (사)율곡학회가 창립되었다.

1　성리학 12편이 제일 많고, 그 다음이 교육사상 5편, 경세사상 4편, 윤리사상 3편이 뒤를 잇고, 그외 체육 2편, 법, 문학, 심리 분야 각 1편씩, 비교연구 8편이다. 황의동, 앞의 책 『율곡 이이』, p.24 참조.

2　일반 논문의 통계를 보면, 성리학 139편, 교육사상 94편, 경세사상 124편, 윤리사상 60편 등으로 교육사상과 경세사상이 비교적 많은 것을 알 수 있다. 황의동, 앞의 책 『율곡 이이』, p.29.

이러한 단행본은 모두 논문 모음집이므로 다음 절에서 문제의식이
나 쟁점을 중심으로 검토하려고 한다. 다만 여기서는 여러 분야를 다
다루지는 못하고 '철학 사상'을 중심으로 다루려고 한다.

Ⅳ. 율곡 연구의 분야별 성과와 반성

1. 존재론(리기론, 형이상학, 우주론) 분야

율곡의 성리학에 대해서 최초로 철학적 문제의식을 가지고 접근한
것은 이동준의 율곡의 리에 대한 비교연구이다. 그는 「율곡에 있어서
리의 究極性에 대한 고찰―퇴계의 理優位說과 비교하여―」[3]에서 먼
저 화담 서경덕의 기론에 비교해서 퇴·율은 오히려 리우위론자이며,
그 증거로 율곡의 화담 비판을 들었다. 그러한 퇴·율의 동일성 위에
서 다시 두 사람의 차이점을 말하여, 퇴계의 경우는 '理動說'을, 율곡
의 경우는 리의 기에 대한 '소이연'으로서의 원리라는 철처한 리―기
형이상학적 관계로서의 리를 보았다고 하였다. 그는 이 형이상학적 원
리를 '리의 구극성'이라고 표현하였다.

이동준은 또 「율곡철학에 있어서 리의 생동성에 관한 논구」[4]에서
논의를 보완하였는데, 여기서는 특히 율곡의 '형이상학적 원리'로서의
리가 아무 작용이 없는 것 같다고 보는 것은 오해라고 지적하고 있다.
퇴계학파 갈암 이현일의 지적이나 고 황의돈의 말을 인용하여 논평하
고 있다.[5] 또 율곡과 화담의 차이에 대해 언급하면서 고 박종홍이 율

---

3 『유교학논총』, 동교 민태식박사 고희기념 논총간행위원회, 1973.
4 『현담 유정동박사 화갑기념논총』, 동 기념논총 간행위원회, 1981.
5 갈암의 말은 "율곡의 리는 허무공적하여 萬化의 근원이 될 수 없다"라고 한 말(『갈암
  집』 권18, 「율곡이씨논사단칠정변」)을 인용하고, 고 황의돈의 말은 "율곡의 리는 아
  무 작용이 없는 사마귀나 말에 붙은 파리로서 기의 독립적 작용에 따라붙는 것이다"

곡의 '機自爾'(기틀이 스스로 그러함)이라 한 것은 화담을 이어받은 것이라고 한 말에 대해 비판하고 있다.[6] 그는 결론적으로 율곡의 리는 '소연'에 대한 '소이연'이므로 결코 아무 작용성이 없는 것이 아니고 원리로서 중요한 작용을 한다고 하여 그것을 '리의 생동성'이라고 하였다.

그러나 아직 퇴·율을 비교함에 있어 리기호발설과 기발리승일도설을 존재론적 차원에서 비교한다든지, 리의 동정이란 기의 차원에서 말하는 작용이 아니라 '논리적인 개념'이라 한다든지, 또는 율곡은 리의 활동성, 리의 주재성을 부정하는 것이 아니라 퇴계와는 달리 파악하는 것이라 하는 정도의 분석에 그치고, 아직 율곡 리기론이 가진 '형이상학적 의미'까지는 확실히 설명하지 못하였다. 그리하여 리기론을 분석하면서 '도덕론적' 리기론과 '존재론적' 리기론이 혼재되어 있어 명확하지 않은 점이 보인다.[7] 위의 두 논문에서 리의 '생동성'이나 '구극성' 등으로 표현한 것[8]은 아직 주자 리기론을 현대 철학적으로 해명할 방도가 없어서 나온 궁여지책이라고 할 수 있겠지만, 그러나 화담·퇴

라는 말(황의돈, 『해원문고』)을 인용하였다(이 말도 갈암의 말이다). 동 논문(『현담 유정동박사 화갑기념논총』 p.60)에서 재인용.

6 박종홍, 『한국의 인간상 4 : 이이』(서울 : 신구문화사, 1965). 동 논문(위 『현담 유정동 박사 화갑기념논총』 p.53)에서 재인용.

7 물론 인간 심성도 우주의 한 현상으로 볼 수 있지만, 인간 심성에 대한 성리학적 발언은(퇴계 호발설이나 율곡의 기발리승일도설 같은 것) 가치판단이 내포되어 있으므로 존재론과 도덕론 양쪽에서 사용되는 리기 개념이나 논리를 오늘날은 구분해서 보지 않으면 안 된다.

8 '리의 생동성'은 오해의 여지가 있다. 최근의 문석윤은 퇴계가 만약 리를 '소이연으로서의 리'로 본다든가 기의 작용을 언제나 전제로 하고 있는 리를 생각하고 있다고 보면 '리생기'의 몇 구절을 가지고 퇴계의 '리동설'을 과연 '리의 자동' 또는 '리의 능동'이라고 볼 수 있겠는가 의문을 제기하면서, 그렇다면 율곡의 경우도 '리의 능동성'을 부정하지 않은 것이 아닌가 하면서 이 '리의 생동성'을 하나의 예로 인용하였다. 문석윤, 「퇴계에서 리발과 리동, 리도의 의미에 대하여—리의 능동성 문제」(『퇴계학보』 제110집, 2001) 참조.

계・율곡 간의 차이점을 비교하려고 한 것은 분명 '현대철학적' 문제 의식이라고 할 수 있다.

한편 김종문은 일찌기 「율곡의 리기철학 체계에 대한 연구」[9]라는 논문을 통하여 율곡 리기론의 함축을 서양철학적 논리를 빌려 설명하였다. 그는 율곡의 사유 체계는 '경험론적 사색'이라고 보았는데, 이는 율곡의 '기 중시적 사유'를 가리켜 말한 것이다. 그런 대로 율곡 사상의 특성을 나타냈다고 할 수 있다. 율곡 리기론의 두 원칙을 '理氣 不相離 不相雜'과 '理無爲 氣有爲' 두 가지로 보고, 이것을 아리스토텔레스가 플라톤의 이데아를 개체 속에 끌어내려 개체를 실체로 처리한 것과 비교하였고, 또 율곡이 리기로써 모든 존재자의 존재 원리로 본 것은 하이데거의 존재의 의미와 비교된다고 하였다.[10] 그러나 하이데거의 존재 분석이 현상학적 방법을 가지고 했다면, 율곡의 리기론은 일종의 형이상학으로서 리는 원리, 기는 질료로서 양자의 작용에 의해 존재가 생성 변화된다는 것이므로 철학적 사유 방식에 있어서 근본적으로 차이가 있다.[11] 오히려 현대 화이트헤드의 형이상학과 비교하는 것이 더 효과적이라고 할 수 있다.[12]

김종문은 퇴계・율곡을 비교하여 퇴계는 '太極生兩儀'의 '생'자를 글자 그대로 해석하여 결과적으로 리의 '초월적 실체성'과 '리동'을 긍정한 데 비하여 율곡은 초월적 실체를 부정하고 존재하는 것은 오직

---

9 김종문, 「율곡의 리기철학 체계에 대한 연구」, 『철학연구』 제22집, 한국철학연구회, 1976.

10 이 비교는 전두하, 「Heidegger의 존재와 율곡의 리기와의 비교」, 『철학연구』 제2집 (철학연구회, 1967)를 인용하고 있다.

11 이는 전두하의 경우도 마찬가지이다. 전두하, 『존재와 리기-하이데거와 율곡의 비교 연구』, 서울 : 선명문화사, 1967.

12 이에 대해서는 이동희, 『한국의 철학적 사유의 전통-화이트헤드와 성리학의 만남』, 대구 : 계명대 출판부, 1999, 제1부 참조.

리기지묘에 의해 전개되고 있는 '있는 그대로의 사실 세계뿐'이라고 보고 있다고 하였다.[13] 그의 지적과 같이 이 점에서 율곡의 사유체계는 '현상 중시적'(기 중시적)이라 할 수 있다.[14] 그러나 그렇다고 하여 율곡이 리기의 형이상학 체계를 벗어난 것은 아니다. 그가 나정암(나흠순)의 理氣一物說(理氣渾一說)을 비판한 것을 보면 증명이 된다. 그러므로 율곡의 존재론의 특색은 성리학의 리기론의 형이상학적 원리를 충실히 지키는 가운데서 존재를 현상에 치중하여 보려는 태도를 견지하는 데 있었다. 김종문도 율곡의 이러한 시각에서 '기발리승일도설', '心是氣說', '七情包四端說', 그리고 '인심도심종시설'이 나왔다고 하였다.

이러한 율곡의 논리에 의하면 인심도심은 심이 이미 움직인(이발) 결과를 보고 (평가)입론한 것이라고 보게 된다. 그러므로 율곡은 퇴계처럼 인심은 기발, 도심은 리발로 볼 수 없다고 하였다. 그러면서 그는 인심도심설을 '정의 발현'이라는 정서상의 현상으로 보아 선악의 가치

---

13 이는 율곡이 영향을 받은 나정암의 사상도 마찬가지인데, 주자 이후 리의 실체화가 진행되면서 리가 추상화되고, 형해화되는 데 따른 반동이었다. 이는 나정암의 "이 물이 있고 이 리가 있다"라는 유명한 명제에서 단적으로 드러나 있다. 이러한 경향은 명대 중기 사조의 특징이고, 이 경향에서 보면 양명 심학과 흐름을 같이 하는 것이다. 율곡의 사유방식(특히 존재론에 있어서)도 그런 경향이 농후하였다. 그가 '태극생양의'를 논하면서 "태극이 양의의 근본이 된다는 데 불과하다"고 한 것이나 '동정무단, 음양무시'를 강조하는 것이 그 예이다.

14 현상학에서 말하는 '현상'은 이와 뜻이 다르다. '기 중시적'이라는 말은 이미 이해영도 썼다. 이해영, 「율곡 리기론의 기 중시적 특성-주자의 리기관과 관련하여」, 『동양철학연구』 제5집, 동양철학연구회, 1984. '기 중시적'이라는 말은 특별한 용어는 아니다. 경험주의적이라든지 현상론적이라든지 현실주의적이라든지 하는 용어는 오해를 불러오므로 율곡의 '도덕론'의 특성을 퇴계와 비교하여 상대적으로 그렇게 설명해본 것이다. 이런 의미에서 율곡 사상은 '주기적'이라 해도 된다. 그러나 그의 '존재론'에 있어서는 엄연히 리기이원론의 입장을 충실히 견지하고 있으므로 그렇게 말할 수 없다. 이에 대해서는 이동희, 「율곡은 '주기적'이 아니면서 '주기적'이다」, 『동양철학연구』 제29집, 동양철학연구회, 2002 참조.

평가를 하고 상대적 입론을 하고 있다. 이는 율곡이 리기론에 충실하여 인간 마음의 현상도 관찰하지만, 결국 도덕론의 가치평가는 상대 입론이 불가피하므로 그것이 인심도심론에 반영된 것이라고 볼 수 있다. 다음 절에서 상론한다.

  김종문은 서양철학적인 지식을 바탕에 두고 비교적 자세하게 율곡 사상의 특성을 분석하였는데, 결론적으로 퇴계가 '관념론적' 철학체계를 확립하려고 했다면, 율곡은 '경험론적' 철학체계를 확립하려 했다고 보았다. 한편 율곡 철학의 모순으로 澹一淸虛의 기와 무형무위의 리는 보편성을 가지고 있는데, '理通氣局'이라 하였으니, 상호 모순되므로[15] 이는 화엄철학으로 해석하는 것이 좋겠다고 하였다.[16] 또 그가 율곡이 인심도심설을 주리-주기(즉 선-악 평가)로 나누는 데 따른 문제를 시종설로 설명함으로써 호발설이라는 비판을 면하고자 하였다는 지적은 예리한 분석으로 보인다.[17]

  이밖에 율곡의 존재론, 즉 리기론에 대해서는 배종호, 황의동이 여

---

15 율곡의 '담일청허의 기'에 대한 언급은 리의 보편성을 말하기 위하여 '요청한' 개념의 성격이 짙다. 왜냐하면 율곡은 서화담의 유기론을 비판하면서 "繼善成性의 理는 어느 사물에나 있지만, 담일청허지기는 없는 경우가 많다"고 하였기 때문이다(『율곡전서』 권10, 37면). 율곡의 리기이원론적 '主氣論' 입장에서 담일청허지기, 즉 기의 본체(本然之氣)는 다만 리의 본연을 말하기 위한 요청에 그친 것인지, 하나의 실체로서 간주하여 말한 것인지 현대철학적 분석이 필요하다.

16 화엄철학의 '화엄일승법계도'에 의하면 理事無碍法界를 말하고 있는데, 이는 송대 성리학 형성에 영향을 주었다고 한다. 武內義雄, 이동희 역, 『중국사상사』, 여강출판사, 1987, pp.173-174 참조. 그러나 리-사의 관계는 연기론을 설명하는 것이고, 리-기는 형이상학적 개념이므로 서로 다르다. 좀더 연구할 필요가 있다.

17 율곡이 인심도심종시설을 주장한 데는 나정암의 인심도심체용설이 참고가 되었다. 그가 퇴계의 호발설을 비판하면서 자기는 인심-도심을 상대적으로 보기도 하였다는 것은 예리한 지적인데, 이는 도덕적 상대입론의 필요성에서 그렇게 하였다고 볼 수 있다. 또 율곡이 그러면서 인심을 절대악으로만 규정하지 않고 선악 병존, 선으로의 변화 가능성으로 본 것은 주자학의 인심도심설에서 연유하므로 이런 것과 함께 보아야 한다. '도덕론' 분야에서 자세히 다룬다.

러 편의 논문을 썼다. 그리고 「율곡 리기론의 기 중시적 특징-주자 리기관과 관련하여」[18]이라든가 「율곡 리기론의 三重구조」[19] 등은 율곡 존재론의 특징의 일단을 밝힌 것이다. 특히 이상익의 논문은 리기를 해석할 때 '원리-현상', '형상-질료', '도덕-욕망', 이상 세 가지의 관점을 구분하여 보아야 된다고 하였다.[20]

여기서 원리-현상은 형상-질료라는 형이상학적 체계를 '일반화시킨' 매우 '보편적인 논리'이므로 세 가지는 결국 '형상-질료', '도덕-욕망' 두 가지로 압축된다. 형상-질료는 형이상학 체계이고, 도덕-욕망은 도덕론의 체계이다. 결국 '리-기' 개념은 존재론의 형이상학적 범주(개념)인데, 그것이 도덕론에도 원용되어 쓰였으므로 두 체계를 구분해서 리-기를 해석해야 된다는 주장이다. 도덕론의 차원에서의 리-기는 물론 선-악 대립이다. 그런데 리-기는 상호 대립이 아니고, 리는 '純善', 기는 '可善可惡'이므로 이것으로 선-악을 나타내는 데는 약간의 틈이 생긴다. 즉 악의 규정에서 악을 절대 악으로 규정하지 않고 '가선가악'으로 선에의 가능성을 열어놓는 데는 장점이 있으나 선-악 대립이라는 가치적 입론에서는 리-기와 선-악 간에는 차이가 불가피하다. 이것이 철학적 논쟁의 단서를 제공하는 것이다. 존재론에 있어서 리-기와 도덕론에 있어서 리-기의 두 개념 사이에는 성격이 다르다는 것은 매우 예리한 지적이다.

그 밖에 유명종의 「율곡철학과 나정암의 기철학」[21], 송석구의 「율곡의 리통기국과 원효의 一心二門」[22], 이동희의 「나흠순의 리기혼일의

---

18 이해영, 앞의 논문 「율곡 리기론의 기 중시적 특징-주자 리기관과 관련하여」.
19 이상익, 「율곡 리기론의 삼중구조」, 『한국사상과 문화』, 한국사상문화학회, 1998.
20 여기에 힌트를 얻어 필자는 다음과 같은 논문을 썼다. 앞의 논문 「율곡은 '주기적'이 아니면서 '주기적'이다」.
21 유명종, 「율곡철학과 나정암의 기철학」, 『한국철학연구』 제5집, 해동철학회, 1975.
22 송석구, 「율곡의 리통기국과 원효의 一心二門」, 『율곡학』 제2집, 율곡사상연구원,

철학과 이율곡의 리기지묘 철학과의 비교연구」[23], 김형효의 「율곡과 메를로−뽕띠와의 비교연구」[24] 등은 율곡 철학을 새로운 각도에서 조명한 것이다.

유명종의 논문은 우리나라에서 처음으로 율곡에게 영향을 준 나정암에 대해서 고찰한 논문으로 율곡 연구에 있어 많은 시사를 하였다. 졸고도 이 논문과 일본인 학자 山下龍二의 나정암 연구를 참고하여 작성한 것인데, 율곡 해석에 새로운 방법을 제시해 주었다. 송석구의 논문에서 二門은 一心의 두 측면을 말하는 것으로 실재를 가리켜 말한 것이 아닌 데 대하여 율곡의 리통기국(주자의 리일분수의 다른 표현)은 형이상학적 실재 개념으로 리기를 정초한 위에서 말한 것이므로 철학 체계가 다른 것이다. 그러나 유·불의 역사적 교섭에서 볼 때 이러한 연구는 홍미 있는 비교 연구라고 할 수 있다.

메를로−뽕띠는 현상학자이므로 그의 '신체'의 현상 중시는 율곡의 인간−자연 통합적 시각[25]에서 기발리승일도설로써 사단칠정을 논하고 칠정 외에 사단이 따로 없다는 구체적·현실적 인간학과 만날 수 있다. 그러면서 필자는 현상학자와 성리학자 간에는 근본적으로 차이도 있다고 말하고 있다.

1989.

23 이동희, 「나흠순의 리기혼일의 철학과 이율곡의 리기지묘 철학과의 비교연구」, 『한국학논집』 제16집, 계명대 한국학연구소, 1989.

24 김형효, 「율곡과 메를로−뽕띠와의 비교연구」, 『유교학논총』, 동교 민태식 박사 고희기념논총 간행위원회, 1972.

25 여기서 '인간−자연 통합적 시각(관점)'이라는 것은 율곡이 인간의 심적 활동도 자연계와 같이 기가 움직임의 동력이고 리는 그 속의 원리로 작용하므로 인간 자연 모두 '기발리승' 한 길뿐이라고 한 것을 말한다. 퇴계도 물론 존재론적으로는 리는 원리, 기는 질료적인 것−이렇게 보았지만, 그는 도덕론에서는 '리=순선의 이데아, 기=악/인욕,금수'라는 도식으로 대립시켜 보고(오히려 도덕론적 시각이 존재론적 설명에 투영될 정도였고), 리기호발을 강조하였기 때문에 이와 대비되는 율곡의 입장을 인간−자연 통합적 시각이라고 이동희는 말하는 것이다.

또 전두하는 율곡의 리기를 하이데거 후기 사상의 존재의 두 요소, 즉 로고스(게제츠)와 에네르게이아(니수스)와 유사하다고 비교하였다.[26] 공통점은 양 사상의 두 요소가 불가분리의 관계에 있다는 것이다. 그러나 그는 하이데거의 로고스는 '나타나려는 힘'이라 본 데 대하여 율곡 리기론의 리는 '기와 밀접한 관계 속에 있다'라고 하여 차이점도 말하였다. 이를 통하여 보면 현상학적 존재론의 입장을 취하는 하이데거의 존재와 형이상학적 두 범주인 리기가 체계상 다르다는 것을 확인할 수 있다. 그런 의미에서 전두하의 율곡 리기론 해석은 좀더 후학들의 자세한 연구가 기대되지만, 근본적으로 율곡 철학은 형이상학으로 해석해야 함을 말해주고 있다. 여기서도 앞서 메를로-뽕띠와의 비교에서 본 바와 같이 훗설의 현상학적 방법론을 원용한 현상학적 입장이 율곡의 기 중시(현상 중시)의 시각(도덕론에서는 기발리승일도설)과 일맥상통하기 때문에 그러한 비교가 부분적으로 가능한 것이라고 생각된다.

그동안 우리는 북한에서의 한국 성리학 연구에 대해서 잘 몰랐다. 막연히 공산주의 유물론과 기를 강조하는 서화담, 율곡 철학이 높이 평가되고 반대로 리를 강조하는 퇴계 철학은 관념론으로 평가절하되고 있다는 정도만 알았다. 류인희는 「남북한 율곡철학의 인식과 반성」[27]이라는 특이한 논문에서 율곡 철학의 쟁점에 대해 남북한을 비교하여 논하고 있다.

그는 북한에서 유물론적 입장에서 율곡을 평가한 것을 들고 다시 이를 검토하면서 북한의 율곡 비판을 통하여 우리는 반대로 율곡 철학의 탁월성을 알게 되었다고 그 의의를 말하였다. 그는 또 주자학도 근대적 의미를 갖추었고, 율곡 철학에도 근대 자연과학적 세계관이나 방

---

26 전두하, 전게 논문 「Heidegger의 존재와 율곡의 리기와의 비교」.
27 류인희, 「남북한 율곡철학의 인식과 반성」, 『철학과 현실』, 철학문화연구소(철학과 현실사), 1991.

법론이 있었으며, '리통기국설'이 가지는 실학적 의미와 근대적 의미
도 알게 되었다고 하였다. 그는 남한에서 주기론과 실학을 관련시켜
보는 것은 잘못된 것이며, 오히려 북한에서 율곡을 주기론자라고 하면
서 리기론을 종합하려고 하였다고 본 것이 율곡을 더 잘 설명한 것이
라고 지적하였다. 이때 리기론 종합의 증거로는 물론 율곡의 '리통기
국설'을 들었다.[28]

나아가 류인희는 물리적 자연세계 설명이나 현실의 개혁과 같은 실
학적 문제를 말할 때 기의 철학만이 잘 말할 수 있는 것이 아니라 율
곡과 같이 리통기국설을 주장하는 종합적 사고라야 진정으로 가능하
다고 하고, 자기는 율곡을 오히려 '主理論者'로 본다고 하였다. 그리
하여 그는 주자의 리학이 우리나라에서 성리학을 거쳐 실학으로 꽃 피
었다고 하고, 조선 성리학의 발전선상에서 실학을 보아야 하며 그 연
원을 율곡에서 찾아야 된다고 하였다. 류인희의 이러한 거대 시각은
성리학과 실학의 연관성을 고찰하는 데 새로운 시각을 열어줄 수 있
다. 그러나 반대 시각에서 다시 이를 비판할 여지는 많으므로 논의가
진전된다면 율곡 철학 연구뿐만 아니라 성리학 연구에도 큰 도움이 될
것이다.

율곡 존재론의 중요한 특색은 '太極生兩儀'에 대한 창의적 해석(理
氣相涵的-즉 형이상학적 해석)과 화담 서경덕(및 제자 思庵 朴淳)의 기론
에 대한 비판[29], 나정암의 리기혼일설에 대한 비판 등이라 요약할 수
있는데, 이에 대해 좀더 현대철학적으로 해석할 필요가 있다.

---

28 율곡의 리통기국설은 주자의 리일분수설의 다른 표현이므로·이것으로 율곡을 지나
치게 높게 평가하는 것은 곤란하다.

29 사암 박순은 서화담의 제자인데, 그와 율곡 간에 성리학 논변이 약간 있었다. 황광
욱, 「사암 박순과 율곡 이이의 리기론변 고찰」, 『인문과학』 제29집, 성균관대 인문
과학연구소, 1999.

2. 도덕론(윤리설, 인간론, 심성론) 분야

도덕론에서 율곡 사상의 특징은 퇴계와 고봉간의 사칠논변에 대하여 우계(성혼)와 다시 논변한 가운데 잘 나타나 있다. 퇴계는 존재론적 의미의 리-기 개념을 도덕론에 원용함에 있어 '리=도덕적 가치', '기=이욕 내지 금수'라는 대립적 가치로 봄으로써 도덕론 우위의 관점에 섰으므로 리-기의 존재론적 의미를 찾으려는 율곡의 관점에서는 모순으로 보였다. 율곡의 이러한 관점은 인간-자연 통합적 관점이라고 할 수 있다. 그러므로 그는 퇴계 사칠설을 비판하여 사단도 '기발리승'이라고 하였다.[30] 그는 그 이유를 설명하면서 '孺子入井'을 보고 사단 지심이 발하므로 '기발리승'이 아니고 무엇인가라고 하였다.[31] 이때 율곡이 말하는 '氣'는 '보고 느낀다'는 신체작용의 의미이다. 이는 매우 경험론적 관점이라고 할 수 있다.[32] 이러한 경향은 그가 영향을 받은 나정암이 도덕 수양에 있어 '감각'이 중요하다고 보는 입장과 유사하다.[33] 또 양명의 '良知'의 심학도 그런 경향이 있는데, 이 점에서는 나정암과 통하기도 하여 이러한 경향이 명대 중기의 공통적 사상 흐름이 아닌가 보기도 한다.[34] 이 점에 대해서 율곡의 인심도심설과 함께 좀더 비교 연구할 필요가 있다.[35]

---

30 『율곡전서』 권10, 5면, 「답성호원」.

31 위와 같음.

32 김형효가 율곡과 메를로-뽕띠를 비교한 것도 율곡의 이러한 점 때문이다. 김형효, 앞의 논문 「율곡과 메를로-뽕띠와의 비교연구」.

33 이에 대하여는 이동희, 「나흠순 성리설의 특성」, 『유학연구』 제8집, 충남대 유학연구소, 2000 참조. 나흠순의 '감각의 강조'는 『곤지기』 속상, 7장에 실려 있다.

34 이런 관점에서 송휘칠은 「나정암의 『곤지기』와 기고봉, 이율곡의 주기론」(『한국의 철학』 제21집, 경북대 퇴계연구소, 1993)이라는 논문을 썼다. 그는 율곡 연구에 있어서 명대 사조와 나정암에 대한 비교 연구가 매우 중요하다고 생각한 것이다.

35 정인재는 율곡이 意 개념을 강조한 것은 양명의 영향이 아닐까 문제제기를 하였다. 정인재, 「율곡의 심성론」, 『한국의 교육과 윤리 2』, 정신문화연구원, 1993.

율곡은 위와 같은 관점에서 칠정 외에 따로 사단이 없다고 하여 사
단은 칠정에 포함되는 것으로 보았다('七包四'로 흔히 약칭한다). 그리
하여 이 논리를 관철시키기 위하여 사단과 칠정을 일대일로 비교(配屬)
하였다.[36] 주자가 사칠을 서로 견준 것은 다만 서로 비슷하다는 뜻이
었고, 또 주자는 꼭 일대일로 정확하게 배속되지는 않는다고 하였다.[37]
이는 마치 퇴계가 '理發'을 합리화하기 위하여 나중에 '理體用論'을
들고 나온 것과 같은 발상이다. 이 점에 대해 많은 율곡 연구자들이
언급하지 않고 있는데, 좀더 연구할 테마가 된다.

율곡과 牛溪(成渾)의 논쟁에서 우계가 퇴계의 호발설를 지지하면서,
그 근거로 주자의 인심도심설에서의 '或生或原說'을 들었는데, 율곡
은 이에 반박하기 위하여 '四七配屬說'을 말하였다. 그러나 그는 우계
를 납득시키지 못하였는데, 그 중요 이유는 도덕론은 역시 가치를 상
대적으로 다루지 않을 수 없음에도, 율곡은 자신의 인간-자연 통합적
시각과 '七包四'의 논리 때문에 도덕적 상대(대립적) 입론의 의의를 허
심탄회하게 받아들일 수가 없었던 것이다. 이런 점에 대해서도 현대
윤리학적 관점에서 연구를 좀더 진행할 필요가 있다.[38] 율곡과 우계의
논쟁 자체를 주제로 하여 다룬 논문은 이러한 의도에서 문제를 제기했
겠지만, 내용면에서는 두 사람만의 논쟁을 다루어서는 안 되고 그 속
의 이러한 문제를 다각적으로 다루어야 할 것이다.[39]

---

36 『율곡전서』, 권10, 7면, 「답성호원」.
37 『주자어류』, 북경 : 중화서국, 1986, p.1297 ; p.2242 ; p.2245. 배종호도 주자설을
   중요하게 다루고 있다. 『한국유학사』, 연세대 출판부, 1974, p.40 참조.
38 여기에 참고되는 논문으로 이동희, 「퇴·고 사칠논쟁에 대한 윤리학적 일고찰」, 『향
   산 변정환박사 화갑기념논총』, 동 간행위원회, 1992 참조.
39 율곡의 도덕론(심성론)을 연구한다면 그 중요 자료가 우계 성혼과의 논변이다. 그런
   데 이 논변에 나타난 율곡의 사상을 잘 이해하려면 우계가 퇴계설을 지지하는 이유
   를 알아야 되고, 또 그 의미가 현대 윤리학적 관점에서 해명되어야 한다. 동시에
   우계는 조선 후기 절충파의 시조가 된 인물로 그 영향으로 기호학파 내에서 農巖(김

또 율곡이 기발리승, 칠포사의 전제 위에서이지만, 기가 본연의 리에 順(종)한 것은 '主理', 이미 본연의 기가 아니어서 리의 명령을 따르지 않은 것은 '主氣'라고 할 수 있다고 하였다.[40] 물론 퇴계를 의식하여 人心에 두 묘맥이 없다는 것을 말하기 위해서였지만, 율곡도 일정한 전제하에서 '주리-주기' 상대입론의 가능성을 시사하고 있는 것이어서 새로운 해석이 요청된다.

율곡의 도덕론 중에서 가장 특색 있는 것은 '人心道心說'이다. 이 인심도심설은 물론 리기론의 체계 속에서 설명하였다. 인간도 우주의 한 존재이므로 역시 리기로 말할 수 있다. 율곡을 많이 연구한 배종호, 황의동, 황준연 등은 이에 대해 잘 정리해두었다. 그런데 문제는 인간의 마음은 우주의 다른 사물처럼 단순한 존재라고 볼 수 없는 면이 있다는 것이다. 즉 인간의 마음은 가치 실현이라는 수양의 측면이 있다. 인심이 도심의 명령을 들어야 한다든가, 그러면서 인심과 도심을 대립된 상대적 가치로 본다든지 하는 측면이 있다. 이와 같이 리기라는 존재론적 개념을 가지고 도덕론적 문제를 나타내는 데 있어서는 상호 충돌이 불가피하다. 율곡의 인심도심설에 이러한 것이 잘 나타나 있다. 퇴계 철학의 주 내용이 그와 고봉 기대승과의 논쟁인 '사단칠정론'에 있었던 것처럼 율곡 도덕론의 주 내용은 그와 우계 성혼과의 이 인심도심을 둘러싼 논쟁에 있었던 것이다.[41]

창협)과 소론계의 소위 '절충파'가 나왔으므로 그 사이의 학설의 사승관계 등을 조명할 필요가 있다. 우계와 율곡과의 논변에 관한 논문은 몇 편 있으나, 이러한 전체적인 조감은 다루지 못하고 있다. 이동희, 「우계 성리설의 특징과 사상사적 의의」, 『한국학논집』 제24집, 계명대 한국학연구소, 1997 및 「조선 후기 '절충파'의 성리학설에 대한 연구」, 『동양철학연구』 제26집, 동양철학연구회, 2001 참조.

40 『율곡전서』 권10, 28면, 「답성호원」.

41 우계와 율곡과의 논변에는 퇴계 고봉 간의 사칠논변을 다시 논한 것도 있고, 겸하여 인심도심설도 많이 논하여 성리논변의 범위가 확대되었다. 이는 원래 사칠설과 인심도심설, 그리고 본연지성-기질지성의 주제가 서로 연관되어 있기 때문이기도 하

이와 연관하여 心·性·情·意 네 가지 심의 작용에 대해서도 대체적으로 주자의 학설을 계승하였지만, '意'(計較商量)를 강조하여 약간 특색 있게 말하였다. 이것은 심의 작용면, '허령(體)−지각(用)'의 '지각'의 작용면을 강조하여 '心은 氣이다'라고 한 것과 상통한다. 이는 물론 주자의 심에 대한 정의인 '심은 기 중의 맑은 기(氣의 精爽)'를 전제로 한 것이다. 즉 '특별히 맑은 기'로서의 심의 기를 말한 것이다. 율곡의 수양론이 퇴계의 경에 대해 '誠'을 강조했다고 흔히 말하는 것도 바로 이 '誠意'를 가리켜 말하는 것이다.[42] 이것은 분명 인간의 후천적인 도덕적 노력을 강조하는 것이다.

그리하여 이 意의 강조는 율곡으로 하여금 '인심도심종시설'을 주장하게 하였다. 즉 율곡은 인심과 도심은 意라는 '생각하는 능력'(計較商量)에 의하여 상호 전환될 수 있다고 하여 의를 일종의 심리적 기전으로 보았다. 이것은 인간의 도덕적 실천에 있어서 주체적 노력이 중요하고, 동시에 도덕적 결단에 있어서 현실적인 긴장된 상황이 매우 중요함을 강조한 것이다. 이러한 도덕론은 선험적인 데 치우친 것이 아니고, 경험적인 데 치우쳤다고 말할 수 있다. 이는 그의 존재론에서 현상 중시(기 중시)의 사고방식 및 인간−자연 통합적 사고방식과 같은 선상에 있음은 물론이다. 풍우란은 맹자와 순자의 사상(주로 도덕론)을 비교하면서 '이상주의'(idealism)와 '현실주의'(realism)로 상대화하여 말하였는데, 퇴계와 율곡도 이와 같이 상대적으로 말할 수 있다.[43]

또한 율곡의 인심도심설에는 인심−도심을 상대화하여 말하면서도 인심을 전부 악이라고 하지 않는[44] '인심'에 대한 이중 규정을 하고 있

지만, 내가 보기에 율곡이 퇴계설을 지지하는 우계를 설득하기 위하여 자기의 사칠설을 부연하는 과정에서 인심도심설이 자연히 추가된 것으로 생각된다.

42 『율곡전서』 권9, 36면, 「답성호원」.

43 '主理'−'主氣'도 이와 같은 방식으로 쓴다면 가능하다. 다만 조선조 퇴·율을 중심으로 전개된 '도덕론의 특색'을 말하는 데 한정해서 써야 함은 물론이다.

는 데 주목해야 한다. 이는 성리학의 '선악관'과 유관한 것으로 악을 선의 결핍태로 보고 절대악으로 보지 않는 동양 전통의 자연법 사상에서 오는 것임은 물론이다.[45] 이와 같이 율곡의 도덕론에서도 존재론 못지 않게 풍부한 현대철학적 문제를 끄집어낼 수 있다.

전두하는 율곡이 한편에 있어서는 도심이 인심에 포함된다고 시사하면서도 다른 한편에서는 도심과 인심은 서로 대립된다고 보고 있다고 하면서, 이것은 율곡에게 있어 유일하게 보이는 '개념의 혼란'이라고 하였다.[46] 그리하여 자기는 율곡의 '인심' 개념은 '광의의 인심'과 '협의의 인심' 두 가지 의미가 있다고 본다 하였다.[47] 이러한 의문은 배종호도 율곡이 인심도심을 상대종시라 하여 상대적으로 보면서도 도심은 선, 인심은 선악이 다 있다고 하였다 하여 문제를 제기하였다.[48]

김기현은 「퇴계와 율곡의 인심도심설 비교 연구」에서 역시 율곡이 인심도심을 상대적인 개념으로 보기 때문에 사칠과 같다고 볼 수 없었음을 지적하고 있다.[49] 그는 퇴계도 인심과 칠정의 차이, 도심과 사단

44 율곡은 인심도심종시설을 주장하면서 인심은 악, 도심은 선이라 규정하지 않고 인심은 선악이 같이 있다고 하였다. 『율곡전서』 권9, 36면; 권10, 7면, 13면, 「답성호원」.
45 중국에서의 전통시대 자연법적 사유는 중세 신학적 세계관이므로 이를 '중세 종교적 선악관'이라고 해도 좋다. 서양 중세 신학의 선악론과 비교 연구하면 좋을 것이다.
46 전두하, 「율곡의 인성론」, 『한국학논총』 제9집, 국민대학교, 1987.
47 위와 같음.
48 배종호, 『한국유학의 철학적 전개』(중), 서울 : 연세대 출판부, 1985, pp.86-92.
49 김기현은 인심은 감각적 욕구이므로 도덕적인 것을 제외한 감각적인 감정, 칠정은 전체 감정이므로 다르다고 하고, 사단과 도심의 관계도 그렇게 구분하였다. 그리하여 칠정의 미발의 중은 가능해도 인심의 미발의 중은 불가능한 것을 그 증거로 들었다. 또 도심이 인심의 주재가 되어야 하지만, 두 가지는 혼동해서는 안 된다고 해석하였다. 잘 분석된 것이다. 그러나 인심은 단순히 상대적인 악이라고 율곡은 보지 않았으므로 앞에서 말한 바 전두하, 배종호의 설명과 같이 보아야 할 것이다. 김기현, 「퇴계와 율곡의 인심도심설 비교 연구」, 『철학연구』 제9집, 고려대 철학회, 1984.

의 차이를 알고 있었다고 소개하면서[50] 그럼에도 퇴계가 인심과 도심의 구분은 칠정과 사단의 구분과 같다고 한 것은 발출 근거에서 같다고 보았기 때문이 아니겠느냐 라고 해석하고, 이것과 비교하여 율곡의 인심도심설의 특성을 설명하였다. 율곡에 있어서 인심도심이 상대적 개념으로 사용되었다는 것은 전두하가 일찍이 지적한 바[51]와 같이 여러 사람이 공통으로 지적하고 있다. 장숙필도 율곡이 인심-도심을 가치적으로 대립되는 개념으로 파악하면서 동시에 인심도심종시설을 주장한 데 특징이 있다고 하였다.[52]

결론적으로 율곡 도덕론에 있어서 중요한 주제는 그가 인간-자연 통합적 입장에서 기발리승일도설을 내세우고, 이 시각에서 퇴계의 호발설을 비판하면서도 자신은 인심-도심은 상대적으로 보는 관점을 일면 내세우는 것, 그러면서 인심을 또한 전적으로 악으로 보지 않는 것 등인데, 이에 대한 현대철학적 해석이 필요하다. 더 근본적으로는 율곡의 인간-자연 통합적 시각과 퇴계의 호발설의 시각은 도덕론에서 어떻게 충돌하는지, 그리고 그 이유는 무엇인지도 현대철학적으로 해명할 필요가 있다. 또 율곡의 인심도심종시설과 意의 강조가 도덕론으로서 어떤 특징을 가지는지 탐구하는 것도 중요한데, 이에 대해서는 연구가 다소 축적되었다고 할 수 있으나, 율곡과 명대 사조와의 비교 연구를 좀더 진척시키면 이 주제도 깊이 있게 연구할 수 있을 것이다. 율곡은 퇴계에 비해 약간의 차이이지만, 도덕론에 있어서 주자-퇴계 전통의 엄숙주의 경향에서 좀 벗어나려는 경향을 보이고 있고, 이는 명대 중기 나정암, 양명학 사조와도 무관하지 않는데, 이런 점도 깊이

---

50 『퇴계전서』 권27, 27면, 「답이평숙」.
51 전두하는 율곡에 있어서 인심-도심을 상대적 가치로 보는 것은 퇴계에 있어서 리발-기발로 상대입론하는 방식과 같다고 하였다. 전두하, 「리발이기수지에 대한 논의(상)」, 『퇴계학보』 제11집, 1976.
52 장숙필, 「율곡 심성설의 리기론적 특성」, 『철학연구』 제8집, 고려대 철학회, 1983.

있는 연구가 더 필요하다. 주자학자이면서 퇴계가 '경의 심학'을 전개
했다면, 역시 주자학 체계를 계승하면서 개방적인 사유를 보인 자가
율곡이다. 이동준은 율곡의 이런 철학적 정신을 '개명 정신'이라고 한
바 있다.[53]

V. 결어 및 남는 말

이상 율곡 철학 사상 연구 성과와 반성을 존재론과 도덕론으로 나
누어 살펴보았다. 각 절의 말미에 문제의식과 쟁점을 요약해두었으므
로 다시 반복하지 않고 보충할 말을 약간 언급하고자 한다.

리기론이 인간 심성 문제나 자연 존재 문제나 같이 적용시키므로
어느 한 분야를 분리하여 연구한다고 하더라도 매개체인 리기론 때문
에 두 영역은 항상 분리와 섞임을 반복하게 되고, 그 가운데서 연구자
는 혼란을 겪게 된다. 현대는 분명 존재론과 도덕론이 다른 영역으로
나누어져 있다. 하나는 사실의 세계, 다른 하나는 가치의 세계를 다루
는 것으로 구분되어 있다. 중국 사상의 천인합일의 유기체적 우주론은
이러한 구분을 용납하지 않고 항상 합일을 강조하지만, 연구의 필요상
이 두 영역은 구분하는 것이 분석과 논리 전개에 유리하다.

예를 들면 퇴계의 호발설은 리기 개념을 가지고 마치 존재론적 명
제처럼 사칠호발설을 입론하였지만, 그것은 상대 입론이 필요한 도덕
문제를 다룰 때는 그렇게 할 수 없는 것이다. 율곡의 경우도 마찬가지
이다. 율곡의 퇴계 비판은 이러한 구분 없이 인간－자연 통합적 입장

---

53 이동준, 「율곡철학의 開明정신에 대한 탐구」, 『제3회 국제학술회의 논문집』, 한국정
   신문화연구원, 1984 참조.

에서 리기의 존재론적 개념만 가지고 퇴계의 도덕적인 상대적 입론을 비판하였지만, 한편으로는 자신도 인심－도심 구도로써 이러한 상대적 입론에 활용한 것이다. 퇴율 사상 연구에 있어서 성리학 본래의 이러한 문제를 항상 먼저 염두에 두지 않으면 안된다.

율곡의 철학 사상 연구에 있어서 그가 접한 불교에 대한 연구도 매우 중요한데, 남긴 자료가 극히 적어 유감이다. 또 명대 중기 사조나 양명학에 대한 남긴 자료도 거의 없어 유추할 뿐인데, 성리학으로서의 공통점이 있기 때문에 상호 비슷한 것 같지만, 그것만으로는 비교가 되지는 않는다. 또 율곡의 원전 자료는 정리가 잘 되어 있어 원전 고증상 문제는 없어 보이고, 최근에 발견된 『순언』에 대한 자료 고증이나 연구는 앞으로 기대된다.

율곡과 퇴계 이후 학파가 형성되고, 그후 철학적 탐구는 퇴율을 다시 반복 거론하였으므로 퇴계나 율곡 연구는 그후의 연구사도 중요하다. 율곡의 경우 영남학파의 갈암 이현일이 그를 비판하였는데, 그 내용을 점검하는 것이 바로 율곡 연구가 된다. 이는 결국 조선조 성리학사를 다 훑어보는 방대한 주변 연구이지만, 이러한 역사적 조감은 퇴계나 율곡 연구에 있어서는 반드시 병행되어야 한다.

존재론과 도덕론 외에 더 언급해야 할 것이 수양론 부분인데, 율곡의 격물치지설이나 수양론에도 몇 가지 언급할 것이 있다. 격물치지설에서는 주자를 계승하여 명쾌하게 해석하였으므로 퇴계 '理到說' 처럼 논란거리는 없지만, 수양론에서는 퇴계의 경에 비해 '誠意'를 강조했다고 말할 수 있다. 특히 이 문제는 그의 도덕론과 관련시켜 논해야 함은 물론이다. 이 주제에 대해 많은 사람들이 주목하여 어느 정도 연구는 축적되어 있는데, 앞으로는 도덕론과의 연관뿐만 아니라, 명대 사조와의 연관 아래 비교 연구하는 것이 좀더 필요하다. 여기서는 지면 관계상 다루지 못하고 다음 기회로 미룬다.

부록-4 율곡철학(리기론) 연구 현황

I. 첫머리에

율곡의 리기론을 주제로 한 논문은 다시 〈리기론 해석〉, 〈중국 및 조선조 성리학자와의 비교연구〉, 〈다른 사상과의 비교연구〉 등 세 종류로 나누어볼 수 있다. 여기서 '다른 사상'이란 성리학 이외의 사상을 말한다. 발표 시기별로 나열하였는데, 문제의식, 개념 사용이나 논리 전개 방식, 그리고 논술의 스타일(글쓰기)의 변천을 살펴볼 수 있기 때문이다.

II. 리기론 해석

이동준의 「율곡철학에 있어서 리의 생동성에 관한 논구」는 율곡의 리기론을 화담과 퇴계의 리기론과 비교하여 특색을 그리려고 하였다. 율곡 성리학의 특징을 '주기적'이라고 흔히 말하지만 그렇지 않다는 점을 화담이나 중국의 장횡거의 기론과 비교하였고, 동시에 그들과 다르다면 율곡의 성리설은 오히려 '주리적'이라 할 만한데, 그렇다면 퇴계의 주리론과는 어떻게 다른가 하는 점을 논증하였다.

필자는 율곡이 기를 중시하는 것은 리기 관계(형이상학적 관계)의 범위 안에서이지 기론(기의 자연학)처럼 우주의 근원을 '태허의 기'에 두는 입장은 아니고, 오히려 우주의 궁극적 원리를 '태극'이라는 리에 두고 있다는 것을 강조하였다. 이 입장은 퇴계와 같은데, 그렇다면 퇴계와 다른 점은 무엇인가? 퇴계가 '리의 능동적 작용'을 주장한 데(太極生兩儀 해석) 대해 율곡은 어디까지나 '소이연'(원인)으로서의 리를 주장한다는 점이 다르고, 퇴계가 '互發說'을 주장했다면 율곡은 '氣發理乘' 한 가지 명제만 성립한다고 한 점에서 다르다고 하였다. 또한 퇴계 호발설이 리기를 윤리적 입장에서 보는 데 대하여 율곡은 리기불상리잡의 우주론적 입장에서 기를 보고, 그것이 '칠정이 사단을 포함한다'는 윤리설과 '기질의 단속'이라는 수양론에 반영되어 나타났다고 보았다.

이해영의 「**율곡 리기론의 기 중시적 특성 － 주자의 리기관과 관련하여**」라는 논문은 흔히 퇴계의 '주리론'에 비교하여 율곡의 성리학을 '주기론'이라 하는데, 필자는 그 용어 대신 '기 중시적'이라는 문제의식으로 접근하였다. 그러나 '기 중시적'이라는 표현은 '주기적'이라는 종래의 표현법과 오십보 백보인데, 표현을 달리함으로써 새로운 해석의 효과를 가져왔다. 필자는 '기 중시적'인 내용을 '음양의 本有', '초월적 본체의 부정', '리기의 동정', '리기지묘', 이상 네 가지를 들고 있다. 성리학에서 기는 이미 움직였고, 운동하게 한 자(사역자)가 없으므로 율곡은 '동정무단, 음양무시'를 강조하고, '기는 스스로 그러함(機自爾)'이라고 했다. 주자는 리가 먼저 있다고도 말했고, 기가 먼저 있다고도 말하여 학자들이 곤혹스러웠는데, 율곡은 형이상하 구분에서 리가 근원자(樞紐·根柢)로서 먼저 있음을 강조했다. 그러므로 '태극생양의'에서의 리는 작용이 있는 것이 아니며, 리기는 어디까지나 '妙合'의 관계에 있다고 하였다.

필자는 나아가 '리통기국'에서의 기의 성격, '기발리승'에서의 기의 성격을 또 분석하였다. 리통기국은 리일분수의 논리적 확대인데, 이때 근원적 리(理一)의 의착처로서의 근원의 기(氣一)는 어떻게 설정되는가 하는 것이 문제인데, 다시 말하면 '기는 이미 움직였다'(동정무단, 음양무시)는 논리와 상충되지는 않는가 하는 것이다. 필자는 이 문제를 '리통기국과 기의 有形性'이라는 절에서 논하였다(유형성은 局限性이라 해야 한다). 그리하여 율곡의 기 중시적 사고에서는 '기일분수'의 가능성도 있고, 또 리일과 기일을 말하면서 "담일청허지기는 없는 데가 많다"고 하였으므로 두 명제가 모순될 수 있다는 점 등을 지적하였다. 철학적 시각에서 율곡 리기론의 문제를 고찰하는 데는 도움이 된다.

　　최영진의「**율곡 리기론에 있어서의 의양과 자득**」에서는 율곡 리기론을 주자와 비교하여 그 독창성을 부각시키려 하였다. '의양'은 주자학 수용의 측면을, '自得'은 율곡의 독창적 해석을 각각 상징하여 표현한 것이다. '의양'은 오늘날 말로 하면 '모방'인데, 율곡이 퇴계를 비판하면서 한 말이고, '자득'은 '주체적 사유' 정도의 의미인데, 율곡이 화담을 비판하면서 사용한 용어이다. 먼저 주자 리기 개념을 분석하고, 그 문제점을 지적하였는데, 그 시각은 일본인 학자(야마노이, 모리모토, 토모에다)의 것을 참고하였다. 필자는 주자 리기론의 첫째 문제점은 리-기는 상호 대등하지만, 결국은 리 우위, 기 억제의 사고방식으로서 금욕적인 성격을 가지고 있으며(야마노이), 시대와 사상의 상관성이라는 관점에서 볼 때 리-기는 地主와 佃戶(소작인) 처럼 유기적이지만 위계질서가 있는 것을 반영한다고 보았다. 이러한 사회사상적 분석은 주자학이 중세 봉건사상(종교론)이므로 일면의 진리가 있다고 볼 수 있다. 두 번째 문제점은 기에 대한 리의 통제력 확보에 대한 해결책이 없다는 것이다. 특히 '리일분수'에서 그 점이 잘 드러나는데, 기는 스스로 움직인다고 보기 때문에 기가 리에 대해 주도권이 더 있는 것이 된다. 필자는 주자 리기론의 내용은 '기발리승일도설'과 '리통기국설'

을 들고, 율곡의 '自得之味'(독창성)으로는 '리기 개념의 변용'과 '리기
지묘론'을 들고 있다. 율곡의 리기 개념의 독창적 해석은 첫째, 주자의
'리의 소이연'을 계승하면서도 '기의 저절로 그러함'(自爾)을 강조하는
점이고, 둘째, '기의 본연'(本然之氣)을 강조하는 점이다. 주자의 우주
론은 리와 기 두 범주에 의한 형이상학적 체계이므로 '기의 자연해석'
이 많으나, 유교가 도덕론이므로 인간 심성과 도덕 설명에 리기론이
주로 응용되었고, 조선조 성리학도 이 면에 관심이 더 많았다. 율곡은
퇴계에 비해 '기의 자연학'에 관심이 많았고, 따라서 理一의 의착처인
기의 본연을 강조하였는데, 그렇다고 화담처럼 '一氣長存'을 말하는
입장과는 또 달랐다. 필자는 이러한 점을 율곡의 특징으로 설명하고자
했다.

　　김교빈은 「**율곡철학에서의 필연성과 가변성에 대한 연구**」에서 율곡
성리학을 '기의 특성'에 초점을 맞추어 체계적으로 해석하였다. '기의
필연성'은 기의 기본 속성을, '기의 가변성'은 리와의 관계에서 기의
위상과 역할의 변화를 말하고 있다. 전자에 대해서는 '기에 내재한 필
연성과 가변성'이라는 제목으로 '不變認識으로서의 필연성'과 '可變
認識으로서의 能然性', 그리고 '리와 기의 상관관계' 세 가지를 논하였
다. 기에 내재한 필연성, 즉 기본 속성으로는 '음양동정', '機自爾', '自
然而然'을 들고, 능연성에 대해서는 '리통기국', '기발리승'을 들고, 필
연성과 가변성의 종합으로 리와 기의 관계로는 '리기지묘', '리일분수
와 기의 관계'를 논하였다. '음양동정'은 기의 움직임, 즉 음양 동정은
본유적(본래적)이라는 뜻이다.
　　필자는 그 다음에 이 기의 필연성과 가변성의 구조가 인성론에서
어떻게 전개되는가를 논하였다. 먼저 심의 양면성으로서 인심-도심을
논하고, 심의 구조는 성·정·의로 나누어 설명하였다. 도심을 회복하
는 수양론으로는 '矯氣質'을 논하였는데, 그 구체적 빙법으로 '誠意',

'窮理'를 논하였다. 필자는 또 이러한 기의 필연성과 가변성의 논리가 경세론적으로 전개되는 면을 논하였는데, 율곡의 정치적 실천으로서의 사회변혁 이론, 즉 '경장론'에 대해 자세히 논하였다. 다만 '불변인식', '가변인식', '필연성', '가변성'이라는 용어가 좀 어색한데, 이는 율곡 성리학과 주자학을 형이상학으로서 해석하지 못한 때문으로 보인다.

황의동은 율곡 연구로 학위를 받았고, 그후로도 계속 율곡에 대해 연구한 학자로서 그의 「**율곡의 리기론 ─ 리기지묘를 중심으로**」은 율곡 리기론의 내용을 핵심 개념을 중심으로 정리한 논문이다. 필자는 율곡의 리기론이 주자 성리학 기반 위에 서 있지만, 율곡의 독창성이 보이고, 또 퇴계의 리기론과도 다르다는 점에서 한국 성리학사에서 그의 리기론이 차지하는 비중이 매우 크다고 보았다. 필자는 율곡의 리와 기의 개념을 먼저 설명하고, 그의 리기론의 구체적 내용으로 '리기지묘', '기발리승', '리통기국' 세 가지 이론을 고찰하였다.

리와 기에 대한 설명은 물론 주자학의 형이상학적 설명과 같지만, 그 가운데서도 율곡의 리의 '무위성'을 퇴계의 리의 '유위성'과 비교하고 있다. 리와 기는 원래 형이상학적 두 실재로서 항상 같이 있으면서 동시에 각자 역할이 있는 묘한 관계에 있는데, 이것을 '리기지묘'라고 율곡은 말했다. 그의 '기발리승'이라든가 '리일분수'도 모두 이 '리기지묘' 사유를 전제로 하고 있다고 논하였다.

이상익은 「**율곡 리기론의 삼중구조**」라는 독특한 제목으로 율곡 리기론의 함의를 분석하였다. '삼중구조'란 리기 개념의 함의에 세 가지가 있다는 뜻이다. 첫째, 원리(소이연) ─ 현상(소연), 둘째, 형상(성) ─ 질료(기질), 셋째, 도의(도덕성) ─ 형기(육체적 욕망), 이상 세 종류의 함의이다. 원래 리-기 개념은 성리학의 형이상학(우주론)을 설명하는 범주인데, 아리스토텔레스적 의미로 말하면 '형상-질료'와 비슷하다. 그러나 형상에 의한 질료의 수동적 작용이라는 성격 때문에 완전히 같다고는 할 수 없고, 형이상학적 체계로서 비슷하다고 일반적으로 말한다. 이상익은 그것을 인간의 심성(성-기질)에 적용하고 있다. 원리-현상의 개념 세트는 성리학에서 '체-용' 관계로 보기도 하는데, 이것은 하나의 사건(사태)을 둘로 나누어 말하여 그 사건(사태)을 올바로 보게 하는 서술 방법이다. 이것은 보편적인 인간의 인식(표현) 방법이라고 할 수 있다.

'도의-형기'는 주자가 『중용장구』에서 '도심(성명)-인심(형기)' 형식으로 설명한 바 있고, 우리가 흔히 영육의 갈등으로 말하는 영(영혼)-육(육체)과 비슷한 것이다(물론 다른 용어로 표시해도 된다). 이 반대되는 개념을 쌍으로 대립입론하는 것은 어떤 '사실'을 말하는 것과 달리 어떤 '가치'를 말하고자 하는 윤리적 표현법이다. 다만 리-기를 빌려와서 선-악 대신 썼기 때문에 개념의 내포와 외연이 달라 '四七논쟁' 같은 논쟁이 일어난 것이다. 특히 존재의 사실과 도덕적 가치를 함께 말하는 자연법 사상으로서의 특성을 가진 것이 성리학이므로 이것은 불가피하였다. 필자는 율곡의 말 "사단은 오로지 리만을 말하는 것이고, 칠정은 리와 기를 겸하여 말하는 것이다"라는 명제를 예로 들어 이때의 리기는 도의와 형기로 해석해야 의미가 통한다고 설명하고 있다. 천도와 인도를 구분 없이 논하는 성리학의 자연법 사상에서 도덕과 사실 영역을 같은 개념으로 논하는 데서 빚어지는 논리적 모순을 잘 분석하여 중세적 사고를 오늘날 이해할 수 있게 한 새로운 연구 방법이다. 그러나 이러한 세 가지 종류의 함의(표현법)를 '삼중구조'라고 할 수 있는지는 재고의 여지가 있다.

이동희는 성리학 리기론의 형이상학적 함의에 대해 화이트헤드 과정철학의 형이상학과 비교하면서 현대 철학적 의미를 탐구해왔다. 또 조선조 성리학의 퇴계와 율곡 두 대표자의 성리학적 사유에 대해 분석하면서, 존재론과 도덕론 두 영역을 구분하여 리기 개념을 분석해야 한다고 제안하였다. 그리하여 같은 리기 개념이라 하더라도 도덕론에서 '가치 상징'으로 쓰일 때는 선악과는 다른 상징어(리는 純善無惡 / 기는 可善可惡)로 원용되는 점을 지적, 존재론적 사용과는 다르다는 것을 밝혔다.

그리하여 필자는 「율곡은 '주기적'이 아니면서 '주기적'이다」라는 논문에서 율곡의 경우 이와 같은 방법을 적용할 때 그 학설을 '주기적'이라고 하는 규정이 타당하지 않는 이유를 밝혔다. 즉 율곡의 경우 그 도덕론 영역에서는 '기발리승설', '心은 氣'라는 학설, 그리고 '인심도심종시설' 등에서 그 학적 성격을 '주리적'인 퇴계와 비교하여 '주기적'이라 할 수 있지만, 존재론 영역에서는 주자 리기론의 형이상학으로서의 의미를 철학적 안목으로 창의적으로 분석하였기에 '주기적'이라 할 수 없다고 하였다. 주자의 리기론은 유기체 우주론을 체계화시킨 형이상학이면서 전근대에 유사과학적으로 자연을 철학적 방법으로 탐구한 일종의 '자연철학'인데, 그 종합적 탐구의 결론이 바로 율곡의 '理氣之妙論'이다. 그 원류는 물론 주자이지만, 율곡 나름으로 창의적으로 해석한 결과 나온 이론이라고 설명하였다.

III. 중국 및 조선조 성리학자와의 비교연구

유명종은 한국 및 중국의 사상사를 제일 먼저 연구하여 고답적인 문장과 형식을 갖추고 있음에도 불구하고 한국에서 동양철학 연구의 선구적 역할을 한 분이다. 그는 「율곡철학과 나정암의 기철학」이라는 논문에서도 선구적으로 율곡 성리학과 나정암의 기철학을 비교하여 율곡 사상을 종전에 화담의 영향을 많이 받았다고 보는 역사학자의 오류를 시정하였다. 화담도 '機自爾'라 하고, 율곡도 '機自爾'라 하였다고 하여 영향을 받았다고 할 수 없고, 오히려 율곡이 나정암의 시각에서 더 힌트를 많이 받았음을 증명하였다. 율곡이 화담, 퇴계, 나정암 3인의 학설을 비평한 데서도 잘 나타나 있다.

필자는 먼저 율곡 사상이 정명도 사상의 영향을 받았는데, 그것이 정명도의 사상을 이천이나 주자보다 높게 평가한 나정암의 영향이라고 보았다. 정명도와 나정암은 초월적인 리와 인간 본성을 상정하지 않고 리기가 혼연일치된 현상 그 자체, 기질과 본성이 혼연일체가 된 '기질지성' 그 자체를 출발점으로 삼는 점에서 공통이고, 율곡 역시 이러한 사상의 영향을 받았다는 것이다. 또 나정암의 "심성은 하나인데 양면에서 본다"는 설이 율곡에게는 '心·性·情·意 一路說'로 나타났으며, 나정암의 '인심도심 體用說'이 율곡에게는 '인심도심 終始說'로 나타났다고 하였다. 또한 초월적 세계 지양과 현실 존중은 현실 참여의 논리를 낳게 하였고, 이것이 율곡의 정치적 참여의 배경이 된 점도 함께 논하였다. 그러나 율곡 사상이 그 기반은 주자학이라는 점에서 나정암과 다르다는 점을 오히려 간과한 느낌이다.

이동희는 「**나흠순의 리기혼일의 철학과 이율곡의 리기지묘 철학과의 비교 연구**」를 통하여 유명종의 문제의식과 일본 야마시타(山下龍二)의 나정암 연구 성과를 종합하여 율곡과 나정암 비교를 본격적으로 수행하였다. 먼저 나정암의 철학적 특징을 '理氣渾一'이라 규정하고, 율곡 성리학의 특징을 '리기지묘'라고 상징하였다. 명대 나정암의 시대적 배경은 주자학의 형식화, 리의 지나친 추상화에 있었으므로 나정암은 주자학을 비판적으로 계승하고, 오히려 陽明 心學이나 불교는 배척하였다. 그의 『곤지기』는 조선과 일본에 전해져 큰 영향을 주었는데, 이것은 주자학을 기반으로 하면서 그 말폐를 비판하고 새로운 시각을 제공했기 때문이다. 당시 나정암을 비롯한 '氣論'(기의 철학)의 특징은 리의 초월화, 추상화, 절대화에 대한 반대이며, 우주에서의 기의 작용, 인간 심성에서의 기질지성의 작용 등 기의 작용, 리기의 혼연일체의 현상 그 자체에 초점을 맞추었다. 이는 일종의 중세 형이상학적 사유에서의 탈피 경향, 즉 현상과 경험 중시의 경향이라고 할 수 있는데, 이것이 조선과 일본 학자에게 새로운 시각을 제공하였다.

필자는 나정암의 리기론에서는 '기에서 리를 볼 것', '太虛의 부정', '리기혼일', '설선과 호거인(명초 주자학자)의 추상적 리기론 비판' 등을 논하고, 심성론에서는 '양명의 良知卽天理論 비판', '주자 심성론의 비판과 계승', '주자의 천명지성−기질지성 비판', '인심도심체용론과 욕망 긍정' 등을 논하였다. 율곡 리기지묘 철학은 리기론에서는 '서화담 유기론 비판', '리통기국설', '기발리승설', '리기지묘의 철학' 등을 논하고, 심성론에서는 '리기지묘의 심리학', '七情包四端의 논리', '인심도심종시설과 誠意' 등을 논하였다. 율곡의 사상은 나정암의 영향을 받은 것이 사실이나, 한편 나정암의 학설도 비판했으므로 율곡 사상은 주자학을 충실히 계승하면서 자기 주체적 안목을 가지고 해석하였다. 율곡 사상 해명에 나정암과의 비교가 매우 중요함에도 그동안 많은 학자들이 주목하지 않았다.

이상익은 「**기호학파에 있어서의 퇴율절충론의 특성**」이라는 논문을 통하여 조선 후기 기호학파에서 퇴계설을 일정하게 긍정한 학자들의 견해를 분석하였다. 우계 성혼, 남계 박세채, 졸수재 조성기, 창계 임영, 농암 김창협을 퇴계와 율곡을 절충한 자들로 보았다. 절충파는 소론(우계를 비조로 함)이 선도하고 노론의 농암 및 삼연(김창흡) 형제에 와서 확립되었는데, 퇴계설에도 호의를 보이면서 율곡설도 비판한 그야말로 절충적 입장을 견지하였다. 그러나 이렇듯 사상사적으로 매우 흥미 있는 문제에 대해 그동안 피상적으로 연구되어 절충의 구체적 내용에 대해 정확한 분석이 이루어지지 않았으므로 필자는 이를 밝히려고 하였다.

우계는 율곡의 '칠정포사단설'을 지지하면서도 퇴계의 '주리-주기설'(호발설)도 지지했는데, 그러나 퇴계의 '氣隨之'-'理乘之' 같은 보완설은 잘못되었다고 비판하였다. 졸수재는 기발리승설을 지지하면서 사단과 칠정을 주리-주기로 구분해볼 수 있다고 하였다. 이는 기의 청탁에 관계 없이 천리로부터 발현하는 도심(사단)을 강조하려는 뜻이다. 창계는 리가 기의 작용에 따라 '循理'와 '悖理'로 나뉘고, '칠정포사단'이지만 사단과 칠정을 대립시켜 보아야만 그 의미가 분명해진다고 하였다. 농암은 기발리승설을 지지하면서 퇴계 호발설의 취지를 긍정한다. 다만 호발설이 두 갈래로 나누는 잘못이 있다고 비판하였다. 필자는 이들이 퇴계설을 지지해도 그들의 리발의 의미는 '能發'이 아니고 리의 '所發(發한 바)'을 '개념적 차원의 논리'로 수긍하는 것이라고 해석하였다. 조선조 사칠논쟁의 쟁점인 '리발-기발'은 어떤 사실을 말하는 것이 아닌, '윤리적 명제'로 보고 분석하면 좀더 쉽게 이해할 수 있다.

김경호는 「리기선후 문제에 관한 화담·퇴계·율곡의 견해와 쟁점」이라는 논문에서 율곡 사상의 특징을 화담·퇴계와 비교하여 논하였는데, '리기선후' 문제를 주제로 삼았다. 이 문제는 구체적으로는 '본체'와 '현상'의 관계에 대한 문제이다. 주자는 리선기후를 말하기도 하면서 또 리기는 선후를 나눌 수 없다(리기무선후)고 하기도 했다.

필자는 율곡·화담·퇴계 3인은 양상은 다르지만, 모두 '리기무선후'를 주장하였다고 하였다. 즉 화담은 유기론의 입장에서 본체이든지 현상이든지 리가 먼저일 수 없다는 의미의 리기무선후이고, 퇴계의 경우는 주자의 이론 그대로 본체에 있어서는 리선기후이고, 현상에서는 리기무선후라고 하였다. 그리고 율곡은 주자의 위의 두 명제를 성리학 본질상 종합하여 '리기불상리·불상잡'이라는 리기론 형이상학 본래의 체계를 그대로 연역하는 의미에서 리기무선후였다고 하였다.

그리하여 필자는 율곡은 화담의 '澹一淸虛之氣'를 비판하고, 퇴계의 '理動說'('태극생양의'의 해석)을 비판하였다고 설명한다. 이러한 율곡의 입장은 현상과 본체의 밀접한 관련성을 강조한 '리통기국설'로 나타났으며, 이것은 현상의 강조(중시)라는 사상 경향을 가지고, 현실적 참여에 적극성을 띄게 한다고 보았다. 다만 리통기국의 경우 리의 주재성이 약화되는 결과를 가져온다는 점을 지적하였다. 비록 리기론을 중심으로 하였으나 3인의 성리학 차이를 선명하게 비교한 점이 종래 연구에 비해 한 걸음 발전한 것이나, 문제는 리기론이 일종의 형이상학이므로 현대철학적 분석이 이루어져야 하는데, 그렇지 못하여 비교가 평면적이 되고 의미가 선명하게 드러나지 못하였다.

조남호는 「**율곡학파의 리기론과 리의 주재성**」이라는 논문을 통하여 율곡 이후 율곡학파 내에서 비판과 옹호를 하면서 율곡 사상을 발전적으로 전개한 과정을 잘 추적하고 있다. 율곡 후학 중에서 농암 김창협과 남당 한원진을 예로 들고 있다. 먼저 율곡 사상 형성에 큰 영향을 준 나정암에 대해서 이들은 비판적으로 보았는데, 이는 율곡의 정암에 대한 긍정적 관점을 다시 비판한 것이어서 그 논리를 통하여 율곡설을 다시 볼 수 있다. 김창협은 정암의 氣論에서 리의 초월성이 부정되고 기의 법칙 정도로 보게 된 것을 비판하고, 한원진은 정암이 리기불상잡의 측면을 간과하였다고 비판하였다.

필자는 이어서 율곡 리기론에서 리의 '주재성'이 약하다는 것을 진북계의 리의 규정을 인용하면서 비판하였는데, 리의 '能然'의 측면이 율곡에서는 약하다고 보았다. 김창협은 율곡이 '기발리승일도설'에 의하여 인심과 도심의 원인을 청기-탁기에 돌리는 것을 비판하고, 오히려 리의 발로라는 의미에서 심성에서 리의 작용을 강조하였다. 한원진도 리의 주재를 강조하면서, 성리학과 율곡의 리 무위설을 부정하지

428 부록 조선조 성리학 연구의 현황

않으면서 '무위이면서 작용하는 리'를 주장하였다. 그러나 김창협이나 한원진의 경우 심성에서 리기를 주로 논하여 리의 주재성이라든가 능연을 논하고, 아울러 리기 관계도 논하였는데, 율곡의 자연철학으로서의 리기론에 있어서 리의 특성이나 리기 관계에 대해서는 정확히 본 것 같지 않다. 이 점은 '철학적(형이상학적)' 관점에서 다시 검토해야 할 과제이다.

Ⅳ. 다른 사상과의 비교연구

배종호는 잘 알려진 바와 같이 조선조 성리학에 대해 많은 논문을 써서 한국사상 연구를 선구적으로 촉진시킨 분이다. 그는 「**율곡의 리통기국설－화엄사상의 理事와 비교**」이라는 논문을 통하여 율곡의 '리통기국설'과 화엄사상의 '리－사' 관계 이론을 비교하였다. 이러한 문제의식은 원래 성리학이 성립될 때 송대 선불교와 화엄사상의 영향을 받았다고 한 일반적인 인식 아래 나온 것이고, 이것을 체계적으로 고찰한 것이 이 논문이다. 먼저 주자와 정이천의 리기관을 고찰하고, 그와 비교하여 율곡의 리기에 대한 언설을 분석하였다. 그 다음 율곡의 리통기국설을 자세히 설명하였는데, '기발과 리승의 문제', '리통의 문제', '기국의 문제', '리통과 기국의 관계'(여기서는 주자의 理同氣異 문제와 비교도 함)로 나누어 상론하였다. 율곡의 리통기국설은 주자의 '리동기이설'에서 영향을 받은 것이지 화엄의 리사 관계 이론을 참조한 것이 아니라고 보았다. 주자에게도 '理通', '形質局定'이란 표현이 있고, 화엄에도 '理融'이란 말은 있으므로 참조는 했을 것이라고 한다.
　필자는 마지막으로 율곡의 설과 화엄의 '리사무애법계설'을 비교하였다. 비교는 화엄의 '리와 사 및 그 관계'를 먼저 논하고, 그 다음 율곡의 '리와 기 및 그 관계'를 논한 다음 '리사와 리기'를 비교하였다.

화엄의 리는 '一心眞如'이고 事는 '性起'로서 '心의 動相'이라고 보았다. 그리하여 만물현상은 '一心의 緣起所現'이다. 그러나 율곡이나 성리학은 一氣의 작용에 의한 자연현상 자체를 실재로 인정하고, 인간의 심·성·정도 마찬가지로 기의 작용으로 보며, 동시에 인간의 인식과 객관 대상 자체를 실재로 인정한다. 이 점에서 양자는 근본적으로 다르고, 다만 표현 문구나 형식에서 유사성은 찾을 수 있다고 하였다.

송석구는 「율곡의 리통기국과 원효의 一心二門－그 실천적 수행 면에서의 유사성 비교」라는 논문에서 율곡 '리통기국' 사상과 원효의 '일심이문' 사상을 비교하였다. 성리학 형성에 불교의 화엄사상이 영향을 미친 것을 고려하면 신라의 고승 원효의 사상이 성리학과 비교될 수 있다. 특히 원효의 사상이 唐代 화엄 사상의 유행과 더불어 불교의 여러 종파가 통합되는 경향을 이어 당시 신라에서 '一心'으로 불교의 모든 종파·학파의 다기한 사상을 융합하려 한 것에서도 비교의 가능성이 있다. 또 불교의 존재 분석과 因緣生滅論의 유기적 세계관은 유기체 우주론인 성리학의 세계관과 비슷한 점이 있으므로 유사한 점을 발견할 수 있다. 다른 점도 물론 있는데, 불교는 기본적으로 유심론이고, 성리학은 실재론이라는 데서 큰 차이가 있다.

필자는 먼저 성리학에서 '聖人'은 배워서 도달할 수 있다는 것과 불교의 '깨달음(佛覺)'을 서로 비교하고, 그 다음 원효의 '일심이문'을 고찰하고, 율곡의 '리통기국'을 설명하였다. 그런 후에 '리통기국'과 '일심이문'을 비교하고 마지막으로 율곡의 '인심－도심'과 원효의 '心眞如－心生滅'을 비교하였다.

이종성은 「율곡의 『순언』에 나타난 형이상학적 세계관」이라는 논문에서 율곡 사상의 또 다른 면모로서 '도가사상'을 논하였다. 율곡은 도가사상의 '무위무욕'은 의미가 있다고 보나 도교의 양생술 같은 것은 배척하였다. 『醇言』은 '순수한 말'이란 뜻으로 노자 『도덕경』(총 81장)에서 율곡이 중요하다고 생각한 것을 뽑아 40장으로 재편집한 것인데, 이러한 노장 연구는 율곡이 최초이다. 『순언』은 『도덕경』에서 난해한 구절을 선별하여 유학과 상통하는 길을 열었다고 할 수 있는데, 역시 그 철학적 기준은 주자학적 사유였다. 또 율곡이 노자의 형이상학적 사유에 대해 관심을 가진 것도 이 책 저술의 중요한 배경이라고 할 수 있다. 노자의 "道生一, 一生二……" 등은 성리학의 "易有太極, 是生兩儀……" 등과 서로 통할 수 있기 때문이다.

그러나 필자는 『순언』의 내용을 직접 제시하여 그것을 율곡의 시각으로 어떻게 해석하였는지 알려주지 않는데, 이는 『순언』이 그저 율곡이 새로 편집한 책으로 특별히 율곡의 주해가 없었기 때문이 아닌가 한다.

김진근은 「이율곡의 주역철학」을 통하여 율곡의 易學을 고찰하였다. 원래 율곡의 역학을 살펴볼 만한 자료가 「易數策」 외에 자료가 별로 없으므로 주로 이 「역수책」에 담긴 역학사상을 분석하고, 「성학집요」에 보이는 『주역』의 문구를 발췌하여 나열함으로써 율곡의 역학사상이 얼마나 풍부한가를 보여주었다. 필자는 특히 율곡의 역학사상(주역철학)이 갖는 역사적 맥락을 살펴 성리학 패러다임 속에 있음을 밝히고, 율곡 역학사상의 특징으로 '理本論'이라는 것과 '義理易學'임을 논하였다. 마지막에 필자는 율곡의 사상이 성리학의 패러다임에 갇혀 창의적인 역학사상으로 뻗어나가지 못했음을 안타깝게 여겼다.

율곡 리기론은 주자 리기론의 창의적 계승이라는 점에서 동아시아 주자학사에서 큰 의미가 있다. 주자학이나 성리학적 명제를 반복한다고 하여 창의성이 없는 것이 아니고, 명제의 반복은 당시라는 시대적 제약이며, 당시 학문 방법의 어쩔 수 없는 한계일 뿐이며, 그 가운데서도 주체적, 창의적 해석은 어느 정도 가능하다. 옛날 학문하는 방식이 경서 주해를 통해서 이루어진다는 것을 생각하면 이해가 쉬울 것이다. 율곡의 리기론을 제대로 해명하려면 우선 주자의 리기론을 현대적으로 해명해야 하는데, 그 중요 방법이 바로 현대 철학(형이상학)과의 비교 연구이다. 주자학은 중세 형이상학 체계로 성립한 우주론이며, 그것도 유기체주의이다. 그 속에서 인간과 자연을 통합적으로(일원적으로) 해석해내고, 그것을 삶의 세계관으로 삼으려 하였다. 또한 주자학은 동시에 그 사회적 성격으로 보아서는 중세적 종교사상(즉 유교라는 중세 종교의 신학)이라는 면도 있다는 것을 잊어서는 안된다.

율곡의 리기론은 주자의 이 형이상학으로서의 리기론을 '형이상학' 그 본래의 의미, 소위 '철학적 사유'에 의해 해명해낸 데 그 의미가 있다. 그가 퇴계의 '리동설'(태극생양의의 해석) 비판, '태극과 음양의 관계 설명' 등에서 보인 명석한 해석은 그의 철학적 사유의 수준을 알기에 충분하다. 이러한 현대 철학적 분석과 비교 연구를 통해야만 오늘날 율곡 사상을 현대 감각에 맞게 읽고 말할 수 있다. 여기 소개한 대부분의 논문은 이러한 점이 충분하지 못한 것 같다. 그러므로 해석에 있어 용어라든가, 논리라든가, 또 문제의식에서 구투가 너무 많아 현대적 읽기에 다소 장애를 일으키고 있다. 앞으로 동서 비교 철학이나, 고전에 해박한 젊은 학자들이 많이 나와 새로운 작업이 계속되기를 바란다.

【원전】

『간재집艮齋集』(5, 민추, 총간, 2004)

『갈암집葛庵集』(2, 민추, 총간, 1994)

『고봉집高峰集』(1, 민추, 총간, 1988)

『곤지기困知記』(한국 고판본, 서울 : 중앙도서 영인, 1992)

『남계집南溪集』(5, 민추, 총간, 1994)

『노사집蘆沙集』(1, 민추, 총간, 2003)

『노주집老洲集』(1, 민추, 총간, 2001)

『농암집農巖集』(2, 민추, 총간, 1996)

『대계집大溪集』(1, 서울 : 경인문화사 영인, 1994)

『대산집大山集』(2, 민추, 총간, 1999)

『대학大學』(1, 『經書』, 서울 : 성균관대 대동문화연구원 영인, 1965)

『대학혹문大學或問』(1, 『중용혹문中庸或問』과 합본, 서울 : 경문사 영인, 1977)

『만구집晚求集』(1, 민추, 총간 2004)

『만송유고晚松遺稿』(劉秉憲, 석판본, 고서)

『명종실록明宗實錄』(17, 국역본, 서울 : 민족문화추진회, 1987)

『밀암집密庵集』(1, 민추, 총간, 1996)

『삼봉집三峯集』(1, 민추, 총간, 1998).

『선조실록宣朝實錄』(45, 국역본, 서울 : 민족문화추진회, 1987)

『성리대전性理大全』(6, 대전 : 학민문화사 영인, 1994)

『성와집省窩集』(1, 서울 : 경인문화사 영인, 1995)

『성호전서星湖全書』(7, 서울 : 여강출판사 영인, 1984)

『성호전집星湖全集』(3, 민추, 총간, 1997)

『소재집蘇齋集』(1, 민추, 총간, 1989)

『송자대전宋子大全』(9, 민추, 총간, 1993)

『신증동국여지승람新增東國輿地勝覽』(7, 국역본, 서울 : 민족문화추진회, 1978)

『심산유고心山遺稿』(한국사료총서 18, 서울 : 국사편찬위원회 편, 1973)

『여유당전서與猶堂全書』(6, 민추, 총간, 2002)

『우계집牛溪集』(1, 민추, 총간, 1989)

『우담집愚潭集』(1, 민추, 총간, 1994)

『율곡전서栗谷全書』(2, 서울 : 성균관대 대동문화연구원, 1971)

『응와집凝窩集』(4, 서울 : 경인문화사, 1994)

『이정전서二程全書』(서울 : 경문사 영인, 1981)

『일재집一齋集』(1, 민추, 총간, 1988)

『입재집立齋集』(1, 민추, 총간, 2000)

『정재집定齋集』(2, 민추, 총간, 2002)

『주자대전朱子大全』(조선내각본, 조용승 영인, 1977)

『주자어류朱子語類』(조선목판본, 조용승 영인, 1978)

『주자어류朱子語類』(8, 北京 ; 中華書局, 1986, 조판본)

『청대집 淸臺集』(1, 민추, 총간, 2008)

『태극도설해太極圖說解』(→『성리대전性理大全』)

『퇴계전서退溪全書』(5, 서울 : 성균관대 대동문화연구원, 1985, 제4판)

『하서전집河西全集』(1, 하서선생기념사업회, 1980)

『한국불교전서』 7 (한국불교전서편찬위원회편, 서울 : 동국대 출판부, 1986).

『한국유학자료집성』(3, 배종호 편저, 서울 : 연세대출판부, 1980)

『한주전서寒洲全書』(5, 서울 : 아세아문화사 영인, 1980).

『한주집寒洲集』(2, 민추, 총간, 2003)

『홍와문집弘窩文集』(1, 서울 : 경인문화사 영인, 1994)

『화서집華西集』(2, 민추, 총간, 2003)

『후산집后山集』(1, 민추, 총간, 2004)

※ ( )속의 숫자는 영인본 책수, 민추 : 민족문화추진회, 총간 : 한국문집총간.

【 단행본 및 논문 】

경북대 퇴계연구소, 『퇴계학연구논총』(철학－상중하 전 3책), 경북대 퇴
　　　계연구소, 1997.

고혜령, 「14세기 고려 사대부의 성리학 수용과 가정 이곡」, 이화여대 대
　　　학원 박사학위논문, 1991.

구보 노리다다(窪德忠), 최준식 역,『도교사』(종교학총서 3), 서울 : 분도출
　　　판사, 1990.

권오영, 「한주 리학의 전통과 그 사상사적 의의」,『퇴계학과 한국문화』
　　　제38호, 경북대학교 퇴계연구소, 2006.

금장태, 「우담 정시한의 학문과 사상」,『퇴계학파의 사상 1』, 집문당, 1996

＿＿＿, 「퇴계학 연구의 회고와 전망－철학 영역」,『한국의 철학』18호,
　　　1990.

＿＿＿, 「퇴계학파의 학문〈10〉－淸臺 權相一의 생애와 사상」,『퇴계학
　　　보』 제83집, 퇴계학연구원, 1994.

＿＿＿, 「퇴계학파의 학문〈17〉－定齋 柳致明의 道學사상」,『퇴계학보』
　　　제97・98집, 퇴계학연구원, 1998.

＿＿＿, 「퇴계학파의 학문〈21〉－寒洲 李震相의 性理學과 心卽理說」,『
　　　퇴계학보』 제102집, 퇴계학연구원, 1999.

＿＿＿,『유학근백년』, 서울 : 박영사, 1984.

＿＿＿,『퇴계학파의 사상 Ⅰ』, 서울 : 집문당, 1996.

김경재, 「종교는 과연 필요한가?－현대사회의 종교 무용론에 대한 타당
　　　성과 부당성의 고찰」,『종교문화학보』 제5집, 한국종교문화학회,

2008.

김경탁, 「퇴·고의 사칠논변」, 『아세아연구』 15호, 1965.

김기현, 「퇴계와 율곡의 인심도심설 비교연구」, 『철학연구』 제9집, 고려
대 철학회, 1984

＿＿＿, 「퇴계의 리발설이 갖는 의의에 대한 검토」, 『철학』 제60집, 한
국철학회, 1999.

＿＿＿, 「퇴계철학 연구의 반성과 과제」, 『한국의 철학』 제20호, 경북대
퇴계연구소, 1992.

＿＿＿, 『조선조를 뒤흔든 논쟁－사단칠정설은 무엇을 남겼나?』(상, 하),
서울 : 길, 2000.

김낙진, 「우담 정시한과 외암 이식의 체용론과 인물성논의」, 『인성물성
론』, 한길사, 1994.

＿＿＿, 「우담 정시한의 사단칠정론」, 『사단칠정론』, 서광사, 1992.

＿＿＿, 「정시한과 이식의 理체용론 연구」, 고려대 대학원 박사, 1995.

김동혁, 「心卽理의 陽明說과 寒洲說 비교연구」, 『혜전전문대논문집』
제8집, 1990.

김미영, 「'유불일치론'에 나타난 함허당 기화의 불교사상」, 『불교학연구』
제8호, 2004.

김병구, 『회헌사상연구』, 학문사, 1983.

김상영, 「우담 정시한의 생애와 산중일기 내용 분석」, 『논문집』 제6집,
중앙승가대학교, 1997.

김성태, 『敬과 注意』, 고려대 출판부, 1982.

김영우, 2005, 「다산의 사단칠정론 고찰」, 『다산학』 제6호, 다산학술문
화재단.

김용걸, 1989, 『성호 이익의 철학사상 연구』, 성균관대 대동문화연구소.

김우형, 「대산 이상정의 리기론」, 『동방학지』 113집, 연세대 국학연구
원, 2001.

김종문, 「율곡의 리기철학 체계에 대한 연구」, 『철학연구』 제22집, 한국

철학연구회, 1976.

김종석, 「성와 이인재의 서구 수용론과 신학에의 관심」, 『한국학논집』
　　　제26집, 계명대 한국학연구원, 1999.

_____, 「퇴계철학 연구 현황과 비판적 검토」, 『한국의 철학』 제23호,
　　　경북대 퇴계연구소, 1995

_____, 「한말 영남 유학계의 동향과 지역별 특징」, 『국학연구』 통권4
　　　호, 한국국학연구원, 2004.

_____, 「한말 영남 유학계의 신학 수용 자세(Ⅰ)·(Ⅱ)」, 『퇴계학보』 제
　　　94집·95집, 퇴계학연구원, 1997

_____, 「한말 영남 유학자들의 신학 수용 자세(1)」, 『퇴계학보』 제94집,
　　　퇴계학연구원, 1997.

_____, 『완역 심경부주』, 이문출판사, 1991.

_____, 『퇴계학의 이해』, 일송정, 2001.

김춘현, 「회헌 안향의 교육사상」, 『공주교대논문집』 제12집, 1976.

김충렬 외, 『한국사상대계』Ⅳ(성리학사상편), 성균관대 대동문화연구원,
　　　1984.

_____, 『고려유학사』, 고려대 출판부, 1984.

김태길, 『윤리학』, 박영사, 1978.

김학목 역, 『율곡 이이의 노자 : 순언』, 서울 : 예문서원, 2001.

김형효, 「율곡과 메를로-뽕띠와의 비교연구」, 『유교학논총』(동교 민태
　　　식박사 고희기념논총), 동 간행위원회, 1972.

김홍경, 「이익의 자연인식」, 『실학의 철학』, 예문서원, 1996.

다카하시 도오루(高橋進), 안병주 외 역, 『이퇴계와 경의 철학』, 신구문
　　　화사, 1985.

_____(高橋亨), 「이조유학사에 있어서의 주리파 주기파의 발달」,
　　　『조선의 유학』, 소나무, 1999.

_____(高橋亨), 「最も忠實なる退溪祖述者權清臺の學說」, 『小
　　　田先生頌壽記念朝鮮論集』, 1934.

다카하시 도오루(高橋亨), 조남호 역, 『조선의 유학』, 소나무, 1999.

도가와 요시오(戶川芳郎) 외, 조성을 외 역, 『유교사』, 서울 : 이론과 실천, 1990.

도현철, 「고려후기 주자학 수용과 주자서 보급」, 『동방학지』제77 · 78 · 79합집, 1993.

뚜웨이밍(杜維明), 「주희의 리 철학에 대한 퇴계의 독창적 해석」, 『퇴계학보』 제35집, 1982.

류승국 외, 『유교학논총』(동교 민태식 박사 고희기념 논총), 동 간행위원회, 1973.

_____, 『한국의 유교』, 세종대왕기념사업회, 1977.

류인희, 「남북한 율곡철학의 인식과 반성」, 『철학과 현실』, 철학문화연구소(철학과 현실사), 1991.

리기용, 「우담 정시한의 철학연구」, 『매지논총』 제17집, 연세대학교 매지학술연구소, 2000.

리쭝페이(李宗桂), 이재석 역, 『중국문화개론』, 서울 : 동문선, 1991.

마루야마 마사오(丸山眞男), 『日本政治思想史硏究』, 東京 : 東京大學出版會, 1962.

묵민기념사업회, 『회재 이언적의 철학과 정치사상』, 박영사, 2000.

문석윤, 「퇴계에서 리발과 리동, 리도의 의미에 대하여 - 리의 능동성 문제」, 『퇴계학보』 제110집, 퇴계학연구원, 2001.

문철영 외, 『한국사상사대계』(4), 한국정신문화연구원, 1991.

_____, 「고려중기 사상계의 동향과 신유학」, 『국사관논총』 제37집, 국사편찬위원회, 1992.

_____, 「여말 신흥사대부들의 신유학 수용과 그 특징」, 『한국문화』 제3집, 서울대 한국문화연구소, 1982.

_____, 「조선전기 유학사상의 역사적 특성」, 『한국사상사대계』(4), 한국정신문화연구원, 1991.

_____, 「조선초기의 성리학 도입과 그 성격」, 『한국학보』 36호, 1984.

박경환, 「현세적 가치와 출세적 가치의 대립」, 『논쟁으로 보는 한국철학』, 서울 : 예문서원, 1995.

박원재, 「서구사조에 대한 면우학파의 인식과 대응」, 『국학연구』 제4호, 안동 : 한국국학진흥원, 2004.

박종홍, 「이퇴계의 성학십도」, 『사상계』 136호, 1964.

_____, 『한국의 인간상 4 : 이이』, 서울 : 신구문화사, 1965.

박충석, 『한국정치사상사』, 서울 : 삼영사, 1982.

박해당, 「『현정론』과 『유석질의론』의 삼교론」, 『불교학연구』 제10호, 2005.

박홍식, 「다산 정약용의 인간관」(1994), 『다산 정약용』, 예문서원, 2005.

_____, 「여말선초의 척불논쟁」, 『유교사상연구』 제11집, 한국유교학회, 1999.

배종호, 「성리학의 수용과 그 의의」, 『한국사론』 제18집, 국사편찬위원회, 1988.

_____, 『한국유학사자료집(상)』, 서울 : 연세대 출판부, 1980.

_____, 『한국유학사』, 서울 : 연세대 출판부, 1974.

_____, 『한국유학의 철학적 전개』(중), 서울 : 연세대 출판부, 1985.

백도근, 「우담 정시한의 이학사상 연구」, 영남대학교 대학원, 1985.

변동명, 『고려후기 성리학 수용 연구』, 서울 : 일조각, 1995.

설석규, 「조선시대 영남의 학풍과 고령사림의 동향」, 『고령문화사대계 (1) 역사편』, 대구 : 고령군대가야박물관·경북대학교퇴계연구소 편, 2008.

성락훈, 『한국문화사대계 11』, 서울 : 고려대 민족문화연구소, 1970.

성태용, 「고봉 기대승의 사단칠정론」, 『사단칠정론』, 서광사, 1992.

손흥철, 「대산 이상정의 사단칠정론」, 『동방학지』 113집, 연세대 국학연구원, 2001.

송갑준, 「성호 이익의 사단칠정론」(1987), 『철학논집』 제3집, 경남대 철학과 (민족과 사상 연구회 편, 『사단칠정론』, 서광사, 1992에 수록).

송석구, 「율곡의 리통기국과 원효의 일심이문」, 『율곡학』 제2집, 율곡사
　　　상연구원, 1989.

_____, 『율곡의 철학사상 연구』, 형설출판사, 1987.

송영배, 「다산 철학과 『천주실의』의 철학적 패러다임의 유사성」(2005),
　　　『다산 정약용』, 예문서원, 2005.

송찬식, 「조선조말 主理派의 인식논리－寒洲 李震相의 사상을 중심으
　　　로」, 『동방학지』 제18집, 연세대, 1976(『한국학보』 제9호, 일지사,
　　　1977에 재수록).

송창한, 「최해의 척불론에 대하여」, 『대구사학』 제38집, 대구사학회,
　　　1989.

송휘칠, 「나정암의 『곤지기』와 기고봉, 이율곡의 주기론」, 한국의 철학』
　　　제21집, 경북대 퇴계연구소, 1993.

안병주, 『유교의 민본사상』, 서울 : 성균관대학교 대동문화연구원, 1987.

안영상, 「성호이익의 사단칠정설」, 『동양철학』 제11집, 한국동양철학회,
　　　1997.

_____, 「성호학파의 우주론과 도덕 실천적 심성론의 분리」, 『민족문화
　　　연구』 제32호, 고려대·민족문화연구소, 1999.

_____, 「퇴계학파 내 호발설 이해에 대한 일고찰」, 『퇴계학보』 제115
　　　집, 2004.

_____, 「퇴계학파 내 호발설 이해에 대한 일고찰」, 『퇴계학보』 제115
　　　집, 퇴계학연구원, 2004.

안재순, 「우담 정시한의 생애와 성리사상」, 『강원문화연구』 제8집, 강원
　　　문화연구소, 1988.

야마노이 유(山井湧)의 『명청사상사의연구』, 동경 : 동경대학출판회, 1980.

야마다 게이지(山田慶兒), 김석근 역, 『주자의 자연학』, 서울 : 통나무,
　　　1992.

야마우찌 고이찌(山內弘一), 「이진상의 심즉리설과 영남학파」, 『벽사 이
　　　우성정년 기념논총 : 민족사의 전개와 그 문화』 상권, 서울 : 창

작과 비평사, 1990.

오석원, 「역동 우탁 사상의 연구」, 『안동문화』 제5집, 안동대학교, 1984.

우계문화재단, 『우계학보』 4-12, 1991-2002.

우인수, 「『묘충록』을 총해 본 한주 이진상의 국정개혁론」, 『퇴계학과 한국문화』 제38호, 경북대학교 퇴계연구소, 2006.

유명종, 「간재의 성존심비의 性學」, 『간재학논총』 제3집, 간재학회, 2000.

_____, 「우계 성혼의 이기철학과 그 전개」, 『퇴계와 율곡의 철학』, 동아대 출판부, 1987.

_____, 「율곡철학과 나정암의 기철학」, 『한국철학연구』 제5집, 해동철학회, 1975.

_____, 「이기절충파의 사상개관」, 『현곡 문정복 교수 화갑기념 논문집』, 1984.

_____, 「절충파의 비조 우계의 이기철학과 그 전망」, 『우계학보』 4호, 1991.

_____, 「퇴계의 이학관과 그 영향」, 『고병간 화갑기념 논집』, 1960.

_____, 『퇴계와 율곡의 철학』, 부산 : 동아대 출판부, 1987.

유정동, 「조선조 초기에 있어서의 주자학의 특성과 그 사회적 기능」, 『철학사상의 제문제』(3), 한국정신문화연구원, 1985.

_____, 「퇴계선생의 격물물격고」, 『상은 조용욱 박사 송수기념 논총』, 1971.

_____, 「퇴계선생의 경에 관한 윤리적 고찰」, 『퇴계학연구』, 퇴계선생 400주기 기념사업회, 1972.

_____, 『현담 유정동 박사 화갑기념 논총』, 동 간행위원회, 1981.

유초하, 1992, 「정약용의 사단칠정관」, 민족과 사상 연구회 편, 『사단칠정론』, 서광사.

윤남한, 『조선시대의 양명학 연구』, 서울 : 집문당, 1982.

윤사순, 「성리학과 실학, 그 근본 사고의 동이성에 대한 고찰」(2003), 『다산 정약용』, 예문서원, 2005.

_____, 「성리학의 도입과 그 이해」, 『철학사상의 제문제』(4), 한국정신
　　　　문화연구원, 1986.

_____, 「퇴계에 있어서 당위문제」, 『새교육 23-2』, 1971.

_____, 「퇴계의 가치관」, 『퇴계학연구』, 퇴계선생 400주기 기념사업회,
　　　　1972.

_____, 「퇴계의 심성관에 관한 연구」, 『아세아연구』 41호, 1971.

_____, 「퇴계의 태극생양의관」, 『아세아연구』 35호, 1969.

_____, 「퇴계학 연구－한국학의 발전과 함께 한 발자취」, 『오늘의 동양
　　　　사상』 제6호, 예문 동양사상연구원, 2002.

_____, 「퇴계학 연구－한국학의 발전과 함께 한 발자취」, 『오늘의 동양
　　　　사상』 제6호, 예문동양사상연구원, 2002.

_____, 「퇴계학 연구상의 제문제」, 『퇴계학보』 제35집, 퇴계학연구원,
　　　　1982.

윤영선, 『조선유현연원도』, 태학사, 1985.

윤영해, 「한국에서 불교와 유교의 만남과 그 관계변화」, 『한국불교학』
　　　　제19집, 한국불교학회, 1994.

_____, 『주자의 선불교 비판 연구』, 서울 : 민족사, 2000.

윤천근, 「이황철학 연구의 방법론적 모색」, 『한국의 철학』 제20호, 경북
　　　　대 퇴계연구소, 1992.

이광호, 「동서융합의 측면에서 본 정약용의 사상」, 『다산 정약용』, 예문
　　　　서원, 2005.

이기동, 『동양 삼국의 주자학』, 서울 : 성균관대 출판부, 1995.

이동준 「율곡철학의 개명정신에 대한 탐구」, 『제3회 국제학술회의 논문
　　　　집』, 한국정신문화연구원, 1984

_____, 「율곡에 있어서 리의 구극성에 대한 고찰」, 『유교학논총』(동교
　　　　민태식 박사 고희기념 논총), 동 간행위원회, 1973.

_____, 「율곡철학에 있어서 리의 생동성에 대한 논구」, 『현담 유정동
　　　　박사 화갑기념 논총』, 동 간행위원회, 1981.

_____, 「퇴계 경사상의 철학적 고찰」,『퇴계학연구』, 퇴계선생 400주기 기념사업회, 1972.

이동환, 「다산 사상에서의 '상제' 도입의 경로와 성격」,『다산 정약용』, 예문서원, 2005.

이동희, 「기호 성리학의 형성과 전개」,『유학연구』2집, 충남대 유학연구소, 1994.

_____, 「나흠순 성리설의 특징」,『유학연구』제8집, 충남대 유학연구소, 2000.

_____, 「나흠순의 리기혼일의 철학과 이율곡의 리기지묘 철학과의 비교연구」,『한국학논집』제16집, 계명대 한국학연구소, 1989.

_____, 「노사 기정진 유리론의 과정철학적 의미」,『철학논총』제36집, 새한철학회, 2004.

_____, 「녹문 임성주 유기론의 과정철학적 의미」,『철학논총』제32집, 새한철학회, 2003.

_____, 「맹자의 인성론」,『계명철학연구』제5집, 계명대학교 인문과학연구소, 1997.

_____, 「영남 성리학의 형성과 전개」,『동양철학』제8집, 1997.

_____, 「왕양명과 이퇴계」,『동양철학연구』제9집, 동양철학연구회, 1988.

_____, 「우계 성리설의 특징과 사상사적 의의」,『한국학논집』제24집, 계명대 한국학연구소, 1997.

_____, 「우담 정시한의 성리설 연구」,『한국의 인물사연구』제6집, 한국인물사연구소, 2006.

_____, 「율곡 성리학과 고봉 성리학의 비교」,『동양철학연구』제44집, 동양철학연구회, 2005.

_____, 「율곡은 '주기적'이 아니면서 '주기적'이다」,『동양철학연구』제29집, 동양철학연구회, 2002.

_____, 「조선 후기 '절충파'의 성리학설에 대한 연구」,『동양철학연구』

제26집, 2001.

_____, 「주희의 형이상학과 그 현대적 의미」, 한국동양철학회, 『동양철학』 특집호, 2001.

_____, 「퇴·고 사칠논쟁에 대한 윤리학적 일고찰」, 『향산 변정환 박사 화갑기념 논총』, 대구 : 동 간행위원회, 1992.

_____, 「퇴계학파는 퇴계의 성리학을 어떻게 이해하고 계승했는가? - 갈암 이현일의 율곡 비판을 중심으로-」, 『철학연구』 제89집, 대한철학회, 2004.

_____, 「한주학파의 퇴계 성리학 계승」, 『한국학논총』 제26집, 계명대 한국학연구소, 1999.

_____, 「화이트헤드의 형이상학적 神觀에서 본 퇴계의 독특한 리 관념, '尊理說'」, 『퇴계학보』 제116집, 퇴계학연구원, 2004.

_____, 『동아시아 전통문화와 현대한국』, 대구 : 계명대 출판부, 2008.

_____, 『동아시아 주자학 비교 연구』, 대구 : 계명대 출판부, 2005.

_____, 『조선조 주자학의 철학적 사유와 쟁점』, 서울 : 성균관대 유교문화연구소, 2006.

_____, 『한국의 철학적 사유의 전통-화이트헤드와 성리학의 만남』, 대구 : 계명대 출판부, 1999.

이동희·안영석, 「성호좌파 성리설의 전개와 변용」, 『동양철학연구』 제47집, 동양철학연구회, 2006.

이병도, 『율곡의 생애와 사상』, 서울 : 서문당, 1973.

_____, 『한국유학사』, 아세아문화사, 1987.

이상은, 「퇴계학과 그 방법의 문제」, 『퇴계학보』 창간호, 퇴계학연구원, 1973.

이상익 역, 『역주 사칠신편』, 서울 : 다운샘, 1999.

_____, 「성호의 사단칠정론」, 『역주 사칠신편』, 다운샘.

_____, 「율곡 리기론의 삼중구조」, 『한국사상과 문화』, 한국사상문화학회, 1998.

이상호 「조선 성리학 연구방법론 시고」, 『동양철학연구』 제25집, 동양
　　철학연구회, 2001.

＿＿＿, 「간재 전우의 성리설」, 『간재사상연구논총』 제1집, 간재사상연
　　구회, 1994.

이성무, 「주자학이 14·15세기 한국교육·과거제도에 미친 영향」, 『한국
　　사학』 제4집, 한국사학회, 1983.

이완재, 「퇴계선생의 학문적 방법」, 『퇴계학연구』, 퇴계선생 400주기 기
　　념사업회, 1972.

이원명, 「고려중기 북송성리학의 전래와 성격고」, 『서울여대논문집』 제
　　18집, 서울여대, 1989.

＿＿＿, 「성리학 수용의 배경에 관한 일고찰」, 『서울여대논문집』 제16
　　집, 서울여대, 1987.

이을호, 「퇴계선생과 기고봉」, 『퇴계학연구』, 퇴계선생 400주기 기념사
　　업회, 1972.

이태진, 「조선 성리학의 역사적 기능」, 『한국유교사회사론』, 지식산업
　　사, 1989.

이해영, 「율곡 리기론의 기 중시적 특성 — 주자의 리기관과 관련하여」,
　　『동양철학연구』 제5집, 동양철학연구회, 1984.

이형성, 「이진상의 성리설에 있어서 주재성에 관한 일고찰」, 『동양철학
　　연구』 제19집, 동양철학연구회, 1998.

임종진, 「만구 이종기의 성리사상」, 『철학연구』 89집, 대한철학회,
　　2004.

장숙필, 「율곡 심성론의 리기론적 특성」, 『철학연구』 제8집, 고려대 철
　　학회, 1983.

＿＿＿, 「전간재의 사단칠정론」, 『철학연구』 14집, 고려대 철학연구소,
　　1989.

＿＿＿, 『율곡 이이의 성학 연구』, 서울 : 고려대 민족문화연구소, 1992.

장회익, 「조선후기 초 지식계층의 자연관 — 장현광의 ‘우주설’을 중심으

로」, 『한국문화』 제11집, 서울대, 1990.

전두하, 「理發而氣隨之에 관한 논의(중)」, 『퇴계학연구논총』 2(철학-중), 1997.

_____, 「리발이기수지에대한 논의(상)」, 『퇴계학보』 제11집, 1976.

_____, 「율곡의 인성론」, 『한국학논총』 제9집, 국민대학교, 1987.

_____, 「퇴계의 존재론」, 『퇴계학연구』, 퇴계선생 400주기 기념사업회, 1972.

_____, 「Heidegger의 존재와 율곡의 리기와의 비교」, 『철학연구』 제2집, 철학연구회, 1967.

_____, 『존재와 리기-하이데거와 율곡의 비교 연구』, 서울 : 선명문화사, 1967.

정병련, 『고봉의 사유구조와 철학사상』, 광주 : 고봉학술원, 2000.

정순목, 「퇴계 교육사상의 현대적 의의」, 『새교육 23-2』, 1971.

정옥자, 「여말 주자성리학의 도입에 대한 시고」, 『진단학보』 제51집, 진단학회, 1981.

정인재, 「율곡의 심성론」, 『한국의 교육과 윤리 2』, 한국정신문화연구원, 1993.

채무송, 「퇴·율의 리기설의 내용」, 『아세아연구』 35호, 1969.

_____, 『퇴계 율곡 철학의 비교 연구』, 서울 : 성대 출판부, 1985.

천라이(陳來), 『주희의 철학』, 서울 : 예문서원, 2002.

천룽치에(陳榮捷), 『朱學論集』, 臺灣 : 學生書局, 民國71.

최근덕 외, 『한국인물유학사』(1), 한길사, 1996.

최영성, 『한국유학사상사』(전5권), 서울 : 아세아문화사, 1994-1997(I-1994, II~IV-1995, V-1997).

최영진, 「퇴계 理 사상의 체용론적 구조」, 『조선조 유학사상의 탐구』, 여강출판사, 1988.

토모에다 류타로(友枝龍太郎), 『朱子の思想形成』, 東京 : 春秋社, 1969.

퇴계선생 400주기 기념사업회, 『퇴계학연구』, 1972.

평요우란(馮友蘭), 박성규 역, 『중국철학사』(상·하 전2권), 서울 : 까치, 1999.

_____(馮友蘭), 정인재 역, 『중국철학사』, 서울 : 형설출판사, 1983.

한국철학회, 『한국철학사』(상·중·하 전3권), 서울 : 동명사, 1987.

한덕웅, 『퇴계심리학』, 서울 : 성균관대 출판부, 1994.

한자경, 「정도전의 불교비판에 대한 비판적 고찰―우주내에서 인간 心의 존재론적 위상에 대한 논의」, 『불교학연구』 제6호, 2003.

현상윤, 『조선유학사』, 서울 : 현음사, 1986(재인쇄).

화이트헤드, 류기종 역, 『화이트헤드의 종교론』, 서울 : 종로서적, 1986.

_____, 오영환 역, 『과정과 실재』, 서울 : 민음사, 1991.

_____, 오영환 외 역, 『열린 사고와 그 철학』, 서울 : 고려원, 1992.

황광욱, 「사암 박순과 율곡 이이의 리기론변 고찰」, 『인문과학』 제29집, 성균관대 인문과학연구소, 1999.

황의동 외, 『율곡 이이』, 서울 : 예문서원, 2002.

_____, 「율곡 사상 연구의 어제와 오늘」, 『율곡사상연구』 제1집, 율곡학회, 1994.

_____, 「해제 : 율곡학 연구의 어제와 오늘」, 『율곡 이이』, 서울 : 예문서원, 2002.

_____, 『율곡철학연구』, 서울 : 경문사, 1987.

_____, 『한국의 유학사상』, 서울 : 서광사, 1995.

황준연, 『이이 철학 연구』, 광주 : 전남대 출판부, 1989.

각 장별 논문 원게재지 일람

제1장 여말선초 주자학의 도입과 유·불 교섭

「여말선초 주자학의 도입과 유·불 교섭」, 『동양철학연구』 제17집, 동양철학연구회, 1997. 12.

제2장 여말선초 주자학과 불교의 종교적 논쟁에 대한 종교학적 고찰

신 원고(대구 : 한국종교문제연구소 학술 발표, 2008. 11. 15)

제3장 퇴계 이황과 율곡 이이의 성리설 비교

「율곡학과 퇴계학의 리기론」, 『율곡사상연구』 제12집, 율곡학회, 2006. 8.

제4장 고봉 기대승과 율곡 이이의 성리설 비교

「율곡 성리학과 고봉 성리학의 비교」, 『동양철학연구』 제44집, 동양철학연구회, 2005. 11.

제5장 우계 성혼의 성리설과 조선 후기 절충파

「우계 성혼의 성리설과 조선 후기 절충파」, 『동양철학연구』 제36집, 동양철학연구회, 2004. 2.

제6장 우담 정시한의 율곡 성리학 비판

「우담 정시한의 성리설에 대한 연구」, 『인물사연구』 제6호, 한국인물사연구소, 2006. 9.

제7장 청대 권상일의 퇴계 해석의 함의

「퇴계학파의 퇴계의 리 개념 이해의 한 단면」, 『한국학논집』 제34
집, 계명대 한국학연구원, 2007. 6.

제8장 성호 이익과 다산 정약용의 사칠논쟁 해석

「조선조 실학자들은 성리논쟁을 해결하였는가?-성호와 다산의 경
우」, 『한국학논집』 제37집, 계명대 한국학연구원, 2008. 12.

제9장 간재 전우 성리설의 특징과 시사점

「간재 전우의 성리설에 대한 철학적 분석」, 『간재학논총』 제8집, 간
재학회, 2008. 2.

제10장 근현대 경북 고령의 유학과 성리학

「근현대 고령의 유학사상」, 『철학과논술』 제4호, 계명대 논리윤리
교육센터, 2008. 12.

부록-1 퇴계 연구의 성과와 반성 -철학 사상을 중심으로

「퇴계 연구의 성과와 반성」, 『동양철학연구』 제30집, 동양철학연구
회, 2002. 9.

부록-2 조선 전기 성리학자 및 퇴계학파 연구의 현황과 과제

「조선전기 성리학자·퇴계학파 연구의 현황과 과제」, 『한국인물사
연구』 창간호, (사) 한국인물사연구소, 2004. 3.

부록-3 율곡 연구의 성과와 반성 -철학 사상을 중심으로

「율곡 연구의 성과와 반성-철학 사상을 중심으로」, 『동양철학연구』
제34집, 동양철학연구회, 2003. 9.

부록-4 율곡철학(리기론) 연구 현황

「율곡철학(리기론) 해설」, 『율곡학연구총서』(논문편), 율곡학회, 2007.

찾아보기

[ㅈ]